GERUFEN VOM HERZEN DER WELT

GERUFEN VOM HERZEN DER WELT

EINE BETRACHTUNG ÜBER DIE
ENTSTEHUNG UND ENTWICKLUNG DER
GEISTESSCHULE DES GOLDENEN ROSENKREUZES
SOWIE ÜBER IHRE GRÜNDER JAN VAN RIJCKENBORGH
UND CATHAROSE DE PETRI VON PETER HUIJS

Rozekruis Pers Haarlem

Impressum

Aus dem Niederländischen übersetzt von Käte Warnke
Die Fotos sind den Archiven von E. T. Hamelink, Roland Gerrits, Hans Peter Knevel; des Lectorium Rosicrucianum, Haarlem, und der Bibliotheca Philosophica Hermetica – Sammlung Damme entnommen.
Umschlag: Jan van Rijckenborgh und Catharose de Petri auf dem Grundstück des Konferenzortes Renova, Mai 1953; Foto Cor Damme

© Peter Huijs - Rozekruis Pers, Haarlem Niederlande
Buchgestaltung: Studio Ivar Hamelink, Haarlem
Druck Rozekruis Pers, Haarlem
Bindung: Abbringh, Groningen

Satz: Trajan (Umschlag); Perpetua (Text), Scala (Fußnoten)
Druck: 90 gr. Promail Plus naturweiß von Proost en Brand

ISBN 978-3-938540-26-8

2010 DRP Rosenkreuz Verlag
Auf der Höhe 16
57612 Birnbach
www.drp-rosenkreuz-verlag.de

„Das ist das Große an einem Menschenleben, dass es eine Welt in sich selbst ist, die – auch wenn sie verschwunden ist – ihren Reichtum als Erbe für jene Suchenden hinterlässt, die nach demselben Wissen tasten."
A. H. de Hartog

1. Zitiert aus A. H. van den Brul: Jan van Rijckenborgh – moderner Rosenkreuzer und hermetischer Gnostiker, Pentagramm, 17. Jahrgang Nr. 2, 1995
2. Jan Engelman: Tuin van Eros, Centrum nec plura-serie Nr.1, Amsterdam, Querido, 1932, die ersten vier Strophen

Im Garten

Du rufst mich zu dem Hochzeitsmahl:
Der Leuchter brennt, der hohe Saal
ist ganz von Hofmusik erfüllt.
Aus deinen Augen strahlt Geduld.

Du bist so tief, so still und heil,
und deine Stimme drängt: „Verweil!"
Zögere ich, so bebt sie nicht.
Und flüchte ich, verzagt sie nicht.

Kein Klang, der so durchdringend fiel
bis in die Gründe meiner Seel',
und nie berührte mich ein Glanz
wie aus den Augen des Opferlamms.

Fern auf dem Berge strahlt als Schein
leuchtend mein ursprüngliches Sein,
das mich bewahrt in Leid und Schmerz:
der Urbeginn, das Weltenherz.

Jan Engelman, Tuin van Eros, 1932

INHALT

Inhaltsangabe i
Vorwort von J.R. Ritman ix
Vorwort des Autors 17
Einleitung 21

TEIL I
DER ORDEN DES ROSENKREUZES
DIE VORBEREITUNG IM WELTFELD

1. Die Naturseele und das Herz der Welt 26
2. Den Wendepunkt bestimmen Sie selbst 32
Die Haarlemer Jahre: Erster Entwicklungskreis. Der Einfluss eines Pfarrers aus Haarlem: A. H. de Hartog. Jakob Böhmes Axiom als innere Richtschnur. De Hartogs gesellschaftliches Engagement. Was bedeutet es, selbst den Wendepunkt zu bestimmen?
3. Die geistige Linie. Die Weltarbeit beginnt 48
1875-1911. Der Impuls von H. P. Blavatsky und der Theosophischen Gesellschaft. Die sieben Geheimwissenschaften. Anna Bonus Kingsfort und The Hermetic Society. Arthur Edward Waite und The Fellowship of the Rosy Cross. Das exemplarische Leben des G. R. S. Mead und The Quest Society. Der Ruf aus dem Sonnenherzen
4. Max Heindel und The Rosicrucian Fellowship 72
Erkennen der Geistesverwandtschaft. Rückkehr zur Einfachheit. Eine deutliche und logische Erklärung der Welt und des Menschen. Eine Pioniergruppe tritt hervor. Auf dem Weg zu einer Freistätte in der Welt. Rudolf Steiners Ideal, ein geheimer Rosenkreuzer-Kreis

TEIL II
DER ORDEN DES ROSENKREUZES
DAS WERK VON Z. W. (WIM) UND JAN LEENE

5. Das Werk in den Niederlanden   **92**
1924-1935. Die erste Periode – De Nederlandse Rozekruisersgenootschap. Zeitschriften und Publikationsbüro. Zusammenwirken und Schlüssel: Das Werk von Johann Valentin Andreae. Die neue autonome Grundlage

6. London. Die drei Manifeste werden gefunden   **100**
1935. Fama Fraternitatis, Confessio Fraternitatis und Chymische Hochzeit Christiani Rosencreutz anno 1459. Eine neue Dimension der Geistesverwandtschaft. Die Sphäre, in der sie entstand. Tobias Hess, der geistige Vater, Paracelsus, der Pate der klassischen Rosenkreuzer. Das geistige Testament des Ordens des Rosenkreuzes. Ansatz zu einer übergreifenden internationalen Föderation

7. Die Bedeutung des inneren und äußeren Tempelbaus   **119**
1935-1946. Die zweite große Periode. Der erste Feuertempel und ein Strom eigener Publikationen

8. Der Aquarius-Bund 1935   **130**

9. Sommerlager auf „De Haere" von 1934-1940   **136**

10. Drei Autoren   **146**
Die Werke von Jan Leene, Wim Leene und Cor Damme

11. Geistige Gemeinschaft, geistige Intelligenz   **164**
1938-1940. Z. W. Leenes zentrale Rolle als spiritueller Leiter. Sein Tod und der neue Verwaltungsrat mit H. Stok-Huizer. Die wundersame Christnacht. Die Periode nach Z. W. Leene bis 1940. Die letzten Rosenkreuzer-Sommerlager auf „De Haere"

12. Unter Druck brenne ich am stärksten   **181**
Plünderungen in Haarlem und Doornspijk. Verhör durch die Gestapo. Besinnung und Reflexion. Die Arbeit in der Illegalität. Das Bergpredigt-Leben

13. Eine Periode der Besinnung   **195**
Neue Wege der Einweihung. Zurück zum ursprünglichen christlichen Beginn. Die vorangehende Bruderschaft. Die Wichtigkeit des Weltwerkes wird bewusst. Das neue Zeichen – Die hermetische Lebensbasis

TEIL III
DAS LECTORIUM ROSICRUCIANUM
DER AUFBAU DER GEISTESSCHULE

Grundsatzerklärung des Lectorium Rosicrucianum   **218**
14. Die neue Arbeitsweise   **223**
1946-1957. Die dritte Periode. Die christlich-hermetische Gnosis. Die Gründung des neuen gnostischen Reiches
15. Elckerlyc – Renova   **232**
Arbeiten mit der Gruppe. H. Th. Wijdeveld und Elckerlyc. Ein Konferenzort im Zentrum der Niederlande. Die neue Zusammenarbeit der geistigen Leiter
16. Eine neue Fama oder ein neuer Ruf der
Bruderschaft R. C.   **244**
Die siebenfache Weltbruderschaft. Die sechs Teile der Eckstein-Serie. Konferenzen über den kommenden neuen Menschen sowie die Aspekte und Konsequenzen der neuen Menschheitsperiode
17. Ein freier Arbeitsplatz –
die Schule als autonome Organisation   **250**
Die Reise nach Frankreich. Die Konferenzen in der ersten Hälfte der fünfziger Jahre. Die Renova-Serie
18. Die Versiegelung in der Bruderschaftskette   **264**
Begegnung mit A. Gadal. Der Dreibund des Lichtes. Eine Periode fieberhafter Aktivitäten. Die ersten ausländischen Konferenzorte des Lectorium Rosicrucianum. Brasilien und die Arbeit von Cor Damme

19. Die Schatzkammer der universellen Bruderschaft 281
1957-1968. Die vierte Periode. Das Haus Sancti Spiritus in der modernen Zeit. Hermes ist der Urquell: Die ägyptische Urgnosis. Die Erklärungen der Rosenkreuzer-Manifeste. Die Weisheit des Pfades ist universell. Die Kommentare zum Tao Te King. Noch einmal Ägypten. Valentinus und die Pistis Sophia – Die Bücher des Erlösers

20. Aquarius als Apotheose des Geistes 300
Konferenzen in Renova 1963, im Christian-Rosenkreuz-Heim, Calw 1964, Jan van Rijckenborgh-Heim, Bad Münder 1965, 1966 in Basel und 1967 in Toulouse

TEIL IV
DIE SIEBENFACHE WELTBRUDERSCHAFT

21. Das Werk konsolidiert seine Struktur 321
1968-1979. Die fünfte Periode. Catharose de Petri konsolidiert das Werk. Die Internationale Spirituelle Leitung

22. Publikationen von Catharose de Petri 340
Die Symbolik der beiden geistigen Gestalten. Das lebende Wort. Lebe, wie ein Seelenmensch leben sollte

TEIL V
DIE ARBEIT DES HAUSES SANCTI SPIRITUS

23. Die Entstehung des gnostischen Reiches 353
1990-2001. Das Werk der siebenfachen Weltbruderschaft. Die große Triade. Die Pistis und die Sophia. Neue Impulse und Initiativen der Internationalen Spirituellen Leitung. Sieben Regionen. Die Symposien im Konferenzort Renova. Konferenztage im Jan van Rijckenborgh-Zentrum Haarlem. Die Bibliotheca Philosophica Hermetica im Licht der universellen Gnosis. Weiterer Ausbau des Werkes

24. Abschluss 373
Die rettende Liebe – Ein Zeugnis von Catharose de Petri.

Nachwort 385

Allgemeine Bibliografie 391

Bibliografie 395

Register 443

Jan Leene, 1946

So müssen wir, ihr Sterblichen, eines erklären, nämlich, dass Gott beschlossen hat, der Welt, die nicht lange danach untergehen wird, die Wahrheit, das Licht und den Glanz zurückzugeben, die er mit Adam aus dem Paradiese ausziehen ließ, um des Menschen Elend zu lindern. Darum ist es angebracht, dass Falschheit, Finsternis und Gebundenheit weichen, die sich allmählich mit der fortschreitenden Umdrehung des großen Globus in die Wissenschaften, in die Handlungen und in die Regierungen der Menschen eingenistet haben, wodurch diese zum großen Teil verdunkelt wurden.

Hierdurch ist eine unendliche Mannigfaltigkeit der Meinungen, Verfälschungen und Irrlehren entstanden, die sogar für die einsichtsvollen Menschen die Wahl erschwert hat, bis einerseits die Meinung der Philosophen, andererseits die Realität der Erfahrung sie in Verwirrung bringt. Wenn das alles, wie wir zuversichtlich hoffen, einstmals aufgehört hat und wir in der Tat dagegen die eine ununterbrochene, gleich bleibende Richtschnur sehen werden, wird der Dank zwar den Mitarbeitern gebühren, aber der ganze Umfang des so bedeutenden Werkes dem Segen unseres Zeitalters zuzuschreiben sein. Wie wir erkennen, dass viele hervorragende Geister durch ihre Überlegungen ihrerseits viel zur künftigen Reformation beitragen, so maßen wir uns keineswegs den Ruhm an, als wäre uns allein eine so große Aufgabe übertragen.

Jedoch aus dem Geist Christi, unseres Erlösers, bezeugen wir, dass sich eher Steine anbieten werden, als dass es an Vollstreckern des göttlichen Ratschlusses fehlen würde.

Um seinen Willen kundzutun, hat Gott schon Boten vorausgesandt, nämlich Sterne, die in Serpentarius und Cygnus erschienen sind und die wahrlich als große

Zeichen seines erhabenen Ratschlusses soviel lehren können, wie es in Verbindung mit den Entdeckungen des menschlichen Geistes seiner verborgenen Schrift dienen sollte, damit das Buch der Natur wenigstens vor aller Augen aufgeschlagen und enthüllt wird, obwohl nur wenige es überhaupt lesen oder begreifen können. Wie es im menschlichen Haupt zwei Organe zum Hören gibt, zwei zum Sehen, zwei zum Riechen und eines zum Sprechen und man von den Ohren vergeblich das Sprechen fordern, von den Augen vergeblich den Sinn für Klänge erlangen könnte, so hat es Zeiten des Sehens, des Hörens und des Riechens gegeben. Es bleibt noch, dass in beschleunigtem und abgekürztem Zeitlauf vollends die Zunge zu Ehren kommt, damit das, was einst gesehen, gehört und gerochen wurde, nun endlich ausgesprochen werde, nachdem die Welt den Rausch aus ihrem vergifteten und betäubenden Becher ausgeschlafen haben und früh am Morgen der aufgehenden Sonne mit offenem Herzen, entblößtem Haupt und barfuß fröhlich und jubelnd entgegengehen wird.

Confessio Fraternitatis AD 1615, Das Bekenntnis der Bruderschaft des Rosenkreuzes, Teil VII und VIII

VORWORT VON J. R. RITMAN

Das Buch, das Sie jetzt in den Händen halten, *Gerufen vom Herzen der Welt*, ist der besonderen Schar der Pioniere gewidmet, die als Führer der Menschheit wirken. Sie vergegenwärtigen als Schlüsselträger die leuchtende Flamme des unauslöschlichen geistigen Feuers, das sich bereits seit Jahrtausenden ununterbrochen manifestiert. Sie sind gleichzeitig die modernen Herolde der universellen Bruderschaft, die den Auftrag erhielten, Welt und Menschheit spirituell zu reformieren. Das bezieht sich auf die Ausführung eines Heilsplans für Welt und Menschheit. Die geistigen Leiter der Geistesschule des Goldenen Rosenkreuzes, Jan van Rijckenborgh und Catharose de Petri, umschrieben ihn im September 1954 als *erneute Bildung der Gemeinschaft der Pistis Sophia* und im Jahr 1956 als *Gemeinde des Hermes*.

Valentinus, ein Nachfolger der ersten Apostel und Gründer der ersten christlich-gnostischen Mysteriengemeinschaft, erklärte seinen Schülern den Ursprung, die Entstehung des göttlichen Schöpfungsgedankens und die unkennbaren göttlichen Welten. Er nannte den unkennbaren Raum Gottes, die Welt der Gottesnatur mit ihren Emanationen, das *Pleroma*. Die Ausströmungen des göttlichen Pleromas offenbaren sich in zwei Strömen. Einen Strom bezeichnete er als Strom der Kenntnis, der *Pistis*, den anderen als Strom der Weisheit, der *Sophia*.
Die eine Strömung assoziiert sich also vollkommen mit der gängigen menschlichen Erkenntnis jedes Zeitalters, so dass die große Masse diese Emanationen entdecken und darauf reagieren kann, ja, muss.
Die andere Strömung hält sich vollkommen von dieser Welt getrennt,

strahlt aber dennoch in sie ein, damit der einzelne Gott suchende Mensch schließlich, der Pistis der Natur entfliehend, die Sophia finden, selbst zur Sophia werden kann.

Sehen Sie dieses Buch als Chronik der Mandatsträger, der Erneuerer dieses Heilsplans, die sich in unserer Zeit für die Offenbarung des lebendigen Testamentes der Gnosis einsetzen.
Ihre Signatur ist, dass sie in der Welt eine Bruderschaft gründen. Deren Kern ist eine Mysterienschule, in der die beiden Aspekte – Kenntnis und Weisheit – als Mysterium der Pistis Sophia im Mittelpunkt stehen. Diese Mysterienschule ist eng mit der Weisheit des Hermes Trismegistos verbunden, wie sie in der *Tabula Smaragdina* und im *Corpus Hermeticum* niedergeschrieben wurde. Darin sehen wir den Beweis für den Menschen, der in seinem Wesen von der großen Liebe Gottes berührt wurde. Das sichtbare Resultat der Arbeit der Mandatsträger ist ein Erntefeld, eine Gemeinschaft von Menschenseelen, die als lebendige Bruderschaft die wahre Religion als Liebesdienst an der Menschheit beweisen. Und sie beweisen weiterhin, dass Prophezeiung und Offenbarung Hand in Hand gehen können, weil ihre Verankerung in dem einen Eckstein „Jesus Christus" liegt und sie damit verbunden sind.

Wir, die wir die Grenze vom zweiten zum dritten Jahrtausend überschritten haben, leben heute in einer stark bewegten Zivilisation mit vielen fundamentalen Fragen. Daher brauchen wir mehr denn je ein neues Bezugssystem. Dieses neue System deuten wir an als Weg der Gnosis, Weg des Tao. Es ist der spurlose Beginn, der sich ununterbrochen fortsetzt in der Kraft des all-einen Quells und allgegenwärtig ist. So sind wir mit dem mächtigen Urbeginn verbunden, dem Christus-Impuls. Daraus entsprangen die ägyptische Urgnosis als Erbe des Hermes Trismegistos und die christliche Urgnosis aus den ersten Jahren unserer Zeitrechnung.

Darüber informierte uns Jan van Rijckenborgh in den letzten Apriltagen des Jahres 1956 mit den Worten: *Die gnostische Ökumene muss gegründet werden, die in der Urgnosis wurzelt, der Gnosis des Hermes Trismegistos!* Und auf dieser Basis entstand die mächtige Einweihungsfülle, die sich in unseren Tagen als christlich-hermetische Gnosis manifestiert.

Dieser Bezugsrahmen beweist uns, dass das Erbe der lebendigen Wahrheit stets erneut jener Menschengruppe übermittelt wird, die der Gesellschaft die wechselnden Ereignisse auf Grund eines inneren Seelenkompasses erklärt. Die Mitglieder dieser Menschengruppe erschließen die geheimnisvolle Landkarte einer anderen Lebenswirklichkeit und weisen einen neuen Lebensweg. Wer von dem Auftrag, der in den *Manifesten der Bruderschaft* beschrieben wird, Kenntnis nimmt, nämlich ein Führer zu sein auf dem Erfahrungsweg der Menschheit, erkennt, dass ihre Ratschläge sich, wie sie auch selbst schreiben, *als eine ewig gleich bleibende Richtschnur offenbaren.* Der Mensch, der die Grenze zum inneren Sein überschritt, hat das Fenster der Seele geöffnet und steht Auge in Auge dem mächtigen Zentrum gegenüber, dem Weltenherzen, das den Ursprung des Lebens widerspiegelt. Die Träger der Wahrheit, der unauslöschlichen Flamme, sind die Pioniere der Vergangenheit, der Gegenwart und der Zukunft. Sie verkünden in der Kraft des verborgenen Herzschlags des Weltenherzens den Ruf der Liebe. Sie zeugen vom ewigen Rhythmus, vom Atmen und Leben aus dem Geist. Diese Bruderschaft der Lichtträger manifestierte sich in den vorchristlichen Zeiten als Orden Melchisedeks, dessen Hohepriester Jesus Christus ist. Von ihr geht eine „über-zeiträumliche" Wirksamkeit aus, welche die endgültige Bestimmung der menschlichen Daseinsform gestaltet. Daher gibt es in Raum und Zeit Gesetzmäßigkeiten, die nur ein geistiger Orden kennen und anwenden kann, dessen Vertreter sich als Diener, als Brüder und Schwestern, der universellen Bruderschaftskette aller Zeiten deklarieren.

Jan van Rijckenborgh und Catharose des Petri bauten denn auch nach einem klar umrissenen Plan mit der ihnen ergebenen Schülerschar den ersten „Feuertempel", den Renova-Tempel in Lage Vuursche. Im Dezember 1951 wurde von Jan van Rijckenborgh in diesem Tempel die geistige Flamme angezündet. Damit mobilisierte er die Vertreter der siebenfachen Weltbruderschaft, die in dieser Welt und mit dieser Welt wirkt, und rief sie auf, vor das Forum der Welt zu treten. 1954 stellte er fest: *So sprechen wir nun von der gnostischen universellen Kirche, der Ekklesia Pistis Sophia. Es ist die Gemeinschaft, die den Christus wahrhaft als Haupt der Welt anerkennt, sich ihm nähert und ihn bekennt, alle daraus entstehenden Konsequenzen akzeptiert und in ihm überwindet zur vollkommenen Befreiung. Daher müssen Sie wissen, dass alle uns vorangehenden gnostischen Bruderschaften sich als Kirchen bezeichnet haben, Kirchen sein wollten und mussten. Aber es waren Kirchen, die sich vollkommen der Sophia weihten, damit jeder ermattete Pilger eine wirkliche Pistis Sophia werden konnte. Seit dem 1. September 1954 hat die Schule das Erbe der vorangehenden Bruderschaften empfangen dürfen. Zu diesem Erbe und dieser letzten Willenserklärung gehört auch der Auftrag, ihr Werk als Ekklesia Pistis Sophia fortzusetzen. Diesen Auftrag haben wir vollkommen angenommen.*

Auf dieser Grundlage zeichneten sich in der darauf folgenden Periode die Konturen einer neuen Entwicklungsphase ab, die sich als das gnostische Reich in Europa manifestierte. Es war die Geburt eines siebenfachen lebenden Körpers, der sich als ein Kraftfeld und neues Lebensfeld in Europa entwickeln konnte. Die Geistesschule wurde damit zum lebendigen Kern einer neuen Menschheitsentwicklung. Diese vollzog sich wie eine Weltrevolte unter der Strahlungsfülle der drei Mysterienplaneten Uranus – das Herz, Neptun – das Haupt und Pluto – die Tat.

So erleben wir jetzt die Offenbarung der Geistesschule und ihres lebenden Körpers in den drei Ansichten: vorbereitend, bekennend und bewusstwerdend. Tatsächlich hat sich die Geistesschule nach Geist, Seele und Körpergestalt siebenfach entwickelt und ist daher vollkommen wirksam in der bekannten und der unbekannten Hälfte der Welt. Damit ist sie bewusst zur Erschließenden und Ausführenden des geistigen Testamentes des Ordens des Rosenkreuzes geworden. Daher darf sie in der Menschheitsphase, die vor uns liegt, im Zeichen des Vaters und Bruders Christian Rosenkreuz auftreten. Von ihr geht mehr denn je der Ruf zu jener suchenden Menschengruppe aus, die auf die gnostische Strahlungskraft reagieren wird, ja, reagieren muss.

Zum Verständnis der Leser: Das gnostische Reich ist das Feld der siebenfachen Weltbruderschaft, in welcher der siebenfach geoffenbarte lebende Körper *die Tür ist, die sich für Europa geöffnet hat.*

2001 versammelten sich in diesem Geist 2.500 Schüler aus 40 Ländern bei einer historischen Konferenz im Tal der Ariège in Südfrankreich. Das geschah in unmittelbarer Nähe des 1957 errichteten Monuments des Dreibundes des Lichtes: Gral, Katharer und Kreuz mit Rosen. Diese Konferenz fand im uralten Land des Sabarthez mit seiner Devise: *Sabarthez, Custos Summorum* – Bewacher des Allerhöchsten – vom 8.-12. September 2001 statt. In dem Augenblick, der am 11. September die westliche Welt in ihren Grundfesten erschütterte, leuchtete gleichzeitig am Horizont ein neuer Tag der Offenbarung auf: Es war die besondere Perspektive einer funktionierenden gnostischen Einweihungsschule. Sie wird für eine große Menschheitsgruppe, die nach Erkenntnis, nach der Pistis sucht, rufend und anziehend wirken. Aber gleichzeitig wird sie der Menschheit auch unterweisend dienen, weil sie über eine dreifache Befreiungsformel verfügt, über die Pistis in der Form
- der universellen Lehre,
- eines siebenfach bewohnten Einweihungskörpers
- und des tatsächlichen Beweises der lebendigen Transfiguration, durch die eine weltumfassende Veränderung entsteht.

Dieses Feld wird buchstäblich gesteuert und geladen durch die Offenbarungskraft der universellen Bruderschaftskette. Der Bau des gnostischen Reiches, der mit der Gründung der Arbeit 1924 begann, stand daher im Zeichen der doppelten Sieben oder – symbolisch ausgedrückt – der Zahl 77. Denn 2001 waren 77 Jahre nach diesem Geburtsmoment vergangen. Es war ein siebenfacher Prozess des Entsteigens der irdischen Art und das Eintauchen einer siebenfachen Geistkraft in das Weltfeld gemäß der hermetisch-gnostischen Formel: *Wie oben, so unten.* Ein gnostisches Reich ist also ein Geistfeld, das vollkommen von der Welt frei wurde, aber für die Welt arbeitet, um sie aus den gegensätzlichen Kräften des Guten und des Bösen zu erlösen. In der Gnosis gibt es nur Einheit, darin besteht kein Gegensatz. In ihr findet der Prozess der Gegensatzpaare sein Ende. Das Erreichen der Zahl 77 bedeutet denn auch, dass innerhalb des gnostischen Reiches drei Befreiungsaspekte, drei gnostische Basiskräfte frei werden und zwar der Körper der Lehre, der Körper der Freude und der Körper der Transfiguration. Das Geistfeld ist vollkommen autonom nach Geist, Seele und Körper und wird unaufhörlich aus der siebenfachen Fülle genährt.

In der jetzt beginnenden Phase tritt die Geistesschule des Goldenen Rosenkreuzes im vollen Bewusstsein der siebenfachen Weltbruderschaft mit der Kraft der lebendigen Gnosis in die Welt, also mit der Christus-Kraft der gnostischen Magie aus dem Reich, das nicht von dieser Welt ist. Und darum können und dürfen wir sagen, dass der Bau der lebendigen Arche – 77 Jahre nach Gründung der Geistesschule am 24. August 1924 – im Jahr 2001, in den Tagen vom 8.-12. September in der Kraft der Einheit, Freiheit und Liebe als vollendet betrachtet werden konnte.

Jede gnostische Geistesschule hat ihre große Vergangenheit im Buch der Menschheitsgeschichte aufgezeichnet. Das geschah nicht, um sich an Zeit und Raum zu binden, sondern als Zeugnis eines freiwilligen Dienens *der Dienstknechte des Herrn*, die den suchenden Menschen den Ausweg weisen. Sie sind es, die nun – mitten in einer neuen Weltrevolte – aus allen Ländern des Weltfeldes der Geistesschule des modernen Rosenkreuzes kommen und bereit sind, bei der Entwicklung einer neuen Arbeit der siebenfachen Weltbruderschaft mitzuhelfen. Sie wissen, dass der Dreibund des Lichtes – Gral, Katharer und Kreuz mit Rosen – hinter ihnen steht mit der dreifachen Panazee der Befreiung: Reinheit – Liebe – Gnade.

Die siebenfach geoffenbarte Geistesschule des Goldenen Rosenkreuzes ist sich ihres Auftrages sehr bewusst, nämlich die Weltarbeit des Vaters und Bruders Christian Rosenkreuz zu erfüllen mit der Devise aus dem Johannes-Evangelium:
Lux in tenebris – Das Licht scheint in der Finsternis. (Joh. 1/5)

So tritt sie vor das Forum der siebenfachen Weltbruderschaft und ihrer lebendigen Hierarchie – im Dienst für Welt und Menschheit.

9. November 2008   Joost R. Ritman

VORWORT DES AUTORS

Es gibt Leben. Und es wird gelebt. Es gibt Kenntnis, Wissenschaft, Religion, Kunst, Leben und Konsum, aber nur wenig wirkliche Erkenntnis des Herzens. Jeder lebt, aber nur wenige wissen. Man weiß nicht, ob es ein Ziel gibt oder nicht, ob es einen Plan gibt oder nicht, ob das eigene Leben etwas bedeutet oder nicht.
Jeder kämpft gegen diesen Abgrund des Nichtwissens mit mehr oder weniger Selbstbewusstsein, mit Glauben, Tatkraft, Liebe, mit sozialen Kontakten oder mit nichts. Die Basis der fundamentalen Unwissenheit bleibt; es wird gelebt. Psychologie, Philosophie, neu-esoterische Wissenschaft – Probleme kommen und gehen; alles gleicht einem großen Experiment. Während wir leben, sterben wir, und gestorben leben wir weiter und beginnen neu. Bis der Kampfschauplatz sich von außen nach innen verlagert. Bis das Wissen sich in Erstaunen verändert, in Fragen, in einen Weg, in Sein; bis die Lebensenergie dort zur Ruhe gelangt, wo Ruhe ist. Der Mensch ist die Welt, der Mensch ist das Zentrum – und der Altar – des Allerhöchsten, des großen Baumeisters, der die Welten lenkt. Welcher Mensch? Dieser oder jener Mensch? Nein, *der Mensch*. Von ihm hängt der Sinn des Daseins ab. Von welchem Menschen? Von diesem oder jenem? Nein, *vom Menschen*, von jedem Menschen. Wie groß ist die Verwirrung? So groß wie der Mensch. Aber wenn der Mensch die ruhige Mitte findet, verschwindet die Verwirrung, entfaltet sich die ursprüngliche Ordnung, werden Klarheit und Schönheit sichtbar. Wie herrlich ist die Einfachheit, wie richtig ist das Dasein; das Sein ist geworden.
Von unserer Bruderschaft behaupten esoterische Forscher, dass sie das universelle Panazee, das Heilmittel, besitze. Die Rosenkreuzer kennen

den Plan, so sagen sie, die geistigen Entwicklungslinien des Menschen, der ein Mikrokosmos ist, eine kleine Welt. Aber jede Zeit muss diesen Plan selbst finden, bestätigen und verwirklichen. Die Suche nach dem Konzept ist das Thema dieses Buches. Außen ist dieser Plan unbekannt, ein Gegenstand des Spotts, der Spekulation oder des Desinteresses. Man weist ihn ab. Man redet zwar über die Lehre, das Gold, die Transmutation, über Codes oder channeling, über den vierten Weg, die zehn Einsichten, die sechzehn Kennzeichen, über das höhere Bewusstsein. Aber das alles ist Nicht-Wissen, Nicht-Sein. Wenn der Ausgangspunkt nicht richtig ist, bleibt wirkliches Wissen ausgeschlossen. Der Ausgangspunkt für die Mysterien ist die Seele, nicht das äußere Leben.

Suchen ist nicht nur eine Aktivität des tagbewussten Ichs. Suchen ist ein Seinszustand, ein Seelenzustand, ein Bewusstsein. Wer sucht, weiß nicht – und weiß doch sehr wohl, dass er nicht weiß. Und es ist ein Vorrecht aller Zeiten, so nichts zu wissen.

Da jetzt neue Verhältnisse die Gesellschaft kennzeichnen und die Länder sowie die Welt sich auf eine neue, große Periode vorbereiten, erfahren viele die Veränderung als Schock. Und jene, die den höheren Vibrationen nicht folgen können oder wollen, geben auf und leben einfach wie bisher weiter. Für einige jedoch besteht ein Plan, eine neue Verbindung mit dem Ursprünglichen.

Ist es klug, ein Buch wie dieses herauszugeben? Denn wer ist interessiert an dem Zusammenhang, den unsere Bruderschaft hinter den Dingen erkennt? Sollten wir uns nicht an die nachdrückliche Warnung aus unserer *Alchimischen Hochzeit* halten: „Arcana publicata vilescunt; & gratiam prophanata amittunt. Ergo: ne Maregaritas pobijce porcis, seu Asino substerne rosas: Enthüllte Geheimnisse werden wertlos, und entweiht verlieren sie ihre Kraft. Wirf darum keine Perlen vor die Schweine noch Rosen vor die Esel."[3]

---

[3]. Johann Valentin Andreae: Chymische Hochzeit Christiani Rosencreutz, Anno 1459, Straßburg. Erben L. Zetzner, 1616

Aber unser Vater, Bruder CRC, zögerte nicht, seine Schätze den Ständen und Gelehrten Europas anzubieten. Und als diese sie verwarfen, gab er seine *Fama* und *Confessio* heraus und stellte sie jedem zur Verfügung. Und auch die Großen unserer Bruderschaft warfen Leben, Namen und Ruf in die Waagschale, ohne im Mindesten auf ihr eigenes Interesse zu achten, um das Wort, das Ideal und das Licht unserer Bruderschaft anzuzünden, zu vermehren und zu verbreiten. Ebenso haben die Hauptpersonen dieses Buches alles in unsere Hände und in die jener gelegt, die noch kommen werden. Daher sind wir überzeugt, dass es die Absicht der Gründer unserer Bruderschaft war, den Plan, das Konzept und die atemberaubende, aber zarte Schönheit der Entwicklung der Seele in reichem Maß und von Herzen bekannt zu machen.

Tempora mutantur – die Zeiten verändern sich. Der Mensch geht gebeugt unter seiner Unwissenheit, unter Kriegen und Gerüchten von Kriegen. Dennoch: Ein kleiner Kampf in der Kraft dessen, welcher ist Christus, geführt im Inneren und im Auge des Sturms, lässt den Sucher, der sein Lebensschiff der akademischen See anvertraut, sicher den Hafen unseres Caphar Salama erreichen.

Die Zeiten verändern sich tatsächlich. Es mögen zuweilen dunkle Wolken drohen, aber unveränderlich wirken die Gesetze des Hermes, der vernünftige Gottesdienst der Gnosis und das befreiende Licht des Christus zu allen Zeiten im inneren Heiligtum. Sie vervollkommnen nicht den Verstand, nicht das Gefühl und nicht das niedere Ego, sondern die Seele und das wirkliche Ich, das Er ist. Eher werden die Steine zu sprechen beginnen, als dass die weltumspannende Arbeit für die Seele aufhören oder auch nur verzögert wird. Gottes Glorie ist unantastbar. Und im Mikrokosmos werden sich die Größe, die Schönheit und die Harmonie des Alls widerspiegeln. So zeugen wir, 400 Jahre nachdem unsere *Fama* geschrieben wurde, erneut von der Bruderschaft des Rosenkreuzes.

Jesus mihi omnia.   Peter Huijs 22. Juli 2008

Einleitung zu diesem Buch

Jan van Rijckenborgh ist Jan Leenes (1896-1968) geistiger Name und Catharose de Petri der von Hendrikje Stok-Huizer (1902-1990). Sie waren moderne Rosenkreuzer und hermetische Gnostiker – das sind zwei Umschreibungen, die ihr gesamtes Leben kennzeichnen. Jan Leene vertiefte sich schon als junger Mensch in alles, was mit Religion zu tun hatte. Er suchte nach einer absoluten Anwendung des Glaubens im täglichen Leben. Er distanzierte sich vom oberflächlichen Christentum der Kirchen und der mentalen Theologie, die den normalen Menschen nicht erreicht, sondern eher verwirrt. Ein stark ausgeprägtes Gerechtigkeitsgefühl ließ ihn sich für die entstehende Arbeiterbewegung erwärmen, die sich in seiner Jugend profilierte. Das war eine bewegte Zeit, in der Prof. A. H. de Hartog (1869-1938) mit seiner „realistischen Theologie" für volle Kirchen sorgte. Dort war Jan Leene mit seinem Bruder Wim (Z. W. 1892-1938) oft zu finden. Beide waren beharrliche Sucher. In dem verwirrenden esoterischen Feld am Beginn des vorigen Jahrhunderts erkundeten sie – gemeinsam mit anderen – allmählich die Richtung, die sie einschlagen mussten, um ihr Ideal zu verwirklichen. Über diese vorbereitende Phase im Auftrag des Ordens des Rosenkreuzes berichtet der erste Teil dieses Buches.
Der zweite Teil beginnt, als die Brüder mit einigen Freunden 1924 die erste noch bescheidene Basis für die Mysterienschule des Rosenkreuzes legten. Dabei schlossen sie an das Werk Max Heindels und seiner Rosicrucian Fellowship an, angeregt von den Manifesten der Rosenkreuzer des siebzehnten Jahrhunderts. 1930 kam Catharose de Petri hinzu. Diese Periode können wir als ersten Kreis bezeichnen, der von den älteren Brüdern des Ordens inspiriert wurde. Im Januar 1937 erschienen die niederländischen Übersetzungen der klassischen Manifeste dieser Bru-

derschaft in einer Ausgabe unter dem Titel: *Het Geestelik Testament der Orde van het Rozekruis*. Dadurch wurden diese Grundtexte zum ersten Mal für ein größeres Publikum zugänglich. So machten sie „das Ziel, das Wesen und die Berufung der westlichen Mysterienschule" bekannt, wie es auf dem Titelblatt der ersten Ausgabe heißt. Das Ziel war eine allgemeine Reformation: Verlegung des Lebensschwerpunktes auf die Entwicklung der Seele und durch Wiedergeburt auf eine erneute Verbindung mit dem universellen Siebengeist.

Der dritte Teil des Buches beginnt mit der Gründung des Lectorium Rosicrucianum 1946 und markiert den zweiten Kreis der Wirksamkeit. Darin wird erkennbar, wie sie als geistige Leiter einem innerlichen Auftrag Gehör schenkten. So wurden sie von der universellen Kette der Bruderschaften dazu inspiriert, eine neue, siebenfache Weltwirksamkeit zu entfalten im Dienst der Befreiung der Seele. Entscheidend für die innere Entwicklung von Catharose de Petri und Jan van Rijckenborgh, sowie der Geistesschule, war die Begegnung und Zusammenarbeit mit Antonin Gadal ab 1954 in Ussat, Südfrankreich. Die Folge war, dass sie die spirituelle Arbeit der Katharer sowie deren materielles und immaterielles Erbe in Wort und Schrift erklärten. Ihre Arbeit wurde durch das besondere Zusammenwirken der drei Bruderschaften mit geistiger Wirksamkeit – des Dreibundes des Lichtes – gekrönt und 1955 zu dritt bestätigt.

Jan van Rijckenborgh und Catharose de Petri arbeiteten während ihres ganzen Lebens am Aufbau der heutigen siebenfachen Geistesschule des Goldenen Rosenkreuzes. Ein wichtiger Teil dieser Arbeit sind einige Tausend Ansprachen, in deren Zentrum viele Aspekte der gnostischen Erlösungslehre stehen. Als Autoren ihrer philosophischen Lehren können sie nicht getrennt voneinander betrachtet werden; vielmehr zeugt ihr Werk auf diesem Gebiet von einer einzigartigen harmonischen Zusammenarbeit. So enthält *Die chinesische Gnosis*, herausgegeben von der Rozekruis Pers, glänzende, von ihnen gemeinsam dem zwanzigsten Jahrhundert angepasste Kommentare zu dem alt-chinesischen Text von

Lao Tse, dem *Tao Te King*. Während ihres ganzen Lebens gaben sie Wochen- und Monatsblätter heraus. Außerdem wurden viele ihrer Erklärungen und Ansprachen in die rund 40 Bücher aufgenommen, welche die Rozekruis Pers unter ihrem Namen publizierte.

Obwohl sie die Vorstellung eines historischen Christus der Kirchen ablehnten, waren ihr Unterricht und die Schule rein auf die universelle Christus-Kraft abgestimmt, auf eine Energie, die alles und alle durchdringt und erleuchtet. Das Werk, das 1924 begann, entwickelte sich zur Internationalen Geistesschule des Goldenen Rosenkreuzes, die nun in der ganzen westlichen Welt wirkt und in 42 Ländern mehr als 200 Niederlassungen besitzt.

Nach dem Tod Jan van Rijckenborghs im Jahr 1968 rettete Catharose de Petri – unterstützt von einer Gruppe Getreuer – die Arbeit aus einer schweren Krise. Sie setzte das gemeinsam begonnene Werk fort, gab der Geistesschule eine feste Struktur und sicherte so ihr Fortbestehen. Diese besondere Frau, die das alte Motto der Rosenkreuzer: *Selbstvergessene Dienstbarkeit ist der kürzeste und freudigste Weg zu Gott* in Tat und Leben umsetzte, verstarb 1990.

Die geistige Linie wurde ab 1990 in einem dritten Kreis der Wirksamkeit fortgeführt. Darüber berichtet der vierte Teil dieses Buches. Ein Kollegium der Internationalen Spirituellen Leitung sorgte für die weitere Entfaltung der Geistesschule. Es wurden Initiativen unternommen, um der von Jan van Rijckenborgh und Catharose de Petri begonnenen Arbeit auf unterschiedliche Weise weiterhin Gestalt zu verleihen.

Der fünfte Teil geht schließlich auf die Bedeutung der Aquarius-Arbeit im einundzwanzigsten Jahrhundert und auf die Perspektiven ein, die sich öffnen, da die siebenfache Geistesschule nun Wirklichkeit geworden ist. Außerdem werden die Möglichkeiten aufgezeigt, die sichtbar wurden, weil eine Verbindung mit dem ursprünglichen Leben tatsächlich besteht und mit viel Hingabe unterhalten wird.

TEIL I

DER ORDEN DES ROSENKREUZES
DIE VORBEREITUNG IM WELTFELD

1. Die Naturseele und das Herz der Welt

Jan van Rijckenborgh sah zahllose befreite Seelen vor sich. Er erwartete, dass der Mensch nur einen relativ kleinen, einfachen Schritt in ein Leben der Selbstvergessenheit setzen müsse, um zu erkennen, wie begrenzt das normale, natürliche Bewusstsein ist und wie groß die Möglichkeiten sind, die das neue Bewusstsein der Seele bietet.
Um dieses neue Bewusstsein zu erreichen, hielt er eine erste innere Schulung von ungefähr drei Jahren für notwendig. Dann würde der Mensch fähig sein, die Grenzen eines nur auf sich selbst gerichteten Lebens zu überschreiten. Danach würde er ganz selbstverständlich ein Großer der Schöpfung sein. Die Schönheit dieser Idee und des vollkommenen Plans, der dahinter liegt, würde ihn in Feuer und Flammen versetzen. Auf dieser Basis könnte der Mensch dann wirklich an dem großen Weltwerk mitwirken, das Jan van Rijckenborgh vor Augen hatte. Nur dieses Weltwerk – 10.000 Seelen würden reichen – könnte verhindern, dass Eigeninteressen und ein Lebensstil des auf die Spitze getriebenen Individualismus die gesamte Gesellschaft zu Grunde richte; um von den Folgen für den Planeten gar nicht erst zu sprechen.
Mit dem Drängen eines von Menschenliebe ergriffenen Herzens war er bereits ziemlich jung aktiv tätig für die Jugend in der Nederlands Hervormde Kerk, zu der seine Familie gehörte. Folgende Bitte drückt sein Lebensmotto aus:
„O Gott, befreie mich von der Täuschung und dem Naturtrieb. Lass mich die Schönheit deines ursprünglichen Schöpfungsplans erkennen, den du durch deine heiligen Diener und durch die Gnade Christi wieder mit uns verbinden willst."

[4] Johann Valentin Andreae: Reipublicae Christianopolitanae, mit erklärenden Briefen von John Twine, Haarlem, Rozekruis Pers, II 1940, 2. Ausgabe 1978. S.III

Jan Leene 1939

In seinem späteren Leben erklärte er von vielen Blickwinkeln aus, was nötig ist, um „die Schönheit des ursprünglichen Schöpfungsplans" zu erkennen. Er beschrieb auf unterschiedlichste Weise die Bedingungen, die erfüllt werden müssen, um von den Begrenzungen der Naturgeburt frei zu werden. Dabei verließ er niemals die beiden Ausgangspunkte „Naturgeburt" und „ursprüngliches, geistig-spirituelles Leben". In den vierundvierzig Jahren seiner Wirksamkeit stellte er stets die Weltseele ins Zentrum, die für ihn der Christus war. Christus ist eine verbindende Lebensenergie mit hohem Niveau, die niemals in der Natur, in unserem Leben, angewandt werden kann.

Der Jugend bot er Perspektiven, die sie bis ins Herz berührten. Am Ende des Kapitels IX des Werkes *Christianopolis* gibt es ein Beispiel dafür. Er schrieb dort:

„Wir wenden uns hier besonders an die jungen Freunde und Freundinnen unter uns, die das Leben noch vor sich haben. Und wir möchten Sie bitten, wenn Sie uns verstanden haben: Zerbrechen Sie die Fesseln, mit denen man Sie von Geburt an gebunden hat. Weigern Sie sich, weiter im Gewohnheitstrott dieser versunkenen Weltordnung mitzugehen. Besinnen Sie sich auf Ihre Berufung als Kinder Gottes. Vielleicht werden Sie dann, nach den Maßstäben der Basaltstadt, arm und mühselig leben, jedoch als Bewohner von Christianopolis werden Sie sehr reich sein, sagenhaft reich."

4

Was für ein Mensch war Jan van Rijckenborgh?
Er und die Seinen bauten ein spirituelles Kraftfeld, eine geistige Oase – und zwar mit eiserner Kraft. Aber wir müssen eigentlich sagen, nicht mit einem eisernen, sondern mit einem diamantenen Willen. Gleichzeitig wählte er für sich selbst als Richtschnur die Worte Christi: „Und lernet von mir, denn ich bin sanftmütig und von Herzen demütig." (Matth. 11/29)

Er führte sein Lebenswerk in vollkommener Aufopferung und absolut eindeutig auf das Ziel gerichtet aus. Aber das Wichtigste dabei war die

Kraft des Christus, die Weltseele, die uns ein anderes Leben zeigt, ein Leben des Lichtes, des Friedens, der reinen Schönheit und Brüderlichkeit. Mit der menschlichen Eigenschaft der Sanftmut trat er jedem entgegen. Catharose de Petri (Hendrikje Stok-Huizer, 1902-1990), die mit ihm das Lectorium Rosicrucianum gründete, nannte ihn einen Gesandten.

Aber Jan van Rijckenborgh war auch ein einfacher, normaler Mensch. „Ganz normal, ein liebenswürdiger Mann", sagte seine Tochter, Els Hamelink-Leene, „ein Vater, der mit meinem Bruder Fußball spielte wie alle Väter. Mein Vater war ein echter Fußballfreund. Oft hatte er zum Beispiel nachmittags einen Vortrag gehalten und ging dann, um ein Fußballspiel anzuschauen."
Jan Leene – das ist der eigentliche Name Jan van Rijckenborghs – wurde 1896 in Haarlem als Jüngstes von vier Kindern geboren. Jan und Wim (Zwier Willem) waren die beiden Jungen. Jans Gesundheit war äußerst schwach. Vor seinem dreißigsten Geburtstag gab es eine Periode von zwölf Jahren, in der er wiederholt lebensbedrohend krank war. Er besuchte die örtliche Hauptschule. Sein Vater Hendrik betrieb mit ihm gemeinsam einen Großhandel mit Stoffen und Textilien, von dem beide Familien leben konnten. Es war ein streng reformiertes Milieu, in dem die beiden Brüder aufwuchsen. In der Familie wachte der Onkel Johannes über die rechte Lehre. Die Fragen, mit denen die Brüder rangen, und alles, was sie besprachen oder taten, fand denn auch lange nicht bei jedem in der Familie Beifall, gewiss nicht bei diesem Onkel. Todernst konnte er in einem bestimmten Moment behaupten: „Wim (Z.W.) kann vielleicht noch in den Himmel kommen, aber Jan gewiss nicht."
1915, also mit neunzehn, war Jan Leene Büroangestellter, und Wim, vierundzwanzig Jahre alt, lernte Steuermann. Als der Vater 1920 starb, übernahmen die beiden Brüder den Textilhandel.

5 Gespräche mit E. T. Hamelink-Leene, Februar 2008
6 Noord-Hollands Archief, Militärregister, Nr. 407 277 & 413 601, Seiten 310 & 340

Haarlem, Amsterdamse Poort ca. 1900

Aber da die Arbeit, über die dieses Buch berichtet, die ganze Aufmerksamkeit erforderte und sich in der Krisenzeit wenig glänzende ökonomische Aussichten boten, widmeten sie sich völlig dem, was sie beide als ihren Auftrag erkannten.

7   Die ganze Familie hatte großes Interesse für das Warum des Lebens, für die Rolle der Religion, das soziale Unrecht sowie für die Arbeiterbewegung, welche die Niederländer in den ersten Jahren des zwanzigsten Jahrhunderts beschäftigte. Sie fragte sich, was die Anwendung der christlichen Werte im täglichen Leben wirklich bedeute.

Während eines Gottesdienstes in einer anderen Kirche begegnete Jan Leene einmal einem Mädchen, das mit seiner reinen Singstimme der Zusammenkunft Glanz und besondere Vertiefung verlieh. Sie hieß Jo

---

7 Siehe Note 5

Ames. Als Leitungsmitglied der Vereinigung junger Männer seiner Kirche lud Jan sie ein, auch bei ihnen zu singen. Danach bat er, ob er sie mit nach Hause bringen dürfe. Am 9. August 1923 heirateten sie, und 1924 wurde ihr erstes Kind, Henk, geboren. Acht Jahre später kam noch ein zweites Kind, die Tochter Elsine Tine, zur Welt.

Zu Beginn des zwanzigsten Jahrhunderts, an den langen Sommertagen in den Haarlemer Dünen, vertieften die beiden Brüder sich immer wieder in die großen Fragen, denen jeder Mensch in seinem Leben begegnet. Wo ist der Quell, der Anfangspunkt? Denn die Kirche … ach, in der Hervormde Kerk, in der beide getauft worden waren, fanden ihre suchenden Seelen keine Befriedigung – trotz des nicht geringen Einflusses eines besonderen Pfarrers, der ihren jungen Idealen Ausdruck gab. Dieser „frei denkende" Priester sah das Christentum nicht als eine Philosophie aus strengen Lebensregeln. Gott und die individuelle Seele fallen nicht mit der Natur zusammen, meinte er. Für ihn stand Gott als Energie „in seiner Essenz immer außerhalb des Menschen – aber der Mensch kann Gott kennen, nach ihm verlangen und sich mit ihm vereinigen, in Seiner Kraft, Seiner Energie, die auch im Menschen ist." Dieser Mann war der reformierte Pfarrer Professor Doktor A. H. de Hartog. [8]

---

[8] Musik & Religion. Handelingen van het Genootschap „Muziek en Religie". Musikkonferenz 29. August – 1. September 1924 im Oolgaardhuis zu Arnhem, Amsterdam. H. J. Paris, 1924

2. Den Wendepunkt bestimmen Sie selbst

Die Haarlemer Jahre: Erster Entwicklungskreis. Der Einfluss eines Haarlemer Pfarrers: A. H. de Hartog. Jakob Böhmes Axiom als innere Richtschnur. De Hartogs gesellschaftliches Engagement. Was bedeutet es, selbst den Wendepunkt zu bestimmen?

In Jan Leenes Denken und Handeln sind drei Einflüsse zu erkennen, die eine bedeutende Rolle gespielt haben und ebenfalls als drei Aspekte in den Lehren der späteren Geistesschule des Goldenen Rosenkreuzes einen wichtigen Platz einnehmen.

In erster Linie war es die bedeutungsvolle Begegnung mit dem Werk des älteren Bruders des Rosenkreuzer-Ordens, Max Heindel. Der zweite, mindestens ebenso bedeutende Faktor war der Fund der ursprünglichen Manifeste der klassischen Rosenkreuzer, der Schriften von Johann Valentin Andreae. Und der dritte Aspekt ist die bewusste Verbindung mit der universellen Bruderschaftskette, in der und durch die das Lectorium Rosicrucianum Gestalt erhielt. In dieser Periode kommentierte Jan Leene – auf dem Höhepunkt seiner Aktivität in den fünfziger Jahren – die hermetischen und gnostischen Texte vom Beginn unserer Zeitrechnung. In den nach dem Zweiten Weltkrieg erstarrten Niederlanden waren diese Texte noch vollkommen unbekannt. Nur im englischen Sprachgebiet standen sie bereits seit 1900 zur Verfügung, dank des Werkes von George R. S. Mead. Diese Übersetzungen sind die wichtigste Quelle für die Texte der Gnosis, die Jan

---

9 G. R. S. Mead, Thrice greatest Hermes Studies in Hellenistic, Theosophy and Gnosis, being a Translation of the Extant Sermons and Fragments of the Trismegistic Literature, with Prolegomena, Commentaries and Notes. Three volumes, London and Benares. The Theosophical Publishing Society, 1906

A.H. de Hartog

Leene als Jan van Rijckenborgh einem größeren Publikum erschließen sollte. Von großer Bedeutung sind ebenfalls die Rosenkreuzer-Lehren, die der Däne Max Heindel zwischen 1906 und 1919 entwickelte. Er verbreitete sie über die Rosicrucian Fellowship, die er 1909 gegründet hatte. In der Periode vor dem Zweiten Weltkrieg gestalteten die beiden Brüder Leene den niederländischen Zweig der Fellowship unter dem Namen Het Rozekruisergenootschap. Sie verbreiteten Heindels Buch *Wereldbeschouwing der Rozenkruisers* (Weltanschauung der Rosenkreuzer) und seine anderen Werke. Und allmählich veränderte sich Heindels Werk, das vor allem schriftlich verbreitet wurde, zu einer Gruppenarbeit mit Sommercamps und Konferenzen, in denen das Zusammensein zum wichtigsten Faktor wurde.

Von Beginn an waren der innereigene Impuls, das eigene Wissen und das Verlangen, etwas für den Mitmenschen zu tun, die Basis von Jan Leenes Arbeit. Und er erkannte, dass es immer darum geht, was man selbst vollbringt. Man selbst bestimmt den Wendepunkt – oder nicht. Die Form, in der sich sein Impuls ausdrückte, kann man nur verstehen, wenn man die Einflüsse tiefer studiert, die dazu beitrugen. Bevor die Brüder ihre Geistesverwandtschaft mit dem Rosenkreuz entdeckten und lange bevor die direkten Quellen der Gnosis erklärt werden konnten, war der bereits genannte Pfarrer und Hochschullehrer A. H. de Hartog für die Denkgestaltung der Brüder der wichtigste Initiator. Seine Bedeutung war entscheidend und kann kaum überschätzt werden. Denn er zeigte auf: Es bestehen Geist und Natur. Damit stellte er sie auf ihren Weg und gab ihnen einen kräftigen Anstoß.

---

10. Weltanschauung der Rosenkreuzer oder esoterisches Christentum. Neubearbeitung von Ger Westenberg, Den Haag, Stichting Zeven, 2000. Ursprünglicher Titel und Ausgabe: The Rosicrucian Cosmos-Conception or Christian occult science; an elementary treatise upon man's past evolution, present constitution and future development, Chicago, 1909

DIE WEHRHAFTEN CHRISTEN A. H. DE HARTOG

A. H. war Hochschullehrer für Apologetik an der Theologischen Fakultät der Rijksuniversiteit Utrecht sowie bis 1917 Pfarrer der Groote oder St. Bavo Kerk in Haarlem, welche die Brüder oft aufsuchten. Er besaß eine außergewöhnliche Rednergabe und war überhaupt ein Mann mit „besonders großen Gaben und umfassender Kenntnis", wie ein Zeitungsbericht anlässlich seiner Benennung in Utrecht zu berichten wusste. Er war der Vater des bekannten Schriftstellers Jan de Hartog. In den ersten zwanzig Jahren des vorigen Jahrhunderts konnte er mit seinen Vorträgen ein so besonderes Feld erzeugen, dass sogar die Königinmutter Emma seine Predigten besuchte. Als Pfarrer sprengte er in den kirchlichen Niederlanden vor dem Ersten Weltkrieg und in der Zeit zwischen den Kriegen mit seinen Vorstellungen den Rahmen der gängigen Orthodoxie. Seine [11] inspirierten Predigten und Ansprachen waren ein Genuss, an dem sich viele labten. „Er war ein Getriebener, ein Gottesfreund. Er hat vielen Fernstehenden geholfen und die Nahestehenden aus der Verdorrung gerissen. Es ging ihm um die Wiedergeburt durch den Geist, um so ein Gottesfreund zu werden und ewig zu bleiben", schrieb J. W. Jongedijk über ihn in seinem Buch *Geestlijke Leiders van ons volk* (Geistige Führer unseres Volkes). In der Zeit, in der A. H. de Hartog Pfarrer in Haarlem war, [12] versäumten die beiden Brüder Leene keinen seiner Gottesdienste. Aber auch an den Debatten, die er auslöste, zum Beispiel über die Führer der Arbeiterbewegung und über andere Themen, nahmen sie teil. Aber De Hartog wollte keine Anhänger. Jeder Mensch sollte seiner Ansicht nach ein selbständiger, wehrhafter Christ sein mit einem festen Glauben und vernünftiger Überzeugung. Bemerkenswert ist auch, dass er die Versöhnung von Religion und Wissenschaft anstrebte. Dieses Ideal nahm bereits

---

11 Frans Smits, Kroniek in goud. De hedendaagse Geestesschool van het Rozenkruis, Chroniqeur, 2005, S. 8. siehe auch P. F. W. Huijs, Stromen van Licht, Haarlem. 2005, S. 298 (Ströme des Lichtes in Europa)

12 J. W, Jongedijk, Geestlijke leiders van ons volk. En hun kerken, stromingen of sekten, 's Gravenzande, Europese Bibliotheek, 1962

drei Jahrhunderte früher in den Manifesten der Rosenkreuzer einen zentralen Platz ein. Aber das wusste De Hartog nicht. Bei seinen Vorträgen in De Lairessestraat in Amsterdam konnte man in den zwanziger Jahren stets die beiden Brüder finden, eifrig und ernsthaft Notizen machend und jeden Satz dieses dynamischen Dieners des Wortes gleichsam einsaugend. Streitbar, wie De Hartog war, wich er nicht zurück während der Debatten mit den Führern und Vertretern der Arbeiterpartei. Er war als freisinniger Pfarrer bekannt, dessen Gedanken viele Gebiete umfassten. Er war auch Mitbegründer der Internationale School voor Wijsbegeerte in Amersfoort. Dieses Institut betrieb vergleichende Studien auf den Gebieten Religion und Kultur.

Aus De Hartogs Sicht fanden die jungen Jan und Wim Leene den Schlüssel zu dem Menschheitsdrama, das jeden betrifft. Welche Sicht war das? 1924 fasste der Professor das selbst zusammen in einem Beitrag zu der Veranstaltung *Muziek en Religie*. Darin wandte er sich gegen die einseitige Verherrlichung der Evolutionslehre Darwins. Gleichzeitig entwickelte er einen eigenen und esoterisch interessanten Gedankengang über die Evolution der Welt und der Erde. Er sagte in der so typisch blumigen und umständlichen Sprache der zwanziger Jahre:

„Entwickeln kann ein Wesen nur das, was bereits als Keim in ihm selbst verborgen liegt. Evolution führt also niemals über das eigene Selbst hinaus. Nur was man bereits besitzt, kann nach außen gekehrt werden. Das All-Geschehen zeigt nun jedoch, dass außer dem Prinzip der Evolution, der Entwicklung oder Entfaltung, noch ein anderes Prinzip offenbar wird, nämlich das Prinzip der Regeneration, der Wiedergeburt, der Erneuerung, der Erhebung in eine höhere Daseinssphäre als die mit dem eigenen Selbst verbundene. [...] Das geschieht an dem Tag, an dem das Erdreich (das in sich selbst herrlich ist und all seine Möglichkeiten in sich trägt) mit dem Pflanzenreich (als neuem Prinzip) besät wird. Das Pflanzenreich senkt sich in das Erdreich ein und setzt es wiedergebärend um, so dass aus der Höllenfahrt, dem Zug nach unten, eine Himmelfahrt, ein Zug nach oben wird.

Die eintönige Erde zeigt dann ebenfalls Farben und Düfte in vielfältiger Pracht. Das Tierreich senkt sich daraufhin in das Pflanzenreich ein, zehrt es auf und setzt es um in die größere Vielfalt der eigenen freien Bewegung. Und schließlich bringt das Menschenreich das Naturreich mit Feuer und Schwert unter Kultur. Wenn das Naturreich so unterworfen und wiedergeboren ist, dann steigt das Kulturreich empor als Monument des Geistes. Muss es dann in der Religion beim Menschen bleiben oder muss sich der Mensch über sich selbst erheben? Suchen wir nicht den „Übermenschen" (Nietzsche)? Wenn wir uns ins Gottesreich erheben, kann auch hier die Evolution oder Entfaltung nicht das einzige Prinzip sein, sondern hat nur neben und mit der Regeneration eine bleibende Bedeutung – und zwar in jeder Daseinssphäre. Dann muss es ebenfalls ein regeneratives und wiedergebärendes Eintauchen des Gottesreiches in das Menschenreich geben, so wie das Menschenreich die Natur, das Tierreich das Pflanzenreich und das Pflanzenreich das Erdreich regeneriert. Menschwerdung durch den göttlichen Liebeseinfluss ist die zentrale Kernwahrheit des Christentums. Im Christentum übersteigt der Mensch sich selbst und alles, was ist, wenn die Einsenkung des Gottesreiches stattfindet. Im Seelengrund des empfänglichen, leer gewordenen Menschen grünt und blüht die Gottheit also ewig. (Meister Eckhardt) Wer Gott so sieht, stirbt in sich selbst und steht von den Toten auf. Denn Gott kann nur durch den Tod der Selbstersterbung, der zur Selbsterfüllung durch Ihn führt, vollkommen erkannt werden. Und so steigt der Mensch als Gotteskind empor – durch den Tod zum Leben [...]" [13]

Gott im Menschen! Das versuchte De Hartog in jenen Tagen als realistische Theologie einzuführen. An diese Realität glaubend wollte er sie dann auch verwirklicht sehen. Er legte den Nachdruck auf einen vernünftigen Glauben und einen vernünftigen Gottesdienst. Dabei stützte

---

13 Muziek en Religie, 1924. Siehe auch Note 8

er sich auf das Zitat aus Vers 1 im Kapitel 12 des Briefes an die Römer. Darin heißt es: „Ich ermahne euch nun, liebe Brüder, durch die Barmherzigkeit Gottes, dass ihr eure Leiber gebet zum Opfer, das da lebendig, heilig und Gott wohlgefällig sei, welches sei euer vernünftiger Gottesdienst."

Er selbst wurde geprägt durch den Einfluss des Philosophen Eduard von Hartmann (1842-1906), Autor des Buches *Philosophie des Unbewussten*. Diesem Buch entnahm er die Einsicht, dass es eine Wirklichkeit außerhalb des Menschen gibt (das Gottesreich aus dem unter 13 angeführten Zitat), die für ihn eventuell erkennbar ist. Das ist zwar eine Realität, aber die menschliche Gottesvorstellung stimmt damit nicht überein. Der Mensch hat sich ein abweichendes Bild geschaffen. De Hartog meinte denn auch, dass hinter dem wahrnehmbar Bestehenden ein „Urgrund" liege, eine Urkraft, ein Urprinzip, das unter allem Bestehenden ruht – oder auch im menschlichen Geist.

JAKOB BÖHME

Dieser Gedanke führt über Schellings *Über das Wesen der menschlichen Freiheit* von 1809 zurück zu dem Begriff „Ungrund" des deutschen Philosophen Jakob Böhme (1575-1624), für den De Hartog sich stark interessierte. Vielleicht erkannte er sich selbst in dem Widerstand, den dieser Verkünder des Wortes erfahren musste.

Jakob Böhme war eine markante Gestalt am Scheideweg der Zeiten. Er stand am Anfang des siebzehnten Jahrhunderts zwischen den wichtigen gesellschaftlichen Strömungen: dem alten Adel und den neuen Reichen, den Stadtregeln und der freien Unternehmerschaft, den kirchlichen Regeln und dem freien religiösen Erleben. Sie alle hörten ihn! Böhme ist absolut nicht nur der erfolglose Schumacher, für den er so oft gehalten wird, der außerdem mit der Geistlichkeit und der Obrigkeit seiner Zeit Streit führte. Als autonomer Unternehmer spielte er im ersten Teil seines Lebens eine aktive und bewusste Rolle in der Gesellschaft. Daher konnte er auch seine tiefgehende Kenntnis über die Seele im Menschen verbreiten. [14]

Aber vor allem war Jakob Böhme das Genie, das in Gottes Tiefen zu blicken vermochte. Dieses Talent schlug sich in seinen Werken nieder. *Aurora oder Morgenröte im Aufgang* war sein erstes Werk. „Für mich selbst geschrieben", sagte er. Es war vollkommen aus der Inspiration des Geistes entstanden mit dem einzigen Ziel, besser erklären zu können, um was es bei der Wiedergeburt geht.

Böhme war ein Erneuerer. Und Professor De Hartog erkannte das. Genau wie er (De Hartog hatte einen einzigartigen Sprachstil) bemühte Böhme sich, für die Menschen seiner Zeit eine neue Sprache zu entwickeln, eine neue Philosophie und eine neue Art, Abstraktionen auszudrücken, die vor ihm noch niemals in Worte gefasst worden waren. Es fällt auf, dass Jakob Böhmes Schicksal parallel zu dem der Brüder des Rosenkreuzes verlief, die sich zu gleicher Zeit in Süddeutschland manifestierten. Das ist der Beweis für den mächtigen Impuls, der durchbrechen und die innere Wiedergeburt ins Leben eines jeden Menschen bringen will, dem jedoch immer stark entgegengewirkt wird.

1915 publizierte A. H. de Hartog eine Blütenlese aus Böhmes Werk bei der Hollandia-Druckerei in Baarn. Es war Teil einer damals populären Serie *Uren met ... – Boeken van wijsheid en schoonheid* (Stunden mit ... – Bücher der Weisheit und Schönheit). In dieser Serie veröffentlichten [15] renommierte Autoren wie P. C. Boutens, J. D. Bierens de Haan und P. N. van Eyck jeweils eine Auswahl aus den Werken mehr oder weniger bekannter Denker, Musiker oder christlicher Mystiker. In der ersten Serie erschienen Passagen von Montaigne, Kant, Novalis, St. Bernard,

---

14 Entnommen aus: A. H. van den Brul: Jan van Rijckenborgh – moderner Rosenkreuzer und hermetischer Gnostiker. In: Pentagramm, Nr, 2, 1995

15 Uren met Böhme. Boeken van wijsheid en schoonheid, Baarn, samengesteld van prof. Dr. A. H. de Hartog, Hollandia-Druckereij, 1915. Ein neu bearbeiteter Nachdruck dieses Buches erschien 1998 unter dem Titel: Levend in de eenvoud van Christus. Siehe Nr. 126 Bibliographie.

Ruusbroec, Plato, Luther und anderen. Ein Zitat aus einer Kritik dieser Zeit über *Uren met Böhme* ist vielleicht angebracht. In der christlichen Zeitschrift *Opbouw* (1916) verteidigt Br. Elffers De Hartog, der des „Pantheismus" bezichtigt wurde:
„Das ist ein köstliches Buch. Es führt uns mitten im Lärm der Welt zur Stille in uns selbst. Es erhebt uns aus dem Schlendrian des irdischen Lebens. Es taucht mit uns hinab in die dunklen Tiefen, wo der Glanz der Ewigkeit für uns leuchtet. Tatsächlich, das ist ein Buch der Weisheit und Schönheit."
Und in derselben Zeitschrift finden wir Böhmes berühmte Worte:

Wem Zeit geworden ist wie Ewigkeit
und Ewigkeit wie Zeit,
der ist befreit von allem Leid.

DE HARTOGS GESELLSCHAFTLICHES ENGAGEMENT

De Hartogs Auftreten rief tatsächlich heftigen Widerstand von verschiedenen Seiten auf. Viele waren von seiner großen Rednergabe beeindruckt, aber nur wenige konnten seine Sicht verstehen. Die Arbeiter, vor denen er viele Vorträge hielt, erkannten das Geistprinzip nicht, über das er sprach. Die aufkommenden Nazis und NSB-er (NSB: National-Sozialistische Bewegung) brüskierte er öffentlich, wie sein Sohn Jan in seinen *Herinneringen aan mijn moeder* (Erinnerungen an meine Mutter) fesselnd beschreibt. Er gründete „De Middaghoogde" (Die Mittagshöhe) als Gegengewicht gegen jene Freidenker, die in der Vereinigung „De Dageraad" (Der Tagesanbruch) organisiert und rational-materialistisch ausgerichtet waren. Man wollte mit wissenschaftlichen Argumenten beweisen, dass es Gott nicht gibt. Wo „De Dageraad" aktiv war, präsentierte sich auch „De Middaghoogte", in der De Hartog stets das Christentum und die Kirche verteidigte.

Siebe Thissen schreibt darüber auf seiner Website: „In seinen Vorträgen und Artikeln behandelte er das gesamte philosophische Spektrum: Erkenntnislehre, Naturwissenschaft, Psychologie, Anthropologie, Ethik, Geschichtswissenschaft, Metaphysik und Philosophie. Locker wechselten Bibeltexte und philosophische Begriffe einander ab. Und so konnte es geschehen, dass von Hartmann brüderlich neben Paulus angeführt wurde."

In den zwanziger und dreißiger Jahren wurde De Hartog das wichtigste Sprachrohr der Gegner des Atheismus in den Niederlanden. Auf jede Aktion der Atheisten folgte eine Reaktion De Hartogs. Als der Freidenker A. L. Constandse 1923 die Broschüre *De ellende der religie* (Das Elend der Religion) herausgab, reagierte De Hartog unmittelbar mit *De glorie der religie* (Die Glorie der Religion), ebenfalls 1923. All diese Debatten fanden großes Interesse. Tausend Besucher oder mehr waren keine Ausnahme. De Hartogs Kraft war sein Charisma. Er war eitel, manchmal auch naiv, aber stets ging er ehrlich und ohne Umschweife auf sein Ziel zu. In seinem Buch *Hoera voor het leven*, 1959 (Hurra für das Leben) erinnert sich „der rote Pfarrer" J. J. Buskes: „De Hartog war ein großer Redner und ein starker Zeuge. Wenn er Atheisten für den Glauben an Christus gewonnen hat, dann geschah das nicht, weil er die Vernunft der Religion aufzeigte und durch Wissenschaft bewies, sondern ausschließlich durch sein bewegtes Zeugnis." Am meisten ärgerten sich die christlichen Amtsbrüder über ihn und griffen seine Sicht vehement an. Der Theologe Ubbink behauptete zum Beispiel in dem bereits genannten Blatt *Opbouw* (Aufbau)), dass De Hartogs Ansichten phantastisch seien. Dieser erwiderte nicht ohne Humor: „Nach Ubbinks Auffassung wäre sogar Paulus ein Phantast, wenn man die Apos- [16]

---

16. Siehe Thissen, 2008. Siehe auch u. a. Wouter Kuijlmans Doktorarbeit: Metamorfose Vrijdenker. Rechenschaft einer Sammlung von Freidenker-Publikationen aus der Periode von 1855-1950 (für die Universität für Humanistik), Utrecht 2005; oder Jo Nabuurs' Vrijdenkers im verzuild Nederland. De Dageraad 1900-1940, eine Quellenstudie (Utrecht, Humanistisches Archiv, 2003) 13. Die vollständig erhaltene Freidenker-Sammlung kann zu Rate gezogen werden über die Bilddatenbank Metamorfose Vrijdenkners im Internet: http://web2.stratapreservation.nl/cgi-bin/vrijdenkers oder über die Website des Humanistischen Archivs: http://archief.uvh.nl.

telgeschichte 17/28 liest: ‚Denn in ihm (dem Herrn) leben und weben wir; wie auch etliche Poeten bei euch gesagt haben: Wir sind seines Geschlechts.'" De Hartog betont: „Nein, der wahre Gottsucher unterscheidet die Welt und Gott, dennoch weiß er, dass sie eins sind. Wir haben oft gesagt, dass der Pantheist Gott und Welt gleichsetzt, während der Theist diese beiden unterscheidet und doch eins weiß. Einheit mit Unterscheidung bedeutet absolut noch nicht Identifizierung (wenn Dr. Ubbink auch sein philosophisches Wörterbuch anführt): Der Herr will sich in seiner souveränen Allmacht und Liebe dem Geschöpf mitteilen, wenn er die göttliche und menschliche Natur so ‚vereinigt', dass sie ungeteilt und ungetrennt, unvermischt und unverändert bleiben. Aber damit hat sich die göttliche Natur noch nicht mit der menschlichen identifiziert."

Der Mensch selbst bestimmt dabei den Unterschied, weil er sich verändert, wie wir noch darlegen werden.

Das „Geistprinzip" ist der am wenigsten verstandene Punkt in De Hartogs Lebenslehre. Was für ihn Erfahrung, Wirklichkeit, Realität war, bedeutete für seine Mit-Theologen nicht mehr als eine Theorie, die angeblich überholt sei. Aber De Hartog kam stets auf dieses Thema zurück. Für ihn war es wesentlich, der zentrale Punkt, um den es in einem realistischen Gottesdienst gehen muss. In einem seiner letzten Werke *Modern heidendom* (Modernes Heidentum), geht der Professor noch einmal auf diese Zweifachheit ein, die nach dem Krieg im Lectorium Rosicrucianum die Basis der Philosophie und Lebenslehre bilden sollte. De Hartog fand diese Zweifachheit überall: in der Welt, im Universum, im Menschen. Er beschrieb in diesem Buch verschiedene Strömungen, die in seinen Tagen den Westen erreichten und die er unter dem Begriff „modernes Heidentum" zusammenfasste. Es ging ihm nicht um Atheisten oder Materialisten, sondern er formulierte die folgenden Gedanken:

„Man begegnet der unmittelbaren Gleichsetzung der Natur und des Naturproduktes, also der Vielheit, mit der Einheit der höheren, göttlichen Macht. Gott und Natur oder Mensch sind untrennbar eins. Und dann wird das zerbrochen: Dieser Stein, ein Stern oder ein Mensch, ein Ersatz für das Eine und Ewige, das der Mensch ‚Gott' nennt."

Wo jedoch das höhere, geistige Leben durchbricht, in welchem der Mensch seine Abkunft vom Geist beweist und nicht nur von der Natur, dort muss der Mensch:

„[…] mit dem Naturtrieb brechen und – am Wendepunkt im Weltgeschehen – selbst ein Wendepunkt sein, an dem die Wiedergeburt des übernatürlichen Geisttriebes an den Tag tritt. Das kann nur geschehen, wenn der Mensch sich nicht als Naturprodukt (also aus Erde, Blut, Rasse und Volk), sondern als Einzelner in seiner individuellen vernünftig-sittlichen Verantwortlichkeit und Freiheit vom Selbsttrieb der Natur ab- und umwendet zur Übernatur des Geistes. An diesem Wendepunkt wird die Ergebenheit (die Geduld) offenbar. Hier erreicht der Mensch seine äußersten Möglichkeiten nicht durch Evolution oder Selbstentfaltung, sondern hier wird er durch […] die Regeneration des heiligen Geistes […] umgewendet und erneuert zu seinem übernatürlichen Ursprung."

Albert Schweitzer sagte einmal: „Es gibt keine Helden der Tat, sondern nur Helden des Entsagens und des Leidens." De Hartog formulierte das so: „Sie (die Helden) verlieren das All, um das All aus einem höheren Prinzip zu gewinnen. Sie gehen unter, um aufzugehen zu neuen, bisher ungekannten Möglichkeiten auf einem höheren Plan. Darum sind die Worte des Christus so vielsagend: ‚Nehmt euer Kreuz passiv, geduldig auf euch, damit ihr es aktiv, mit der Tat, tragen dürft, um mir zu folgen."[17]

Wenn das Neue sich zeigt, ist es am Besten, wenn das Alte zurücktritt und schweigt.

---

17. A. H. de Hartog: Modern heidendom, Kampen, Kok. 1935. S. 119 ff.

DE HARTOGS EINFLUSS AUF DAS DENKEN DER BRÜDER LEENE

De Hartog publizierte mehr als hundert Titel, die alle vergessen wurden, wie auch sein Auftreten und seine Gedanken. Nur wenige Menschen interessieren sich noch für seine Erkenntnisse. Dennoch, wie wichtig war es, dass dieser widerborstige Christ das Prinzip Gott im Menschen so klar, so realistisch und unabweisbar vor die Menschen seiner Zeit stellte. In jeder Publikation und jedem Vortrag wies er auf das höhere Prinzip hin, das in jedem Menschen geboren werden kann, und zwar nicht aus dem allzu Menschlichen, dem Persönlichen, sondern aus dem Göttlichen, aus dem neuen fünften Prinzip. Die Brüder Leene gehörten zu jenen, die er erreichen konnte. „Selbst der Wendepunkt sein durch Dienst am Mitmenschen. – Das Kreuz muss im Menschen und vom Menschen selbst getragen werden. – Abstand nehmen vom Niederen und aus dem strahlenden inneren Geistfeld leben." In dieser Ausrichtung begannen sie zu arbeiten. Diese dreifache Kombination war seit 1924 das eine und stets wiederkehrende Thema ihrer Aktivität – bei Wim Leene bis 1938 und bei Jan Leene bis 1968. Das ist „das feurige Dreieck", ihr Felsen, an dem sie sich emporzogen. Denn mit De Hartog waren sie der Ansicht: „Niemand anders als der Mensch selbst bildet innerlich den Wendepunkt, nach dem sich alle Kreatur mit uns sehnt." (Röm. 8/22) Gehen wir noch etwas tiefer auf das Auftreten und Denken von A. H. de Hartog ein. Denn Jan und Wim Leene waren verständlicherweise in ihrer Jugend, also in einer ganz anderen Zeit als der heutigen, in diesen Mann vernarrt. Sein kräftiges Wort und überzeugender Vortrag „vermochten es, Licht in die Kirche zu bringen", wie ein Zuhörer es formulierte. Der wichtige Inhalt seiner Erwägungen gab Antwort auf die Fragen, mit denen die Brüder sich bereits seit den ersten Tagen in den Dünen beschäftigten. Es waren Gedanken, die das Denken der Leenes prägten. Das kulminierte in den fünfziger Jahren in den Auffassungen über die zwei Naturordnungen, die beiden Felder, „die ungeteilt, ungetrennt, unvermischt, unverändert bleiben und dennoch vereinigt sind."

Später erklärte Jan van Rijckenborgh, dass die Kirche, die De Hartog so eifrig verteidigte, ernste Begrenzungen aufweist und die Bibel (sowie die apokryphen Bücher) Weisheit und Erkenntnis im übervollen Maß besitzt. Aber diese lebendigen, regenerierenden Kräfte des Lichtes wirken erst, wenn jedes Mitglied einer Gruppe Lebensheiligung, also Verwirklichung anstrebt. Sonst können weder ein Institut noch ein Buch oder eine Kirche mit hundert Millionen Mitgliedern oder auch eine Bibel mit den tiefsinnigsten Sprüchen etwas bewirken. In einem Artikel in *Nieuw Religieuse Orientering* (s. j.) über das Mysterium der Seele heißt es: „Wenn die Bibel das wichtigste religiöse Pfand eines Menschen ist, dann ist es absolut gewiss, dass dieser Mensch an all den Texthindernissen stranden wird. Um diese Behauptung zu beweisen, führe ich Ihnen die unabsehbare Reihe der Glaubensbekenntnisse, der religiösen Gruppen und Sekten vor Augen. All diese Unterteilungen hüllen sich in buchstäbliche, symbolische oder esoterische Bibelerklärungen spontaner oder mehr oder weniger wissenschaftlicher Art. Der sich Christen nennende Teil der Menschheit findet niemals zur Einheit, zur Erhebung und Befreiung, wenn er sich nicht endgültig und vollkommen von dem Weg löst, auf den die Jahrhunderte ihn gedrängt haben. Die heiligen Bücher werden auf falsche Weise benutzt. Sie sind erst dann ein Zeugnis Gottes und ihre Sprache kann erst dann verstanden werden, wenn wir uns ihnen auf völlig andere Weise nähern. Zwischen den Mysterien Gottes und des Lebens (die unter anderem einen Brennpunkt in der Bibel finden) und uns gähnt eine tiefe Kluft. Der Weg des Lebens ist daher ein innerer Weg. Nur der Prozess, der Pfad der Heiligung, der Lebensheiligung, kann Sie befreien. Und dessen Signatur kann niemals ein Mund voller Worte oder ein Bücherbord voller Texte sein. Der Mensch, der den Pfad der Heiligung geht, beweist das durch Licht, durch inneres Licht. Dieses innere Licht ist dann die Brücke, die über die tiefe Kluft zwischen den göttlichen Mysterien, den Lebensmysterien und uns führt.
Haben wir die Bibel dann nicht nötig? Ist sie überflüssig?

Das Rosenkreuz arbeitet für eine Entwicklung, in der die Menschheit lernt, sich der Bibel auf eine ganz neue Weise zu nähern."

Dieses lange Zitat zeigt deutlich, dass hier die Linie De Hartogs einen Schritt weiter gezogen wurde: von einer realistischen Theologie zu dem Wagnis, mit dem Alten zu brechen. Das ist ein Schritt von religiöser Erfahrung zum realen Erleben einer höheren, geistigen Wirklichkeit und durch individuelle Läuterung zu einem neuen, sprühenden Verständnis der Bibel (und aller heiligen Schriften).

SELBST DER WENDEPUNKT SEIN

Wie kann man selbst der Wendepunkt sein? Wie verwirklicht man das? Wim und Jan Leene begannen im vollen Bewusstsein dieser Aufgabe ein gewaltiges Werk. Der Quell, nach dem sie suchten, ist nur im eigenen Selbst zu finden. Das empfindsame, hilfsbereite und aufrechte menschliche Herz ist der Ort, an dem einst zu Beginn der Zeiten der unerschöpfliche Quell erschlossen wurde. Das lebende Wasser dieses Quells ist das Licht des Christus, der also immer im Menschen ist! Wer damit arbeitet, ist der Wendepunkt, wirkt aus einer heiligen Kraft, einem heiligen Geist.

Als De Hartog von den theologischen Amtsbrüdern wie Ubbink und anderen kritisiert wurde, die ihn beschuldigten, sich weit von der offiziellen Lehre entfernt zu haben, konnten die beiden Brüder nicht in der Kirche bleiben. Dass ein so rechtschaffener Mann wie dieser Pfarrer von den Kirchenführern geschmäht wurde, bewies ihnen, dass dieses Institut sich nur mit intellektueller Theologie beschäftigte und nicht mehr fähig war, die Menschen mit einem lebendigen Evangelium (realistischer Theologie!) zu erreichen – wenn sie das überhaupt je konnte. Was das betraf, erfuhren sie leiblich die Richtigkeit eines bekannten Ausspruchs des Professors, den Jan Leene später für seine Schüler oft zitierte: „Die wesentliche Wahrheit wird Ihnen nicht auf einem Tablett artikelweise präsentiert oder buchstäblich diktiert. Die wesentliche

Wahrheit kann sich nur das *allgemeine menschliche Bewusstsein* erobern und aneignen." [18]

Nein, der Impuls ihres Idols innerhalb der Kirche reichte nicht aus, um ihrer Aufgabe Gestalt zu verleihen. Und obwohl das Licht aus dem inneren Quell unerschöpflich ist, fehlten ihnen doch noch wichtige Instrumente, um ein befreiendes Werk gründen zu können. Vor allem empfanden sie, dass es ihnen noch an bestimmter Erkenntnis und an einer umfassenderen Sicht mangelte. Denn es war keineswegs so, dass die Brüder darüber von Anfang an verfügten, auch sie mussten sich die höhere Wahrheit erst durch Inspiration und viele Anstrengungen aneignen. Wie an mehreren Stellen zu lesen ist, mussten sie diese noch auf der Grundlage ihrer niederen Natur und der gesellschaftlichen Verhältnisse jener Zeit erobern. De Hartog gab Antwort auf die wesentliche Frage nach dem Verhältnis zwischen Gott und Mensch. Durch ihn fanden sie den ersten Quell, von dem alles ausgeht, den Punkt, an dem der göttliche Geist den Menschen berührt. Dieser Quell befindet sich im Inneren. Was ihnen noch fehlte, war die Antwort auf die Frage nach der Entwicklung des Menschen, also eine Anthropogenie, sowie Erkenntnisse über den Zusammenhang des Menschen mit Kosmos und Makrokosmos, also eine *Kosmogonie* und *Kosmologie*. Die fanden die Brüder plötzlich auf einem für sie völlig unbekannten Gebiet, nämlich im esoterischen Weltfeld. Zum guten Verständnis gehen wir einen Schritt zurück zu der Zeit um 1875, um zu sehen, was damals jenseits des Ozeans geschah.

---

18. A. H. van den Brul: Jan van Rijckenborgh – moderner Rosenkreuzer und hermetischer Gnostiker. Pentagramm Nr. 2, 17. Jg. 1995, S. 29

3. Die geistige Linie. Die Weltarbeit beginnt

1875-191. Der Impuls von H. P. Blavatsky und der Theosophischen Gesellschaft. Die sieben Geheimwissenschaften. Anna Bonus Kingsford und The Hermetic Society. Arthur Edward Waite und The Fellowship of the Rosy Cross. Das exemplarische Leben des G. R. S. Mead und The Quest Society. Der Ruf aus dem Sonnenherzen

Obwohl die Situation im esoterischen Weltfeld um 1924 herum ungenau, chaotisch und komplex war, gab es in den vorhergehenden Perioden heroische Anstrengungen, um das allgemeine menschliche Bewusstsein auf ein höheres Niveau zu heben und den Griff des puren Materialismus zu lockern. Bereits fünfzig Jahre vorher, ungefähr 1875, hatte ein großes Werk begonnen, das eine spirituelle Trägerwelle stimulierte, durch welche die Welt in die Aquarius-Ära hingeführt werden sollte. Heute können wir darin verschiedene Phasen erkennen.

Am Ende des neunzehnten Jahrhunderts waren mehr als 100 (!) Rosenkreuzer-Bewegungen aktiv. Keine einzige dieser Gruppen konnte jedoch behaupten, in direkter Linie vom ersten Kreis abzustammen, von den klassischen Rosenkreuzern, die 1614 für die Grundsatz-Schriften, die Manifeste der Rosenkreuzer, verantwortlich waren. Dennoch bezeichnete sich jede Gruppe als Erbin der geheimen Lehre. Eliphas Lévi zum Beispiel (Pseudonym für den ehemaligen Priester Alphonse Louis Constant – 1810-1873) war einer der Ersten, die versuchten, ein wohlerwogenes, magisch-esoterisches Denken einzuführen. Er wirkte zusammen mit Sir Edward Bulwer-Lytton (1803-1873), dem Autor des bekannten Romans *Zanoni*, „le Maître Rose-Croix". Lévi gab auch den Text des *Nykthemeron* von Apollonius von Tyana neu heraus.

Anna Bonus Kingsford und H. P. Blavatsky

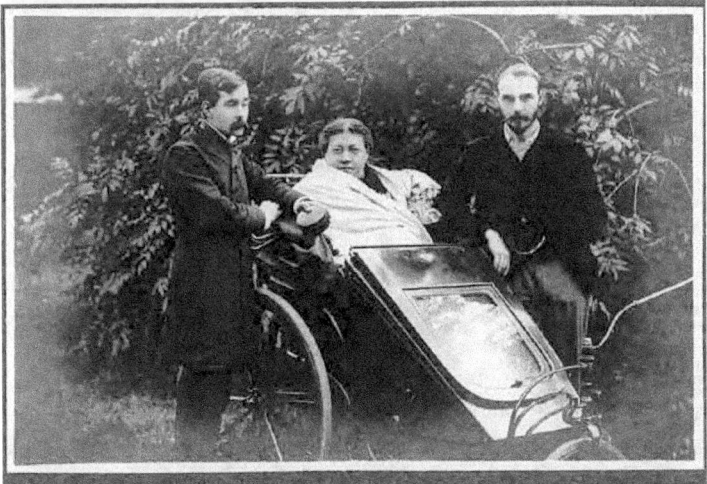

H.P. Blavatsky met G.R.S. Mead (rechts)

Nach einer gewissen Anlaufperiode individueller Initiativen trat in den letzten fünfundzwanzig Jahren des neunzehnten Jahrhunderts das östliche, auf die Magie des Hinduismus zugeschnittene Denken der Theosophischen Gesellschaft stark in den Vordergrund. H. P. Blavatsky hatte *Isis entschleiert* (1877) und *Die Geheimlehre* (1888) geschrieben. Das sind sehr wissenschaftliche und gesellschaftskritische Bücher, die eine gewaltige Gedankenflut enthalten. So wurden die am meisten voranstrebenden Geister jener Zeit mit der universellen Weisheit (perenial philosophy) vertraut, die seit den ältesten Zeiten in bestimmten esoterischen Kreisen bewahrt wurde. Helena Petrovna Blavatsky wies in den zwei Teilen der *Geheimlehre* auf Ursprung und Ziel der göttlichen Schöpfung „Mensch" oder „Manas", Denker, hin. Sie erklärte, dass diese „Schöpfung", die sich auf einem sehr langen Evolutionsweg befinde, einst im vollkommenen geistig-göttlichen Bewusstsein eins war mit dem, was sie Gott oder Brahman nannte, und es einmal wieder sein wird. Sie schilderte die sieben großen Entwicklungsperioden des Kosmos und beschrieb alle Stadien dieses Weges. Damit übertrug sie ein Welt- und Menschheitsbild, das eine beeindruckende Anzahl Denker, Dichter und Künstler am Ende des neunzehnten Jahrhunderts beeinflusste.

Es wurde immer, und zwar zu Recht, behauptet: Helena Petrovna Blavatsky oder Mme Blavatsky habe durch die von ihr gegründete Theosophical Society eine wichtige Rolle beim Ausbruch aus dem Gefängnis des Materialismus gespielt, der seit dem siebzehnten Jahrhundert durch den Aufschwung der Naturwissenschaften die westliche intellektuelle Welt beherrschte.

Aber ihr Auftreten demonstriert auch noch etwas anderes. Denn sie nahm tatsächlich zum ersten Mal seit dem finsteren Mittelalter und zum ersten Mal seit Newton den direkten Kontakt mit der Welt des Unsichtbaren wieder auf.

Die von Sir Isaac Newton (1643-1727) entdeckten Gesetze nehmen in der Geschichte der Physik zu Recht einen zentralen Platz ein.

Das Bedeutende seines Beitrags ist jedoch nicht die Möglichkeit zur Erklärung, denn diese Gesetze erklären nicht, sondern sind eine gleichsam buchhalterische Methode, um Kräfte zu messen. Er und Gottfried Leibniz (1646-1716) entdeckten beinahe zeitgleich eine Methodik, die wir heute als Differenzialrechnung bezeichnen. Dies ist eine elegante Vorgehensweise, um sehr kleine (infinitesimale) Abweichungen und Veränderungen mathematisch darzustellen und zu bestimmen.[19]

Diese Entdeckung war eine der Grundlagen für die gewaltige Blüte der Naturwissenschaften in den letzten dreihundert Jahren. Im Übrigen war Newton ein leidenschaftlicher Alchimist, wie berichtet wird. 1942 erschien ein berühmt gewordenes Essay von John Maynard Keynes: *Newton, der Mann*. Daraus ergibt sich eine ganz neue Sicht auf Newton. Der Kerngedanke darin ist:
„Newton war nicht der Erste im Zeitalter der Vernunft. Er war eher der Letzte der Magier, der Letzte der Babylonier und Sumerer. Er war der letzte große Intellektuelle, der die visuelle und intellektuelle Welt mit demselben Blick umfasste wie jene, die unser intellektuelles Erbe zu konstruieren begannen, und zwar vor 10.000 Jahren."
Er war es, der faktisch den Vorhang zuzog. Und nach ihm brach die „dunkle Zeit der Aufklärung und der Vernunft" an.
H. P. Blavatsky knüpft im zweiten Teil der *Geheimlehre* daran an:
„Nachdem die Wissenschaft sich schließlich von den Fesseln der Theologie befreit hatte, verfiel sie dem entgegengesetzten Irrtum. In dem Bemühen, die Natur auf rein materialistische Weise zu interpretieren, stellte sie die extravaganteste Theorie aller Zeiten auf: die Abstammung des Menschen von einem wilden Affen. Diese Lehre ist nun in der ei-

---

19. Zitiert und übersetzt aus Klaas Landmans Rezension in www.staff.science.uva. nl. Das Doppelleben des Isaac Newton vom Cambridge Fellow zu Newton. Eds. I. B. Cohen, G. E. Smith, Cambridge, Cambridge University Press 2002

nen oder anderen Form so tief eingewurzelt, dass es eine Herkulesarbeit bedeutet, sie wieder zu verwerfen.

Helena Blavatsky schob den Vorhang zwischen uns und den unsichtbaren Welten wieder beiseite. Auf immer neue Weise gab sie uns zu verstehen, dass da mehr, sehr viel mehr ist als nur die Welt der Natur, der Stoff, die Materie, die Welt der Form. Sie wollte uns zeigen, dass Welt und Mensch ein Wunder der geistigen Kräfte sind, kein kühl berechnetes Resultat eines würfelnden Gottes, sondern wirklich ein Wunder der zusammenwirkenden geistigen Kräfte und Hierarchien. Vergessen wir nicht, dass sie die Theosophische Gesellschaft anfänglich „The Miracle Club" nennen wollte.

Auf solche Gedanken weiß die Welt kaum seriös zu reagieren. Manche zweifeln, andere verschanzen sich in der Burg des Sichtbaren. Einige Wenige geraten ins Nachdenken. Und Einzelne verändern ihr Leben, was sie der ursprünglichen Verbindung mit allen Welten näher bringt. Aber die meisten weisen es vollkommen ab. Da sie das vorausempfand, ist es nicht verwunderlich, dass sie ihrem Werk gleichsam als Adresse mit auf den Weg gab: „Für die Wenigen".

Aber der Vorhang ist offen. Und obwohl das geschehen musste, weckte es keine ungeteilte Freude. H. P. Blavatsky wollte mit ihren Kenntnissen der verborgenen indischen Lehren und Quellen aufzeigen, dass die Natur keine „zufällige Ansammlung von Atomen" ist. Sie wollte „dem Menschen seinen rechtmäßigen Platz im Plan des Weltalls geben, die archaischen Wahrheiten, welche die Basis aller Religionen sind, vor Entartung schützen, die fundamentale Einheit, aus der wir alle stammen, einigermaßen ans Licht bringen und schließlich zeigen, dass sich

---

20. H. P. Blavatsky, Geheimlehre, zweiter Teil, Die Entstehung des Menschen, Abteilung 3, Kapitel 3, Die fossilen Überreste des Menschen und des Menschenaffen. C. Der Darwinismus und das Alter des Menschen: Die Menschenaffen und ihre Vorfahren. Amsterdam, Theosophische Uitgevermaatschappij, 1908. S. 849
21. G. R. S. Mead, The Quest-Old & New. A Retrospect and Prospect, In: The Quest. A Quarterly Review, London, Watkins, Vol. XVII, Nr. 3, April 1926, S. 291

die Wissenschaft der modernen Zivilisation der verborgenen Seite der Natur noch nicht genähert hat," wie sie in ihrem Vorwort zur *Geheimlehre* schrieb. [22]

Im Kielwasser ihrer Offenbarungen bahnte sich vielleicht all das einen Weg zur irdischen Menschheit, was sich in den jenseitigen Welten aufhält. So sah das Niedrigste und Schlimmste von jenseits des Grabes eine Chance, die emotionale Seite des Menschen zu beeinflussen. Und es ist selbstverständlich, dass eine normale, gesunde Persönlichkeit das verabscheut. Das Kollektiv dieser Kräfte befindet sich auf der Flucht vor der starken Vibrationserhöhung, die in unserer Zeit – die oft als Aquariusperiode bezeichnet wird – den ganzen Planeten, den ganzen Kosmos angreift. Für die Wesenheiten in diesem Kollektiv ist der Weg empor nicht gangbar. Daher sind sie und ihr Fortbestehen abhängig von allem, was auf Erden geschieht. Je weniger spirituelle Entfaltung und je mehr sinnloses, gebrochenes und leidendes Leben es gibt, umso günstiger ist es für sie.

Seit Ende des neunzehnten Jahrhunderts überspült eine Welle des Spiritismus, ein Dunst des meditativen und negativen Okkultismus Amerika und Europa. Und damit kommen auch Fetzen der Wissenschaft, der Erkenntnis und Weisheit der alten Mysterienschulen – die siebzehn Jahrhunderte lang nur in sehr kleinen Kreisen bewahrt und übertragen wurden – wieder in die Welt; aber nun nicht mehr als zusammenhängendes System der sieben Geheimwissenschaften: Theosophie, Astrosophie, Alchimie, Magie, Heilkunde, Hermetismus und Mystik. Sie sind nicht mehr mit einem geduldig strebenden Leben verbunden, sondern für jeden verfügbar. Sie werden zum Gegenstand des „Denkens" der öffentlichen Meinung. Das ist absolut kein wahres Denken, sondern nur ein Ausdruck der herrschenden emotionalen Strömungen, welche die Menschheit und die Gesellschaft beschäftigen.

Und in welcher Gestalt zeigen sich die sieben geistigen Eigenschaf-

---

22. H. P. Blavatsky Zitat s. Einleitung

ten erneut unter den Menschen! Verdreht, erniedrigt, verbunden mit Sexualität und Selbstsucht, verwoben mit den Kraftströmen eines wirren Gefühlslebens und chaotischen Emotionen, getrennt vom gesunden Stamm, dessen Wurzeln bis in das unsichtbare Ursprüngliche reichen. Dieser Stamm besteht zu allen Zeiten. Er ist zum Beispiel auch zu finden in den bonafiden Gottesdienst- und Sternenhimmel-Erlebnissen des wahrscheinlich noch vordynastischen Ägyptens. Und er wirkt besonders in der aktuellen befreienden Gnosiskraft unserer Zeit.[23]
Bruchstücke dieser Erkenntnisse fängt der Mensch auf oder besser gesagt: Alle Erkenntnis ist prinzipiell erreichbar, jedoch nur der größte Denker, das reinste Bewusstsein und die sich am meisten selbst vergessende Seele bleiben dabei unversehrt und aufrecht. In der Vorzeit spürte der Mensch noch auf natürliche Weise die anwesenden geistigen Kräfte des Kosmos in sich wirken und konnte sie erkennen. Jetzt ist diese erhabene Astrosophie entstellt und zur Astrologie geworden, die sein äußeres Schicksal bestimmt. Magie wurde zur Telekinese, die Kunst des Bauens zur Kriegsindustrie.
Wenn Kirche und Staat 1618 den Impuls der klassischen Rosenkreuzer – der christlich-hermetischen Erneuerung der Reformation – nicht auf die grausamste Weise zerstört hätten, indem sie die Bevölkerung Mitteleuropas im Dreißigjährigen Krieg dezimierten, hätte eine ganz andere europäische Entwicklung eingesetzt. Dann würde Amerika vielleicht mit sehr viel mehr Recht das „Land der Hoffnung und Glorie" heißen. So aber musste die Welt „die unsichtbare Hälfte der Welt" (welche die Gründer des Ordens des Rosenkreuzes 1604 noch als reine Manifestation des Geistes erkannten) auf äußerst niedrige Art kennenlernen, sozusagen in der Gosse. Verwirrung, Korruption und der Überlebenstrieb jener, die sich mühsam noch einigermaßen über Wasser halten konnten, ballten sich zu drohenden Wolken zusammen. Sie entluden

---

23. Siehe u. a. Jane B. Sellers, The death of gods in ancient Egypt. A study of the threshold of myth and the frame of time. Eigene Publikation. Jan Sellers, 2003.

sich in zwei Weltkriegen und sorgen immer noch für großes Leid auf der Welt. Denn „Blut ist die Nahrung der Geister", formulierte Dr. Anna Kingsford in: *Der wahre Weg. Das Finden des Christus.* 24
Dass sich aus diesem unheilvollen Spiel, dieser Ursuppe aus okkulten Meistern, Mystizismus, tantristischen und spiritistischen Materialisationen schließlich doch ein klarer Weg abzeichnen konnte, ist schon an und für sich ein Wunder, das wir in den Teilen 3 und 4 dieses Buches anhand von Quellen und Fakten näher betrachten wollen.

DER WAHRE WEG. DAS FINDEN DES CHRISTUS
In H. P. Blavatskys Aufzeichnungen befindet sich die Mitteilung, dass sie „den Auftrag erhalten" habe, eine Vereinigung zu gründen. Sie schrieb diese „wichtige Eintragung" in ihr Notizbuch, das der Mitgründer der Theosophical Society, Henry Steel Olkott (1832-1907) nach ihrem Tod fand: „Wenn ich einmal tot bin, werden die Menschen vielleicht meine uneigennützigen Motive zu schätzen wissen. Ich habe mit meinem Ehrenwort gelobt, solange ich lebe, den Menschen auf dem Weg zur Wahrheit zu helfen. Und ich werde mein Wort halten. [...] Der Tag wird kommen, an dem das nachfolgende Geschlecht mich besser kennen wird. O arme, närrische, leichtgläubige, verdorbene Welt!
M. gibt den Auftrag, eine Vereinigung zu gründen – eine Geheimgesellschaft wie die Loge der Rosenkreuzer. Er hat gelobt, mir zu helfen."
H. P .B. 25

Ein Nachteil der *Geheimlehre* war, dass viele hundert Seiten des Buches mit Namen und Hinweisen im Sanskrit gedruckt waren, das der nor-

---

24. Anna Bonus Kingsford und Edward Maitland, Der wahre Weg. Das Finden des Christus, Amersfoort, Valckhoff & Co., 1923, S. 182
25. Zitiert aus: Sylvia Cranston & Carey Williams, Research assistant, HPB. Das besondere Leben und der Einfluss der Helena Blavatsky, Gründerin der modernen theosophischen Bewegung. Pasadena, Den Haag, München, Theosophical University Press, 1995. S. 131.

male Mensch kaum beherrschte. Aber das schien kein Hindernis zu sein. Während der letzten Jahrzehnte vor der Jahrhundertwende und während des fin-de-siècle gehörte es zum guten Ton, sich mit allem, was aus dem Osten kam, zu beschäftigen. Die Bücher gingen weg wie warme Semmel – in Millionen Exemplaren, in allen Sprachen der Welt. In dem vor allem auf den Osten gerichteten Milieu der alten Theosophie suchte man Meister und Adepten, meistens aus Indien, oder es wurden Persönlichkeiten zu Gurus erhoben. Die Situation in England in den ersten Jahren nach Gründung der Vereinigung kann man am besten umschreiben als ermüdendes Gemisch aus Falschinterpretationen und Verdächtigungen. Hinzu kommt, dass die Theosophen willentlich und wissentlich auch die innere Entwicklung der zweitausend Jahre Christentum gleichsam zur Seite schoben. Vielleicht geschah das nicht durch H. P. Blavatsky selbst. Sie tat jedoch nichts lieber, als die Bourgeoisie zu reizen und christliche Heuchelei und Verfälschung anzugreifen. So wies sie auf die unzähligen Verstümmelungen in Übersetzungen und Überlieferungen hin. Aber sie erkannte Jesus doch einige Male als Träger derselben Kraft, die einst Krishna verkörperte, als ein Mitglied der Bruderschaft und Verwirklicher der höchsten geistigen Weisheit. Ihre Nachfolger wiesen ihn jedoch ab, und so schütteten sie tatsächlich „das Kind mit dem Bade aus".
In der englischen Theosophischen Gesellschaft war die Saat der westlichen verborgenen Lehren zwar auch ausgesät, aber es bestand 150 Jahre lang offensichtlich weniger Interesse dafür. Nur innerhalb einer kleinen Abteilung der Vereinigung zirkulierten einige schöne und treffende Gedanken aus den alten Lehren des Hermes. Anna Bonus Kingsford (1846-1888) hatte sie aufgeschrieben. Sie war eine mutige Frau, die vor allem durch ihren Kampf gegen Vivisektion und als Verfechterin einer vegetarischen Lebensweise bekannt wurde. 1882, acht Jahre bevor die *Geheimlehre* erschien, gab sie mit ihrem Buch *Der wahre Weg. Das Finden des Christus* ein glänzendes Kompendium der wahren Gnosis heraus. Darin erklärte sie die reinen Ausgangspunkte der Religion,

der strebenden Gemeinschaften und der ursprünglichen Kirche oder Ekklesia. Ihre „Illuminationen" stammen aus einer bestimmten griechisch-hermetischen Strömung, die auch das Denken Platos inspirierte. Maitland und sie gründeten 1884 zusammen The Hermetic Society. Ihr Ziel war, eine zusammenhängende Übersicht über die mögliche menschliche Entwicklung und die Lebenshaltung, die dafür nötig ist, zu schaffen. Genau wie die östlichen esoterischen Traditionen ist auch die Religion des Christus, richtig verstanden, eine bedeutende Mysterienreligion. Sie weist doch genau wie Krishna und Arjuna darauf hin, dass ein Funke des ursprünglichen Geistes im Innern des Menschen wirksam ist, so dass er wissen kann: „Denn sehet, das Reich Gottes ist inwendig in euch", wie es in Lukas 17/21 heißt.

Anna Kingsford war eine sehr inspirierte Autorin. Sie empfing nach eignen Angaben ihre Erkenntnis aus Visionen, die sie Illuminationen nannte, die aber mehr die Seele als den Geist berührten. „Sie war keine trainierte Okkultistin oder auf natürliche Weise hellsehend", schrieb ihr Co-Autor Maitland. „Sie sagt, dass es eine Folge psychischer Erinnerung sei, wodurch die Gnosis, die sie in einer vorigen Geburt durch Einweihung erhielt, wieder auflebe und sich vor ihrem Bewusstsein entfalte. Sie nennt das mit Nachdruck griechisch-ägyptisch. Die ganze Persönlichkeit scheint aufgehoben und überstrahlt zu werden. Frisch und kräftig taucht im Innern die Erkenntnis auf als eine Vision, oft mit einem symbolischen Charakter." Aus gnostisch-wissenschaftlichen Gründen konnte Anna Bonus-Kingsford außerdem die Position der Frau in der Frauenbewegung unterstützen. Sie war stark berührt vom Leid der Tiere, das die moderne Wissenschaft wissentlich und willentlich verursacht. In ihrer Jugend hatte sie an einer Fuchsjagd teilgenom-

---

26. Herausgegeben 1881 in Zusammenarbeit mit Edward Maitland (1824-1897); 1923 durch A. van der Meer ins Niederländische übersetzt und erschienen als De ware weg. Het vinden van den Christus, Amersfoort, Valckhoff & Co. 1923; später Den Haag (Synthese) 1923. S. a. Note 24.
27. P. Huijs und C. Bode Rozenkruisers, Kampen, Uitgeverij Kok, 2007

men. Aber der Anblick der verstümmelten Körper der Jagdopfer war der Anlass, dass sie sich gegen alle Formen der Grausamkeit wandte. Dieses Gefühl wurde noch verstärkt, als sie in Paris Medizin studierte und Zeugin sein musste, wie Tiere unerträglich gemartert wurden.
Anna Bonus Kingsford und Maitland gaben zusammen einige interessante Bücher über den hermetischen und christlichen Einweihungsweg heraus, für die augenblicklich wieder Interesse besteht. Die reine esoterische Wissenschaft in dem Werk *Der wahre Weg. Das Finden des Christus*, die Kingsford als inneren Grund aller Religionen bezeichnet, kennt keine rassischen, religiösen oder gesellschaftlichen Unterschiede. Das Denken der beiden Autoren nahm einen rasanten Aufschwung, und es sollte noch lange dauern, bis es in das Bewusstsein des suchenden Menschen aufgenommen werden konnte. Sie stellten fest: „In allen Völkern, Kirchen, Moscheen und Tempeln wird dieselbe, unveränderliche Botschaft verkündet: Der wahre Mensch ist der innere Mensch, die Seele, oder nicht einmal die Seele, sondern – so formulierten sie es – das geistige Bewusstsein der Seele und nicht das körperliche Bewusstsein der Persönlichkeit. Im äußersten Fall ist die Form, der Körper, der Prophet, der Diener des Ganzen, der die Seele zu öffnen weiß für das verborgene Wort Gottes! Der wahre Mensch drückt sich nicht im Äußeren aus, weder im Körper noch in der Form, nicht durch das Gesetz oder durch Vorschriften. Nur im Geist des universellen Lebens findet die Seele ihre Wiedervereinigung. Und dieses universelle Leben ist für jeden Menschen dasselbe und für jeden Sucher erreichbar. Denn das Ziel des Kreuzes ist nicht das Leiden. Das Ziel des aufgefalteten Kubus ist nicht das Geschlossene. Das Ziel des Kreuzes ist die Rose. Das Ziel des Kubus ist das Innerste. Das Ziel der sechs Schöpfungstage ist der siebte Tag, der heilige Tag, der Sabbat oder das Innerste des Kubus. Die Absicht aller wissenden Religionen ist die Krönung der ‚großen Mysterien'. Dann tritt der wahre, ursprüngliche Geist, der Bräutigam, in den gereinigten menschlichen Tempel ein und feiert die wahre alchimische Hochzeit mit der Seele. Der weiße Stein ist das Symbol für die göttliche Standhaftigkeit in einer bestimmten Liebes-

ansicht. Es ist der auserwählte Stein, der Eckstein. Es ist der strahlende, immer unantastbare und treue Geistfunke im Herzen. Dieser Stein bildet auch die Spitze der Pyramide, des Hochzeitssaales. Denn gerade heute, in unserer Menschheitsperiode ist diese der Venus geweiht, weil in unseren Tagen allein wirkliche Liebe von Mensch zu Gott und von Mensch zu Mensch etwas retten kann. Bei wahren Suchern gibt es kein ‚Wir' und ‚Sie', keinen Unterschied der Religion. Es gibt höchstens eine andere Route, weil nicht jeder an der gleichen Stelle wohnt", so schrieb Anna Bonus Kingsford. „Adam ist der Mensch", so erklärte sie „ob wir nun Mann oder Frau sind; Eva ist immer die Seele, die zum ursprünglichen Leben gehört. Die Weisheit ist die Schlange, das siderische Feuer, welches das Bewusstsein vergeistigt oder – bei einem Fall – als Verführerin an die Materie bindet. ‚Seid klug wie die Schlangen' (Matth. 10/16) Das ist die Mysteriensprache der Jahrhunderte." Anna Kingsford, die wegen ihrer roten Haare und ihres messerscharfen Verstandes als „the red cactus", der rote Kaktus, bekannt war, starb jung. Maitland, der sie während ihres ganzen Lebens beschützt und ihr die Arbeit ermöglicht hatte, überlebte sie um einige Jahrzehnte. Später war er nicht mehr ganz zurechnungsfähig und steckte alle Dokumente von ihrer Hand sowie alles, was sich auf sie bezog, in den Ofen. Daher ist seine Biographie über sie das Einzige, was von ihr bekannt bleiben sollte. 2006 erschien erneut eine Biographie unter dem Titel *Red cactus* von Alan Pert. [28]

ARTHUR EDWARD WAITE UND THE FELLOWSHIP OF THE ROSY CROSS

Es gibt einige Beispiele für die Initiativen, die am Ende des neunzehnten Jahrhunderts für eine strukturierte befreiende Arbeit nötig waren. Ein weiteres Werk, das in diesem Zusammenhang nicht unerwähnt bleiben darf, ist das von Arthur Edward Waite (1857-1942). Er war

---

28. Alan Pert erwähnt in seinem Buch Red cactus, The Life of Anna Kingsford, Watsom Bay (Australien) 2006, dass Kingsford auf magische Weise zwei französische Gelehrte wegen Vivisektion getötet haben soll, was Maitland in ihrer Biographie The Life of Anna Kingsford, Vol. I & II (London, 1896), verschwieg.

eine besondere Gestalt im Zentrum all der okkulten Bewegtheiten, die in den vorhergehenden Abschnitten beschrieben wurden. Gegenwärtig ist er bekannt durch eine Serie Tarotkarten, die er 1910 von Pamela Colman Smith zeichnen ließ. Aber seine Bedeutung liegt woanders. 1891 schloss er sich dem noch nicht genannten Hermetic Order of the Golden Dawn an. 1902 schrieb er sich als Mitglied der Societas Rosicrusiana in Anglia ein. Als er einige Zeit später Großmeister dieser Bewegung wurde, änderte er deren Namen in „The Holy Order of the Golden Dawn" um. Zahlreiche interne Reibereien führten dazu, dass Waite sich 1914 zurückzog. Er war ein produktiver Autor mit enormen Kenntnissen über geweihte und geheime Texte. Bahnbrechend war auch sein Werk über den heiligen Gral, *The hidden church of the holy grail: Its legends and symbolism*, das er 1909 in London publizierte. Phänomenale Kenntnisse der Freimaurerei, der schwarzen und zeremoniellen Magie, der Kabbala und der Alchimie zeichneten sein Werk aus. Als junger Mann veröffentlichte er bereits 1887 – mit Abstand als Erster – sein *The Real History of the Rosicrucians* (Die wahre Geschichte der Rosenkreuzer). 1924 erschien eine überarbeitete Ausgabe als *The Brotherhood of the Rosycross*. Daher ist er sehr bekannt als „Biograph der Bruderschaft des Rosenkreuzes". In der Ausgabe von 1887 beschrieb er die Vorläufer der Bruderschaft. Dabei ging er bis zu den Neoplatonikern des ersten Jahrhunderts nach Christus zurück.

Das Leben und Denken von Kabbalisten, Alchimisten und Mystikern wie Tauler, Paracelsus, Jacob Böhme und Raimundus Lullus (Ramon Lull) schilderte er stets im Zusammenhang mit der Symbolik der Rosenkreuzer. Er untersuchte, wie sich die Ideen derartiger Gruppen über Ursprung und Sinn des Lebens entwickelten und welche Eigen-

---

29. Arthur E. Waite, The hidden church of the holy grail: Its legends and symbolism. London, Grebman, 1909
30. Arthur E. Waite, The Real History of the Rosicrucians. London, 1887. 1924 überarbeitet und neu herausgegeben als The Brotherhood of the Rosycross. London, Rider & Son Ltd. Kapitel X, S. 210 ff.

schaften und Substanzen die Seele besitzt. Im größten Teil seines Buches beschrieb er das Wohl und Wehe der Bruderschaft des Rosenkreuzes seit ihrem „offiziellen" Auftreten in der Welt.

THE FELLOWSHIP OF THE TRUE ROSY CROSS

Und dann begann das Jahr 1915, das zweite Jahr des schrecklichen Ersten Weltkriegs. Getreu der Linie des geistigen Plans, der in diesem Buch beschrieben wird, folgte Arthur Waite in jenem Jahr einer Intuition, die ihn veranlasste, mit allem zu brechen, was sich auf neotheosophischer, neoägyptischer, tantristischer und okkulter Ebene anbot. Er schaffte sich eine Umgebung, die vollkommen frei war von der chaotischen Verwirrung, die mit der aufkommenden Esoterik zu Beginn des zwanzigsten Jahrhunderts verbunden war. Und in diesem Jahr wurde The Fellowship of the Rosy Cross gegründet, deren Hauptsitz die gleiche Adresse hatte, unter der George Mead einige Jahre später Obdach fand für sein The Quest.

Die Statuten der The Fellowship zeigen deutlich, dass Waite absolut keine Verbindungen mehr wollte mit all den anderen Orden, die damals üppig florierten. In einem Absatz der Statuten wird es so formuliert: „The Fellowship of the Rosy Cross beschäftigt sich nicht mit okkulter oder psychischer Forschung. Ihre Suche richtet sich auf Gnade und nicht auf Macht." Das wird durch eine andere Klausel bestätigt: „Es wird keine Verbindungen weder mit The Independent and Rectified Rite und deren Abteilungen geben, die bestehen und also aktiv sind, noch mit dem Stella Matutina Tempel und seinen Abteilungen. Sie können nicht besucht werden, und man kann dort auch nicht Mitglied werden." Diese Bewegung verlor jedoch in einem gegebenen Moment ihre Inspiration, ihre Dynamik und verschwand aus der Geschichte.

Arthur Waite war auch der Erste, der in seinem Buch *Ware geschiedenis* (Wahre Geschichte) die Aufmerksamkeit auf Robert Fludd lenkte, „den Grandeur eines Mystikers aus Kent", wie er ihn beschrieb. Für

Waite war Fludd oder Flood der tiefsinnigste Verteidiger der Bruderschaft der Rosenkreuzer des zwanzigsten Jahrhunderts. Er widmete ein eindringliches Kapitel diesem englischen Autor des Werkes *Apologia, Summum Bonum* und des umfangreicheren *Tractatus Apologeticus*. Beide Werke verteidigten die Bruderschaft, und in einem bestimmten Kapitel drückte Fludd seine große Hochachtung für sie mit besonderem Nachdruck aus.

Waite besaß einen sehr ausführlichen Erzählstil. Übertreibungen waren ihm nicht fremd, aber seine Informationen und Inspirationen sind bewundernswert. Die detaillierte Wiedergabe der Zusammenhänge und der Geistesbeschaffenheit, aus welcher der Orden des Rosenkreuzes wirkte, sind erstaunlich exakt. Und er schloss mit den Sätzen: „Die ganze Welt hat von den Rosenkreuzern gehört. Aber nur Wenige (oder sogar niemand) unterzogen sich der Mühe zu untersuchen, ob die gewaltigen Forderungen dieser Philosophen sich auf einen Felsen der Wahrheit gründeten oder nur auf Treibsand. Der Autor begann seine Untersuchung in einer Sphäre absoluten Unglaubens. Aber während er fortfuhr, verschwanden Nebel, Indoktrinationen und Vorurteile aus seinem Gehirn. Der wohlwollende Leser kann selbst folgern, in welcher Beschaffenheit der Autor sein Buch abschloss – nach einer ansehnlichen Periode von achtundzwanzig Jahren Studium der Rosenkreuzer."

G. R. S. MEAD UND DIE GNOSIS

Arthur Edward Waite war in der Londoner esoterischen Clique eine bekannte Erscheinung, dennoch war er kein Theosoph wie sein Freund George Robert Mead. Nach dem Tod Blavatskys 1891 waren die führenden Funktionäre der Theosophical Society: Colonel H. S. Olcott, Vorsitzender und Gründer, William Q. Judge, stellvertretender Vorsitzender in den Vereinigten Staaten, Annie Besant, Vorsitzende der Blavatsky-Loge in London und Mitleiterin der esoterischen Sektion. Zahlreiche Konflikte markierten diese Periode. Schließlich untergruben Besant und Leadbeater jede Glaubwürdigkeit der Theosophischen

Gesellschaft, weil sie in einem indischen Jungen den wiederkehrenden Christus zu erkennen meinten. Als Annie Besant um 1910 den jungen Krishnamurti als den zurückgekehrten Weltlehrer Christus in den Vordergrund schob, wurde klar, dass die Society in obskures Fahrwasser geraten war. Der junge Gelehrte George Mead, der ebenfalls zu den ersten zwölf Mitgliedern der „esoterischen Abteilung" um Blavatsky gehörte, hatte das bereits einige Jahre vorher erkannt. [31]
Der unerquickliche Verlauf der Mitgliedschaft Leadbeaters sowie die Gaukeleien mit Meistern, Einweihungen und Wundern waren für George Mead sowie für siebenhundert andere Mitglieder unvereinbar mit dem moralischen Standard wirklichen inneren Strebens. Leadbeater war zunächst ausgeschlossen worden, aber um von seiner Mediumschaft zu profitieren, hatte die Leitung ihn wieder zugelassen. Aus diesem Grund verließ Mead die Vereinigung und gründete The Quest Society. Wir widmen ihm einige Sätze und zwar aus zwei Gründen: Erstens war sein Werk Jahre nach seinem Tod für die junge Geistesschule von großer Bedeutung; zweitens war sein Leben exemplarisch; es ist ein eindeutiges Vorbild für ein Lebensmuster, das viele andere Mitarbeiter des Lichtes kennzeichnet.
Der scharfsinnige Klassiker G. R. S. Mead erhielt nach eigener Aussage bereits 1884 als Jüngling Kontakt mit H. P. B., wie die Gruppe in London Blavatsky nannte. Einige Jahre vor Blavatskys Tod war er ihr persönlicher Sekretär. Obwohl noch jung hatte er sich auf früh-christliche Literatur spezialisiert. Gleichzeitig war er ein Kenner auf den Gebieten der hermetischen Lehre und der antiken Gnosis. Seine Werke enthalten Studien über die spirituellen Prinzipien der christlichen Gnosis und Religion in der griechisch-römischen Welt. Er widmete all seine Energie dem Studium des Gnostizismus, Hellenismus, Judaismus und des Christentums. Er war ebenfalls mit buddhistischen Gedanken vertraut und publizierte eine Übersetzung der *Bhagavad Gita* aus dem

---

31. The Quest. A. Quarterly Review. Vol. XVII, Nr. 3, s. Note 21. S. 298

Sanskrit. Unter Blavatskys Einfluss übersetzte er *Das gnostische Evangelium der Pistis Sophia* ins Englische, dessen Manuskript bereits seit 1785 in der Bibliothek des British Museum lag. Er publizierte diese Übersetzungen als Fortsetzungsreihe in der Zeitschrift der Theosophen *Lucifer*. (Die hatte Blavatsky nur so genannt, um die christliche Bourgeoisie sozusagen gegen den Strich zu bürsten.) Übrigens stammte der Inhalt dieser Zeitschrift größtenteils von ihrem wichtigsten Redakteur Mead. Der *Pistis Sophia* widmete H. P. Blavatsky einen Kommentar von vierzig Seiten. Ihrer Meinung nach war dieses Evangelium „eine außergewöhnlich wichtige Schrift, ein wahres Evangelium der Gnostik, das Valentinus zugeschrieben wurde, aber viel wahrscheinlicher ein vorchristliches Werk ist." Über den Inhalt schrieb Blavatsky 1890: „Die Seele war stets das eine Thema. Und die Wissenschaft der Seele ist das einzige Ziel all der alten Mysterien. Im Fall der Pistis Sophia und in ihrer Rettung durch Syzygy, das ist Jesus, erkennen wir das stets wiederkehrende Drama des Leidens der unwissenden Persönlichkeit. Sie kann nur gerettet werden durch den unsterblichen Menschen (Individualität oder Selbst) oder besser gesagt: durch das starke Verlangen nach dem Einen."[32]

Mead erkannte die Grenzen und Beschränkungen der „modernen" psychischen Forschung und informierte sich über die Probleme, die in der damaligen Philosophie auftraten. 1906 erschien eine Serie Monographien unter dem Titel *Echoes from the Gnosis* (Echos der Gnosis), eine Übersicht über seine Erkenntnisse über die Gestaltung des gnostischen Weltbildes. Darin übersetzte er alte gnostische Texte, *Het Vision van Arideus* (Die Vision des Arideus), *De Lofgezang van Jezus* (Der Lobgesang Jesu), *De gnostieke Kruisiging* (Die gnostische Kreuzigung) und *Het bruiloftslied van de wijsheid* (Das Hochzeitslied der Weisheit).

---

32. H. P. Blavatsky, Blavatsky Collected Writings, 13, 1-18. Siehe auch Sunrise, niederländische Ausgabe Januar/Februar 1984, S. 14-19.

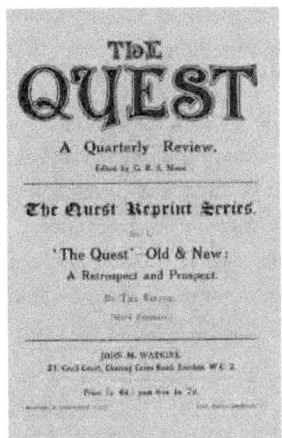
Umschlag The Quest

Mead hatte damals bereits die *Upanischaden* übersetzt und einige Werke über die Anfangsjahre des Christentums sowie über die Theosophie der Griechen publiziert.
Außer der *Pistis Sophia*, deretwegen ein Gelehrter wie C. G. Jung persönlich nach London reiste, um Mead für seine Übersetzung zu danken, schrieb er noch einige Schlüsselwerke. Sie sollten entscheidend sein für die Entfaltung der westlichen Mystik und des geistigen Entwicklungsfeldes unserer Zeit. Das erste Werk von 1900 ist *Fragment of a Faith Forgotten*, das zweite, *Thrice Greatest Hermes*, erschien 1906. Beide Werke gehören zum Besten, was auf diesem Gebiet zu finden ist. Bis weit in das zwanzigste Jahrhundert hinein konnten diese Bücher mit ihren unvergleichlichen Erkenntnissen mit späteren Publikationen auf diesem Gebiet wetteifern. Es sind hingebungsvolle, zum Teil auch feierliche, aber stets sehr gewandt geschriebene Studien über die Gnosis und die Weisheit des Hermes. Mead zeigte, dass es eine eigene westliche Tradition gibt und dass neben der Sturzflut aus östlichen Quellen, über die man zu jener Zeit verfügte, auch westliche mystische Quellen bestehen.
Tiefschürfende Originaltexte vom Beginn der Zeitrechnung sind dank

seiner Bemühungen verfügbar. Und auf die Arbeit dieses Mannes konnte fünfzig Jahre später Jan van Rijckenborgh seine Übersetzungen und Kommentare gründen.

Die *Theosophical Society* inspirierte viele große Geister. Als Henry Steel Olcott 1907 starb, hätte man Mead gern als neuen Präsidenten der Vereinigung gesehen. Sie war jedoch auch eine Bühne für Kontroversen, spiritistische Erscheinungen, vermeintliche Meister und Sittenskandale. Einer davon reichte bis in die höchsten Kreise. Leadbeater, ein Mann, der wegen seiner medialen Eigenschaften in der Society großen Einfluss besaß, wurde wegen dieses Skandals ausgeschlossen. Als redlicher Verfechter der Wahrheit und als Mann von hohem ethischen Rang konnte George Mead das alles nicht mehr mit seiner inneren Moral vereinen. Auch war er den Gaukeleien mit Meistern und okkulten Erscheinungen abhold. Das hielt er für Humbug und ein schreckliches Hindernis bei der spirituellen Suche. Er ging daher nicht auf die Bitte ein, Präsident zu werden, sondern wandte sich seinen eigenen Forschungen zu, in denen die Schriften der Gnosis aus den ersten Jahrhunderten des Christentums eine Hauptrolle spielten. Aus einem inneren Impuls heiratete Mead 1899 Laura Cooper, ebenfalls Mitglied des ersten esoterischen Kreises um Blavatsky. Er erzählte später, als seine Frau gestorben war, dass der Antrieb für die Heirat nicht in erster Linie persönliche Zuneigung war – obwohl sie eine sehr gute und liebevolle Ehe führten –, sondern auch der Wunsch, eine Gruppe in Stand zu halten, die Nachfolgerin der von Blavatsky eingeführten Zusammenkünfte im Rahmen der esoterischen Sektion in Avenue Road 19 sein konnte. Mead hielt es für ein Vorrecht, aber auch für einen Auftrag, die Flamme der inneren Gruppe während der Jahre nach Blavatsky brennend zu erhalten. Diesem Auftrag widmete er sich gewissenhaft. So konnte der reine Impuls jahrelang bewahrt bleiben. Zweifellos ist das die Antwort auf die Zeit, die dem Tod Blavatskys folgte.

Es war dasselbe Drängen, auf das auch Rudolf Steiner einige Jahre später reagierte, als er sich 1912 von der Theosophischen Gesellschaft verabschiedete und autonom mit der Anthroposophischen Gesellschaft weiterging.

Mead hatte ernsthafte Bedenken dagegen, dass die Leitung der Theosophischen Gesellschaft und die der inneren Schule in denselben Händen lagen – in denen von Annie Besant. Als sie dann auch noch den ausgeschlossenen Leadbeater nach einem Jahr wieder in die Gesellschaft aufnahm, war für den gewissenhaften Autor und Forscher das Maß voll. Mead verabschiedete sich 1908 von der Theosophischen Gesellschaft, und 700 andere Mitglieder folgten ihm. Wieder ein Jahr später, 1909, gründete Mead mit 150 Freunden The Quest Society. Diese Organisation widmete sich vergleichenden Studien der Religionen auf objektiver wissenschaftlicher Basis. Es wurden Vorträge gehalten, aber die wichtigste Aktivität war die Herausgabe der Quartals-Zeitschrift *The Quest*. Mead schrieb darüber: „Geld war nicht vorhanden, aber etwas, das besser war als Geld. Das waren zahlreiche exzellente Artikel und erstklassige Beiträge – und alle Arbeiten waren ehrenamtlich. Wir konnten uns nicht erlauben, unseren Mitarbeitern auch nur einen Penny zu zahlen. Das war ein echtes Verdienst der *The Quest*. Als Redakteur bin ich zu Recht stolz, sehr stolz sogar, wenn ich auf die Liste meiner geschätzten Mitarbeiter zurückblicke. Diese Liste ist – von welcher Zeitschrift (die mit denselben Mitteln arbeitete wie wir) auch immer – schwer zu übertreffen."

Tatsächlich gab es in der Zeitschrift *The Quest* Beiträge von wichtigen Autoren, die erkannt hatten, dass unter dem Deckmantel der Geheimhaltung und der Mysterien tatsächlich „die ewige Weisheit" der geistigen Entwicklung des Menschen verborgen liegt. Unter jenen, die Beiträge für *The Quest* schrieben, waren Martin Buber (1878-1965), Gustav Meyrink (1868-1932), A. E. Waite, W. B. Yeats (1865-1939) und Gerhard Scholem (1897-1982).

DER RUF AUS DEM SONNENHERZEN
Es gibt Beispiele für die Anspannungen vieler engagierter Esoteriker. Auf diese Weise wurde das Werk vorbereitet. Zahlreiche haben ihr Leben und ihre Arbeit der Aufgabe gewidmet, die Einsicht in die wahren Quellen der Erkenntnis des menschlichen Inneren zu vertiefen und die verborgenen Geheimnisse der Gnosis zu entschleiern. Aber die Gnosis und das daraus entstehende Gedankengut lüften ihre Geheimnisse nicht so leicht! Für wirkliche Weisheit, geistige Freiheit und das freie Wirken der ursprünglichen Flamme des abstrakten Denkens gibt es einen Preis, den der Mensch zu allen Zeiten bezahlen musste. Das ist zu vergleichen mit dem, was ein anderer Zeitgenosse, der ungarische Autor Sándor Márai (1900-1989), in seinen autobiographischen Schriften aus den dreißiger Jahren beschrieb. Als er die Bedingungen für wirklich schöpferische Aktivitäten in seinen *Bekenntnissen eines Bürgers* schilderte, stellte er fest: „Oft denke ich, dass die Einsamkeit der Preis ist für meine Autorschaft. Man kriegt sie nicht geschenkt, so wie man auch das Leid nicht umsonst erhält, das für ein schöpferisches Werk Bedingung ist. Sogar Kummer wird einem Menschen nicht geschenkt! Das Werk eines Autors fordert ungeachtet der Qualität seiner Bücher, dass sein Herz, sein Nervensystem und sein Bewusstsein viel intensiver funktionieren als bei einem normalen Menschen. Darüber ist nicht zu verhandeln. Und die Frage, ob es ‚Sinn hat', ist unsinnig, denn niemand kann mit seinem Getriebensein verhandeln, das seine Mitmenschen seine ‚Berufung' nennen und mit schönen Epitheta (Beiworten) versehen."[33]
Nein, nach fünfzehn Jahrhunderten bewusster Verdrängung, Verdrehung und Ausrottung kann man nicht erwarten, dass „die Gnosis" einfach so strahlend im Mittelpunkt des gesellschaftlichen Interesses steht. Die gnostischen und hermetischen Erkenntnisse sind für

---

33. Sándor Márai, Bekenntnisse eines Bürgers. Aus dem Ungarischen übersetzt von Hans Skirecki, Oberbaum Verlag, Berlin 2000, (ursprüngliche Ausgabe 1934)

den unvorbereiteten Menschen nicht so leicht zugänglich. Das erste Merkmal ist die Sehnsucht „zurück zum Quell". Das nahmen sich Menschen wie A. E. Waite und G. R. S. Mead sehr zu Herzen. Es sind immer die Pioniere, die sich oft buchstäblich einen Weg zu diesem Quell bahnen müssen, um dessen Licht wieder erstrahlen zu lassen. Manchmal sind es nur ein starker Spürsinn und eine reine Intuition, die sie auf der Spur halten, und sie wissen nicht genau, was sie suchen. Es ist frappant, dass gerade dieses Suchen nach dem Quell anscheinend immer mit großen persönlichen Opfern verbunden sein muss. Daher kann man sich fragen, ob es tatsächlich ein Vorrecht ist, ein „Gesandter" zu sein, ein Mensch mit einem Auftrag. Solche Prädisponierten arbeiten unter den schwierigsten Umständen und meistens ohne irgendwelche Mittel. Und allzu oft zeigt sich, dass ihr Werk durch Verleumdung, Verdächtigungen oder Gerichtsverfahren noch erschwert wird.

Wie gesagt, die Gnosis, dieser innere Kraftstrom, der gleichzeitig Freude, Befreiung und Wissen enthält, gibt seine Geheimnisse nicht so einfach preis. Eigendünkel, Vorurteil und Ehrsucht muss der Mensch ablegen, wenn er sich der Gnosis nähern will. Es ist sehr gut, wenn er erkennt, dass dieser „Lebenskuss" nicht ohne Konsequenzen bleibt. Der Mensch kann sich der Gnosis nur nähern, wenn ihn ein beinahe verzweifeltes Verlangen treibt und er bereit ist, alles Eigeninteresse aufzugeben – einschließlich des eigenen Selbstes. Denn er muss sich vollkommen verändern, so dass er nicht mehr der ist, der er vorher war. Dahin muss der Sucher wachsen, reifen. Er muss sogar dazu „geadelt" sein – ein Ausdruck, der oft benutzt wird. Es ist also eine Frage des Niveaus, auf welchem das Blut – das die Basis des Bewusstseins ist – mit „dem Ruf des Sonnenherzens" mitvibrieren kann. Um die weltumspannende, befreiende Philosophie der scharfsinnigen, aber auch poetischen hermetischen Denker der ersten Jahrhunderte erfassen zu können, ist ein empfängliches Bewusstsein Bedingung, sowie eine mentale Haltung, die den Materialismus überwunden hat. Vor allem durch die „Arbeit für andere" nimmt diese Empfänglichkeit zu. In der

Einsamkeit ihres Pfades haben Menschen für jene gearbeitet, die heute zu suchen beginnen, die jetzt an der Reihe sind. Die vorangingen, haben den Boden bereitet, auf dem die jetzigen arbeiten, wachsen und Einsicht erlangen können. Und wer neues Bewusstsein erhalten will, muss von innen her dasselbe tun. Das ist die Kette der Bruderschaft, in die alle befreiten und lebenden Seelenmenschen aufgenommen sind. Auf diese Weise zahlt der Mensch das, was von anderen für ihn getan wurde, an die zurück, die nach ihm kommen. Er zahlt anderen den Preis, den seine geistigen Vorgänger als ein „Lösegeld von der Erde" für ihn bezahlt haben.

Mead schrieb nach seinem Abschied aus der Theosophischen Gesellschaft: „Ich habe immer geglaubt, dass die eigentliche ‚Theosophie' das Suchen nach dem Wahrheitselement in den großen Religionen und Weltphilosophien sei. Als ich dann die Bewegung verließ, die ich – soweit es in meinem begrenzten Vermögen lag – jahrelang auf dem rechten Pfad und rein zu halten versuchte, musste ich zugeben, vollkommen versagt zu haben. Trotzdem war mein Herz noch stets erfüllt von dem, was ich wirklich suchte. Darum war ich fest entschlossen, alles zu unternehmen, um eine reine Vereinigung, eine Gruppe zu gründen, die wirklich undogmatisch, anspruchslos, ohne Pseudo-Offenbarungen und ehrlich sein würde – sowohl innerlich als auch äußerlich. Ich wollte eine Gruppe Sucher sammeln, die ernst und intensiv danach verlangen, von jemandem unterwiesen zu werden, der kompetent ist. Er muss Kenntnis besitzen über die vielen Themen, die wir in das umfangreiche Programm unserer Spiritual Quest, unserer geistige Suche, aufnehmen konnten. Esoterik und Okkultismus wurden als hinderlich und nicht hilfreich erkannt. Was mich selbst betrifft, so hatte ich mich schon lange von den Fallstricken und der Anmaßung der Scharlatane, welcher Art auch immer, verabschiedet."[34]

34. The Quest. A Quarterly Review, op. cit. S. 230.

Der Autor berührt hier einen Aspekt, der Aufmerksamkeit verdient. Die Zeiten, in denen ein geistiger Lehrer einzelnen Schülern weiterhalf, liegen hinter uns und werden nicht mehr zurückkehren. Um die für den menschlichen Geist so wichtigen Einsichten der lebenden Gnosis zu erwerben und anzuwenden, müssen die Ergebnisse des jahrhundertelangen Materialismus und aller entstellten äußeren Religionen zurückgelassen werden. Diese Arbeit, dieser Reinigungsprozess geschieht vornehmlich in einer Mysterienschule, einem Einweihungskörper. 1890, also in dem Jahr vor ihrem Tod, geriet H. P. Blavatsky unter starken Druck: Einige leidenschaftliche Anhänger gründeten mit einem Kreis Geistesverwandter und intimer Freunde ein Einweihungsorgan, das unter dem Namen *Die östliche Schule* oder *Die esoterische Sektion* bekannt wurde. Helena Blavatsky selbst hielt nicht viel von dieser Idee. Ihre Intuition sei richtig gewesen, schrieb Mead, denn es erwies sich sehr schnell, dass diese Sektion eine große Gefahr in sich barg. Es war der Beginn wuchernder Ego-Aspekte, eine Plattform für jene, die Macht erlangen wollten, wodurch die Arbeit für die Befreiung der Seele tatsächlich unmöglich wurde.

4. Max Heindel und The Rosicrucian Fellowship

Erkennen der Geistesverwandtschaft. Rückkehr zur Einfachheit. Eine deutliche und logische Erklärung der Welt und des Menschen. Eine Pioniergruppe tritt hervor. Auf dem Weg zu einer Freistätte in der Welt. Rudolf Steiners Ideal: ein geheimer Rosenkreuzerkreis

Als Jan und Wim Leene mit den Lehren Max Heindels in Berührung kamen, war „Einfluss" nicht mehr das richtige Wort, „Lebenserfüllung" passte besser. Mit einem Schock erfuhren sie, dass sich ein zweiter Quell oder eine tiefere Ebene des einen Quells ankündigte: der Kontakt mit „den älteren Brüdern" und den uralten Lehren des Ordens des Rosenkreuzes. Diese Lehren berührten sie sowohl im Herzen als auch im Haupt. De Hartog erklärte das Naturprinzip und wies auf die realistische Religion des „selbst den Wendepunkt bestimmen" hin, wodurch das Geistprinzip in ihnen erweckt wurde.

Die Weltanschauung der Rosenkreuzer von Max Heindel gründete sich dagegen auf eine Struktur in der Schöpfung, auf einen großen kosmischen Plan, der dem gesamten Werden zu Grunde liegt.

Der Däne Carl Louis Fredrik Grashoff (Max Heindels eigentlicher Name) lebte von 1865-1919. Er war viel weniger intellektuell als Blavatsky, Mead oder Steiner. Er stand den normalen Menschen näher. Auf einfache Weise erklärte er, wo die Verbindungen liegen zwischen Aktion und Reaktion und dass der Mensch Schöpfer seines eigenen Schicksals ist. Er zeigte auch, dass es nicht um das eigene Bemühen geht, dass man fallen kann und fallen wird und dass es vielmehr darauf ankommt, immer wieder neu zu beginnen. Er schilderte den großen Zusammenhang in der kosmischen Entwicklung und sprach über die großen Weltperioden, über Karma, über den Pfad, über die Entste-

Max Heindel

hung des Seelenkörpers und über den Körper, den der Mensch in der kommenden neuen Periode nötig haben wird. Er erteilte Unterricht in Astrologie und verschiedenen Wissenschaften, wie zum Beispiel Psychologie, als Quell für medizinische Hilfe und wichtige Unterstützung bei dem Bemühen, Selbsterkenntnis zu erlangen.

Max Heindel lernte 1904 in Los Angeles die Theosophie kennen. Berührt von Blavatskys Lehren über Karma und Reinkarnation wurde er Vegetarier. Er widmete sich der Verbreitung der theosophischen Erkenntnisse in verschiedenen Städten Amerikas. Schon bald wurde er zweiter Vorsitzender der dortigen Theosophischen Gesellschaft.

Er schrieb:

„H. P. Blavatsky hat ein wichtiges Werk ausgeführt, indem sie den Materialismus stark angriff und auf dessen Hochmut hinwies. Das tat sie nicht im eigenen Namen. Sie erklärte stets, dass ein Lehrer hinter ihr stehe. Sie besaß eine dreifache Eigenschaft, die sie befähigte, das Werk zu vollbringen. Erstens konnte sie übersinnliche Erkenntnisse, die sie empfing, assimilieren. Zweitens war sie durch ihren Lebensstil eine würdige Dienerin, um diese Lehren zu verbreiten. Drittens besaß sie die Fähigkeit, die oft verwirrenden östlichen metaphysischen Lehren in eine für Abendländer verständliche Sprache zu übertragen und sie anhand der Resultate abendländischer Forschung zu verifizieren. Außerdem hat sie sich große Verdienste erworben durch ihren phantastischen moralischen Mut, dem Materialismus ihrer Zeit die spirituellen Werte einer ganz anderen, inneren Wissenschaft gegenüberzustellen."[35]

Heindel betonte während seiner Vortragsreisen in den Vereinigten Staaten, dass die theosophischen Namen, die alle aus dem Sanskrit stammen, das Verständnis der Lehre oder der Philosophie unnötig erschwerten. Durch seine klare und ausgeglichene Art, diese Denkbilder normalen Amerikanern zu erklären, entwickelte er eine neue abend-

---

35. Max Heindel: Blavatsky and the secret doctrine, Mokelume Hill. Health Research, 1933/Santa Monica, 1972. S. 34

ländische esoterische Terminologie, so dass die ursprünglich indischen Lehren verständlich und zugänglich wurden. Obwohl diese Lehren ihm Einsicht in die großen Zusammenhänge des Daseins verschafften, fehlte ihm ein wichtiges Element: eine Philosophie für den Westen.

1907 reiste er nochmals nach Europa und lernte Rudolf Steiner kennen. Nach eigener Aussage erhielt er in Deutschland den Auftrag, eine Gemeinschaft der Rosenkreuzer zu gründen, und es wurden ihm auch die Lehren eingegeben, die er zwei Jahre später (1909) in seinem Hauptwerk *The Rosicrucian Cosmo-Conception* festlegen sollte.

Es liest sich wie ein Abenteuerroman, wie Max Heindel seine Berufung zu dieser Aufgabe beschrieb. In dem Buch *Het Ontstaan van het Rozekruisers Genootschap* (1925), Entstehung der Rosenkreuzer-Gemeinschaft, übersetzt von Frau A. van Warendorp, heißt es:

„Bereits seit einigen Jahren galt Max Heindel unter der Aufsicht der älteren Brüder als der am besten geeignete Kandidat für den Fall, dass der erste (Kandidat) versagen sollte. Ferner teilte man ihm mit, dass die Schüler vor Ablauf der ersten zehn Jahre dieses Jahrhunderts (des zwanzigsten) etwas veröffentlichen müssten, also noch vor Ende Dezember 1909. Bei der letzten Unterhaltung mit dem Lehrer wurde ihm erklärt, wie er den Tempel des Rosenkreuzes, der in der Nähe Berlins lag, erreichen könne. Mehr als einen Monat blieb Max Heindel in diesem Tempel in direktem Kontakt mit den älteren Brüdern und unter deren Leitung. Sie erklärten ihm den größten Teil der in der ‚Rosenkreuzer-Kosmologie' enthaltenen Lehren. Der erste Entwurf für das Buch, an dem er im Tempel arbeitete, war nur erst eine Skizze, wie seine Lehrer meinten. Die schwere psychische Atmosphäre Deutschlands sei zwar besonders geeignet für die Wirkung mystischer Gedanken auf das Bewusstsein des Kandidaten, aber die 350 Manuskriptseiten, die er hier verfasst hatte, würden ihm nicht mehr genügen, sobald er die elektrische Atmosphäre Amerikas erreicht hätte, so sagte man ihm. Dann würde er wünschen, das ganze Buch neu zu schreiben. In seinem großen Enthusiasmus bezweifelte er das und meinte, eine wunderbar vollständige Botschaft empfangen zu haben. Aber die Voraussagen der älteren Brüder sollten sich als Wahrheit erweisen. Denn nachdem er einige Wochen in New York City verbracht hatte, war es tatsächlich so, wie sie angekündigt hatten.

Im siebten Stock einer Pension hatte er ein Wohnschlafzimmer gemietet. So saß er in den wärmsten Monaten des Sommers 1908 von morgens 7 Uhr bis abends 21 oder 22 Uhr in diesem heißen Zimmer und tippte auf seiner Schreibmaschine, ohne sich Zeit für seine Mahlzeiten zu nehmen. Ein Bauer stellte jeden Morgen einen Viertelliter Milch vor seine Zimmertür. Mit einigen Stücken Zwieback war das seine Nahrung bis 21 Uhr abends. Dann ging er gewöhnlich aus, um etwas Gemüse zu essen. Nach einem Spaziergang durch die Straßen New Yorks arbeitete er bis nach Mitternacht weiter an seinem Text. Als die Hitze zu groß wurde, zog er nach Buffalo NY um, wo das Manuskript im September fertig wurde."[36]

The Rosicrucian Cosmo-Conception (Die Kosmologie der Rosenkreuzer) wurde im November 1909 in Chikago publiziert, also fünf Wochen vor Ablauf des Termins im ersten Jahrzehnt des zwanzigsten Jahrhunderts. Die erste Auflage betrug 2.000 Exemplare, deren Erlös vor allem in den Taschen des Verlegers verschwand.

Im Dezember kehrte Heindel nach Los Angeles zurück, wo er mit Augusta Foss (seiner späteren Frau) von 1898 bis 1906 – also vor seiner Reise zum Kontinent – Astrologie und „verwandte Fächer" studiert hatte. Am 8. August 1909 (um 15.00 Uhr) gründet er in Seattle VS *The Rosicrucian Fellowship*.

Von November 1909 bis März 1910 leitete er die Arbeit in Los Angeles und füllte mit drei Vorträgen in der Woche einen Saal für tausend Personen jeweils bis zum letzten Platz.

Heindel erklärte die Rosenkreuz-Erkenntnisse auch in Briefen, Kur-

---

36. Mrs. Max Heindel, The birth of The Rosicrucian Fellowship. Mt. Ecclesia, Oceanside, California z.j. (ca. 1920) – Het ontstaan van het Rozekruisers Genootschap, Amsterdam, 1925, Vertaling door mevr. A. van Warendorp

sen, astrologischen Studien, in Vorträgen und Diensten. Mit minimalen Mitteln organisierte er ein großes Werk mit vielen Verzweigungen in Europa, Brasilien und Indien. Das Gedankengut umfasste in groben Linien dieselben (esoterischen) Elemente wie die Theosophie, aber ohne Vermischung mit östlichen Bestandteilen. Der große Unterschied ist jedoch: In der Fellowship stand die Sendung des Christus im Mittelpunkt.

The Rosicrucian Cosmo-Conception oder *De Wereldbeschouwing der Rozenkruiser* (die erste niederländische Übersetzung erschien 1913) oder *Die Weltanschauung der Rosenkreuzer* beschreibt die Entstehung des Menschen und das Wesen des Kosmos (*Anthropogenesis und Kosmologie*). Mit einer übersichtlichen Struktur, in normaler Sprache und sehr zugänglich behandelt Heindel das Verhältnis zwischen der geistigen und der stofflichen Welt, die göttlichen Hierarchien, die Lebenswellen, die menschliche Evolution, das Gesetz von Ursache und Wirkung, die Wiedergeburt, die Einweihung und noch andere Themen. Viele theosophische Konzepte sind ebenfalls darin enthalten ohne die übliche, oft so schwierige Terminologie. Den ersten Druck widmete Heindel Rudolf Steiner. In späteren Ausgaben ist diese Widmung nicht mehr enthalten.

DIE SIEBEN ROSEN

Das Symbol für Max Heindels Werk sind sieben rote Rosen, die sich um ein Kreuz winden, dessen Mitte eine weiße Rose ziert. Die sieben Rosen sind rot, weil sie die Einwirkung des Geistes auf die Natur symbolisieren. Sie vergegenwärtigen also die geistigen Aspekte in der menschlichen Persönlichkeit. Außerdem weisen sie auf die sieben geistigen Hierarchien hin, die auf den Menschen einwirken und die menschliche Entwicklung begleiten. Die erste Rose entspricht dem Vermögen des geistigen Hörens und der geistigen Wahrnehmung und ist mit dem menschlichen Willen verbunden. Sie erblüht vor allem dann, wenn wir diese Eigenschaft nutzen, um zu erkennen, was unser Mitmensch leidet, erfährt und nötig hat, wenn wir sie also in Liebe und Menschendienst anwenden. Die zweite Rose ist das Symbol für die Erkenntnis der Vergangenheit und der Gegenwart. Durch das Verstehen der Ursachen im eigenen Selbst und die Vertiefung in die geistigen Linien des großen Plans wird es möglich vorherzusehen, was geschehen muss und geschehen wird. Das ist ein Aspekt der höheren menschlichen Vernunft.

Die dritte Rose ist die der Wahrheit. Sie symbolisiert das Vermögen, wirklich die Wahrheit zu erkennen, ist also ein Vermögen der abstrakten Vernunft. Daraus entwickelt sich das vierte Vermögen: die Rose der Genesung. Sie ist eng mit Christus, dem Lebensgeist, verbunden. Denn Genesung entsteht aus den goldenen Strahlen, die aus der Sonnensphäre die menschliche ätherische Gestalt erreichen und „heilen" wollen, das heißt, zur Heilung, zur Vollkommenheit führen. Das fünfte Vermögen entwickelt sich, wenn die geistigen Kräfte auf eine bewusst mitarbeitende Persönlichkeit einwirken können. Es ist das Vermögen, jene anderen Kräfte, die aus den uns umringenden magnetischen Feldern die Menschheit mit so bedauernswerten Folgen beeinflussen, zu erkennen und zu neutralisieren. Die sechste Rose steht als Symbol für die Kraft des Wortes. Durch die jahrelange Hingabe des Schülers kann in dem Wort, das dieser Mensch spricht, die schöpferische Kraft der Übernatur mitschwingen, so dass übel wollende Kräfte weichen müssen. Die Einweihungsprozesse geschehen durch das Wort: Der Kandidat ist durch die Vorbereitungen und die Verwirklichung der schlummernden Rosen in sich bereit und geeignet. Daher vibriert er tatsächlich wie eine Stimmgabel mit den Schwingungen der Gedanken mit, die vom „älteren Bruder" (der Hierarchie oder der Bruderschaft) in Form von Bildern ausgesandt werden. Aber er empfängt nicht nur Bilder, sondern erfährt gleichzeitig ihre vibrierende Wirklichkeit. Dadurch wird die in ihm schlummernde Kraft in dynamische Energie umgesetzt und sein Bewusstsein erweitert.

Die siebte Rose hält die Verheißung der Unsterblichkeit in sich beschlossen. All das Sterbliche ist dann völlig in Hingabe, Liebe und Menschendienst aufgegangen und neutralisiert. So verschwindet das Niedere; alles Sterbliche verbrennt gleichsam, geht auf im Unsterblichen und transfiguriert durch den mächtigen Prozess der konstanten Vibrationserhöhung, die Transfiguration bedeutet. 37

Die weiße Rose nimmt einen ganz besonderen Platz ein. Sie ist das Alpha und das Omega in Max Heindels Streben. Bereits in seinen ersten Publikationen schrieb er über diese Rose im Herzheiligtum des Menschen, in dem die Flamme des Göttlichen ruht, „umhüllt von einem Feld serener, allerheiligster Äther". Ihre Kraft ist eine Offenbarung der Reinheit, der Serenität und des Seelenfriedens, mit der das Werk ausgeführt werden kann. Und diese reine weiße Rose nahm in Denken und Werk Jan Leenes später, als er unter dem Namen Jan van Rijckenborgh arbeitete, den wichtigsten Platz ein. Denn als wahrer Hermetiker drehte er, als die Zeit dafür gekommen war, die geschilderte Reihenfolge der Rosen vollkommen um. Er stellte fest, dass der Prozess mit der weißen Rose beginnt und endet. Denn alle beschriebenen Vermögen gehören zum neuen Menschen, zum himmlischen Anderen, dem Menschen, der einen anderen, siebenfachen Ausgangspunkt hat. Sie entstehen also aus der weißen Rose, diesem Funken himmlischen Lichtes, der das Geschenk des Allerhöchsten an den Menschen ist.

Aber bevor dieser Gedanke reif genug war, um nach außen zu treten, musste Jan van Rijckenborgh noch einen langen Weg gehen.

Max Heindel schrieb in seinem Kredo *Warum ich ein Rosenkreuzer bin*: „Die Lehre der Rosenkreuzer erklärt die Welt und den Menschen deutlich und logisch. Sie erweckt Fragen anstatt zu verurteilen, so dass der Sucher nach geistiger Wahrheit verstandesgemäß vollkommen Genugtuung erfährt. Ihre Erklärungen sind ebenso wissenschaftlich wie in hohem Maß religiös. Zur Erklärung der Verborgenheiten des Lebens weist sie auf Gesetze hin, die ewig unveränderlich in ihrem Aktionsfeld wirken wie der Polarstern am Himmel. Darum folgen wir der Lehre

---

37. Augusta Foss-Heindel, Die Rosen am Kreuz. Darmstadt, 1988

der Rosenkreuzer und ihrer logischen, der Seele Erfüllung schenkenden Philosophie mehr als anderen Systemen und laden andere, die an ihren Segnungen teilhaben wollen, zur Erforschung ein."

The Rosicrucian Fellowship trete als eine „vorbereitende Schule des Ordens des Rosenkreuzes" nach außen, sagte Heindel. „Ihre Mitglieder sind in drei Klassen aufgeteilt: Studenten, Probeschüler und Jünger. Der esoterische Unterricht, den sie erhalten, besteht aus der Lehre der Rosenkreuzer, der Bibel und der Astrologie. Die Jünger können die erste Einweihung erhalten: eine innere Erfahrung, die sie lehrt, bewusst aus dem Stoffkörper auszutreten und hellseherisch zu forschen."

Bis in 21. Jahrhundert hinein bildeten die Mitglieder der Theosophie, der Anthroposophie und der verschiedenen Rosenkreuzer-Bewegungen zusammen eine Gruppe von mehr als 100.000 ambitionierten Menschen. Zusammen waren sie die wichtigste organisierte Strömung, in welcher der spirituelle Impuls für die neue Zeit seinen Ausdruck fand. Aber ein wirklicher Einweihungskörper, eine (abendländische) Mysterienschule, so wie es sie in allen großen Perioden der Menschheit gab, war es zu jener Zeit, als Heindel 1919, Steiner 1925 und Mead 1933 starben, noch nicht.

EIN PIONIER TRITT IN DEN VORDERGRUND

„Het Rozekruisers Genootschap begann in den Niederlanden unter dem starken Einfluss der Publikationen von Max Heindel", schrieb Jan van Rijckenborgh in *Einige Grepen uit de geschiedenis van het Nederlandse Rozekruiser Genootschap* (Einiges aus der Geschichte der niederländischen Rozekruisers Genootschap). „Dieser Max Heindel war einer der modernen Botschafter des Ordens des Rosenkreuzes, der bereits seit Jahrhunderten in Europa wirkt."

---

38. Max Heindel, Waarom ik een Rozenkruiser ben, Zeist, Rosicrucian Fellowship z. j.
39. Einige Grepen uit de geschiedenis van het Nederlandse Rozekruiser–Genootschap (1936)

Ihre Verbundenheit mit dem Orden erkannten die Brüder Wim und Jan Leene in erster Linie durch die Geistesverwandtschaft mit dem Begriff Rosenkreuz, die sie beide stark empfanden. In Max Heindel sahen sie eine verwandte Seele und hatten großen Respekt vor ihm. Sein liebevolles Streben nach innerer und äußerer Reinheit (und auch Läuterung), das selbst in der äußeren Repräsentation des Werkes zum Ausdruck kam, verlieh allen Aktivitäten eine gewisse Milde. Sie blieb stets erhalten, sowohl in der Rozekruisers Genootschap als auch später im Lectorium Rosicrucianum. Diese Eigenschaft sollte das Werk bis ins einundzwanzigste Jahrhundert schmücken.

Die einfache und klare Sprache, in der Heindel erklärte, wie Welt und Mensch zusammenhängen, brachte in den Brüdern eine Saite zum Schwingen. Ihr holländisches Naturell empfand deutlich die Atmosphäre der harten Arbeit und des ideellen Strebens in Denken, Fühlen und Handeln. Nicht umsonst war Heindels Motto: „Ein gesunder Körper, ein liebevolles Herz und ein klarer Verstand." Vor allem gaben die mentale Reinheit, die Sphäre der Zusammengehörigkeit und Ehrlichkeit, sowie im stofflichen Sinn die helle und schöne Umgebung den Brüdern das Gefühl: Hier ist es möglich! Denn von Anfang an war eine außergewöhnlich gepflegte äußere Umgebung ebenfalls ein Kennzeichen für das Werk, das sie unternahmen.

Obwohl es nicht seine Art war, viel über sich selbst zu sprechen, sagte Jan van Rijckenborgh, dass er bereits als Sechsjähriger einen Eindruck empfing von „etwas wie das Rosenkreuz". Natürlich war das noch sehr vage, aber doch eine Ahnung, dass es so etwas wie das Rosenkreuz geben müsse. Was darin enthalten sein könne, wusste er in diesem Augenblick jedoch noch nicht. Aber im Lauf der Jahre trat dieses Bild immer stärker in den Vordergrund. In einem Vortrag für jüngere Menschen über „Geistesverwandtschaft" schrieb er: „Es geht darum, ob wir die Kräfte innerlich erkennen. Denn aus der Summe der Vergangenheit müssen junge Menschen ihre Lebenswahl treffen.

Aus dieser Summe der Vergangenheit wird auch das geboren, was wir Geistesverwandtschaft nennen. In den vergangenen Jahrhunderten haben Stimmen zu uns gesprochen, haben Ideen uns entflammt, haben Wegweiser uns bei der Gestaltung unseres Lebens unterstützt, haben Kräfte uns geholfen, näher zum Licht zu kommen. Und auf jedem neuen Lebensweg waren diese Kräfte wieder um uns und bei uns, um uns durch ein neues Opfer auf unserem Weg zu helfen und zu stützen. Und nun geht es darum, ob wir diese Kräfte wiedererkennen. Dann ist da die Gemeinschaft, das sich Einsfühlen mit einer Idee, einer Sache, einer Gruppe oder mit einem Menschen. Und durch diese Geistesgemeinschaft wird eine Brücke geschlagen, über die jede Hilfe, die ein Mensch nur verlangen kann, von Gottes wegen zu uns kommt. In einem psychologischen Moment kann dann das Erkennen gefeiert werden, das manchmal sehr einfach ist. Ich erinnere mich, dass ich meine Geistesverwandtschaft durch das simple Lesen eines Namens entdeckte. Damals öffnete sich eine Welt vor mir. Ich fasste einen Entschluss und meine Seele zitterte, erfüllt von Willen und Dynamik."

Selbstverständlich ist „Wiedererkennen" kein vollständiges Umfassen. Es ist eher der Beginn einer ganz neuen Suche. So erklärte er: „Dann beginnt man zu suchen, und zwar nach Menschen, die das Rosenkreuz in der Welt austragen. Und so erhielt ich Kontakt mit der Rosicrucian Fellowship von Max Heindel. Aus der ‚hervormten Kerk' trat ich 1924 aus. Es ist jedoch keine Rede von Kritik an dieser Kirche, wie es üblich ist, wenn man eine Kirche oder Vereinigung verlässt. Was in der ‚hervormten Kerk' äußerlich war, konnte ich im Rosenkreuz als innerliche Lehre wiederfinden. Und da ich das innere Erleben der Religion suchte, war ich davon überzeugt, dass ich den Weg gehen müsste, den das Rosenkreuz weist. Das ist ein uralter Erlösungsweg, von dem in allen Zeiten die Hierophanten des Lichtes zeugten, das wurde mir innerlich immer klarer bewusst. Meine Berufung stand unausweichlich vor mir. So begann ich, von dem zu zeugen, was in mir wuchs und Gestalt an-

---

40. Jan van Rijckenborgh: Zwei Stimmen (Geistesverwandtschaft) Ansprache von 1943. In Pentagramm, 9. Jg. Nr. 6, 1987, S. 39

nahm. Ich war von dem intensiven Verlangen ergriffen, mit den unvergänglichen Lebenswerten, sie sich mir offenbarten, dem Mitmenschen in seiner Not und seinem Leiden zu helfen." [41]

Da Jan van Rijckenborgh sein ganzes Leben in den Dienst des Werkes stellte, hielt er die Ereignisse in seinem persönlichen Leben nicht für wichtig. In einer knappen Darstellung seines Suchens schrieb er einmal: „Wir haben wie Sie diese dialektische Natur untersucht. Das konnten wir, weil wir von dieser Natur sind. Mit unserem Ichwesen konnten wir alles, was diese Welt zu bieten hat, prüfen und ergründen. Und alles war Mühe und Verdruss [...] Wir stellten nach jahrelangen Stichproben fest, dass diese Ordnung nicht der Sinn des wahren Daseins sein kann und dass es nicht gut ist, daran mitzuwirken, die Menschen in dieser Natur zu täuschen. [...] Man muss in einem gewissen Augenblick das heutige Dasein beherrschen können. Daher waren wir verpflichtet, objektiv und nicht anhand von Autoritäten das Tao des Altertums zu ergründen, [...] obwohl wir dabei entdeckten, dass von vielen Seiten alles getan wird, um solchen Entdeckungen entgegenzuwirken. Viele Quellen waren zerstört, andere waren nicht zugänglich [...] Der Rest war ausnahmslos sehr verstümmelt. Wir begannen mit den Bruchstücken, die von den heiligen Schriften übriggeblieben waren. Bei der Untersuchung zeigte sich überdeutlich, dass es ein ursprüngliches Reich gibt, eine andere Naturordnung, ein Reich, das weit außerhalb des höchsten nirwanischen Gebietes liegt, ein Reich, das sich sehr nachdrücklich von dieser Natur mit ihren beiden Sphären distanziert.

Als wir das gefunden hatten, gingen wir auf die Suche nach Menschen oder Menschengruppen, die nach diesem anderen Reich strebten. Wir prüften ihren Lebenslauf und die eigenartigen Umstände, die er zeigte. Wir prüften weiter, ob Menschen dieser Art, obwohl sie voneinander entfernt und durch Jahrhunderte getrennt waren, die gleichen Wege

---

41. J. W. Jongedijk, Geestelijke leiders van ons volk. En hun kerken, stromingen of sekten. 's Gravenzande, Europese Bibliotheek, 1962

gegangen sind. Und wir entdeckten, dass all diese Menschen und Gruppen organisiert im vollkommen gleichen Sinn strebten. [...] Dann begannen wir mit der Selbstfreimaurerei. Denn, wer den Beginn zum Ursprünglichen kennt, hält den Faden Taos (den Ariadnefaden) in den Händen [...]"

AUF DEM WEG ZU EINER FREISTÄTTE IN DER WELT
Rosenkreuzer wollen aber nicht „nur Christen" sein. Sie wissen, dass die Ursache für viel Leid und falsche Handlungen an der unsichtbaren Seite der Dinge zu finden ist. Und das ist ein Terrain, das die Kirchen aller Konfessionen für ihre Gläubigen zum verbotenen Gebiet erklären. Der „ursprüngliche Beginn" erweist sich als eine Hilfe, mit der im Menschen alles wieder hergestellt werden kann, was zerbrochen, beschädigt oder noch unbewusst ist. Von den Rosenkreuzern wurde in allen Jahrhunderten gesagt, dass sie mit einer „unsichtbaren Hilfe" arbeiten, mit einem universellen Heilmittel. Mit ihren klaren Einsichten und dieser unsichtbaren Hilfe können sie der Menschheit enorm dienen. Wie wir feststellten, war davon jedoch in den zwanziger Jahren noch wenig zu finden. Das esoterische Weltfeld erwies sich als verwirrendes und chaotisches Milieu, in dem die unterschiedlichsten Fragmente der alten Weisheit zirkulierten und der Gedanke von einer „anderen Welt" total korrumpiert war. Nur Einzelne hatten die Übersicht oder genug Kraft, um zu einem reinen Menschenbild durchzudringen.

EIN GEHEIMER ROSENKREUZERKREIS
Derselben großen Verwirrung begegnete auch Rudolf Steiner (1861-1925), als er um 1900 in Deutschland mit der Theosophischen Gesellschaft Kontakt aufnahm. Dieser besondere Geisteswissenschaftler hatte die objektive Forschung auf seine Fahnen geschrieben: „Man muss die

---

42. Die chinesische Gnosis, 1988, Kapitel 14-1, S. 147-148

geistige(n), innere(n) Welt(en) genauso minutiös, ohne Vorurteil und unpersönlich untersuchen wie die stoffliche."

Er öffnete ein ganz neues Kapitel im strukturierten Befreiungswerk und dessen geistiger Linie. 1902 wurde Steiner in Deutschland Mitglied (und zehn Monate später Vorsitzender) der deutschen Abteilung der Theosophischen Gesellschaft. Ein Brief aus dem gleichen Jahr zeigt, dass Steiner plante, einen geheimen Rosenkreuzerkreis zu gründen. Er wollte in der deutschen Abteilung einen internen, geheimen Kreis bilden, in den nur feinsinnige, hochgebildete Menschen aufgenommen werden sollten. Ein stiller Kreis der „Rosenkreuzer", [43] der – nach außen unbekannt – allgemein segensreich wirken und Saat ausstreuen sollte. Steiner entwickelte im ersten Jahrzehnt des zwanzigsten Jahrhunderts esoterische Einsichten über „das fünfte Evangelium" und die Sendung Christi. Aus seiner Sicht war jedes Individuum tatsächlich mit dem Prozess des Todes und der Auferstehung verbunden, den Christus durchlebte. Und er sprach von einem Gelöbnis und einer Freiheit, die hinsichtlich des Christus über jede Form der Institutionalisierung oder des Dogmas erhaben ist. Das ganze Drama von vor 2000 Jahren war für ihn nicht historisch, sondern geistig. Es stellte das Ziel des Menschseins in eine geistige Perspektive. Aber das wurde jahrhundertelang nur äußerlich oder überhaupt nicht verstanden. Interessant ist daher das Auftreten des Christian Rosenkreuz, dem Steiner eine ganz besondere Rolle in der europäischen Zivilisation zuschrieb. Er bezeichnete Christian Rosenkreuz als Menschheitslehrer, als Menschen, der uns allen weit voraus ist. Für Steiner war er jemand, der das Christus-Mysterium absolut verstand und als einer der Ersten die Wiedergeburt aus dem höheren Prinzip erlebte. Darum leitet CRC die Menschheit in geistiger Hinsicht während dieses nachatlantischen Zeitalters, in dem wir jetzt leben. Steiner sah

---

43. Ger Westenberg, Max Heindel en The Rosicrucian Fellowship, Amsterdam, In de Pelikan, 2003. S. 55.

in ihm den Helfer des Christus, der eng mit dem Erzengel Michael zusammenwirkte.

Der Mensch, die seinerzeit den Namen Christian Rosenkreuz (CRC) trug, wurde nach Steiner 1378 in Deutschland geboren. Er reiste von seinem achtundzwanzigsten bis zu seinem fünfunddreißigsten Lebensjahr durch die Welt und sammelte Weisheit an allen Orten, zu denen er kam. Als er zurückgekehrt war, scharte er einen kleinen Kreis Menschen um sich, mit denen er weiterarbeitete. Drei davon waren mehr nach innen gerichtet und empfingen von dort ihre Inspirationen. Vier andere waren fähig, diese Inspirationen so zu übersetzen, dass auch andere Menschen sie aufnehmen konnten. Christian Rosenkreuz lebte in dieser Inkarnation bemerkenswert lange. Er starb 1484 mit 106 Jahren.

Wijnand Mees schrieb in seinem Nachwort zu Steiners *Wetenschap van de geheimen der ziel* in diesem Zusammenhang: „Nach Rudolf Steiner haben die Rosenkreuzer zu verschiedenen Zeiten in der Geschichte versucht, in die Öffentlichkeit durchzudringen. Das war stets mit der Bemühung verbunden, auf gewaltlose Weise gesellschaftliche Erneuerungen einzuführen. In diesem Licht kann sowohl der Versuch, Toleranz auf religiösem Gebiet zu erreichen (am Beginn des siebzehnten Jahrhunderts), wie auch der Ruf nach Freiheit, Gleichheit und Brüderlichkeit (am Ende des achtzehnten Jahrhunderts) gesehen werden. Diese friedliebenden Bemühungen wurden jedoch ebenso oft in Blut ertränkt. Zum Beispiel im Dreißigjährigen Krieg (1618-1648) sowie in der Französischen Revolution und der Reaktion darauf (1789 und die folgenden dreißig Jahre). Die Rosenkreuzerströmung scheint ein mächtiger, treibender Faktor in den tieferen Schichten der Menschenseelen zu sein. Aber immer wieder bekommt der Materialismus, der sich in die oberen Schichten der Seelen eingenistet hat, die Oberhand.

Auf diesem Hintergrund kann auch Steiners Werk als Theosoph und später als Anthroposoph gesehen werden. Er wollte dieser im Untergrund wirkenden Rosenkreuzerströmung, die 1875 der Anlass für das nach außen Auftreten der Theosophie war, eine wissenschaftliche Basis verschaffen. Mehr noch, er wollte zeigen, dass diese durch ihn in geisteswissenschaftliche Form gebrachte Theosophie die selbstverständliche Fortsetzung der naturwissenschaftlichen Entwicklung in der neuen Zeit ist. Dabei erfuhr er nicht nur energischen Widerstand von außen, sondern begegnete auch Unverständnis in den theosophischen Gliederungen, wie man aus dem ersten Vorwort ersehen kann," (das am Schluss dieser Ausgabe neben anderen Vorworten zu finden ist). 44

Und es folgt noch ein Zeugnis von Eduard Schuré, einem besonderen Freund Steiners, das ganz mit der Sendung des Rosenkreuzes übereinstimmt: „Von Jugend an hat Rudolf Steiner seine geistige Sendung so definiert: Vereinigung von Wissenschaft und Religion, Wiedereinführung Gottes in die Wissenschaft und der Natur in die Religion, um auf diese Weise Kunst und Leben zu befruchten. Aber wie ist mit dieser riesenhaften und kühnen Aufgabe zu beginnen? Wie muss man handeln, um zu überwinden oder besser den großen Feind, die materialistische Wissenschaft der gegenwärtigen Zeit, zu zähmen und zu unterwerfen? Er gleicht einem schrecklichen Drachen, der mit Schuppen gepanzert auf seinem riesigen Schatz liegt und ihn bewacht. Wie könnte er diesen Drachen der heutigen Wissenschaft zähmen und ihn vor den Karren der geistigen Wahrheit spannen? Und vor allem, wie könnte er den Stier der öffentlichen Meinung überwinden? [...] Auf Steiners drängende Fragen antwortete sein Lehrer ungefähr wie folgt: ‚Wenn du einen Feind bekämpfen willst, beginne dann damit, ihn zu verstehen. Du kannst den Drachen nur überwinden, indem du in seine Haut kriechst. Den Stier musst du bei den

---

44. Rudolf Steiner, De wetenschap van de geheimen der ziel. Herkomst en bestemming van de mensch (Die Geheimwissenschaft im Umriss, Verlag Freies Geistesleben), auf Niederländisch übersetzt und erklärt von Wijnand Mees, Zeist 1998

Hörnern packen. Gerade in der höchsten Not wirst du Waffen und Mitstreiter finden. Ich habe dich erkennen lassen, wer du bist. Gehe nun – bleibe du selbst!' "

Steiner blieb er selbst. Er löste sich von der Theosophischen Gesellschaft. Das geschah auch wegen der stark durch indische Lehren beeinflussten Annie Besant und ihrer Idee, die Wiederkunft Christi sei in Krishnamurti zur Tatsache geworden. Von der Theosophie aus gründete Rudolf Steiner 1912 die Anthroposophische Gesellschaft. In vielen Tausend Vorträgen unterrichtete er die Welt über die Entwicklungen, die Lehren und Aufträge des Menschen, vor allem im Zusammenhang mit dessen Seelenentwicklung in der modernen Zeit. Zweimal gründete er eine „Esoterische Schule", die erste bestand von 1904 bis 1914. Das zweite Mal rief er im Frühling und Sommer des Jahres vor seinem Tod mit einigen Schülern der Freien Hochschule eine innere Schule ins Leben, in der die Schüler höheres Bewusstsein erlangen sollten. In der ersten „Esoterischen Schule" gab es einen „inneren Kreis", über den durch Überlieferung nur bekannt ist, dass er lediglich aus zwölf erprobten Schülern Steiners bestand.

---

45. Eduard Schuré, De persoonlijkheid van Dr. Rudolf Steiner en zijn ontwikkeling. In: R. Steiner, Het Kristendom als mystiek feit, Amsterdam, 1912; Inleiding S. IV-XV, Ziutat S. XIV. Auch unter www.antrovista.com: De persoonlijkheid en de ontwikkeling van Rudolf Steiner. Ein besonderer Artikel aus der Anfangszeit der Astrosophie.
46. Hella Wiesberger, Rudolf Steiners esoterische Lehrtätigkeit, Dornach, 1997, S. 23. Zitiert in Ger Westenberg: Max Heindel en The Rosicrucian Fellowship, Amsterdam, In de Pelikan, 2003, S. 266

Der Mount Ecclesia Temple von Max Heindels Rosicrucian Fellowship, geweiht am 24. Dezember 1920

TEIL II

DER ORDEN DES ROSENKREUZES
DAS WERK VON Z. W. (WIM) UND JAN LEENE

5. Das Werk in den Niederlanden

1924-1935. Die erste Periode – Die niederländische Rozekruisersgenootschap. Zeitschriften und Publikationsbüro. Das Zusammenwirken und der Schlüssel: Das Werk von Johann Valentin Andreae. Die neue autonome Grundlage

Es gibt einen universellen Arbeitsplan, der immer angewandt wird, wenn sich eine neue Initiative ergibt, einen Plan, nach dem sich wirkliche spirituelle Arbeit immer und unabweisbar vollzieht. Für uns, die wir fern stehen, ist dieser Plan oft erst hinterher zu erkennen. Jene aber, deren Seelen älter sind und die daher die Arbeit ausführen, kennen ihn, wenn sie beginnen.

In einem kurzen Rückblick nach dreißig Jahren Arbeit schilderte Jan van Rijckenborgh den Zustand, der im esoterischen Lebensfeld herrschte, als mit einer kleinen Freundesgruppe begonnen wurde. In seinem Ton schwingt niemals Zögern mit. Immer schien er das Ganze zu überblicken und nur solche Schritte zu wagen, die vollkommen sicher waren und zum virtuellen Entwurf passten, zur Planmäßigkeit, die stark in ihm widerklang:
„Als wir 1925 (tatsächlich im Herbst 1924) mit unserer Arbeit begannen, fanden wir in der Welt eine Rosenkreuzer-Bewegung vor, die nur den Namen mit dem Rosenkreuz gemein hatte. Auf der ganzen Linie wurden Yogi-Methoden angewandt – mit allen entsprechenden Folgen. In der Bewegung gab es viele negative Okkultisten, die nicht weiterkommen konnten und sehr krank waren. Außerdem war eine große Anzahl „schwarz" Wollender dabei, die überall durchdrangen. Und es gab einige seriöse Menschen, die so – auf einen Irrweg geführt – ihr

EERSTE JAARGANG, No. 1 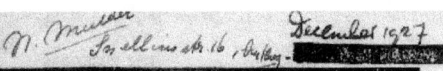 December 1927

HET ROZEKRUIS

MAANDBLAD, GEWIJD AAN ESOTERISCH CHRISTENDOM
UITGAVE VAN HET ROZEKRUISERSGENOOTSCHAP, NEDERLANDSCHE AFDEELING
HOOFDVERTEGENWOORDIGING: OVERTOOM 534, AMSTERDAM
COMMISSIE VAN REDACTIE, SECRETARIAAT: KLEVERLAAN 90, HAARLEM — GIRO No. 135460
ADMINISTRATIE-ADRES: KWEEKTUINSTRAAT 18, HAARLEM
VERSCHIJNT DEN 15DEN VAN IEDERE MAAND

MOTTO: *EEN HELDER VERSTAND* — *EEN LIEFDEVOL HART* — *EEN GEZOND LICHAAM*

HOE DENKT GIJ ER OVER?

Het is eigenaardig en vaak ook vermakelijk, als men zoo ongemerkt eens in de gelegenheid is, om te hooren, hoe de buitenwacht over ons soort menschen denkt.

Zoo gebeurde het mij eens, dat ik op reis moest en in de coupé waarin ik had plaats genomen, een kaart had gelegd, waarop verschillende inlichtingen betreffende ons werk waren gedrukt. Ik had dat gedaan in de hoop, mogelijk iemand te bereiken, die zocht naar een gelegenheid, om contact te krijgen met luidjes, die voor een geestelijk idvaal werkten.

Langzaam vulde zich de coupé en ten slotte kwamen er twee heeren samen binnen, waarvan er één al pratende, de kaart op nam. „Wat is dat?" vroeg hij. „Inlichtingen over de Rozekruisers? Moeten die Roomschen nog meer propaganda maken?" „Welneen", aldus nummer twee, „Rozekruisers zijn geen Roomschen, maar het is toch wel een eigenaardig soort, waar jij en ik ons zeker niet thuis zouden voelen. Vroeger heb ik eens met zoo'n Rozekruiser kennis gemaakt, maar, man, ik wil je wel zeggen, dat ik me vaak heb dood geërgerd. Het is een vervelend slag lui. Stel je voor: dat rookt niet, dat eet geen vleesch, dat drinkt niet, dat draagt geen bont en dat heeft over het sexueele leven een opinie, om van om te vallen. Neen hoor, ik moet niets van die lui hebben. Ik zeg maar, je moet nemen van het leven, wat het je biedt, en al die buitenissigheden, onzin, de wereld is al gek genoeg."

Ach ja, de wereld is al gek genoeg! Dat was

ik met den geachten spreker roerend eens, maar het verwonderde me ten zeerste, dat die verstandige man niet inzag, dat het juist de menschen waren, die zijn opinie deelden, die langzamerhand de wereld tot op zekere hoogte tot een gekkenhuis hadden gemaakt. Zeker zou hij het me heel kwalijk hebben genomen, als ik hem dat had verteld en me met een zeker soort medelijden hebben beschouwd, als ik hem had trachten duidelijk te maken, dat het juist dat vervelend slag menschen is, dat er hard naar streeft, om den augiasstal te reinigen en een betere samenleving op te bouwen.

Zeker is 't hier op zijn plaats, om enkele van die „buitenissigheden", zooals onze reiziger ze noomde, onder den aandacht van de lezers te brengen. Laten we er evenwel in de eerste plaats op wijzen, dat wij, leden van het Genootschap of zelfs leerlingen der Orde, lang geen Rozekruisers zijn. Wij zouden het een groote aanmatiging vinden, als wij onszelf zou zouden noemen. Wij zijn slechts studenten en leerlingen en weten, dat een Rozekruiser iemand is, die de menschheid zulk een stuk in de evolutie vooruit is, dat het ons ten eene male onmogelijk is, om ons een voorstelling te maken van het bewustzijn, de macht en de liefde, eigen aan zulk een mensch, dat wij gewoonlijk met den naam van Ouderen Broeder aanduiden. Die Oudere Broeders zijn onze Leermeesters.

En nu onze beginselen, welke onzen reiziger zulk een reden tot ergernis gaven. In de eerste plaats dan het rooken.

Zelf heb ik nooit gerookt, omdat ik mij

Erste Ausgabe
Het Rozekruis,
1927-1928

wahres Geburtsrecht für ein vermeintliches Glück verkauften. Das war eine äußerst dramatische Situation. Dazu kam eine starke philosophische und organisatorische Verwirrung." [47]

Die Freunde trafen sich in den frühen Tagen der Arbeit (in den zwanziger Jahren) in ihren jeweiligen Häusern. Das waren Begegnungen in persönlicher Lebenssphäre mit jenen ersten, enthusiastischen Verbreitern der neuen Lehre Max Heindels, der „esoterischen Lehre eines reinen Christentums", wie er es in der Literatur und in seinen Briefen selbst formulierte. Vom Hauptsitz in Oceanside erhielten sie die Adressen, und in ihrem Monatsblatt sammelten sie die unterschiedlichen Initiativen, die überall im Land entstanden. In den ersten Jahren herrschte ein angenehmes Verhältnis der Studierenden untereinander. Oft studierten sie Heindels Lehren bei der Leiterin A. van Warendorp in deren Haus in Amsterdam. Die Brüder Leene blickten jedoch viel weiter voraus. Wohnzimmer-Esoterik und gemütliche Tee-Abende konnten unmöglich ausreichen, um der Welt, die in Brand stand, zu dienen und ihr das Ideal nahezubringen. Das genügte den beiden Brüdern nicht; es war mehr nötig. Und so ...

„... mieteten wir im Jahr 1924 mit ungefähr fünfzehn Interessenten einen Teil des Hauses Bakenessergracht 13 in Haarlem. Hier konnte ein kleiner Tempel eingerichtet werden und im Hinterhaus ein Unterrichtsraum, alles äußerst bescheiden. In dieser Umgebung konnten Ordnung und ein geregeltes Arbeitstempo in das Werk gebracht werden. Hier konnte es seinen eigenen, so notwendigen Rhythmus erhalten trotz aller Enttäuschungen, wie sie, vor allem am Anfang, oft auftreten, wenn zum Beispiel niemand kommt, obwohl der Saal bereit und die Zusammenkunft angekündigt war. Quer durch diese und andere Enttäuschungen hin entwickelte sich nun etwas von dem, was wir jetzt ein Kraftfeld nennen."

---

47. Jan van Rijckenborgh: Die Gnosis in aktueller Offenbarung, Haarlem, Rozekruis Pers, 1993, S. 126, 127.

Von nun an kam Fahrt in ihr Bemühen. Sechzehn Jahre lang, bis zum Beginn des Zweiten Weltkriegs, untersuchten die Brüder zusammen mit Freunden wie Cor Damme, A. Rutgers van der Loeff, E. Roland-Retera und gewiss noch vielen anderen die Ideen und Erkenntnisse der „alten Weisen" und legten sie neu aus.
1927 übernahmen sie die Initiative und Verantwortung für die Monatszeitschrift *Het Rozekruis*. Sie erschien als Probenummer im Dezember 1927 und ab Januar 1928 regelmäßig. Darin berichteten sie über die Werke der klassischen Rosenkreuzer, aber auch über die Hintergründe und Grundbegriffe der Astrologie. Es erschienen ebenfalls die Übersetzung eines Fortsetzungsromans von E. Prentiss Tucker über das Leben nach dem Tod sowie gesellschaftskritische Betrachtungen der Weltereignisse. Von Anfang an wurde der aufwachsenden Jugend Beachtung geschenkt. E. Roland-Retera war die Erste, die ein Jugendwerk des Rosenkreuzes ins Leben rief. Bei allem war der Ausgangspunkt: „Güte, Wahrheit und Gerechtigkeit". Jan und Wim schrieben über die Wichtigkeit eines gesunden Jugendwerks auf esoterisch-christlicher Basis. Frau E. Roland-Retera schrieb in Fortsetzungen über das Wachstum und die Entwicklung des Kindes sowie über das Rosenkreuzer-Ideal eines guten Unterrichts, bei dem nicht nur materieller Fortschritt im Vordergrund steht. Es ging ihnen darum, ihre aktive, auf das innere Christentum gerichtete Gemeinschaft in die Mysterien der Befreiung einzuführen, damit sie dann als Gruppe nach außen treten konnte. Dazu gründeten sie im gleichen Jahr 1928 (und zwar am 15. Februar) das „Publicatie-bureau der Rozekruisersgenootschap mit drei Abteilungen. Abteilung 1: Buch- und Broschürenhandel unter der Adresse von Z. W. Leene. Abteilung 2: Redaktion für Het Rozekruis und neue Ausgaben unter der Adresse von Jan Leene. Abteilung 3: Abonnements- und Anzeigen-Administration unter der Adresse von C. Honig." [48]

---

[48] Het Rozekruis, 1. Jahrgang, Nr. 3, März 1928

Über die Gründung des Publikationsbüros wurde so ausführlich berichtet, weil sie das Präludium für das selbständige, von der amerikanischen Bewegung getrennte Werk in den Niederlanden war. Obwohl die ersten Jahrgänge der Zeitschrift *Het Rozekruis* getreu die Philosophie, die Astrologie, die Vorstellungen und die Lehre der Oceanside, wie man damals sagte, widerspiegelten, war doch das junge und idealistische Drängen, ein eigenes Werk zu gestalten, in jedem Jahrgang stärker spürbar.

Der folgende Schritt war eine Ankündigung im August 1929:
„In Haarlem soll unser Werk, nachdem die Unterhandlungen erfolgreich waren, in einem eigenen Gebäude im Zentrum der Stadt konzentriert werden, was die Popularität der Rozekruisersgenootschap in hohem Maß fördern wird."

Am 1. April 1930 wurde die Arbeit des Publikationsbüros auf acht Sektoren verteilt und zwar „aus Anlass der stets zunehmenden Wirksamkeiten und ihrer schnellen Erledigung durch die Unterzeichnenden, die alle Mitglieder der Rosicrucian Fellowship Oceanside Cal. U.S.A. sind." [49]

J. van Oel jr., Sohn eines Neffen der Leenes, der bei Z. W. Leene wohnte, übernahm das Informationsbüro; Propaganda und Redaktion Het Rozekruis: Jan Leene; Administration: C. A. Honig; Persönliche Hilfe, persönliche Besuche, Laienbesuche und soziale Rehabilitation: Z. W. Leene, Jugendarbeit: Jenny Leene, eine Nichte der Brüder.

Am Schluss dieser Mitteilung wurde berichtet „dass man das P. B. (Publikationsbüro) nicht mehr als eine Körperschaft betrachten soll, die neben dem Hauptbüro steht oder offiziell in dessen Namen auftritt, sondern als autorisierte ‚freiwillige Hilfe' bei der gewaltigen Arbeit,

---

49. Het Rozekruis, 2. Jahrgang, 8. August 1928, S. 61

die das Hauptbüro zu verrichten hat. In bestimmten Angelegenheiten kann man sich auch direkt an das Hauptbüro wenden, wenn eine holländische Sekretärin anwesend ist."

Man schien mit diesen Sätzen gegen sich selbst zu kämpfen. Den Sinn der verwirrenden Mitteilung erklärte die Oktober-Ausgabe jenes Jahres, die nachträglich betrachtet ein Vorbote neuer, schwerwiegender Ereignisse zu sein schien:
„Mehr als einmal wurde versucht, die Rosenkreuzer-Interessenten in örtlichen Gruppen zu vereinen, die dann wieder in Landesorganisationen unter einer nationalen Leitung zusammengefasst werden sollten. Aber das Hauptbüro verweigerte stets die Zustimmung zu einer solchen fest umrissenen Organisation – und zwar zu Recht. Es entwickeln sich dadurch schnell feste Prinzipien und Positionen. Die Gefahr würde bestehen, dass eine enge Organisation den Platz des Prinzips einnimmt, das universell bleiben muss. Die älteren Brüder würden nur noch ein Klang sein, Max Heindel zu einer ‚höheren Berufung' werden, und lediglich das Wachsen der Organisation, der Bau von Kirchen und Tempeln würde die Gedanken beschäftigen. (Gottes Kinder) hätten dann so viel zu tun mit Behaupten und Beweisen, mit Abdämmen und Reinigen, dass beinahe niemand mehr Zeit hätte, auf Christus zu blicken. Dann würden nur noch Einzelne die Dämme und Mauern besteigen, um im Sonnenlicht von Gottes Angesicht zu stehen und die Arme zum strahlenden Christus zu erheben – in aller Einfachheit ..."

Am 24. Dezember 1930 schloss sich die Ehefrau von H. J. Stok, einem der Freunde der ersten Stunde, ihnen an. Ihr Name war Hendrikje Stok-Huizer. Ihrer Wirksamkeit und gestaltenden Kraft werden wir in diesem Buch noch viel Aufmerksamkeit widmen. Bereits 1928 hatten die Brüder Leene und der Vorsitzende des Haager Zentrums, C. L. J. (Cor) Damme (1897-1969), sich gefunden. Sie erkannten ineinander eine alte Verwandtschaft und eine große Leidenschaft für den reinen Quell, den Orden des Rosenkreuzes. Der geistesverwandte Cor Damme, mit seiner dynamischen Persönlichkeit und spitzen Feder, verkörperte in den Vorkriegsjahren die dritte Seite des Dreiecks, der Dreiergruppe, die dem Werk Gestalt und Kraft verlieh.

Damme war auch einer der besten Freunde Wim Leenes. Unter anderem wegen seiner tiefschürfenden esoterischen Kenntnis gehörte er schon bald zur Kerngruppe und wurde in die Leitung der (niederländischen) Organisation aufgenommen. Außerdem war er Koch im Hotel Lange Poten in Den Haag, was während der Rosenkreuzer-Sommercamps, die 1934 begannen, ausgezeichnet zur Geltung kam. Nach dem Krieg emigrierte er nach Brasilien, aber später begegnen wir ihm wieder in Las Vegas und in Kalifornien an der amerikanischen Westküste. Er lebte dort als erfolgreicher Antiquitätenhändler und war auf asiatische Kunst spezialisiert.

Die vom Haarlemer und Haager Zentrum ausgehenden Aktivitäten, die wöchentlichen esoterischen Bibel-Lektionen und die Monatszeitschrift *Het Rozekruis*, waren stark verbindende Faktoren. Sie kombinierten die fortwährende Aufmerksamkeit für das Wohlergehen des nationalen Werkes, das vorwiegend in der Randstadt (im Ballungsgebiet) stattfand, mit einer starken Konzentration auf das internationale Werk des geistigen Zentrums in Kalifornien.

Vor allem wegen der Besitzungen, die das Haarlemer Zentrum inzwischen erworben hatte, und dessen geplanter Ausbreitung erforderte die Organisation im Jahr 1933 eine neue juristische Person: die Max Heindel Stiftung.

Überall im Werk erfuhr man, dass der Kreis um Cor Damme, Jan und Wim Leene nicht nur jung und enthusiastisch war, sondern auch etwas Besonderes hervorbrachte. Die drei Freunde empfanden jedoch, dass ihnen noch ein Zeichen, eine neue Sicherheit, eine dritte Basis fehle. Heindels Werk und Lehren sind tiefgehend und weitreichend. Sie ermöglichten es, ein wirklich esoterisches Christentum zu erleben und zu praktizieren. Aber über den Impuls der klassischen Rosenkreuzer am Beginn des siebzehnten Jahrhunderts sprach Heindel nur indirekt. Cor Damme war jemand, der tief auf astrologische Aspekte und Ideen einging, auch hatte er ein besonderes Gefühl für die esoterisch-körperlichen Konsequenzen der Lehre. Jan Leene wurde allgemeiner Sekretär der Bewegung in den Niederlanden, und Wim Leene war selbstverständlich der spirituelle Mittelpunkt. Die Zentren Haarlem und Den Haag bildeten die motorische Kraft im niederländischen Werk. Sie arbeiteten auf eine viel stärkere Gemeinschaft hin, die nicht nur schriftliche Lektionen versendet. Sie wollten eine feste Gruppe gründen aus Freunden und Gleichgesinnten, die differenzieren konnten.

Damme stimulierte Jan und Wim Leene, nach Deutschland zu gehen, und nahm sie auch mit nach St. Petersburg. Ein besonderes Drängen, geboren aus ihrem Verlangen, die ursprünglichen Quellen zu finden, verschlug sie nach England. Der unternehmungslustige Damme war Reisen gewohnt und nahm die Brüder mit nach London. Die drei Freunde vertrauten ihrer Intuition, die sie schon oft in die richtige Richtung geführt hatte und ihnen auch dort den Weg wies. Ihr Ziel war die Bibliothek im British Museum. Denn sie wussten, möglicherweise aus Angaben von A. E. Waite in seiner ersten Ausgabe des *The Real History of the Rosicrucians*, dass sie dort auf jeden Fall eins der Manifeste finden könnten.

Was sie suchten, war nicht in erster Linie für sie selbst gedacht. Die Motivation für ihre Suche war vielmehr das Bedürfnis, für ihren Freundeskreis etwas Bedeutendes zu entdecken. Ihre Triebfeder war: Wie finden wir den Kern? Wie können wir unsere Geistesverwandten bei ihrem Suchen nach neuen Lebenswerten unterstützen? Denn wenn etwas in der kommenden Periode nötig war, dann waren es neue Lebenswerte, die von den alten, morschen Phrasen wegführten. Nur wer wahre Lebenswerte besitzt, kann sein Leben verändern, ja, bildet selbst den Wendepunkt.

6. London. Die drei Manifeste werden gefunden

1935. Die Fama Fraternitatis, die Confessio Fraternitatis und Die alchimische Hochzeit des Christian Rosenkreuz Anno 1459. Eine neue Dimension der Geistesverwandtschaft. Die Sphäre, in der sie entstand. Tobias Hess, der geistige Vater; Paracelsus, der Pate der klassischen Rosenkreuzer. Das geistige Testament des Ordens des Rosenkreuzes. Ansatz zu einer übergreifenden internationalen Föderation

Die wichtigsten philosophischen Werke der Weltliteratur kannten die drei Freunde gründlich. Aber die ursprünglichen Schriften des klassischen Rosenkreuzes waren damals praktisch nirgends zu finden. Und die Freunde wussten, dass die *Fama Fraternitatis*, die *Confessio Fraternitatis* und *Die chymische Hochzeit Christiani Rosenkreutz Anno 1459* potenzielles Gold enthielten. Sie wussten sicher ebenfalls, wie mit diesen Schriften durch die Jahre hin umgegangen worden war: Man hatte sie zerstückelt und verachtet. Die Freunde wussten, dass man diese Werke oft so verdreht und die christlich-hermetischen Werte und Lehren, aus denen sie entstanden waren, so lange vergiftet und besudelt hatte, bis sie genau das Entgegengesetzte auszusagen schienen. Bei der Arbeit der Drei verging kein Tag, ohne dass sie diese Verdrehungen aufzeigten und die eigentliche Bedeutung freilegten.

Buchstäblich „tanzten sie daher vor Freude", als sie die Originalschriften der klassischen Bruderschaft in den Händen hielten. Als sie das Siegel auf der Titelseite der *Chymischen Hochzeit Christiani Rosenkreutz Anno 1459* erblickten, jubelte Jan Leene: „Das ist es! Nun haben wir die Linie gefunden, die wir suchten!"

Die Sprache dieser Rosenkreuzerschriften besitzt eine besondere Atmosphäre. Es drängt eine starke Überzeugungskraft dahinter. Das ist

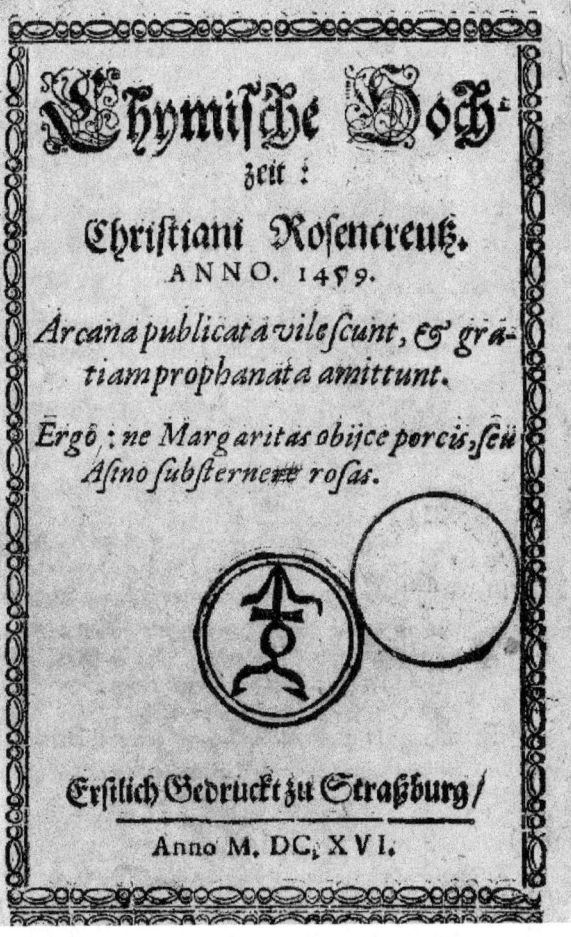

Titelblatt der dritten Ausgabe der Chymischen Hochzeit von 1616 mit dem „Blutsiegel" des Christian Rosenkreuz

jedoch an und für sich nichts Ungewöhnliches, denn es gab in jenen Tagen viele gescheite Autoren, die scharfsinnig schreiben konnten. In den Manifesten kommt diese Kraft jedoch „aus einer geistigen Heimat", dem „Haus Sancti Spiritus", wie am Ende der *Fama* berichtet wird. Es geht hier also nicht um das Werk einer Person, sondern um das eines Kollegiums, um einen Impuls, eine wohl durchdacht formulierte höhere Erkenntnis, welche die Gründer und Brüder des Ordens mit Herz und Seele nach außen trugen. Die Manifeste führten in die europäische Zivilisation ein Bild des Zusammenwirkens, der Erneuerung der Welt und der Verschmelzung von Geist, Seele und Mensch ein.

Gleichzeitig wollten die Gründer des Ordens der menschlichen Gesellschaft einen Impuls geben, in dem sie ihr einen gigantischen Umschwung vor Augen stellten. Ihnen schwebte als Ideal das Bild einer Gesellschaft vor, deren Leiter Verantwortung, Ruhe und Übersicht besitzen, deren Kirche Gott beseelte Prediger sind und deren Wissenschaftler Menschen, die mit dem Herzen denken. Die Frage war, ob und wie das gelingen könne. Dieser Moment bildete den Ausgangspunkt der neuen geistigen Linie in der Befreiungsarbeit.

Die klassischen Rosenkreuzer legten den Begriff „Mensch" neu aus und formulierten eine neue Sicht auf das Ziel des Menschseins. Vielleicht sollte man besser sagen: Das Suchen in den vergangenen Jahrhunderten, das sich in Moses, Hermes, Christus und den Erkenntnissen des Paracelsus offenbarte, wurde auf einigen Buchseiten zusammengeballt und erwies sich so als eine Explosionskraft, die immer noch nachvibriert. In den Manifesten wurde ein dreifacher Werdeprozess – verbunden mit der Entwicklung der drei Zeitperioden innerhalb der menschlichen Entwicklung – als folgendes Axiom zusammengefasst:
„Ex Deo nascimur – In Jesu morimur – Per Spiritum Sanctum reviviscimus." Aus Gott werden wir geboren, in Jesus sterben wir, durch den heiligen Geist werden wir wiedergeboren.

Die Autoren der Manifeste wiesen auf die Tatsache hin, dass sich in der

Menschheitsgeschichte ein spiritueller Impuls immer mit jenen Religionslehrern verbindet, welche die jahrhundertealte Weisheit über Gott, Kosmos und Mensch in einer neuen Lehre austragen. Sie wird zuerst in den Mysterienschulen, die sie gründen, ausgearbeitet und vor allem gelebt. Damit drücken diese Lehrer gleichsam geistig einen Stempel auf den Bewusstwerdungsprozess der Menschheit. Es gab niemals eine Mysterienschule, die nicht denselben universellen Einweihungsweg gewiesen hätte. Jedoch nach einiger Zeit verschwinden sie wieder, denn die geistigen Lehren werden ab einem bestimmten Moment nur noch auf das äußerliche Leben des Menschen bezogen, und der eigentliche Hintergrund, das Entstehen der neuen Seele, wird aus den Augen verloren. Es ist so, wie Hermes Trismegistos erklärt: Auf der Suche des Seelenmenschen ist der Preis für den Wettlauf das Erwerben der Geistverbindung! Diese Gabe empfängt nur derjenige, der seine Begrenzungen aufhebt und die zeiträumlichen Fesseln der Geburt und des Todes zerbricht. Daher erklärten die Brüder des Rosenkreuzes in der *Fama Fraternitatis* (Der Ruf der Bruderschaft), dass ihre Philosophie nicht neu sei. In der *Confessio Fraternitatis* (Das Bekenntnis der Bruderschaft) geben sie einige Definitionen, die aber in Wirklichkeit neue Thesen sind. Das dritte Manifest, *Die alchimische Hochzeit des Christian Rosenkreuz Anno 1459*, beschreibt in Erzählform die Entwicklung der spirituellen Alchimie.

In diesen Manifesten wird die Gesellschaft in Europa aufgerufen, im täglichen Leben die lebendige Nachfolge Christi zu vollziehen, so wie im christlichen Mittelalter Thomas von Kempen in der *Imitatio* zur Christus-Nachfolge aufforderte. Das sollte bei den Fürsten, Ständen und Gelehrten beginnen, so dass das Volk dem guten Vorbild ganz natürlich folgen könne.

Ausgangspunkt der Reformation, über die in den Manifesten geschrieben wird, ist nicht nur eine Neuformung der Kunst, der Wissenschaft und der Religion. Es geht vor allem um einen Veränderungsprozess. Sie beabsichtigte – beginnend bei den führenden Gruppen – die Wiederherstellung des Menschen in geistiger Hinsicht. In der *Fama Fraternitatis* wird es so ausgedrückt:

„… damit der Mensch doch endlich seinen Adel und seine Herrlichkeit erkenne und verstehe, warum er Mikrokosmos genannt wird und wie weit sich seine Kunst in der Natur erstreckt."

EINE NEUE DIMENSION DER GEISTESVERWANDTSCHAFT

Die drei Freunde, die 1935 – mit den Originaldrucken der Manifeste in den Händen – ihr Glück nicht fassen konnten, erfuhren das große Gefühl der Geistesverwandtschaft, als sie das alte Wissen wiedererkannten. Auch fühlten sie sich verbunden mit den anderen drei Freunden, die vor 331 Jahren, also 1604, mit dem „Haus Sancti Spiritus" begonnen hatten: Tobias Hess, Johann Valentin Andreae und Christoph Besold.

Gewiss, es war die Sprache des literarischen Genies Johann Valentin Andreae: geschmeidig, kompakt und tiefsinnig; und möglicherweise war es auch die religiöse Mäßigung und Ausgeglichenheit Christoph Besolds, aber vor allem waren es die Ideen und die Gedankenwelt des Tobias Hess – tief religiös, klar und hermetisch –, die den ersten beiden Schriften, der *Fama* und der *Confessio*, ihren Glanz verliehen.

Betrachten wir die Atmosphäre, in der die Manifeste entstanden, so erkennen wir, dass diese wie eine Schockwelle durch das Denken des siebzehnten Jahrhunderts strömten und seither die esoterische und theosophische Welt in ihrem Bann hielten. Tobias Hess (1568-1614) war ein wunderbarer Gelehrter, Alchimist und Arzt. Der junge Andreae und Besold betrachteten ihn als ihren geistigen Vater. Damals, als in Tübingen in den ersten zehn Jahren des siebzehnten Jahrhunderts die *Fama* und die *Confessio* entstanden, war Hess um die vierzig Jahre alt, Andreae ein Heranwachsender und Besold gerade eben erwachsen geworden. Hess war Arzt nach der Art des Paracelsus, in ihm fügten sich die Linien Hermes, Ficino, Arndt und die Bibel gleichsam zu einer neuen Synthese zusammen. Er war ein Prototyp des *uomo universale*, aber von nordischer Art. Es besaß ein photographisches Gedächtnis und konnte mühelos jede gewünschte Passage aus der Bibel zitieren, deutsch und lateinisch. Er war eine lebendige Konkordanz der Heiligen Schrift und ursprünglich Jurist. Seine Freunde schrieben ihm die Weisheit des reinen Rechtes zu (nicht des menschlichen), die Menschlichkeit des Erasmus (1465 oder 1469-1536), die mathematische Kenntnis des Michael Maestlin (1550-1631) und die universelle Sanftmut des Marsilio Ficino (1433-1499): „Einst ein guter Jurist, später ein guter Arzt und schließlich ein noch besserer Gotteskenner", schrieb Andreae über ihn. Hess liebte sowohl die klassische Heilkunst des Hippokrates (470-360 v.Chr.) und die des Galenus (130-200 n.Chr.), als auch die „neue" Heilkunst des Paracelsus (1491-1543). Als er sich eine Krankheit zuzog, die kein Arzt heilen konnte, versuchte er, zu dem Verständnis durchzudringen, dass „das Buch Gottes groß ist, aber das Werk der Spezialisten nur klein. Er war geduldig und verträglich wie Christus." Das hermetische Wissen, das in den beiden vorhergehenden Jahrhunderten wieder enthüllt worden war, fand man in Tobias Hess konzentriert wie in einem Brennglas. Er versammelte in diesem Teil des lutherischen Deutschland eine Gruppe Gleichgesinnter um sich, um die christlich-hermetische Neuformung der Reformation vorzubereiten. Das war auch der Quell für jenes Verlangen, das Andreae sein Leben lang begleitete: eine Gruppe vortrefflicher Menschen zu bilden, welche die Wissenschaft, die Sitten und das reine, angewandte Christentum fördern sollte. Im gastfreundlichen Haus des Tobias Hess ging eine solche Freundesgruppe, die im Tübinger Stift studierte, ein und aus. Was er also damals besaß, fand er in seinem ganzen späteren Leben nicht mehr wieder.

Diese Umgebung war ein herausforderndes und geistreiches Milieu, das junge hochbegabte Menschen wie Johann Valentin Andreae, Christoph Besold und andere entflammte. Ihre Herzen erfüllte jugendlicher Mut,

---

50. Johann Valentin Andreae 1586-1986. Die Manifeste der Rosenkreuzerbruderschaft. Katalog einer Ausstellung der Bibliotheca Philosophica Hermetica, Amsterdam, 1986 (Carlos Gilly) S. 20.ff.

als die befreienden Ideen des Ordens ihren Geist befruchteten. Alles schien zu gelingen. Für einen kurzen Moment fügten sich sämtliche erreichten Erkenntnisse zu einer Synthese zusammen, und das Resultat war weit schöner als alle einzelnen Teile. Diese Menschen waren beflügelt. „Enthusiastisch" nannte man sie, was nicht als Kompliment gemeint war. Sie begeisterten sich gegenseitig für das Universelle. Ihr Geistestrieb verlieh ihnen Flügel der Phantasie und Imagination. Ihre Herzen waren für das hermetische, das christlich-hermetische, Gedankengut offen. Und es schien, als nicke ihnen Paracelsus aus dem Himmel der Heilkunst und der „Theologie des Mikrokosmos" anerkennend zu.

Keine Geburt geschieht ohne Wehen. Die des Ordens waren so heftig, dass das Kind um 1614 herum mit Tobias Hess zu sterben drohte. Bereits seit 1599 war Hess in einen langwierigen Konflikt mit seiner *Alma Mater* verwickelt, der Tübinger Universität. Er wurde nämlich bekannt als „Schüler des verfluchten Paracelsus, der zehn Jahre später noch immer paracelsische Medikamente verabreichte und in seinem Haus Lektionen aus dessen Schriften gab." Und genau wie Paracelsus glaubte er an eine neue Zeit und ein Urteil, das 1613 kommen sollte. Danach würde ein drittes Zeitalter oder eine Periode der Wiederherstellung des Staates und der Kirche anbrechen. Die ersten beiden Perioden waren die des Alten Testamentes, in welchem die Ankunft des Christus angekündigt wurde, sowie die des Neuen Testamentes, in dem Christus tatsächlich unter den Menschen lebte. In der dritten Periode würde dann ab 1620 das glorreiche Zeitalter des heiligen Geistes und des Volkes Gottes auf Erden anbrechen.
In dieser konzentrierten und beflügelnden Atmosphäre entstanden die Manifeste der Rosenkreuzer – und gingen beinahe unter. 1614 starb Hess. Und die Freunde befanden sich tatsächlich schon wieder auf einer anderen Spur. Andreae war mit seiner Ausbildung zum Pfarrer und seiner bevorstehenden Heirat mit einem Mädchen aus einer orthodox-

lutherischen Familie beschäftigt und Besold mit seiner juristischen Karriere. Aber etwas, das soviel geballte Energie enthält wie die Manifeste, kann nicht verborgen bleiben. Und das sollte sich auch zeigen. Das erste Manifest, das seit 1610 als Handschrift unter Freunden (und Feinden!) zirkulierte, erschien nun im Druck, einem Privatdruck wohlgemerkt. Damit war die Lunte zum Pulverfass angezündet – und der Impuls gerettet. 1615 entschlossen sich Besold und vor allem Andreae, die echte *Fama* herauszugeben, zusammen mit der *Confessio*.

Als Andreae 1619 über diese Zeit und den Mann Tobias Hess schrieb, seufzte er: „Wir glaubten an den paradoxen Geist des Tobias Hess und an ich weiß nicht was für eine erfundene goldene Zeit und eine gespannte Erwartung des (letzten) Urteils." [...] [51]
„Folgen wir unseren eigenen Regeln unter Christus in dieser zügellosen Zeit. Lasst uns in Rechtschaffenheit Zurückgezogene mitten auf einem solchen Müllplatz des Gesindels sein. Lasst uns Phantasten auf dem Gebiet des Höheren in diesen materialistischen Zeiten sein. Lasst uns Liebende sein, und nennen wir uns nach Abwerfen des Schmucks der Titel und des Stolzes auf die Ehrenämter „Brüder" (warum lachst du, Teufel?). Lasst uns zusammen den Eid der Dienstbarkeit für Christus ablegen, der Verschmähung der Welt, der gegenseitigen Erbauung und des freundlichen Umgangs miteinander. Rühmen wir uns als Bürger – nicht des Reiches Utopia – sondern des Christus, wenn es auch durch das Alter der Welt hier unsichtbar ist. So haben wir gelebt, und Gott ist unser Zeuge, dass unser Leben erfüllt war von Einfalt, Unschuld und guten Absichten. Ich möchte nur hoffen, Ihn mit solchem Verhalten als Freund zu gewinnen. Alles Gold der Welt könnte mir dann gestohlen bleiben."
Die chymische Hochzeit Christiani Rosencreutz, publiziert 1616, hat eine

---

51. J. V. Andreae, Tobias Hess. Viri incomparabilis, Immortalitas. Straßburg, Erben L. Zetzner, 1619, Typskript holländische Übersetzung s. j. BPH.

andere Geschichte. Nur eine kleine Gruppe konnte damals deren Tiefe ergründen. Für die Außenwelt war diese Allegorie absolut unverständlich. „Ein verworrenes Hirngespinst", so lautete die offizielle Kritik am Beginn des siebzehnten Jahrhunderts, oder auch „das Produkt eines überspannten Geistes". Die Brüder bezeugten, dass nichts weniger wahr sei: „Unsere Wissenschaft sind die geistigen Fähigkeiten des Menschen und eine bestimmte höhere Weisheit, die am meisten Theologie und Medizin umfasst, am wenigsten Rechtswissenschaft. Und diese wahre Wissenschaft ist schließlich nichts anderes als die hermetische Philosophie. Und sie ist (auch) die Philosophie der Griechen". Besolds Zitat stammte aus der *Confessio* und wurde von Comenius weiter verbreitet. Das ist alte Weisheit, gewiss – aber 1614, 1615 und 1616 waren die Manifeste noch für die Zukunft geschrieben, die sich vielleicht erst 1935, an dem denkwürdigen Tag in London, öffnete.

DAS GEISTIGE TESTAMENT DES ORDENS DES ROSENKREUZES
Wenden wir uns dem Jahr 1935 zu. Der Moment in London ist tatsächlich von großer Bedeutung. Die Manifeste waren für die drei Freunde ein geistiges Testament, eine konkrete Bestätigung ihres Auftrags. Sie erkannten sie als Beweis für eine direkte Verbindung mit dem Orden des Rosenkreuzes, der zum ersten Mal seit dem siebzehnten Jahrhundert mit einem unmittelbaren Rosenkreuz-Impuls nach außen trat. Jene, welche die geistige Linie des Befreiungswerkes erkannten, das seit 1875 eingesetzt hatte, wussten: „In einem bestimmten Moment würde eine neue Arbeit beginnen, und zwar unter dem direkten Impuls (und der Leitung) des Ordens, der Bruderschaft des Rosenkreuzes." Es ging nicht nur um das uralte Befreiungswerk des Hermes, der Gnosis, sondern die Bruderschaft hatte auch das *karmische Recht*, eine neue Arbeit zu beginnen. Denn all ihre Bemühungen im siebzehnten Jahrhundert

---

52. Johann Valentin Andreae: Die Manifeste der Rosenkreuzerbruderschaft. Katalog einer Ausstellung in der Bibliotheca Philosophica Hermetica, Amsterdam 1986 (Carlos Gilly) S. 104-106.

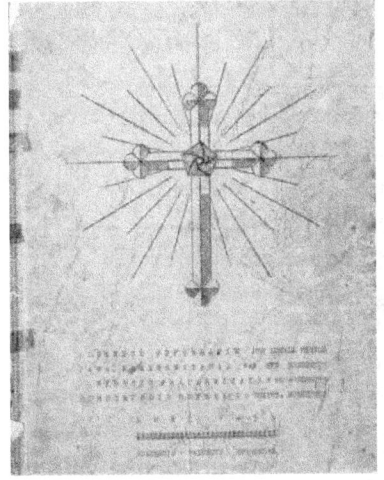 

Vervielfältigte Ausgabe der Algemeine Reformatie der gehele Wereld, der Fama und Confessio fraternitatis und der Alchemische Bruiloft door „Rozekruis Vrienden", Amsterdam 1917. Rechts: Het Geestelijk Testament der Orde van het Rozekruis, Haarlem, 1917

waren auf grobe und schändliche Weise durch Kirche und Staat vereitelt worden.

Um einigermaßen zu verstehen, was das bedeutet, lassen wir einen Abschnitt aus einer Erklärung folgen, die Jan van Rijckenborgh 1945 über die geistige Linie der Arbeit abgab. In der Broschüre *Rozekruisers en Theosofen, Antroposofen en Soefis* heißt es:

„Alle großen Arbeiter, die in den letzten hundert Jahren im öffentlichen Leben auftraten, wussten, dass ihre Arbeit Teil eines erfindungsreichen Plans ist, in dem naturnotwendig das Rosenkreuz die Schlussphase ausführen wird. Diese Idee kann also nicht nur in Rosenkreuzer-Kreisen lebendig sein, sondern muss, wenn sie wahr ist, auch in anderen Arbeitern hervortreten. In erster Linie trifft das auf die *Geheimlehre* von Mme Blavatsky zu, die an vielen Stellen sehr deutlich ist, viel deutlicher als ihre Anhänger.

H. P. Blavatsky erkennt, dass die Rosenkreuzer schließlich welterobernd auftreten und die eine Wahrheit in alle Zentren geistigen und philosophischen Lebens einpflanzen werden. Außerdem sei auf eine Rede hingewiesen, die Weler van Hook 1922 vor dem Konvent der amerikanischen Abteilung der Theosophischen Gesellschaft hielt. Darin stellte er fest – und legte seinen Zuhörern ans Herz –, dass die Bruderschaft des Rosenkreuzes seinerzeit wohlbewusst einen Teil ihrer Arbeit der Theosophischen Gesellschaft überlassen hatte. Und er sagte weiter, alle Theosophen müssten erkennen, dass der Erfolg ihrer Arbeit vor allem der Inaktivität der Rosenkreuzer zu danken sei. Dadurch konnte die Theosophische Gesellschaft die fortwährende Aufmerksamkeit der Welt auf sich ziehen.

Weler van Hook bezeugte wörtlich: ‚… tritt damit der alte Orden bedingt von seinem karmischen Recht zurück und nutzt die Gelegenheit, um sich auf größere Aktivitäten und Verhältnisse vorzubereiten. Ihre Leiter und älteren Mitglieder widmen der Theosophischen Gesellschaft viel Unterstützung und bewahren viele ihrer eigenen karmischen Kräften für späteren Gebrauch.'

Und schließlich betonte er, ‚dass der Rosenkreuzer-Orden zu allen Zeiten und mit größter Eile zu äußeren Wirksamkeiten gebracht werden kann.' Außerdem war bei esoterisch Eingeweihten bekannt, dass von einem bestimmten Zeitpunkt in diesem Jahrhundert an eine neue, kosmisch geleitete Ära beginnen und sich eine vollkommene Trennung zwischen Pionieren und Zurückbleibenden […] entwickeln werde.

Es ist zu erkennen, dass nur eine verhältnismäßig geringe Prozentzahl der Menschheit durch die Pforten ins neue Leben ziehen kann, weil der große Rest in den Banden des Materialismus, des Unglaubens und der noch fataleren geistigen Unwissenheit der Kirchen gefangen bleiben wird."

---

53. Rozekruisers en Theosofen, Antroposofen en Soefis, drei Ansprachen von Jan van Rijckenborgh im Haupttempel zu Haarlem nach der Wiedereröffnung des Werks im Mai 1945, Haarlem, Rozekruis Pers, 1946

Dieser Bruderschaft, diesem Orden des Rosenkreuzes gelobten die Brüder Leene und Cor Damme von dem denkwürdigen Tag in London an absolute Treue. Im „Blutsiegel des Christian Rosenkreuz" erkannten sie ihren Auftrag wieder. Für sie war es ein „vollkommenes Mandat, uns vom Orden des Rosenkreuzes gegeben". Durch dieses neue Fundament ihrer Arbeit veränderte sich auch ihre Position der Oceanside gegenüber. Weniger abhängig nahmen sie nun einen autonomen Platz ein. Getrennt von der Fellowship erkannten sie ihren Auftrag, die drei klassischen Manifeste jetzt – vielleicht zum ersten Mal seit 1615 – ins Niederländische zu übersetzen. Sie hatten bereits 1933 damit begonnen, sie in Fortsetzungen in *Het Rozekruis* zu veröffentlichen. 1937 erschien dann das Ganze als *Het geestelik testament der Orde van het Rozekruis*. Im Vorwort zur ersten Ausgabe heißt es:

„In der ersten Hälfte des Monats September 1936 unternahmen einige Freunde des Rosenkreuzes die Initiative, alle alten, nicht mehr im Buchhandel verfügbaren Schriften des Rosenkreuzes zu drucken und zum Selbstkostenpreis zu verbreiten. Und es ist gewiss kein Zufall, dass als erste Ausgabe diese vier wichtigen Schriften des Ordens allen Freunden des Rosenkreuzes als das „Buch M" angeboten wurden. Die Übersetzung geschah nach authentischen Abschriften des Originals und wurde mit anderen holländischen Ausgaben verglichen, die vor vielen Jahren verbreitet wurden."

Diese Ausgabe wurde eröffnet mit *De geheime kenmerken v/d Rozekruisers* [54] („als Einleitung für jene, die wenig oder nichts über den Orden des Rosenkreuzes wissen") und *Algemeine Reformatie der gehele wereld*. Beide Texte fehlen in der gedruckten Ausgabe desselben Jahres. In der zweiten Textausgabe kündigte Jan Leene unter dem Pseudonym John Twine an: „Eine ausgedehnte Studie dieser drei klassischen Rosenkreuzer-Werke

---

54 Algemene Reformatie der gehele wereld. Fama Fraternitatis van het Rozekruis. Confessio Fraternitatis vh Rozekruis. Scheikundig Huwelijk v. Christ, Rozekruis Anno 1429. Vervielfältigte Ausgabe, Amsterdam, Rozekruis-vrienden, Amsterdam 1937, S. VI. Siehe Abbildung S. 109

in drei Teilen wird unter dem Titel *De Geheimen der Rozekruisers Broederschap* erscheinen. Verständlicherweise sind viele verstümmelte und Pseudo-Ordensschriften in Umlauf, um die Ziele des Ordens zu vereiteln und ihn zu verdächtigen. Wir haben gute Gründe anzunehmen, dass diese Ausgabe mit den ursprünglichen Schriften übereinstimmt."[55]

ANSATZ ZU EINER ÜBERGREIFENDEN INTERNATIONALEN FÖDERATION

Eine andere Folge der Erfahrungen, welche die drei Freunde in London machten, war, dass sie nun auch die Entwicklung des Werks deutlich vor sich sahen. Ideal gesehen sollte sich eine internationale Gruppe entwickeln, die alle einzelnen selbständigen Zentren des Rosenkreuzes in sich vereinigen und überspannen würde. Eine solche internationale

---

55 Het Geestelijk Testament der orde van het Rozekruis, mit klassischen Erklärungen des Ziels, des Wesens und der Berufung der westlichen Mysterienschule sowie einer Einleitung der Rozekruisers Genootschap, Haarlem. Rozekruis Pers, 1937, Abb. S. 109.

Föderation von Rosenkreuzer-Gesellschaften könnte innerhalb der Oceanside einen wichtigen Platz einnehmen. Mit diesem Auftrag überquerte Cor Damme noch im selben Jahr den Atlantischen Ozean, um darüber mit den fernen Freunden in Oceanside zu konferieren.

Es muss gesagt werden, dass The Rosicrucian Fellowship nach Max Heindels Tod 1919 immer wieder aufgestört wurde durch einen Streit zwischen Frau Heindel und dem Board of Trustees. Frau Heindel besaß als alleinige Erbin das Copyright für Max Heindels Bücher, während die Board of Trustees die Leitung der Rosicrucian Fellowship bildete. Als Cor Damme Anfang 1935 abreiste, um die gefassten Pläne zu besprechen, bestand dort wenig Interesse dafür. Hätte Heindel noch gelebt, würde er gewiss das reine Motiv erkannt haben, das die drei Freunde antrieb. Ganz andere Möglichkeiten hätten sich ergeben. Nun war es beim Empfang so, dass Oceanside in diesen Plänen nichts anderes sah als die Rebellion einer jungen Gruppe, die übermütig eine eigene Organisation gründen wollte. Wenn Frau Heindel und die Board of Trustees erkannt hätten, mit welcher Treue und welchem Feuer die Freunde Max Heindel zugetan waren, hätten sie vielleicht anders reagiert. Aber unter den gegebenen Umständen musste Cor Damme aus der Situation folgern, dass eine weitere Zusammenarbeit unmöglich sei. Seiner Meinung nach fehlten die wirklich geistige Kraft und die unmittelbare Verbindung mit den älteren Brüdern. Für Oceanside bestand die holländische Gruppe aus renitenten Rebellen, welche die starke Zusammengehörigkeit, die unter Heindel entstanden und sehr gepflegt worden war, zerbrach. In einem Brief von 1915 warnte Frau Heindel die niederländischen Mitglieder der Fellowship vor der anstehenden Trennung, sie schrieb: „Was der Mensch sät, wird er ernten." [56]
Das ist auch geschehen. Ein neuer, autonomer Schritt wurde unter-

---

[56] Korrespondenz Rosicrucian Fellowship, Januar, April/Mai und November 1935. Als Studienbriefe versandt und unterzeichnet von Frau Heindel.

Das Wochenblatt Aquarius wurde 1939 umbenannt in Licht van het Rozekruis. Zwei Wochen nach der Besetzung hieß es: Nieuw Esoteries Wochenblatt

nommen, der sich zu einer total neuen Arbeit des Lichtes entfalten sollte. An Stelle eines weltweiten neuen Impulses, der wie ein Posaunenstoß der Zusammengehörigkeit ein internationales Zeichen setzen sollte, mussten die niederländischen Freunde ihre Fama nun tatsächlich selbständig, aber auch allein erklingen lassen. Getrennt vom amerikanischen Werk mussten Cor Damme und die Brüder Leene mit den Zentren Den Haag und Haarlem in der selbständig gewordenen niederländischen Vereinigung gleichsam als Brecheisen dienen.

Das Resultat war Folgendes, wie die Brüder Leene und C. Damme schrieben: „Um Weihnachten 1934 herum hörten wir auf das innere Drängen, das wir empfanden, und die niederländische Vertretung der Rozekruisers Genootschap wurde der selbständige Hauptsitz für das niederländische Sprachgebiet."[57]

Mit 545 Studierenden und Probeschülern sowie mindestens ebenso vielen interessierten Kursus-Teilnehmern, verschiedenen eigenen Ge-

---

57. Brief vom Zentrum Haarlem, Januar 1935

bäuden und Unterkünften sowie „mächtigen Werbemitteln unterschiedlicher Art" setzten die Freunde das Werk eigenverantwortlich fort. „In rund zehn Jahren wurde es zu dem ausgebaut, was es ist. Und jeder wird erkennen, dass hinter all dieser Arbeit eine innere Kraft drängen muss, die man weder negieren kann noch darf." [58]
Am 25. September 1935 erfolgte die juristische Anerkennung. [59]
Jan Leene schrieb nicht ohne Stolz in der bereits erwähnten Broschüre *Einige grepen uit de geschiedenis van het Nederlandse Rozekruisers Genootschap*: „Weihnachten 1934 wurde die selbständige Nederlandse Genootschap geboren. Und am 25. September 1935 erhielt das Werk auf königlichen Beschluss die Anerkennung seiner Statuten und wurde dadurch ebenfalls rechtskräftig."
In diesem Zusammenhang ist es vielleicht angebracht, einige Zeilen aus einem Brief zu zitieren, den Frau B. Danko-Schuijt sechzig Jahre später, am 9. April 1993, schrieb. Sie war in ihren jungen Jahren Nachfolgerin [60] der Frau van Warendorp, der Leiterin der niederländischen Abteilung der Fellowship gewesen. In ihrem Brief widmete sie einige Zeilen der Spaltung der beiden Vereinigungen. Zuerst stellte sie fest: „Nun weiß ich, dass wir die Basis für jene legen, die nach uns kommen und ebenfalls den aufwärtsführenden Pfad suchen. [...] Das vergleichende Studium der verschiedenen Religionen zeigt uns einen prächtigen roten Faden, der alles verbindet. Jedoch noch viel intensiver erlebt man „die Einheit", die in all diesen emporstrebenden Strömungen vorhanden ist. [...] Aber in diesem Zusammenhang will ich noch kurz erwähnen, dass mein Mann und ich damals die sogenannte Spaltung der Fellowship nicht so schwer genommen haben. Zuerst hatten wir zu viel damit zu

---

58. Rozekruisers Genootschap, Haarlem, Lektion für Studierende, 1937
59. Einige grepen uit de geschiedenis van het Nederlandse Rozekruisers Genootschap, (1936)
60. Brief von B. Danko-Schuit an J. Ritman vom 9. April 1993. Sie schrieb anlässlich des Beginns der Arbeit in Russland und der Ausstellung 500 Years of Gnosis in Europe, der Bibliotheca Philosophica Hermetica in Moskau.

tun, unseren eigenen Weg zu gehen. Aber dann verstanden wir, dass diesem Geschehen nicht etwa Schlendrian oder sklavische Nachfolge zu Grunde lag. Das ganze Geschehen wurde, so möchte ich sagen, von höherer Seite akzeptiert. Und wenn ich nun zum Beispiel bedenke, dass Sie aus dieser Parallelströmung hervorgegangen sind, dann erhält die sogenannte Spaltung doch eine tiefere Bedeutung."

Auch seitens des Lectorium blieb ein Wohlwollen für das Werk Heindels und *The Rosicrucian Fellowship* immer erhalten.

1952 wurde geplant, eine erneute Verbindung einzugehen. Das beweist eine Ansprache von Jan van Rijckenborgh, die als Zusammenfassung bewahrt blieb:

„Wenn hier von jemandem gesprochen wird, der uns lieb ist, so berührt uns das sehr, denn so einer war Max Heindel. Und weil er die Fundamente für den Transfigurismus gelegt hat, wird er gerettet werden. Damit hängt die Reise des Direktoriums zusammen, das in Kürze nach Kalifornien fahren und mit den noch verbliebenen Mitarbeitern der Oceanside Kontakt aufnehmen wird. In dem alten Tempel der M. H. (Mount Ecclesia) soll versucht werden, die 1935 zerbrochene Einheit wieder herzustellen. Gelingt das nicht, soll in Kalifornien ein ganz neuer Tempel errichtet werden, denn die dortige Atmosphäre ist dafür äußerst günstig ..."[61]

1935 wurde die Arbeit auf neue Weise durchgeführt. Das erweist sich aus der Tatsache, dass von da an das Emblem der Fellowship nicht mehr die neu herausgegebenen Bücher schmückt. Jene Werke, die von den Brüdern zwischen 1935 und 1940 publiziert wurden, tragen alle das Merkurzeichen, das sie als „Blutsiegel des CRC" bezeichneten. Der Erklärung dieses Siegels und der Wirkung des Blutes im esoterischen Sinn widmeten sie 1940 eine ganze Broschüre mit dem gleichen Namen. Inzwischen erschienen bereits 1937, wie schon berichtet, die drei Ro-

---

61. Ansprache Jan van Rijckenborgh 25. August 1952. Die darin angekündigte Reise fand nicht statt.

senkreuzer-Manifeste aus dem siebzehnten Jahrhundert als Textausgabe unter dem Titel *Het geestelik testament der orde van het Rozekruis*. So wurden die Manifeste zum ersten Mal seit dem siebzehnten Jahrhundert für ein größeres Publikum zugänglich. In der Einleitung zur gedruckten Ausgabe schrieben die Herausgeber:

„Zweifellos werden die meisten Leser, obwohl sie intuitiv den großen Wert dieser ‚Stimmen aus der Vergangenheit' erkennen, sich gewiss nicht mit dem exoterischen Aspekt des Buches zufriedengeben. Anfänglich hatten wir die Absicht, die Texte mit esoterischen Kommentaren zu versehen, aber aus unterschiedlichen Gründen fühlten wir uns gedrängt, zuerst diese Fassung erscheinen zu lassen. Die Kommentare und ausgedehnten Studien zu den drei klassischen Rosenkreuz-Werken werden zu gegebener Zeit unter dem Titel erscheinen: De Geheimen der Rozekruisers Broederschap naar gegevens van John Twine." 62

Zwei Jahre später gab Jan Leene unter seinem ersten Pseudonym John Twine den Teil I dieser Serie heraus.

---

62. Het Geestelik Testament der Orde van het Rozekruis, Haarlem. Ausgabe Rozekruisers Genootschap, 1937, S. 4.

7. Die Bedeutung des inneren und äußeren Tempelbaus

1935-1946. Die zweite große Periode. Der erste Feuertempel und ein Strom eigener Publikationen

Mit der Verselbständigung kam eine neue, stützende Kraft in das Werk, ein Quell, der nicht mehr zu strömen aufhörte. Es war die unmittelbare Inspiration durch den Orden des Rosenkreuzes. Sie scheint tatsächlich Gold zu sein, ein Potenzial, das nicht negiert werden kann.

„Dem Menschen in seinen Nöten und Lebensfragen zu helfen", so Hermes, ist etwas, das der Mensch selbst unternehmen muss. Es ist der Weg, die eigene Seele zu stimulieren. Dies ist eine Einsicht aus der Philosophie der Stoa (ca. 300 v. Chr.): „Deus est mortali juvate mortalemet haec ad aeternam gloriam via. Gott ist dort, wo der Mensch Menschen hilft, und das ist der Weg zur ewigen Glorie." Dank Plinius des Älteren (23-79 n.Chr.) wurde dieser Ausspruch des griechischen Philosophen Zenon von Kition (333-262 v. Chr.) bewahrt. Max Heindel drückte es so aus: „Selbstvergessen anderen dienstbar zu sein, ist der kürzeste, sicherste und freudigste Weg zu Gott."

Man war auf der Suche nach einem Raum, in dem die Mitglieder der Genootschap einander in einer reinen Atmosphäre begegnen konnten. Wie sonst sollte man der zweiten Bedingung des Hermes entsprechen, die lautet: „Bewusst wird der Mensch an einem reinen Ort, in reinen Äthern, in der serenen Ruhe eines reinen Ätherfeldes." Diese Worte des Hermes sagen deutlich, dass ein Ort mit einer erhabenen Vibration für eine schnelle Entwicklung der Seele unentbehrlich ist. [63]

[63]. Catharose de Petri und Jan van Rijckenborgh, Reveille!, Weckruf zur fundamentalen Lebenserneuerung als Ausweg in einer aussichtslosen Zeit, Haarlem, Rozekruis Pers, 1983.

Wo war ein solcher Ort zu finden? Wo konnte der Freundeskreis der Nederlands Rozekruisers Genootschap, der sich nach der Inspiration der Brüder Leene sehnte und jeden Buchstaben des modernen Rosenkreuzes gleichsam aufsaugte, einen Ort der inneren Stille finden und den „Frieden des Herzens jenseits des alltäglichen Lärms" erfahren? 1925 war nirgends – und gewiss nicht in den Niederlanden – ein solcher Ort zu entdecken, kein Raum, in dem der Mensch sich mit der reinen Vibration und der serenen Sphäre verbinden konnte, die für das innere Werk so nötig sind. Dazu müssen wir Folgendes bemerken: Ein gewisser Br. C. C. J. Witbraad wies in einer Broschüre der „Rosenkruisers Broederschap, Zentrum Amsterdam" von 1920 darauf hin, dass es durchaus einen Tempel gab und zwar: „... auf dem Landgut ‚Heideveld' zwischen Laren und Blaricum. Dort pflegen Rosenkreuz-Schüler Kranke mit dem Einsatz ihres ganzen Wesens und vermitteln ihnen geistige Bildung. Sie rufen alle dazu, die sich gedrängt fühlen, ihr geistiges Leben möglichst hoch emporzuführen und den inneren Frieden zu erhalten, der allen Rosenkreuzern eigen ist." Davon ausgehende wahrnehmbare Aktivitäten waren jedoch nicht bekannt.

In Kalifornien verfügte die Fellowship über einen Tempel mit starker und reiner Ausstrahlung. Dort verbanden sich diejenigen, die sich *The Rosicrucian Fellowship* angeschlossen hatten, zu bestimmten Zeiten in Andacht und Meditation. Bei günstigem Mondstand bemühten sie sich auch während der Nacht, mit ihren feineren Körpern in diesem Tempel zusammenzukommen. In den Niederlanden gab es solche Tempel nicht, was als starker Mangel empfunden wurde.

64. Der Tempel der Rosenkreuzer, Hauptloge Laren, Ausgabe: International Headquarters. Zentrums-Abteilung Czaar Peterstraat 103, Amsterdam, 1920, S.11. Diese kleine Broschüre erschien 1920, also 15 Jahre vor der Periode, die wir hier behandeln. Sie formuliert in prächtigem Niederländisch eine romantische, aber nicht ganz stimmende Geschichte des Rosenkreuzes. Wie die Abbildung auf dem Umschlag zeigt, ging die Broschüre von einem selbständigen Studienzentrum der Rosicrucian Fellowship aus. Uns ist über diesen Tempel nicht

Der erste Ort, an dem ein Tempel des Rosenkreuzes entstand, war Haarlem, Bakenessergracht 13. Dort entwickelte sich ein Feld reiner Energie – aber nicht von selbst. Am Beginn flackerte sein Licht und war vielen Auf- und Niedergängen unterworfen. Doch später wurde es durch das Streben vieler zu einem konstant brennenden Feuer. Ab 1933 konnten sich dann die Seelen daran laben und sich einem stets serener werdenden Feld reiner Äther weihen, welche die notwendige Voraussetzung für ihr Erwachen waren. Und bald folgten weitere Tempel: 1935 in Den Haag, Amsterdam, Utrecht und Gorinchem, alles Zentren mit einem aktiven Tempel-Arbeitsplatz.

Um „dem Mitmenschen in seinen Nöten, Lebensfragen und auf seinem Lebensweg zu helfen", entfaltete sich eine Organisation, die voll in Bewegung war. Schnell erwiesen sich die kleinen Zentren in den Städten und auch die Sommerlager als nicht mehr ausreichend. 1937, als die Genootschap schon seit zwei Jahren eine eigene niederländische juristische Person war, brauchte das Werk einen „Brennpunkt", einen zentralen Sitz. Ebenfalls 1937 schrieb der allgemeine Sekretär darüber in einer Lektion für Studierende:

„Einige Studenten meinen, dass diese Brennpunkte ursprünglich gesegnete Orte seien, und wenn ihr Vorrat erschöpft sei, genüge es, ,aus zweiter Hand' zu arbeiten. So wurde früher einmal gesagt, der Rosenkreuz-Tempel in Oceanside in Amerika solle der ,letzte' Rosenkreuz-Tempel sein. Wie töricht, unwissenschaftlich und auch unchristlich dieser Ausspruch ist, zeigt sich allein schon in den Worten des Christus: ,Denn wo zwei oder drei versammelt sind in meinem Namen,

mehr bekannt, als in dieser Broschüre steht, deren Ziel so beschrieben wird: Das Hauptziel der Rosenkreuzer ist, auf der Ebene der Naturerforschung die Verborgenheiten zu entdecken, durch welche die Natur nach großen Zerstörungen ihr Gleichgewicht wieder herstellt. Das wird in der Zukunft zum allgemeinen menschlichen Glück führen, während der verschleierte Teil dieser Untersuchungen Ideen ausstrahlt, durch die das ethische Denken leicht in eine höhere, geistige Kultur übergehen kann.

da bin ich mitten unter ihnen.' (Matth.18/20). Halten wir uns nicht mit Torheiten auf. Ein solcher Brennpunkt, ein solches für schwarze Kräfte unzugängliches Vakuum muss von Menschen erschaffen werden. [...] Natürlich stellen wir auch fest, dass einige Plätze besser als andere für die Gründung solcher Brennpunkte geeignet sind. Je weniger Widerstand überwunden werden muss, umso besser. Aber das ist nur erwünscht und gewiss nicht prinzipiell wichtig. So kamen wir vor Jahrzehnten nach Haarlem, in die Bakenessergracht. Ob das ein gesegneter Platz war, konnten wir seinerzeit nicht beurteilen – er schien sogar bedenklich. Das Haus war ein ehemaliges Kloster im ältesten Teil der Stadt. Das Volk behauptete, dass es dort spuke – und das war tatsächlich so. Wir haben nie nach der Ursache dafür geforscht und sind einfach ans Werk gegangen. [...] Meter für Meter eroberten wir von den unbekannten Kräften zurück, in einem lange dauernden Kampf. Schließlich wurde mit den Flammen des Lichtes die Finsternis vertrieben. So wurde wie bei einer Wallfahrt in einem feindlichen, unbekannten Land ein Vakuum geschaffen, in dem der geistige Tempel errichtet und der Brennpunkt entflammt werden konnte."

Aber als es soweit war, als dieser Haupttempel am 4. September 1937 tatsächlich geweiht werden konnte, sagte Jan Leene zusammenfassend: „Es ist nun ungefähr dreizehn Jahre her, dass wir den Sendungsauftrag ‚Predigt das Evangelium und heilt die Kranken' seiner gnostischen Bedeutung nach empfingen und als Berufung annahmen."
In diesen Worten, die bei der Eröffnung des neuen Haupttempels in Haarlem gesprochen wurden, erklang praktisch zum ersten Mal in den Niederlanden das Wort „gnostisch" außerhalb eines kleinen Fachkreises. Das war der Beginn einer neuen Sicht auf das Leben, deren Konsequenzen Jan Leene in den Jahren der erzwungenen Ruhe während des Zweiten Weltkriegs ausarbeiten sollte.

65. Rozekruisers Genootschap Haarlem, Lektion für Studierende, 1937

Am 16. Oktober 1938 widmete der NRC eine ganze Kolumne der Arbeit der Rosenkreuzer und der Eröffnung eines Tempels in Rotterdam, bei der Jan Leene feststellte: „Es wurde in dieser Stadt nicht früher mit dem Werk begonnen, weil es 1934, als eine selbständige niederländische Gemeinschaft entstand, hier bereits ein Zentrum der amerikanischen Rosicrucian Fellowship gab und wir nicht als konkurrierende Körperschaft auftreten wollten. Darum haben wir vier Jahre gewartet, damit jeder erkennen konnte, dass eine große Kluft besteht zwischen den Schülern der niederländischen und der amerikanischen Gesellschaft. Die Schüler der niederländischen Genootschap sind auch nur noch ziemlich locker mit den Lehren Max Heindels verbunden, auch wenn man für seine Arbeit sehr dankbar ist. Man empfindet, dass die Zeit voranschreitet und man nicht stillstehen darf. Daher ist das neo-okkulte Werk der niederländischen Genootschap eine neue Arbeit in einer neuen Zeit."

1937/1938 war ein stark bewegtes Jahr, das mit der Weihe des ersten Haarlemer Haupttempels begann. Aber in diesem Jahr verschlechterte sich der Gesundheitszustand Z. W. Leenes, der dann am 9. März „wie von einem Pistolenschuss getroffen" in den Armen seines Bruders starb. Im Jahresbericht der Sekretärin der Genootschap, der am 20. Mai 1938 vorgelegt wurde, heißt es:

„Welch ein denkwürdiges Jahr liegt hinter uns. Keiner der damals zum Zentrum gehörenden Freunde wird diese Zeit vergessen. Es war ein Jahr bisher ungekannter Blüte, ein Jahr geistiger Offenbarungen wie niemals zuvor, das Jahr der Tempelweihe und das Jahr des Abschieds aus dem Stoff für unseren Bruder Z. W. Leene. Er war einer der Erbauer des großen Werkes, dessen Früchte wir nun alle ernten dürfen. Wenn es je eine Zeit gab, in der das Rosenkreuz etwas erreicht hat, dann war es gewiss das Jahr 1937/1938. Zwar mögen Studierende, die

---

66. Nieuw Rotterdamsche Courant, 16. Oktober 1938
67. Het Rozekruis, 10. Jahrgang, Nr. 9, September 1937. S. 96 ff.

noch zuviel an der Oberfläche leben, hierbei ausschließlich an die in den letzten Monaten so starken Akzente im Stoff denken, aber die tiefer Blickenden haben erfahren, dass sich etwas viel Mächtigeres entwickelt hat, das – bei ausharrendem Streben aller – von außerordentlicher Tragweite für das ganze Werk sein wird."[68]

Den klassischen Gebäuden aus dem siebzehnten Jahrhundert, welche die junge Organisation im Lauf der Jahre an der Bakenessergracht erwerben konnte, wurde 2001 ein Neubau hinzugefügt. Dort hat sich das *Jan van Rijckenborgh-Zentrum* als zentraler Hauptsitz für die umfangreiche Arbeit niedergelassen. Es umfasst unter anderem die zentrale Administration des Lectorium Rosicrucianum, die Rozekruis Pers – den eigenen Verlag mit Druckerei – und auch die Buchhandlung *Pentagramm*. Irgendwann wird es dort ebenfalls ein Informationszentrum des Lectorium Rosicrucianum geben.

‚CHRISTUS IM ZENTRUM UNSERER BESINNUNG'
Bei all der Arbeit, welche die Freunde der Rozekruisers Genootschap ausführten, war der Ausgangspunkt stets, „dem Christus als wirksamem Mittelpunkt, als innerer Lebenssphäre", näherzukommen.
Ab 1928 schrieb Jan Leene während mehr als zehn Jahren jede Woche eine Lektion über die Bibel. Diese Lektionen wurden vom *Aquarius Propaganda Comité* herausgeben und unter dem Namen *Occult-Wetenschappelijke Bijbelstudies* an einen stets wachsenden Freundeskreis verschickt. Unter dieser Flagge ging Jan Leene auf die tieferen Hintergründe des Alten und des Neuen Testamentes der Bibel ein. Treu seinem Motto: „Anwendung im eigenen Leben", enthielt jeder Brief eine praktische Anweisung, gefolgt von einer kurzen Meditation oder Betrachtung und einem Motto oder Schlüsselwort.

---

68. Rozekruisers Genootschap, Haarlem, Jahresbericht 1937/1938 (als Studentenlektion versandt), 20. Mai 1938

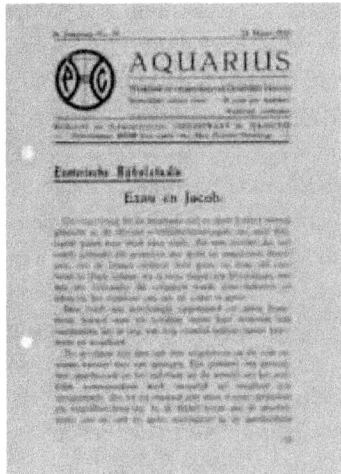

Esoterische Bibelstudie
in Aquarius, 1935

Am Ende des Jahres ersetzte er diese Lektionen durch einen „wöchentlichen okkulten Kursus für das Studium der Bibel, um dem Wunsch Tausender zu entsprechen und diese äußerst wertvollen Studien für jeden erreichbar zu machen. Vor allem sollen in den ersten Monaten die populären und besonders bemerkenswerten Themen behandelt werden. Das okkulte Licht wird über jenen Bibelstellen leuchten, die durch die orthodoxe Sicht und öffentliche Meinung zu Irreführungen verdreht wurden." [69]

Das geschah stets auf der Basis der durch das Rosenkreuz inspirierten Ideen und in einer Denkweise, die Dogmen vermied. „Rein verstandesmäßig und vielleicht ein wenig trocken", wie Jan Leene selbst feststellte, sollten die Lektionen neben (vielen) anderen Themen das Wesen von Liebe und Hass beleuchten.

---

69. Rozekruisers Genootschap, Haarlem, Rundschreiben für Interessenten und Studenten, 1933.

Am 19. Oktober 1934 erschienen die „Bijbelstudies" zum ersten Mal als Ausgabe des *Aquarius Weekblad ter verspreiding van Christelijke Esoterie*. Später wurde noch hinzugefügt: „... und der daraus entstehenden Kultur. Ziel und Aufgabe sind: Güte – Wahrheit – Gerechtigkeit. Frei von politischen Tendenzen."

In diesem Wochenblatt finden wir auch Kommentare zum Zustand der Welt, vom esoterischen Standpunkt aus betrachtet. Sie stammten meistens aus der Feder der Brüder Leene und Cor Dammes. Aber oft waren es auch Beiträge von E. Roland-Retera, A. Rutgers van der Loeff und ab 1930 von H. Stok-Huizer. In der Nr. 47 aus dem vierten Jahrgang (1938) heißt es:

„*Aquarius* ist nicht bekannt als eine Zeitschrift, welche die Aufmerksamkeit der Menschen auf ein Leben in jenen Gebieten der Schöpfung lenkt, die für stoffliche Sinnesorgane nicht wahrnehmbar sind. Im Gegenteil, mit aller Kraft hat *Aquarius* immer versucht, den Menschen vor die Welt zu stellen, in der er jetzt lebt. *Aquarius* weist keinen Weg zu Sphären der Weltflucht, in die sich Menschen so gern begeben wollen, die sich der Realität und den Konsequenzen des Lebens nicht gewachsen fühlen. Vom ersten bis zum letzten Buchstaben weist *Aquarius* den Menschen vielmehr auf seinen Auftrag in der stofflichen Welt hin. Diese komplizierte Aufgabe erfordert viel Liebe, Erkenntnis und Umsicht. Für sie ist noch so bitter wenig gearbeitet worden, dass diejenigen, die sich für ein Leben in anderen Gebieten interessieren, sie in der Regel nur von ihren Aufgaben in dieser Welt ableiten. [...] *Aquarius* ist eine Bewegung christlicher Realisten auf der Grundlage der Praxis in der Realität der stofflichen Welt. Darum meiden uns bestimmte Humanisten, die den Konsequenzen der Wirklichkeit aus dem Weg gehen wollen oder fürchten, dass ihnen etwas von ihrem Trost, ihrer Seligkeit und ihrem inneren Frieden genommen wird."

Und Jan Leene schrieb: „Es ist kein Wunder, dass *Aquarius* nicht verstanden wird, da es die Menschen vor eine Realität stellt, die doch vor allem das Leben des Geistes predigt. Ein Mensch, der aus Betroffenheit in der harten Erde gegraben hat und trotz der Schmähungen und Missverständnisse der Menschen ausharrt, öffnet sich für Erfahrungen, die ihn näher zur Welt des Lebens, der Welt des Gefühls und der Welt der Vernunft führen. In diesen Welten herrschen ganz andere Gesetze als in der stofflichen Welt. Die Welt des Stoffes ist die Welt der Form. Und wenn der Mensch sich an die Form hängt, verliert er den Sinn für die Wirklichkeit.[...]

Wer sich bewusst wieder den unsichtbaren Gebieten nähert, erfährt die verhältnismäßige Bedeutungslosigkeit der Formen, denn er erkennt die Werte hinter diesen Formen und erwacht in Welten, die viel realer sind als das äußere Stoffkleid der Erde. Darum kann er nicht in der Getrenntheit leben, denn er sieht den göttlichen Funken, der in Menschenkindern leidet. Er kann nicht mehr hassen, aber er kann auch kein sogenanntes Glück mehr suchen. Er kann nur als klar erwachter Mensch an die Arbeit gehen." [70]

Wie bereits berichtet, stand von Anfang an das lebendige Jugendwerk an zentraler Stelle. In *Het Rozekruis* wurde schon 1928, also bereits in den ersten Ausgaben, dem heranwachsenden Kind und dem Werk, das es begleitet, ein angemessener Platz eingeräumt. Es erschien dort eine Fortsetzungsreihe über eine reine esoterische Erziehungswissenschaft. Grundlage waren die verschiedenen unstofflichen Körper des jungen Menschen. Unter der Leitung von Frau Roland-Retera und Jan Leene entwickelten sich in einigen Zentren Jugendclubs. „Die Jugendclubs der Rozekruisers Genootschap unterstehen der pädagogischen Abteilung", schrieb Jan Leene in einer anderen Broschüre. „Sie gibt Eltern und Erziehern Anleitung und Hilfe bei ihrer mühsamen Aufgabe. Die Egos, die jetzt inkarnieren, erfordern etwas ganz anderes als früher. Daher hört man auch so oft Klagen über schwer erziehbare Kinder. Um den Eltern mit Rat und Tat beizustehen, gibt die pädagogische

---

70. Aquarius, Weekblad ter verspreiding van Christelijk Esoterie en daruit voortvloeiende cultur, Redaktion Aquarius Propaganda Comité Haarlem, 1938, Jahrgang 4, Nr. 47

Abteilung allen Anleitung, die mit ihren Kindern Schwierigkeiten haben. Auch in Sachen Berufswahl wird gern Aufklärung geboten. Beides natürlich gratis." Am 6. und 20. Oktober 1935 führten „de jeugdclubs van het Rozekruisers Genootschap" in Maison Boer (Amsterdam) und im Theater Excelsior das Jugend-Mysterienspiel „Bevrijding" (Befreiung) auf. Es bestand aus vier Akten: 1. Vergangenheit und Gegenwart, 2. Die Tat, 3. Die Liebe, 4. Die Zukunft. Eine Kritik darüber in der Abendzeitung Het Vaderland vom 21. Oktober 1935 lautete: „Es ist zu hoffen, dass dieses Rosenkreuzer-Jugendstück auch weiterhin Erfolg hat. Es liegen dunkle Abgründe zwischen der Reinheit des Kindes und der des Menschen, der den Weg zurück zum Höheren wieder gefunden hat. Möge dieses Werk eine Brücke schlagen."

Außerdem erschienen in *Aquarius* in Feuilletonform Übersetzungen aus Büchern des spirituellen Weltfeldes. Jacob Böhmes Aurora oder Morgenröte im Aufgang, das zuletzt 1672 in den Niederlanden erschienen

---

71. Rundbrief: ‚Befreiung' in vier Akten, Haarlem: Rozekruisergenootschap. Jugendclubs der Rozekruisergenootschap, 1935

Programmheft Mysterienspiel „Bevrijding", 1935

war, wurde Kapitel für Kapitel neu übersetzt und publiziert. Cor Damme fand eine besondere Sammlung der Essays von Karl von Eckartshausen: *Die Wolke über dem Heiligtum* von 1802. Sie wurde auf gleiche Weise veröffentlicht. „Dieses Werk lässt das Wort des lebenden Rosenkreuzes erneut erklingen", so die Herausgeber. In *Aquarius* erschienen auch zum ersten Mal in Fortsetzungen die bereits erwähnten Erklärungen zu Andreaes Werk *Reipublicae Christianopolitanae Descripto*, Gesellschafts- und Bürgerkritik reinsten Wassers – jedoch mit einer geistigen Perspektive. Im Dezember 1939 wurden Format und Titel der Zeitschrift verändert. Bis im Juni 1940 alle Publikationen esoterischer Gesellschaften verboten wurden (auch die des Rosenkreuzes), erschien sie unter dem Titel *Das Licht des Rosenkreuzes*.

8. Der Aquarius-Bund 1935

Durch die Arbeit der Freunde, die sich zu einer Gemeinschaft verbanden, entstand allmählich eine „Schule des Rosenkreuzes". Wie war das Werk organisiert? Von Anfang an wurde festgelegt, „sich unter keiner einzigen Bedingung mit anderen Gruppen, Parteien und Bewegungen zu vereinigen oder sich mit ihnen einzulassen". Das würde „die okkultwissenschaftliche Arbeit und die Freimaurerei des Rosenkreuzes erschweren. Denn das Rosenkreuz steht und fällt mit der Anwendung der universellen abendländischen Weisheitslehren. Sie zu kennen und zu bekennen, bedeutet, zum Rosenkreuz zu gehören. Ein Zusammenschluss mit jenen, die nicht zum Rosenkreuz gehören, würde daher das jeweilige Streben behindern. Die Rosenkreuzer-Gemeinschaft arbeitet zwar für alle, aber nicht mit allen." In dieser Zeit sprach man von der sogenannten „jehovistischen Naturordnung". Man setzte sich ein für „das Königreich, das nicht von dieser Welt ist, nämlich für die Wiederherstellung der durch den Sündenfall zerbrochenen Realität der Gottesordnung, der Theokratie".[72]

Die Mitgliedschaft war in der Vorkriegsphase in drei Stufen eingeteilt. Neophyt wurde man, wenn man einen Kursus absolviert hatte. Die Bedingungen waren, vegetarisch zu leben, nicht zu rauchen, keinen Alkohol zu trinken und regelmäßig die Kurse und Dienste zu besuchen. Als Nuntius trat man in die inneren Grade ein, der Magier empfing einen individuellen Auftrag, und die Fratres bildeten eine besondere Gruppe (Hierarchie) mit eigenen Aufgaben.

Die Arbeit wurde durch viele Initiativen gekennzeichnet. Denn es wa-

---

72. Die angeführten Zitate sind entnommen: Rozekruisers Genootschap Haarlem, Aquarius, 1935.

Aquarius. Broschüre des Aquariusbundes, 1935

ren junge Männer und Frauen, Idealisten, die keinen Augenblick vergaßen, dass in der Welt ein Brand wütete, der nur schwer bekämpft werden konnte. 1935, während einer Reise durch Deutschland, empfanden die Brüder Leene intensiv die Atmosphäre der Angst, die über dem Land lag. Christentum, Nächstenliebe und liberales Denken zu äußern, war hier praktisch unmöglich. Der an Einfluss zunehmende Faschismus unterdrückte systematisch Gruppen wie die Freimaurer und die Rosenkreuzer. Bevölkerungsgruppen wie Juden, Zigeunern und Angehörigen anderer Rassen als der arischen wurde das normale soziale Lebensrecht abgesprochen. Aber auch das allgemeine unabhängige Denken musste mit brutaler Gewalt rechnen. In einer besonderen Publikation in *Het Rozekruisers Genootschap*, ebenfalls unter dem Namen *Aquarius* herausgegeben, heißt es:

„All das geschieht nicht in China oder im dunklen Innern Afrikas, sondern jenseits unserer Grenzen. Ein großer Schmerz quält unsere deutschen Brüder. Wer auch nur mit ein wenig Sensibilität nach Deutschland kommt, fühlt sich bereits nach einem Tag todkrank."

Daher wurde der Plan gefasst, einen Bund zu gründen, einen Aquarius-Bund bewusster Mitarbeiter, der unerschütterlich für Freiheit steht:

„Trachten wir danach, international eine Volksbewegung ins Leben zu rufen, die für das wahre Christentum kämpft. Es ist Zeit!

Das Programm dieser Aktion enthält unter anderem folgende Punkte:

a. Aktivierung einer Volksbewegung, die von Männern und Frauen geführt wird, um Kriegstreiberei und jede Kriegsvorbereitung zu verhindern

b. Schaffung eines ganz neuen Unterrichtssystems für unsere Jugend und unmittelbare Eröffnung neuer Mittelschulen in dafür geeigneten großen Städten

c. Gründung einer Volksgemeinschaft mit völlig neuer ökonomischer Orientierung

Die philosophische Basis dieses Programms ist Ziel und Streben der Rozekruisers Genootschap, Teil der Internationalen Föderation der Rozekruisers Broederschap."

Mit dem Aquarius-Bund wollte die Bruderschaft zeigen, dass auch ein anderer Weg denkbar – ja, möglich – ist, nämlich die „unblutige" Durchsetzung der christlichen Forderung, die in der Bergpredigt ausgedrückt wurde. Jeder, der über achtzehn Jahre alt war, konnte sich anschließen oder sympathisierendes Mitglied werden. Mitglieder nahmen das Prinzip „Christentum der Tat" an und legten vor sich selbst ein Gelübde ab. Mitgliedschaft A enthielt das Recht auf wöchentliche Zusendung der Zeitschrift *Aquarius*. Man konnte sich auch entschließen, „ein fest entschlossener Mitstreiter" zu werden. Diese Mitgliedschaft B gab Zutritt zum Orden des Dienstes. Das bedeutete, dass man als Mitstreiter aktiv auf den verschiedenen Feldern der Arbeit eingesetzt werden konnte, welche die neue Organisation mit sich brachte.

Sie formulierten deutlich, dass sie keine politische Partei seien: „Der Aquarius-Bund ist absolut überparteilich und ganz auf die hohe Berufung des esoterischen Christentums abgestimmt." Und später, 1938, erklärten sie: „Aquarius ist frei von jeder politischen Tendenz. Sein scharf antifaschistischer und anti-nationalsozialistischer Standpunkt steht dazu nicht im Gegensatz. Faschismus ist schwarze Magie, antireligiös und menschenfeindlich. Er nimmt in Ländern, in denen er nicht direkt die Macht ergreifen kann, nur die Maske einer politischen Partei an. Völker und Rassen, die vom Faschismus heimgesucht werden, sehen die Blüten ihrer Wissenschaft, ihrer Kultur, ihrer Kunst und Religion vernichtet und ihre Zivilisation zerstört. Die Freiheit des Individuums wird in Blut ertränkt. [...] Alle, die Güte, Wahrheit und Gerechtigkeit lieben, müssen – frei von politischen Tendenzen um Christi willen – dem Faschismus kraftvoll widerstehen."

Der Aquarius-Bund war ein Beispiel für die verschiedenen praktischen

Initiativen der beiden Brüder vor dem Krieg. Er war auch ein Schritt in die unterschiedlichen Phasen ihrer Bewusstseinsentwicklung in Richtung eines rein innerlichen Werkes. Klar stand ihnen vor Augen: „Das befreiende Christus-Werk, das allein von Menschen und für Menschen ausgeführt werden kann, muss organisiert werden, denn es gibt nur wenige Wege, auf denen das Rettungswerk vollbracht werden kann. Wie es *nicht* geht, hat die Welt erfahren. Es gibt nur eine Tat, die das Christentum uns auszuführen erlaubt: die Tat des vollkommenen Selbstopfers, nichts fordernde und alles gebende Liebe. Diese Liebe ist kein gesellschaftlicher Faktor, darum muss jede Behinderung durchbrochen werden. Das ist Aquarius-Arbeit."

Nun ist es eine Sache, eine derartige Vereinigung von Männern und Frauen, die auf neue Weise entschlossen sind, vor Augen zu haben und eine andere, die so nötige Anspannung auch wirklich zu erreichen. Sie hatten in ihrem Aufruf zwar klar festgestellt, dass „es nichts für Ängstliche und Wankelmütige" sei. Dennoch meldeten sich viele Interessenten und Sympathisanten, die genauso schnell wieder verschwanden, wie sie gekommen waren, als die Bedrohung realere Formen annahm und die östlichen Nachbarn die Niederlande durch das grausame Bombardement auf Rotterdam in die Knie zwangen. So blieb Jan Leene mit einer kleinen Gruppe übrig, und es begann auch für ihn und sein Werk eine unangenehme Periode.

Gerade als das Werk einige Konturen aufwies, lernten die beiden Brüder aus eigener Erfahrung, was A. H. de Hartog meinte, als er seinerzeit sagte, dass einem die wesentliche Wahrheit nicht auf dem Präsentierteller angeboten werde: „Nein, die wesentliche Wahrheit muss vom allgemeinen menschlichen Bewusstsein erobert und angenommen werden."[73]

---

[73]. Siehe Note 18

9. Die Sommerlager auf „De Haere" von 1934-1940

Kehren wir für einen Moment zurück zum Jahr 1933, in dem die Max-Heindel-Stiftung offiziell gegründet wurde. Die Gründungsakte, beglaubigt von einem Haarlemer Notar, erklärt:
„Das Ziel des neuen Organs ist, die Arbeit zu unterstützen, die von der Rozekruisersgenootschap in den Niederlanden auf verschiedene Weise durchgeführt wird. Die Stiftung will dieses Ziel erreichen:

a. durch Umwandlung der gemieteten und genutzten – und auch der dazu nötigen unbeweglichen – Güter (mit dazugehörigem Inventar) in Eigentum
b durch Bereitstellung von Geldmitteln dort, wo es sich nach dem Urteil der Leitung als nötig erweist"[74]

Im Februar 1933 erfolgte in *Het Rozekruis* die erste Ankündigung einer Wochenend-Konferenz in Haarlem: „Das Publikationsbüro plant einige Wochenend-Konferenzen in Haarlem für Studierende und Interessenten der Rosenkreuzer-Philosophie im Juni, Juli und August. Die erste Wochenend-Konferenz (im Juni) soll der Rosenkreuzer-Kosmologie gewidmet sein. In der zweiten Konferenz (im Juli) wird das esoterische Bibelstudium behandelt und in der dritten (im August) wird über magische Astrologie gesprochen.

---

74. Het Rozekruis, 6. Jahrgang, Nr. 8. August 1933, S. 91. Da das tatsächlich die erste offizielle Handlung der niederländischen Organisation war, nennen wir hier die Namen der ersten Leitung: E. A. Kan, Advokat und Prozessbevollmächtigter in Den Haag, Vorsitzende: Jan Leene, allgemeiner Vertreter des Rosicrucian Fellowship Sekretariats, Hyacintenlaan 42, Haarlem. K. H. Schalkers: Lehre, Buchhaltung MO, Kassierer, Kleverlaan 100. Haarlem, Giro 38280. C. L. J. Damme, Den Haag. Z. W. Leene, Haarlem. A. F. Rohn, Amsterdam. Frau E. Roland-Retera, Amsterdam.

Altar im Tempelzelt

Die Wochenenden werden von Samstagmittag bis Sonntagabend dauern. Übernachtung und Frühstück sind gratis. Für die gemeinsamen Mahlzeiten (zwei Brotmahlzeiten und ein Mittagessen) werden zusammen 2.50 Gulden berechnet. Die Konferenzen und gemeinsamen Mahlzeiten finden im Gebäude des Zentrums Haarlem statt. [...]"
Wim und Jan Leene beschlossen: „Auf der Basis des großen Erfolges der Wochenenden im Jahr 1933 (in Haarlem) sollen 1934 mehrtägige Konferenzen und Wochenend-Zusammenkünfte in freier Natur gehalten werden, in einer Zeltlager-Atmosphäre."
Es bestand das Bedürfnis, länger beisammen zu sein und so größere Konzentration, Vertiefung und Inspiration zu erreichen. Das ließ beide Brüder in den ersten Monaten des Jahres 1934 Stadt und Land absuchen, um in der Umgebung Haarlems einen geeigneten Platz für ein Sommerlager zu finden. Doch das unerwartete Angebot eines befreundeten Geschäftsmannes aus Haarlem führte sie 1934 zu dem Entschluss, ein Grundstück auf der Veluwe zu erwerben. Z. W. Leene schrieb:
„All unsere Aufmerksamkeit war auf einen Lagerplatz im Kennemerland konzentriert. Gewiss hätten wir dort auch Erfolg gehabt, wenn nicht eines dieser plötzlichen Ereignisse eingetreten wäre, an die wir in unserer Arbeit schon gewöhnt sind und das eine völlige Änderung des Plans erforderte. Durch ein wertvolles und außergewöhnlich akzeptables Angebot wurde unser ganzer Kennemer-Lagerplan hochgehoben und mitten auf der Veluwe abgesetzt."
Für einen Betrag vom 9.500 Gulden konnte auf der Veluwe ein Landgut mit Namen „De Haere" erworben werden. Hier fand 1934 das erste Rosenkreuzer-Zeltlager statt. Und als die junge Gruppe am Neujahrstag 1935 Grund und Boden dem Dienst an Christus weihte, erlebte sie tief berührende Momente.
„Unvergesslich waren der Weihedienst und die Wanderung um das Ge-

---

75. Het Rozekruis, 6. Jahrgang, Nr. 2. Februar 1933, S. 22
76. Het Rozekruis, 6. Jahrgang, Nr. 12. Dezember 1933, S. 148

Der Ankauf des Gutes „De Haere", 1. Januar 1934. Jan Leene. E. A. Kan, J. Rensenbrink, Z. W. Leene, K. Schalkers, C. Damme, W. van de Poll

Das Tempelzelt auf „De Haere"

Das erste Zeltlager, 1934

biet. Die geistige Basis für unsere Sommerschule ist mit dem Hammer der Tat und der Sichel der Liebe erbaut."

Der Hinweis auf Hammer und Sichel, die doch mit dem Kommunismus verwobene Symbole sind, ist in diesem Zusammenhang nicht so seltsam, wie es scheint. In diesen Jahren waren der idealistische Sozialismus und Kommunismus noch weit verbreitet. Die beiden Brüder stimmten dem Gedanken zu, dass eine ungerechte Verteilung der notwendigen Lebensgüter in der Weltgeschichte immer Konflikte und Unruhen verursacht. Der Unterschied in der Interpretation war jedoch, dass sie sich mit Herz und Seele nicht einer horizontalen, auf das Materielle gerichteten Theorie weihten, sondern einer für jeden offenen Lebensphilosophie, die ein höheres, geistiges Leben anstrebt. In diesem Sinn musste ihr Werk auch wirklich für jeden zugänglich sein. Weiter hieß es:

„,De Haere' ist ein wunderschönes Landgut bei Nunspeet zu Doornspijk, 250 ha. groß. Es ist außergewöhnlich gut für unsere Zwecke geeignet, daher konnte auch beim Anblick dieses schönen Stückchens unberührter Natur kein Moment des Zweifels bestehen. Hier kann man stundenlang umherschweifen, ohne jemandem zu begegnen – außer einer Duftwelle frischer Heideluft und weit ausgedehnten Nadel- und Laubwäldern. Wo die Sonnenwärme über der Sandfläche flimmert und die Sandverwehungen mit einem lila Schimmer überzieht, umfängt uns ein so seltsamer Zauber, dass wir uns fragen: Wie stehen wir die wenigen Monate, die uns noch von diesem herrlichen Naturgenuss trennen, durch? Auf ‚De Haere' herrscht eine so reine Atmosphäre der Unberührtheit, dass man sich schon nach einem kurzen Besuch von wenigen Stunden als anderer Mensch fühlt, und es scheint sogar, als ob man dort reiner denkt. [...] Wenn man zum Horizont blickt, entdeckt man einen blauen Dunst, geheimnisvoll und sehr anziehend, sowie immer mehr Wald, immer mehr Heide und immer mehr Seligkeit. Freunde, wir campen auf ‚De Haere'!" Wim ist in diesen Jahren unbestritten der Leiter, der dem Impuls Kontur verleiht. Cor, sein bes-

Een der vele tenten

Z. W. Leene begrüßt einen Sommergast

Jan Leene, E. Roland-Retera, Z. W. Leene, E. A. Kan. K. Schalkers, C. Damme

Ein Dienst im Tempelzelt mit Jan Leene

ter Freund, ist von gleicher Dynamik, während Jan „der Stille" genannt wurde. Zusammen organisierten sie von 1934 bis 1940 jedes Jahr eine Sommerschule. Sie dauerte zuerst vier, später fünf Wochen. Die diversen Gruppen blieben jeweils eine Woche.

Sommerlager wurden in dieser Zeit vielfach abgehalten und zwar von unterschiedlichen spirituellen sowie politischen Gruppen und Bewegungen. Das bekannteste Beispiel war der „Sterkamp" in Ommen. Annie Besant und Leadbeater versuchten dort, Jiddu Krishnamurti (1895-1986) als Weltlehrer einzuführen. Sie hatten 1911 den Orde van de Ster in het Oosten (Orden des Sterns im Osten) gegründet, um das Gedankengut Krishnamurtis zu verbreiten. Später wurde der Name verkürzt zu Orde van de Ster. 1924 übertrug Philippe Baron von Pallandt sein Landgut beim Schloss Eerde diesem Orden. Dort fanden dann jährlich die sogenannten Stern-Sommerlager statt.

Annie Besant und Leadbeater reisten 1925 mit ihrem „Protegé", der 1929 jedoch alle Ansprüche auf die Ehre, der neue Weltlehrer zu sein, kategorisch abwies, durch England und die Vereinigten Staaten. Am 3. August 1929 gab Krishnamurti das Landgut an den Baron zurück und löste die Organisation auf. Er hielt Organisationen bei der Suche nach Wahrheit und Freiheit für schädlich: „Wahrheit ist ein Land, zu dem keine Wege führen", sagte er. Bei den Sternlagerwochen, die bis 1938 stattfanden, war er jedoch oft anwesend.

Einige Mitglieder des Haarlemer Zentrums besuchten dieses Lager 1933, um ihn unbefangen anzuhören. Dieser Besuch führte zu einer Unterhaltung mit Krishnamurti selbst, die eine Dreiviertelstunde dauerte. Das wurde unter der Rubrik De Tijdspiegel in *Het Rozekruis* kommentiert: „Viele unserer Mitglieder haben Krishnamurtis Entwicklung seit 1925 verfolgt. Sie sind mit uns der Meinung, dass sein Auftreten eines der wichtigsten Ereignisse im geistigen Leben unserer Zeit ist." Der Eindruck war entstanden, dass Krishnamurti Wahrheit, Vollkommenheit und Freiheit tief durchlebte und verstand. „Er ist ein Aquarius-Mensch, der uns die Morgendämmerung der Aquarius-Ära erkennen lässt. Daher ist er der größte Revolutionär dieser Zeit. Es ist eine Tatsache, dass ein okkult Studierender, der nach der alten Bedeutung des Wortes ein ‚Heranwachsender' ist, allmählich zu einem wird, der weiß und spricht wie ein Machthaber. Daher ist es gewiss, dass der Neophyt, wenn er Menschen und Dingen begegnet, unmittelbar wissen kann, ob etwas gut ist oder nicht.

So traten wir also – alle ausnahmslos durchdrungen von der welterlösenden Idee der Rosenkreuzer und der esoterisch-christlichen Erkenntnis – Krishnamurti in der festen Überzeugung gegenüber: Es kann keinen Unterschied geben, jedenfalls keinen prinzipiellen. Unser Weg ist richtig, vollkommen und ohne Mängel. Aber der Pfad Krishnamurtis ist es nicht weniger, wie auch immer. Auch er steht im Dienst des kosmischen Christus.

Die Philosophie des Rosenkreuzes wird von Krishnamurtis Lehren bestätigt. Sein Befreiungssystem ist jedoch anders ausgerichtet. Es ist geeignet und notwendig für andere Menschen als jene, die wir im Augenblick erreichen. Unserer Meinung nach werden in der Zukunft beide Entwicklungen zusammenwirken, wenn er seine Hauptaufgabe als ‚Aufräumer' erfüllt haben wird." [77]

---

[77]. Het Rozekruis, 6. Jahrgang, Nr. 8, August 1933, S. 95 ff.

Camphaus und offene Küche

10. Die drei Autoren

Die Werke von Jan Leene, Wim Leene und Cor Damme

Bis in das Jahr 1937 trat Z.W. Leene als dynamischer spiritueller Leiter der jungen Gruppe auf. Er war stets der Vorarbeiter und übernahm selbstverständlich die Organisation. Er war der feurige geistige Antreiber, extrovertiert, manchmal auch aufbrausend.

„Es ist gut, dass er vor dem Krieg gestorben ist, denn diese Zeit hätte er gewiss nicht überlebt", sagte sein Bruder einmal über ihn. „Mit einem Besenstiel jagte er die NSBer* mit ihren Prospekten vom Gartenweg." Cor Damme war praktisch und nahm einen großen Teil der täglichen Geschäfte auf seine Schultern. Er sorgte dafür, dass das Lagerleben reibungslos funktionierte. Jan Leene, „der Stille", war mehr als Autor bekannt, philosophisch, tiefsinnig und sanftmütig. Gemäßigter als sein älterer Bruder, war er der ruhige und betrachtende Theoretiker. Das zeigen auch seine beiden Bücher, die in dieser Periode erschienen: *De Blijmare van de gave Gods* (Die frohe Kunde von der Gabe Gottes) 1931 und *In het land aan gene zijde* (Im Land an jener Seite) 1933. Es sind esoterische Skizzen und Erzählungen.

De Blijmare van de gave Gods — Esoteric van het Mattheis-evangelie — hieß das erste Buch, das er unter dem Pseudonym John Twine als „Erklärungen auf der Basis der okkulten Wissenschaft" veröffentlichte. Es war der erste Teil einer Serie von Kommentaren zu den vier Evangelien, die er als Einheit sah und auch so behandeln wollte. In seiner Einleitung heißt es: „In Wirklichkeit bilden die vier Evangelien eine wohlerwogene Ein-

---

78. Siehe Note 5 *NSB = National-Sozialistische Bewegung

Cor Damme, Wim Leene und Jan Leene

heit. Während im ersten Buch das ganze Werk und die Ziele des Christus erklärt werden, folgt im zweiten Buch die Lehre, wie durch wahre Reinheit und Lebenstat Seelenwachstum erreicht werden kann. Im dritten Buch werden die Konsequenzen gezogen aus der christlichen Lehre einerseits und der Fische-Ära, der Periode, in der wir jetzt leben, andererseits. Schließlich weist das vierte Buch auf die universelle Manifestation des Christus-Geistes im gesamten Kosmos hin, die sich in einer schier unfassbaren Liebe und unergründlichen Weisheit äußert."

[79] Und weiter heißt es:

„Die erste Einweihung bedeutet, die frohe Botschaft der Gabe Gottes und den Unterricht des Matthäus-Evangeliums vollkommen zu kennen. Die zweite Einweihung kann als Reinheit, Tat und Seelenwachstum, als reinigende Taufe des Markus-Evangeliums angedeutet werden. Die dritte Einweihung führt uns zur Botschaft der Fische, zur inneren Sicherheit, die erlangt wird, wenn wir einen Teil des göttlichen Plans erkennen: das Lukas-Evangelium. Und die vierte Einweihung lässt uns die Worte der Liebe und Weisheit gleichsam eintrinken und Kontakt erhalten mit dem All-Bewusstsein, der All-Wahrheit des Johannes-Evangeliums."

[80] John Twine, alias Jan Leene, schrieb poetisch und fesselnd über esoterische Themen aus der „okkulten Wissenschaft". Um ein Beispiel zu geben, führt er eine alte Überlieferung an:

„Ein Eingeweihter erzählt uns etwas über die liebliche Lehre der Zwillingsseelen. Am Beginn der Offenbarung der menschlichen Lebenswelle offenbart sich das neue Leben auf siebenfache Weise. Auf den sieben Strahlen kommen die Geister herab zur Schule der Erfahrung. Die sieben Geister vor dem Thron, die Planetgeister, werden ihrerseits durch die zwölf schöpferischen Hierarchien inspiriert. Jedes Zeichen

---

79. John Twine, De blijmare van de gave Gods, Esoterik van het Mattheus-Evangelie. Uiteenzettingen op basis van de occulte wetenschap, Aquarius-Propaganda Comité, 1931. S. 8
80. Ebd. S. 101

des Tierkreises bereitet eine bestimmte Gruppe menschlicher Seelen auf die gewaltige Entwicklung vor, die wir alle durchleben.
Und so hat jedes Menschenkind einen Vaterstern, ohne zu wissen, welcher Stern es ist. Daher kann es geschehen, dass wir in unserer Umgebung oder auch an anderen Orten menschlichen Wesen begegnen, von denen wir uns außergewöhnlich angezogen fühlen. Wir empfinden intuitiv, dass da innere Bande sind, die in uns ein Licht aufleuchten lassen, sowie frohe und glückliche Gefühle. Es wird dann in uns etwas erweckt, das auf dem Boden unseres tiefsten Inneren schlummerte, etwas, das Milliarden Jahren trotzte, nämlich das innere Erkennungsvermögen. Wir fanden eine Zwillingsschwester, einen Zwillingsbruder, eine Zwillingsseele. Wir fanden eine Seele wieder, die denselben Sternenengel hat wie wir. Mit ihm kamen wir aus demselben Strahl hervor. Mit ihm werden wir weitergehen bis zum Ende, bis wir Reisende alle im Vaterland ankommen. Dann singen wir auf dem Gipfel unserer Individualität das siebenfache Lied der Liebe, der Freundschaft, der Selbstaufopferung und der Tat.
Da die menschliche Lebenswelle sich auf sieben unterschiedliche Weisen entwickelt, muss es auch sieben Einweihungsschulen geben. Und wir können daher nur in jener Schule Einweihung erreichen, die mit dem Strahl übereinstimmt, zu dem wir gehören." [81]
Im Ganzen gesehen ist das Buch eine strukturelle esoterische Analyse des Matthäus-Evangeliums. Das erste Kapitel ist dem „Heilsbringer" gewidmet. Es beginnt mit der Erklärung der dreimal vierzehn Teile des Geschlechterregisters. Sie werden in Übereinstimmung gebracht mit den neun kleinen Einweihungen, den vier großen Mysterien und schließlich mit der Einweihung durch den „großen Befreier, das Sein in Erhabenheit."
Das zweite Kapitel über „Die Magier aus dem Osten" ist eine Abhandlung über schwarze, weiße und befreiende Magie. Im Kapitel „Triumph-

---

[81]. Ebd. S. 92

zug des Lichtes" geht der Verfasser auf den Orden der Essener ein, auf die Flucht nach Ägypten und auf Ägypten selbst, aber nicht als Land, sondern als Lebensprinzip. Außerdem wird das mystische Element Feuer behandelt, das Jesus vollkommen beherrschen lernt, so dass der Christus-Strahl sich in ihn herabsenken kann. In dem Kapitel „Die rufende Stimme in der Wüste" beschreibt John Twine (Jan Leene) Jesus und Johannes als zwei weit entwickelte Entitäten: Johannes läutete die letzte Phase der Involution aus, während Jesus die neue glorreiche Evolution einläuten sollte. Auch schildert er glänzend die Johannes-Phase, die der Mensch durchlebt, was hier anhand der Geschichte von Martha und Maria wiedergegeben wird. Die soeben zitierte Überlieferung ist eine Einleitung zum Kern des Kapitels „Einsenkung", in dem die sieben Schulen behandelt werden, die eins sind. Im Kapitel „Der Wächter auf der Schwelle" schreibt er über die vier evangelischen Einweihungen, über den Zusammenschluss der widerstrebenden Kräfte gegen das sich einsenkende Christus-Licht und vergleicht er die Versuchung Buddhas mit der des Christus. Das Kapitel über „Die ersten Jünger" lässt erkennen, dass es dabei nicht um berufsmäßige Fischer ging, sondern auch hier um weit entwickelte und gereifte Seelen. Sie hatten die Eigenschaften der Fische-Ära vollkommen assimiliert und waren vorbestimmt, im großen Weltwerk mitzuarbeiten, das mit der Ankunft des Christus einsetzte. Die vier letzten Kapitel, „Seligpreisungen", „Lebenshaltung" I und II, und „Göttliche Ökonomie", beschreiben das universelle und reine Erleben der Bergpredigt. Das ist eine erhabene Lebenslehre, die nicht für jeden bestimmt sein kann, aber Bedingung, Richtschnur und Trost ist für jene, die ihre Schritte zum Berg des Geistes emporlenken.

Das zweite Buch unter dem Namen John Twine: *Im Land an jener Seite* ist von anderer Art. Es enthält einige packende Berichte über das Leben als strebender Mensch, über die Schwierigkeiten und Klippen auf dem Pfad, die überwunden werden müssen, sowie über Suchtgefahren, Selbstmord, Ehrgeiz und die Überwindung des Todes. Wie kann man ihn überwinden? „Indem man das wahrhafte Leben der geistigen Stabilität und Serenität lebt und sich mit Herz und Haupt in das Makrokosmische stürzt. Dann werden Sie das Ziel des Alls verstehen, dann wird all unser Seufzen vergehen in dem absoluten Wissen: Alles strebt in Gesetzmäßigkeit und unergründlicher Liebe dem Endziel, der Befreiung zu. Und er, der Unaussprechliche, wird alle Tränen abwischen von unseren Augen im Haus der ewigen Freude, wo tausend Jahre sind wie ein Tag." [82]

Eine besondere Publikation ist das kleine Büchlein *Das Vaterunser, Gebet für den esoterischen Mystiker* aus der Mitte der dreißiger Jahre.

John Twine stellt darin fest, dass das Gebet, wenn es uns nicht schaden soll, mit dem eigenen, augenblicklichen Seelenzustand übereinstimmen muss. Denn jedes Gebet wird erhört!

Aber: „Wenn dieser Seelenzustand nicht mit den im Gebet aufgebauten Gedankenformen übereinstimmt, dann ist die Gebetsantwort eine Seelen- und Lebensvernichtung."

Und weiter heißt es: „Der Schüler [...] der mit dem Vaterunser beginnt, wendet sich nicht an den Geist der Erde. Er wendet sich an den Vatergeist, der den ungeschändeten Teil unseres siebenfachen planetaren Kosmos harmonisch durchzieht. Wie wir wissen, müssen wir als esoterische Studenten unseren Planeten, nach genauer Untersuchung, in der augenblicklichen Offenbarung als teilweise geschändet erkennen. Ein ursprünglicher Teil befindet sich jedoch noch völlig im Zustand der anfänglichen Gottes-Ordnung. In der Bibel wird er als Himmelreich oder kurz als Himmel bezeichnet und der versunkene Teil, die dialektische Naturordnung, als die Erde. Aber wir haben auch gelernt, scharf zu unterscheiden zwischen dem „Himmel" und der „Erde", die ebenfalls dialektisch sind, und den wirklich serenen himmlischen Gebieten der Gottes-Ordnung, in denen alle Reinkar-

---

82. John Twine, In het land aan gene zijde, Haarlem, Uitgevermaatschappij Hora est, 1933, S. 137

nations-Gesetzmäßigkeiten zu bestehen aufhören. Zu diesen unaussprechlich herrlichen und ewig seligen Gebieten erhebt der Schüler sich im Geist und ruft den Vater an, der dort in strahlender Liebe seine Kinder von Kraft zu Kraft führt."

1939 und 1940 publizierte der Verlag Rozekruis Pers John Twines erklärende Briefe (Kommentare) zu *Reipublicae Christianopolitanae Descriptio*. Darin wird faszinierend die Wirksamkeit der „mysterieschool van de broederschap" beschrieben und wie sie in der Geschichte gearbeitet hat. Der Autor stellt fest:
„Die siebenfache Wahrheit ist allgegenwärtig. Sie wird nicht in Mysterienschulen separiert und liegt nicht im Panzerschrank eines Eingeweihten. Sie ist in Ihnen und um Sie herum, sie ist für Sie – ohne jeden Vorbehalt. Die Wahrheit ist nicht oben, sie ist hier. [...] Die Prüfungen durch Feuer, Erde, Luft und Wasser [...] beziehen sich auf die Luftsphäre Ihrer Mentalität, auf die Feuersphäre Ihrer Begierdennatur, auf die Wassersphäre Ihres ätherischen Körpers und auf die Erdensphäre Ihrer Grobstofflichkeit."

1939 erschienen beim gleichen Verlag die ersten beiden Teile einer vierteiligen neuen christlich-esoterischen Kosmologie von John Twine (Jan Leene): *Het nieuw esoteries weten. Bijdragen tot een nieuwe openbaring van de cosmologie en magie der Rozekruisers Broederschap* (Das neue esoterische Wissen. Beiträge zu einer neuen Offenbarung der Kosmologie und Magie der Rosenkreuzer Bruderschaft).
Im ersten Teil werden aus dem Kapitel „De drie aanzichten Gods" (Die drei Aspekte Gottes) die beiden Prozesse beleuchtet, die den Menschen zur Reinigung und Läuterung führen: „Das Wesen der Strafe" (als

83. John Twine, Het Onze Vader, Gebed voor de esoterische mystikus, Haarlem, Rozekruis Pers, 1935, S. 20 ff.
84. Johann Valentin Andreae, Reipublicae Christianopolitanae mit erklärenden Briefen von John Twine, Haarlem, Rozekruis Pers, 1940. S. 43-44.

Karma gesehen) und „Das Wesen der Prüfung" für die Strebenden. Dieses Bild führt zu einer Analyse der sieben Perioden des arischen Zeitalters. Es ist der Weg, dem die Menschheit folgen muss, damit die einzige und universelle Lehre allmählich aber sicher in ihrem Blut verankert werden kann. Der Autor stellt fest, dass „der Christus durch all die Religionen die universelle Lehre für das Fassungsvermögen der menschlichen Lebenswelle transformiert, damit einmal in der siebten Periode die Kraft des heiligen Geistes, die in jedem Menschen vorhanden ist, auf die rechte Weise mit ihrer schöpferischen Wirkung beginnen kann." Über die Erfüllung der Christus-Forderung (Nicht mein, sondern dein Wille geschehe, Herr) geht er weiter zur Erklärung der „Leiter mit den neun Stufen." Er schildert die Wirksamkeit der höheren Hierarchien sowie das Ringen des Menschen auf den ersten drei Stufen. Und er entwirft ein Bild der Bemühungen der Mondengel um und für den Menschen, die zur „Hierarchie des heiligen Geistes" gehören, sowie der Marsengel, die zur „Hierarchie des kosmischen Christus" zählen. Begehren ist die große Kraft, die zum Göttlichen durchdringen, aber auch in die Tiefe führen kann. Das „heilige Begehren Christi" ist eine Kraft, die der Mensch allmählich entwickelt haben sollte.

Eine große Störung dieses harmonischen Prozesses verursachte der „Sündenfall". Der Autor analysiert dann auf tiefsinnige Weise die beiden kosmischen Ströme, den kosmischen Strom „Mann" und den kosmischen Strom „Frau" und bringt sie in Zusammenhang mit dem heutigen Menschen.

Mit einigen Kapiteln, in denen er erklärt, wie die Kraft des rein Göttlichen die niederen ätherischen Begierdenkräfte beherrschen kann, und über die magische Atmung, beendet er die Teile I und II, die 1939 publiziert wurden.

Teil III enthält Angaben über die vierdimensionale Christus-Offenbarung und das Licht-Element Christi. Es wird versucht, die Forderungen des Pfades und die neunfache Leiter näher zu erklären. In einigen

Kapiteln geht der Verfasser tief auf die esoterische Wirksamkeit des Blutes ein. Er legt dar, dass durch die augenblickliche Qualität des Blutes der Massenmenschen die Sinnesorgane falsch arbeiten, wodurch das große Chaos in der Welt verursacht wird. Für ihn als Idealisten lag die Rettung in einem „Ethismus", der mit großer Kraft einsetzen werde. Denn die geistige Kraft darin gründe sich vollkommen auf die Worte des Christus: „Liebe deinen Nächsten wie dich selbst." Nur jene, die durch wahrhaftige Lebenshaltung von der Christus-Kraft geleitet werden, können dann als Führer auftreten.

Im Teil IV nimmt John Twine (Jan Leene) den Leser sozusagen mit in die sieben Welten, die er kurz umschreibt. Es ist kein kosmologisches Lehrstück, sondern vielmehr „ein Lebensweg, der sich bis ins Unendliche wiederholen wird." Er verbindet die neunfache Leiter nochmals mit einer siebenfachen kosmischen Entwicklung, mit sieben Einweihungen, mit sieben Kräften. Diese sieben Kräfte sind: Motiv, Heilbegehren, Bewusstsein, höhere Vernunft, Lebenskunst, Selbstaufopferung und das Vermögen, ein Kraftfeld zu bilden.
Die ersten drei Stufen der Einweihung sind: „Die Stufe des einen zentralen Geistes, die Stufe des göttlichen Geistes und die Stufe des heiligen Geistes." Auf dieser dritten Stufe erwacht das Jesus-Bewusstsein, was auch Durchbruch durch die Pforte des Saturn bedeutet. Auf der vierten Stufe eröffnen die Herren des Merkur als Botschafter Christi im Denken eine Möglichkeit, die als höhere oder reine Vernunft bezeichnet wird. Erst wer davon zeugen kann, verkündet wahrhaft die universelle Lehre! Das ist die königliche Kunst des Bauens, die von den Herren der Venus ermöglicht wird. In der Jupiter-Einweihung wird der Diener dann fähig, ein Kraftfeld um sich her zu bilden, um in der stofflichen Welt eine Ernte einzusammeln.
Denn: „Diese unsere Welt ist kein Nadirfeld, keine Welt der niederen Ordnung oder von minderem Wert. Sie ist vielmehr ein Basisfeld, von dem aus gearbeitet werden muss, ein Grund, ein Fundament für

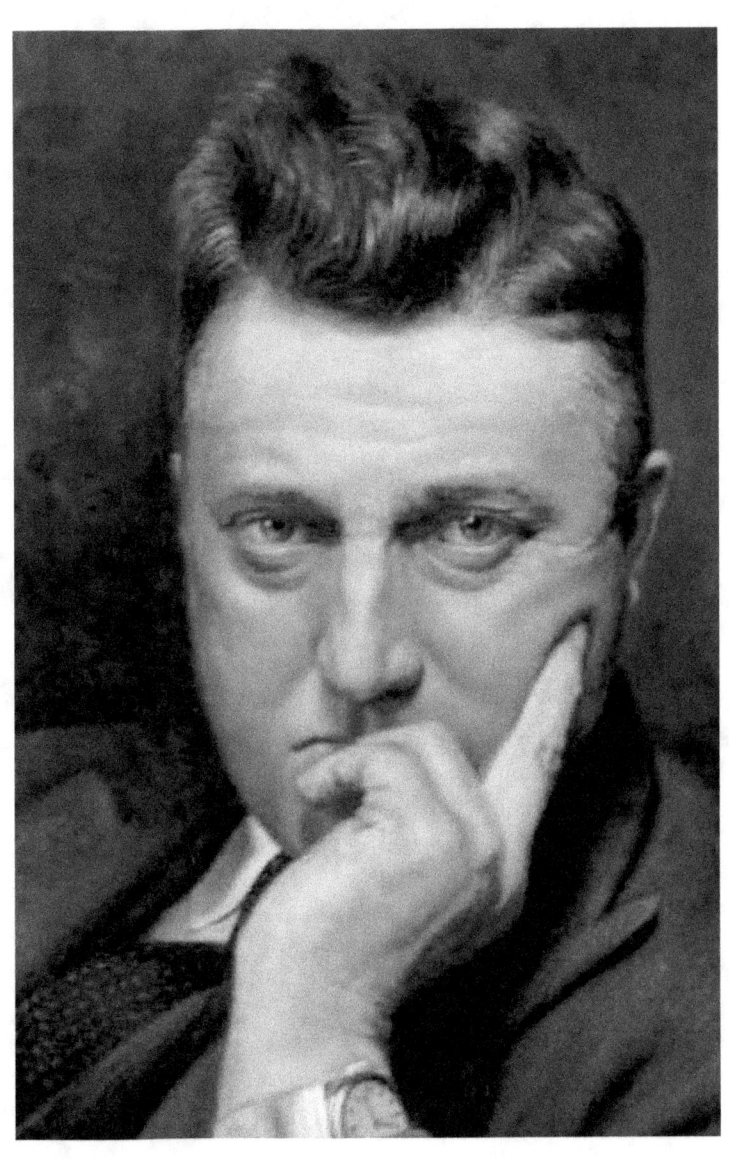

Z.W. Leene, 1937

den gesamten Aufbau. In der stofflichen Welt zu arbeiten, ist einer der wichtigsten Faktoren, um den Gottesplan zu verwirklichen."[85]
Das erfordert ein vollkommenes Selbstopfer, so wie Christus sich geopfert hat. Darauf folgt dann eine zweite siebenfache Spirale, die „Einweihung" genannt wird.

Z. W. LEENE UND DAS RITUAL DER ROSENKREUZER

Im Jahr 1938 fasste der Verwaltungsrat einige Ansprachen von Z. W. Leene zusammen, die von der Rozekruisers Genootschap unter dem Titel: *Het Rituaal der Rozekruisers* herausgegeben wurden. Es ist die einzige Publikation, die von seiner Hand erschien.

Das Buch enthält überarbeitete Vorträge, die im Tempel des Rosenkreuzes gehalten wurden. Sie waren bereits vorher in den Studienlektionen und in der Wochenzeitschrift *Aquarius* erschienen. Im ersten Artikel erklärt Z. W. Leene den magischen Ritus des Rosenkreuzes. Und er vergleicht den Menschen, der Seelenqualität erwerben will, mit Simon von Kyrene, der sich innerlich gedrängt fühlte, das Kreuz des Weltenleids mit zu tragen.

Im zweiten Kapitel, „Das Gebet", zeigt er, dass der wirkliche Lichtsucher sich seines komplizierten Wesens und der vielfachen Einflüsterungen seines niederen Selbstes bewusst ist. Darum bittet er auch immer, wenn er sich mit seinen Erwägungen des Herzens der Majestät Gottes zuwendet: „Möge es stets annehmbar sein für dich, o Gott."

In den folgenden Kapiteln geht er auf den Ritus selbst ein und schreibt über das latente Feuer, das im Menschen erweckt werden kann:

„Wenn Gott, der Vater, unser Sonnensystem erschafft, ist er das Licht. Er wird in der gesamten Schöpfung und in seinen Geschöpfen immanent, ist latent in Menschenseelen versunken. Als abstraktes, trans-

---

85. John Twine, Het nieuw esoteries weten: Bijdragen tot een nieuwe openbaring van de cosmologie en magie der Rozekruisers Broederschap, (Das neue esoterische Wissen; Beiträge über eine neue Offenbarung der Kosmologie und Magie der Rosenkreuzer Bruderschaft.) Haarlem, Rozekruis Pers, 1939-1940.

zendentes Licht dringt er bis in die tiefste Finsternis unserer Existenz durch und ist überall anwesend, um von uns in unseren Seelen erkannt und verwirklicht zu werden."

In den beiden Kapiteln über „der Liebe erhebende Kraft" fragt er, warum wir als natürliche Menschen diese Kraft nicht verstehen können. Die Antwort lautet: wegen unseres überladenen Begierdenkörpers. Und das kann nur verändert werden, wenn das Kreuz ins eigene Wesen gepflanzt wird, und zwar durch Christus in uns und durch seine Kraft, die in Taten kulminiert.

„Denn", so geht es weiter in Kapitel VII, „es geht nicht um Studien und Lehrsätze, das sind nur Hilfsmittel, Krücken, auf denen man hinkt, so wie auch unsere Gemeinschaft mit ihren Lehrsätzen nur eine Krücke ist, auf der wir hinken. Der Christus selbst ist die Kraft."

In dem Kapitel über das „Weihnachtsfest" stellt er fest, dass der Mensch, der dem Christus in sich einen Platz bietet, nicht so kleinlich bleiben kann, wie er war. Er wird bemerken, dass er in schneller Fahrt voraneilt. „Er wächst zur Männlichkeit des Geistes heran, und nichts kann ihn noch zurückhalten. Er wird die Welt mit seinem geistigen Bild und seinem Wissen durcheilen. Mit der Kraft des Christus, der in ihm wohnt, wird er geißeln und anklagen. Aber beachten Sie, Freunde, dass es auch noch andere Klagen und Anklagen gibt, die aus der Unzufriedenheit des niederen Selbstes entstehen. Diese Klagen müssen wir von der wahren Klage zu unterscheiden lernen."

Am Ende des Buches wendet Z. W. Leene seinen scharfen Blick dem Rückweg zu, der nur gegangen werden kann „nach dem Tod unserer Verlangen am stofflichen Kreuz. [...] Man kann jetzt eine angenehme Inkarnation durchleben, aber dann, in einem folgenden Leben wieder an die Gesetze des Karmas, den Hüter der Schwelle, gebunden sein. Dieser Wächter ist unerbittlich und kann nicht in mutigem Vorbeilaufen passiert werden, nein, nur durch die Vernichtung dieses selbst erschaffenen Monsters – durch Christus. Wie gelingt uns der Rückweg? Indem wir ihn vollkommen annehmen und dem Christus

in uns Raum bieten. Erst dann beginnt die Evolution des Menschen."
„Als Rosenkreuzer-Studenten haben wir die Aufgabe übernommen, dem Christentum in der Welt des wirklichen Lebens und des philosophischen Denkens wieder den Platz einzuräumen, der ihm zukommt. Daher sind wir Pioniere und müssen scharfe Richtlinien ziehen. Denn die Welt wurde schon zu lange betrogen. Bei den geistigen Dingen wird man entweder hoffnungslos lächerlich und gleichsam zum geistigen Kriminellen oder man wirkt erlösend durch Vernunft und Verständnis. [...] Es ist doch so: Den transzendenten Gott können wir nicht in der Natur finden, wohl aber in den Menschen, weil Gott Geist ist, so wie der Mensch Geist ist. Gott ist also nicht in der Natur, denn sie ist nur die Basis, auf der sich alles entfaltet."

Das Buch endet wie mit einem Freudenschrei: „Lehre uns die Furcht beherrschen durch die Freude des Wissens! Wir sind Geister, sogar ewige Geister, unsterblich und gerufen, vollkommen geistig zu sein in der geistigen Weltordnung. Darum müssen wir alles von dieser geistigen Ordnung wissen. Aber vergessen wir nicht, dass wir gleichzeitig stoffliche Menschen sind, sterblich und zweifellos gerufen, einst den Stoff für immer zu verlassen und nicht nur für eine Zeit zwischen Tod und Inkarnation."[86]

Es ist derselbe Geist, aber es spricht eine ganz andere Vibration, ein sehr feuriger Ton aus den Werken Z. W. Leenes. Da gibt es keine Verwirrung und auch keine Beschreibung der Gefahren und Fallstricke, die von Gesellschaft oder Kirche drohen könnten. „Läuterndes Feuer" ist eine erste Assoziation und auch: „Wer liebt, der geißelt." Z. W. war feurig, und die Menschen, die sich seinem Werk näherten, wurden von seinem Feuer entweder angezogen oder heftig abgestoßen. Er kämpfte mit immer mehr Kraft gegen ihre Täuschungen, ihre Mystifikationen und stellte sie – vollkommen logisch und vernünftig – vor die „Torheit" des Kreuzes:

---

86. Z. W. Leene, Het Rituaal der Rozekruisers Genootschap, raad van beheer, Juli 1938. S.47

„Das Kreuz ist Torheit, weil es nach den Maßstäben dieser Natur weder zu verwirklichen noch zu bekennen ist. Das ist der Konflikt, den er praktisch in jedem demaskierte, und das erregte den Ärger der Zuhörer. Das ließ sie gegen sein Werk agieren und auftreten, das verursachte ihre Feindschaft, denn sie wussten, dass sie ihm in Wahrheit Freundschaft bieten müssten", so Jan Leene.
Im Lauf der Jahre erschien in den aufeinander folgenden Zeitschriften der Organisation eine kleine Anzahl Artikel von Z. W. Leene. Aber viele seiner Vorträge wurden wahrscheinlich noch nie gesammelt oder publiziert.

DAS WERK VON COR DAMME – EINE IMPRESSION

Cor Dammes umfangreiches Gesamtwerk, das ein besonderes Licht sowohl auf die Vorkriegsperiode der Rozekruisers Genootschap als auch auf die Kriegszeit wirft, ist zum großen Teil bewahrt geblieben, wartet jedoch noch auf Erschließung. Dazu gehören vollständige Manuskripte mit Kommentaren zur *Fama*, der *Confessio* und der *Alchimischen Hochzeit* sowie mehrere Typoskripte über die Organisation und den geplanten internen Aufbau des Werkes nach der Befreiung, die in der Kriegsperiode geschrieben wurden. Außerdem gibt es noch Dutzende Ansprachen und Kurse, die für Mitglieder und Schüler gehalten wurden, und eine besondere pädagogische Ansprache für Jugendmitglieder. Das alles ist mit spitzer Feder geschrieben, weit entfernt von Ausschmückung und Wichtigtuerei. Was er äußerte, war gewiss nicht immer freundlich und liebevoll, und wer ihm zuhörte, wird sich zuweilen wohl auch unbehaglich gefühlt haben. So sprach er ironisch über „das mystische Lächeln und den magisch starren Blick, über den mystisch effektvollen Augenaufschlag, der so stark an das Aufziehen eines klebrigen Rollos erinnert." [87]

[87]. Die Zitate aus Cor Dammes Ansprachen sind Typoskripten einer Ansprachen-Serie von 1945 und 1946 entnommen, die aus Cor Dammes persönlichem Archiv stammen und undatiert in der Bibliotheca Philosophica Hermetica zu Amsterdam aufbewahrt werden.

Er sprach auch von: „Trapez-Okkultisten, die selbstzufrieden von einem Höhepunkt zum anderen schweben und den Schwindel, den sie dabei empfinden, für höhere Erlebnisse halten, obwohl sich nichts verändert, denn der Pfahl, um den sie kreisen, steht fest im Grund."
Aber: „Bewusstsein offenbart sich durch den Prozess der Lebensverwirklichung. Große Sucher auf philosophischem und psychologischem Gebiet haben seit Jahrtausenden nach dem Quell des Lebens gesucht. Und sie begründeten ihre philosophischen oder wissenschaftlichen Interpretationen, ohne dass dadurch das Mysterium des Lebens freigelegt wurde. Alles, was man metaphysisch bedachte und betitelte, war nichts weiter als eine Form der Lebensoffenbarung, die sie noch nicht erklären konnten. Vieles, was für übernatürlich gehalten wurde, war nur Form eines vertieften intellektuellen Bewusstseins, verbunden mit Redekunst und Ausdrucksvermögen.
Durch Verständnis und die Verwirklichung im eigenen Leben entwickelt sich kosmisches Bewusstsein. Einen anderen Weg gibt es nicht. Verständnis bedeutet Umfassen des Geoffenbarten durch den Geist, durch die Kraft der Seele und durch die Hinwendung der Liebe. Diese drei bilden den Sauerteig des Lebensprinzips in jedem Menschen. Es sind die Kräfte, die zum kosmischen Bewusstsein führen können. Wer sie nicht besitzt oder ihre Annahme als ‚Lebenskraft' verweigert, kann sich niemals in der wahren Bedeutung des Wortes befreien.
Gott ist Liebe – Licht – und Leben, und als diese drei erkenne ich ihn in meinem Wesen. Alles, was dunkel in mir ist, bin ich nur meiner Persönlichkeit, meiner Natur nach. Alles, was Licht in mir ist, offenbart sich als Liebe; und das kann ich nach Natur und Geist vollkommen verwirklichen, ohne dass mir andere Menschen (oder eine andere Methode) helfen und mich beeinflussen. Der Prozess, der zum kosmischen Bewusstsein führt, schreitet parallel zur inneren Entwicklung voran. Erreichen und Zustand offenbaren sich gleichzeitig. Der Entwicklungsprozess schöpft seine Wachstums-Energie aus der Wurzelsubstanz meines Wesens, aus meinem Leben. Das ist Gott als Liebe. Wende ich mich

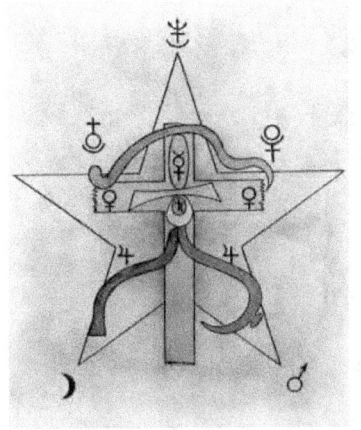
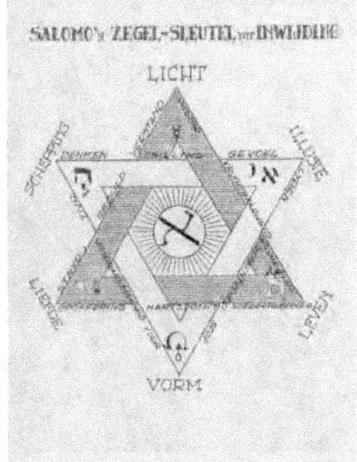

Graphische Arbeiten von Cor Damme

an meine dunkle Vernunft, an mein rätselhaftes Bild, also an meinen natürlichen, gefallenen Menschen, mein Ich der Natur, dann schließe ich automatisch den Prozess der kosmischen Bewusstwerdung ab und Gott als Liebe und Licht aus meinem Wesen aus. Kosmisches Bewusstsein ist das Resultat des sich kosmisch Bewusstwerdens.

Der Entwicklungsprozess entnimmt seine Potenz der Ursubstanz des Lebens – der Liebe; dem göttlichen Geheimnis Jesu Christi – dem lebenden Wort. Einmal muss der Mensch diese Lebenshaltung erreichen, wenn er die wahre Freiheit ererben will, die der Vater ihm bereits seit Gründung der Welt zugedacht hat.

In jedem Menschen lebt der göttliche Funke, das Leben. Aber was der Mensch von diesem Leben verwirklicht, ist nur der stoffliche Mensch, die stoffliche Formseite. Und das ist der trügerischste Aspekt des Lebens, weil er keine göttliche, sondern eine anti-göttliche Struktur besitzt, die ‚luziferisch' oder ‚gefallen' ist. Jesus war der erste stoffliche Mensch, in dem Gottes Weisheit und Liebe den zentralen Mittelpunkt bildeten, das bedeutet: bewusst funktionierten. Im Menschen Jesus war

der Christus oder der zentrale Funke, ‚der Gott ist' und in uns allen lebt. Er wird zur Offenbarung gerufen, um sich auf vollkommene Weise, rein und frei von Schmutz als Meister über den stofflichen Körper, den materiellen Menschen, zu erweisen. Auf diese Weise tat Christus seine großen Werke und nicht, weil er in irgendeiner Hinsicht anders war als wir oder größere Macht als Mensch besaß als wir in diesem Augenblick. Nicht er allein war Gottes Sohn und wir nur Diener Gottes. Nein, auch wir sind von Gottes Geschlecht und ebenfalls fähig, das zu tun, was Jesus tat. Er führte seine Werke aus, weil er denselben göttliche Funken, den der göttliche Vater in jedes neugeborene Kind legt, durch seine eigenen Kräfte zu einer hellen Flamme anfachte. Und das konnte er, weil er bewusst mit dem ‚Gott in sich' verbunden blieb, so wie wir heute durch ihn sagen können: Immanuel, Gott in uns, Quell allen Lebens, der Liebe und Kraft. Jesus war genauso ein Mensch, wie wir alle Menschen sind. Er litt, wurde in Versuchung geführt und geprüft, so wie auch wir täglich geprüft und in Versuchung geführt werden. Er erlitt die vollkommene Kreuzigung seiner Persönlichkeit, vernichtete in sich selbst das Natürliche, um seinem Volk, das ist die gesamte Menschheit, den Aus-

weg zu zeigen aus Sünde, Krankheit und Tod (wodurch die Welt der Menschen zur Hölle wurde) – und sie zu Gott zurückzuführen."
Aus Anlass eines Bruderschaftstages, den man in der Organisation traditionell am 6. Januar, dem Todestag Max Heindels, feierte, legte Cor Damme 1946 dar, was wahre Bruderschaft ist:
„Viele Redner haben wissenschaftliche, okkulte und esoterische Abhandlungen beigetragen. Jedoch das freimaurerische Opfer haben nur wenige selbst erfahren oder gebracht. Denn sie erreichten noch nicht den Punkt, an dem man tatsächlich und mit vollem Bewusstsein ,Bruder oder Schwester' sein kann und darf. Heute feiern wir den Bruderschaftstag. Heute geht unser Herz – und speziell mein Herz – aus zu ihm, von dem ich weiß, dass er ein wahrer Bruder ist, nämlich zu unserem unvergesslichen Freund und Bruder Z. W. Leene. Von ihm geht meine Seele – die ich in diesem Moment verbunden weiß mit jenen, die sich auch zu ihm begeben – aus zu meinem Bruder Jan Leene und meinen Schwestern B. R. und S. H. (E. Roland-Retera und H. Stok-Huizer).
Darum, Freunde, im Namen jener, die stets so innig mit Ihnen und der großen Bruderschaft der Rosenkreuzer verbunden sind, deren Diener wir sein dürfen, erbitte ich für Sie: Mögen die Kraft und das Bewusstsein der wahren Brüderlichkeit wie eine Lampe Ihren Pfad erleuchten und Sie begleiten bis zu dem Tag, an dem Sie selbst eine wirkliche Schwester oder ein wirklicher Bruder im Dienst unseres großen Werkes geworden sind."
Vieles von Cor Dammes Nachkriegswerk wurde in Englisch geschrieben. Seinerzeit gab es in den Vereinigten Staaten zwar Kontakte zu Verlagen, die sein Werk als Zeugnis einer bewahrt gebliebenen Korrespondenz schätzten. Aber zu mehr als einer Ausgabe ist es nicht gekommen. Und gewiss wurden, soweit uns bekannt ist, während Cor Dammes Leben keine Bücher von seiner Hand publiziert. Ausgenommen sind die Publikationen in der Rozekruis-Serie der Vorkriegszeit, die Artikel in *Nieuw Religieuse Orientering* sowie einige von ihm selbst herausgegebene Vervielfältigungen.

11. Geistige Gemeinschaft, geistige Intelligenz

1938-1940 Z.W. Leenes zentrale Rolle als spiritueller Leiter, sein Tod und der neue Verwaltungsrat mit H. Stok-Huizer. Die wundersame Christnacht. Die Periode nach Z.W. Leene bis 1940. Die letzten Sommerlager der Rosenkreuzer auf „De Haere"

Jan Leene und Cor Damme sahen Z.W. Leene in ihrer Dreier-Gemeinschaft als Inspirator und geistigen Leiter und standen ihm bei der Arbeit zur Seite. Von Anfang an passten ihre Charaktere sehr gut zusammen. Z. W. Leene war warm, tiefsinnig und ein abstrakter Denker. Durch seinen dynamischen Charakter trat er in den Vordergrund und wurde mehr wahrgenommen als sein Bruder Jan, „der Stille". Cor war praktisch und wahrscheinlich am meisten bewandert in astrologischen Berechnungen. Auch konnte er esoterische Themen in ein klares Schema bringen. Durch seinen Beruf als Koch war er fähig, während der Sommerlagerwochen die große Küche zu leiten. Wim war liebevoll, so wird berichtet, und konnte das auch leicht nach außen zeigen. Er war ein charakteristischer und feuriger Redner. Vor Beginn einer Ansprache fasste er die ihn umringende Gruppe stets scharf ins Auge und richtete erst nach einigen Augenblicken das Wort an sie. Aber wenn es nötig war, schlug er auch schon einmal mit der Faust aufs Pult, um seine Worte zu bekräftigen. Es wird gesagt, dass Jan Leene nach Wims Tod einen Teil der Dynamik und des Charismas seines Bruders übernahm.
Im Lauf der Jahre vor dem Krieg hatten sich die Umstände auf dem Rosenkreuz-Camp „De Haere" etwas verbessert. Es gab Elektrizität, und die Freiluft-Küche wurde abgebaut. Die Tempeldienste in den Sommerwochen auf „De Haere" fanden in einem speziell dafür aufgestellten großen Zelt statt und zwar dort, wo jetzt – im heutigen Konferenzort

Umschlag:
Het Rozekruis
Weihnachten
1938

Noverosa, der Rosengarten liegt. Jeden Tag wurden Vorträge gehalten. An den Sonntagen ging den Tempeldiensten ein Ritus voraus, und jeden Abend brannte ein Lagerfeuer. In der mystischen Sphäre um das Feuer herum wurde stets eine Geschichte über die Erfahrungen auf dem Seelenweg zur Befreiung erzählt. In speziellen astrologisch bestimmten Momenten – sogenannten Heilungsdaten – kamen die Freunde im großen Versammlungszelt zusammen und konzentrierten sich auf den Ritus, der bei diesen Genesungsdiensten gehalten wurde.

„Die Themen der Referate sollen mit dem Schlüsselwort des Tages verbunden sein. Und das wird nach dem Lauf des Mondes durch den Zodiak gewählt. Alle aktuellen Themen auf den Gebieten der Philosophie der Rosenkreuzer, der Astrologie und der esoterischen Bibelkunde sollen in jedem Arbeitsprogramm vorkommen."

Es gab auch regelmäßig Konzerte.

Während dieser Wochen wurde auf intensive Weise eine „Pioniergruppe" zusammengeschmiedet, die fähig sein sollte, die höheren Lehren des Rosenkreuzes in Gruppeneinheit aufzunehmen. „Gruppeneinheit" ist ein sehr wichtiges Wort in der Geschichte der Geistesschule. Es bedeutet die Einheit einer Gruppe Menschen, die das Gleiche erstreben, sich gegenseitig darin unterstützen und beistehen. Richtig verstandene Gruppeneinheit stärkt den Menschen für die Welt, in der er lebt – während er sich doch vor allem nach dem Geist sehnt. Sie weist ihm keinen Weg zu den sogenannten höheren Sphären der Weltflucht, um der Realität und den Konsequenzen des Lebens zu entgehen. Vom ersten bis zum letzten Buchstaben weist die Gruppeneinheit des Geistes den Menschen auf seine Aufgabe in der Welt hin. Diese Aufgabe ist so kompliziert, erfordert soviel Anspannung, soviel Kenntnis, soviel Umsicht und es wurde bisher so wenig daran gearbeitet, dass jedes Interesse für das Leben in „höheren Sphären" eher davon ablenkt als hilfreich ist. Die

---

88. Het Rozekruis, 7. Jahrgang, Nr. 9, Dezember 1933, S. 98

höchste Wirklichkeit ist der Zusammenhang aller Dinge, alles Bestehenden. Das höchste Bewusstsein ist Dienst, dienende Liebe. Dieser Begriff zeigt sich in einer Seele, die zu lieben gelernt hat.

Viele Hundert Gäste nahmen an der Sommerschule teil. 1934 stand sie im Zeichen von „Hoffnung und Toleranz". Neben der Vertiefung und dem gemeinsamen Erleben nahm der Humor einen wichtigen Platz ein. In einem Bericht über die erste Sommerschule heißt es:
„[...] und hier auf diesen Seiten will ich nochmals von all dem zeugen, was das Lager uns an Freundschaft, geistiger Vertiefung und Seelenwachstum gebracht hat und was wir während unserer Camp-Wochen an Stille, funkelnder Freundschaft und sprühendem Humor empfingen."
1936 schrieb Z. W. Leene als Lagerleiter: „Die Arbeit der Sommerschule soll ganz im Zeichen der heftigen Bewegtheit der Zeiten stehen, in der für alles und bei allem in diesem Jahr ‚Erhebung' gesucht und gefunden werden soll. 1935 hieß der Schlüsselgedanke der Sommerschule ‚Wirklichkeit'. Nun soll uns auf dem Boden der Wirklichkeit die ‚Erhebung' für unsere schwierige Arbeit stärken."
Die Sommerschule war wie ein Einatmen. Alle Zentrumsarbeit ruhte in dieser Zeit, und alles konzentrierte sich auf die geistigen Impulse, die während der Sommerwochen in der Gruppe frei wurden. Im Jahr 1940 trug die Sommerschule – die letzte, da die Niederlande bereits besetzt waren – als Kennzeichen „das praktische neue Leben".
Die intensive Zusammenarbeit der beiden Brüder hatte ihr Ende gefunden, als Z. W. Leene am 9. März 1938 starb. Dieser Abschied war ein großer Verlust. Viele meinten, mit dem Dahingehen dieses dynamischen Leiters sei das Schicksal der Rozekruisers Genootschap besiegelt. Man glaubte nicht, dass der bescheidene Jan Leene sie ohne seinen Bruder leiten und die Arbeit fortsetzen würde. Für ihn selbst kam die Trennung jedoch nicht unerwartet.

Von innen her hatten beide Brüder gewusst, dass sie nicht bleibend an derselben Seite des Schleiers zusammenwirken könnten. Aber das sollte durchaus nicht das Ende der jungen Schule des Rosenkreuzes bedeuten.

Nein, Z. W. Leene starb nicht unerwartet, und sein Sterben war auch nicht ohne tiefen Sinn. Jan Leene teilte während eines speziellen Gedenkdienstes, den er für seinen Bruder hielt, Folgendes mit:

„Dieser Tod wurde von uns beiden vorausgesehen. Wir wussten jedoch anfänglich nicht, auf welche Weise die Trennung geschehen würde und wer von uns die große Reise antreten sollte. Und darum sprachen wir oft über das geistige Testament, das uns beim Verscheiden eines von uns übermittelt werden müsste. […] Innig erfreut bin ich daher auch, die Sicherheit zu besitzen, dass die Stimme unseres Bruders heute Mittag durch mich erklingen wird und zwar so, als wäre er selbst auf für uns so unvergessliche Weise hier anwesend."[89]

Er schrieb einen besonderen Liedtext am Krankenbett seines Bruders, den er während des Sterbedienstes „einen Diener Christi" nannte, „der nur einen Hammerschlag auf das Eisen, das geschmiedet werden muss, zu tun vermochte. Das ist das Heimweh und die Tragik eines solchen Lebens. Aber in dem Lied heißt es: ‚Das Heimweh, das immer wie Fieber uns quält, ist unnütz, ich acht' es nicht mehr. Denn Gott, unser Vater, den Weg mir erwählt, und er prüft, ob ich treu bin wie er. Und darum, ohne Klag' fahr' ich fort mit dem Werk Tag um Tag.' Es geht darum, sich mit dem einen Hammerschlag zu begnügen, damit zufrieden zu sein als Diener, froh zu sein über das, was ich bin und was ich habe. Das ist die Prüfung der Treue."[90]

---

89. Aus einem mündlichen Bericht über Jan Leenes Ansprache bei der Abschiedsfeier für Z. W. Leene. Sie wurde später gedruckt in Het Rozekruis, 11. Jg. Nr. 5., Mai 1938.
90. Tempellied 38, Haarlem, Rozekruis Pers. 6. Aufl. 2000.

Noch im gleichen Jahr 1938 wurde Z. W. Leenes Werk *Het Rituaal der Rozekruisers* (siehe S. 154 und weiter) herausgegeben. Und wenn Z. W. Leene nun auch nicht mehr physisch an der Seite seines Bruders war, stand Jan Leene doch nicht allein. Cor Damme und eine fest entschlossene Kerngruppe aus Menschen wie M. A. Verhoog, E. J. Brandenburg, W. van Dongen, H. Schuurman und anderen trugen mit ihm das Werk. In der monatlichen Lektion für April 1938 schrieb Jan als neuer Camp-Leiter:
„Mit großer Ergriffenheit beginnen wir mit der Camp-Aktion 1938. Diese Aufgabe müssen wir nun mit der nur noch teilweisen Hilfe und Mitarbeit des alten Camp-Leiters zu erfüllen versuchen. Viel wurde uns in der letzten Zeit geschenkt. Wir haben den Tod erkannt als eine neue Geburt und ein Lichtfest. Und darum bringen wir mit Liebe unser Opfer der Leere, der Einsamkeit und des Heimwehs. Und wir gürten uns zur Tat, bis auch unsere Aufgabe vollendet ist. [...] Stärker als je zuvor rufen wir euch zu: Kommt und helft uns. Lasst die Sommerarbeit 1938 zu einem frohen und magischen Zeugnis im Dienst der Johannes-Bruderschaft werden. In Erneuerung reichen wir einander die Hand, da das neue Leben in Christus unser Leben durchströmt. Wir zählen nicht den eigenen Schmerz, denn ‚das Leid das der Pfad mir im Menschendienst bringt, ist nichts gegen unsres Herrn Leid.'" [91]
Die Pioniere empfingen den Schatz von Z. W. Leenes geistigem Erbe als einen permanenten Strom der Inspiration, der sie vom Tag nach dem Abschiedsdienst an bis zum Ende ihres eigenen Lebens begleitete.
„Und nun wird es für äußerst wichtig gehalten, dass wir sein Leben so verstehen, wie es verstanden werden muss, dass wir den Streit verstehen, denn er ist noch nicht beendet. Wir müssen ihn in voller Waffenrüstung fortsetzen. Unsere Zeit ist noch nicht angebrochen, die Tage unserer Fremdlingschaft sind vielleicht noch nicht vollendet. [...] Er (Z. W. Leene) ist befreit, schneller als unter normalen Umständen."

91. Rundbrief Rozekruis Genootschap,. April 1936

Cor Damme konnte ein Jahr später, 1939, den besagten Schatz etwas genauer beschreiben: „Während der letzten fünf Jahre, nach der amerikanischen Periode, als unsere Ernsthaftigkeit im Werk durch Wahrheit, Tat und Liebe bewiesen werden musste, wurden wir unabhängig von einander befähigt, für die zu uns kommenden Schüler innere Richtlinien des neuen esoterischen Wissens zu ziehen und zwar als vorläufige Kraftlinien für einen Prozess tieferen Lebensbewusstseins. Die transzendent und immanent offenbarten Lehren waren für viele bestürzend und revolutionär im Vergleich zu den alten verehrten Lehren. Das Alte war vorübergegangen und das Neue gekommen. Wir erkannten den Zustand, in dem wir lebten. Und von diesem Augenblick an wurde die Brücke zwischen Heiligtum und Tempel erneut geöffnet. Das Licht der Loge hoch oben wurde auf die zahlreichen Gebiete unseres Werkes projiziert. Und nachdem viele dieser Fassetten poliert oder geschliffen waren, erhielten wir Kontakt mit den tieferen Lehren der abendländischen Mysterienschule. Wir hatten Berührung mit dem Werk der bereits von dieser Welt getrennten geistigen Pioniere oder Herolde. In diesem Werk entdeckten wir die parallel laufenden Richtlinien für die Wiederherstellung einer Theokratie. Ja, die Vorläufer sprachen mit denselben Worten oder Gedankenbildern zu derselben Menschheit, für die auch wir unser Leben einsetzen. [...] Das geschah nach dem Hinscheiden unseres Bruders Z. W. Leene, der als ein Herold und Bahnbrecher gleichsam den Übergang zur neuen Ära vorbereitete. Wer sein Werk gekannt und seine Worte noch im Ohr hat, sowie im Geist und im Blut, weiß, dass das keine Persönlichkeitsverherrlichung ist. Es ist eine Feststellung der Tatsachen, denn nach seinem Tod manifestierte sich die Loge hoch oben in unserem Arbeitsfeld, unserer Genootschap."[92]

In späteren Jahren kamen Menschen zu Jan Leene und teilten ihm mit, dass sie Kontakt zu seinem verstorbenen Bruder hätten oder dass sie

---

92. C. L. J. Damme, Karl von Eckartshausen. In: Licht van het Rozekruis, 6. Jg. Nr. 39, S. 224

eine Botschaft von ihm weitergeben sollten. Einen solchen Kontakt lehnte er jedoch stets ab und wies auf den Spruch hin: „Fragt die Toten nicht." Er sagte:
„Von dem Moment an, da wir durch den Tod getrennt wurden, hat auf keine einzige spiritistische oder andere Weise auch nur irgendein Kontakt zwischen meinem Bruder und mir bestanden, obwohl man von vielen Seiten versucht hat, einen solchen Kontakt herzustellen. Wie viele Botschaften ich durch Vermittlung Dritter, angeblich von meinem Bruder, empfangen habe, ist nicht zu sagen. Sie sind ausnahmslos alle in den Papierkorb gewandert, ich habe sie nicht einmal zur Kenntnis genommen. Und zu allen, die mir solche Botschaften überbrachten, habe ich gesagt: ‚Wenn mein Bruder mir etwas zu sagen hat, kennt er Mittel, um es mir auf andere Weise zu übertragen.'"

DIE WUNDERSAME CHRISTNACHT

Zur Zeit der Winter-Sonnenwende überkam Jan Leene eine ergreifende Einsicht in den Zusammenhang zwischen dem Christus und der stofflichen Ansicht unserer Erde. Er sprach darüber in einem besonders tiefsinnigen Weihnachtsvortrag. Wie Jakob Böhme 1600 seine Vision durch die glänzende Widerspiegelung des Sonnenlichts auf einem Zinnfass erhielt, überkam es Jan Leene während eines tiefen Nachdenkens beim Betrachten einer Christrose. In der Broschüre *Kerstdroom* (Weihnachtstraum) berichtet er:
„Ich konnte nicht schlafen, obwohl ich weder ruhelos, noch krank war. Aber diese Nacht war die Nacht des Gelöbnisses. In dieser Nacht sollte das Gelöbnis erfüllt werden. Daher wartete ich voller Vertrauen auf die Dinge, die da kommen sollten. Ich blickte durch das Fenster in die kühle, strahlende Nacht. Da schwebten meine Gedanken auf den Flügeln der Erinnerung zurück zu der Zeit, da er mir dieses Gelöb-

---

93. Jan van Rijckenborgh: Der kommende neue Mensch, 3. überarbeitete Ausgabe, 1985, S. 322 und 323.

nis gegeben hatte, er, mein Freund und Lehrer. Würde es ihm möglich sein auszuführen, was er, wie er sagte, tun wollte, wenn er jenseits sein würde? Was war nicht alles geschehen, seit er dahingegangen war, und wie schwarz und dunkel sah die Zukunft der Welt aus!

So geduldig wartend sinnierte ich, bis ich mich selbst verlor in der Vielfalt neuer Erfahrungen, die in meinem Unterbewusstsein umherwirbelten. Leise hörte ich noch die Turmuhr schlagen. Weit weg, weit weg dröhnten die tiefen Klänge wie Orgeltöne in der reglosen Finsternis. Noch waren die letzten Schwingungen nicht im Himmelsraum verebbt, da vollzog sich eine seltsame Gestaltveränderung meiner schönen Christrose. Es schien, als ob sie ihre Kelchblätter zu kleinen Kugeln zusammenrollte. Und plötzlich begann sie zu wachsen, stets länger wurde ihr Stängel, höher und kräftiger zeichneten sich die Formen ab, zu denen sie sich transformierte. Die Blüte wurde zu einem Haupt, Stängel und Blätter zu einem Rumpf, zu Armen und Beinen. Und da stand er, mitten auf der Fensterbank, er, der einst gelobt hatte, mich mitzunehmen zum Fest der Geburt, mein Freund! Wie oft wiederholte ich doch die Worte, die er unzählige Male zu mir gesprochen hatte: ‚Wenn ich einst an der anderen Seite sein werde, will ich versuchen, dir zu zeigen, dass die heilige Geburt die Rettung der Welt ist, die Kreuzigung Gottes im Stoff! Dann will ich versuchen, dir zu zeigen, dass das Christfest kein Jubiläum einer historischen Tatsache, eine Art Jahresfeier ist, sondern eine bittere Realität, ein Schmerzensgang, in Freude angenommen von ihm, der unser Herr und Erlöser ist, Christus Jesus! Es wird ein Christfest sein, das du anschauen wirst, so groß, so heroisch, so weit über das erhaben, was man seit Menschengedenken daraus gemacht hat, dass es unmöglich ist, es jemals in Worte zu fassen! So kann ich, so werde ich zu dir kommen in der Christnacht, und zusammen werden wir sehen, wie das Licht geboren wird.'

Und siehe, da stand er, mein Freund und Bruder, der einst seine Treue und sein Wesen mit meinem verbunden hatte! Nun stieg er von der Fensterbank herab und kam lächelnd auf mich zu. Seine Augen strahlten vor Zuneigung, wie es nur bei einer Wesenheit sein kann, die im Geist ihres Bruders Gott wiedererkannt hat und also dem Vater glücklich entgegentritt!

‚Und siehe, Junge, jetzt wurde mir erlaubt, mein Versprechen dir gegenüber einzulösen. Das ist kein Verdienst meinerseits, das lass dir vorab sagen. Es ist eine Belohnung für dich. Denn wenn du für diese Erfahrung nicht reif gewesen wärest, hättest du sie auch nicht erleben können. Die uns zugemessene Zeitspanne ist nicht allzu groß, darum wollen wir schnell mit der Reise beginnen. Und sollte dich dabei Furcht überfallen, wenn du hörst, wie die Verdammten und das schwarze Böse ihre Machtlosigkeit hinausbrüllen, dann ergreife nur fest mein Gewand, und alle Angst wird von dir fliehen.'"

Jan Leene beschreibt dann weiter unter seinem Pseudonym John Twine eine nächtliche Reise zu einem hohen Berg „auf dem sich ein schönes Schloss mit vielen Kuppeln im goldenen Licht erhob".

Dort wartete eine Gruppe Menschen, von denen er viele wiedererkannte und mit Herz und Seele begrüßte:

„Sie umringten dann meinen Freund, der anscheinend der erwartete Leiter war, was mich überhaupt nicht verwunderte. Sie schienen auf ein Zeichen von ihm zu warten, damit der Weg nach oben begonnen werden konnte. Genau wie er es früher getan hatte, nahm er das Bild der ihn umringenden Schar in sich auf und richtete nach einigen Augenblicken das Wort an sie. Wie bekannt klang mir sein ‚Schwestern und Brüder!' Es war, als ob er noch unter uns lebte. Der Sinn dessen, was er mitteilte, war ebenfalls kurz und klar: ‚Viele von euch halten sich bereits etliche Jahre in diesem Land auf, das die Menschen nicht kennen, und viele gehören noch zu dem Reich des Stoffes, der Erde. Wir sind also innerhalb und außerhalb Wohnende dem Stoff nach, aber als Geistwesen sind wir eins mit dem Vater! Auch ihr befindet euch als Geistwesen, die sich der Einheit mit dem Vater bewusst sind, an diesem Ort, am Fuß des glorreichen Berges. Für jene, die diese Erkenntnis noch nicht erworben haben und die nur nach der Natur leben, ist die-

ser Ort unerreichbar. [...] Zuerst ist es nötig, dass wir uns nun zum Weißen Tempel auf dem Berg begeben.'" [...]
Dann umgaben ihn zwölf ältere Brüder. In einer Sinnesentrückung nahm er wahr, wie sich die Liebe des Schöpfers in Schöpfung und Geschöpf einsenkte: „Mein Blick wandte sich voller Scham zu jenen, die uns umringten. Und nun erst sah ich, dass sie mit vollen Händen aus ihren Geschenk-Attributen schöpften. Ich sah, wie der Weihrauch, die Myrrhe und das Gold überall auf die Erde fielen, und plötzlich erkannte ich die Bedeutung dieser scheinbar unerklärlichen Handlung: Die ganze Atmosphäre wurde von einer unbekannten, heftigen Spannung, einem Gefühl zerbrechender Kraft durchzittert! Eine verwirklichte innere Befreiung drang bis zu meinem Bewusstsein durch. Ich sah das große Wunder geschehen, und das Antlitz meines Freundes strahlte mir entgegen, als ob er fragen wollte: ‚Siehst du nun selbst, wie die Geburt stattfindet?' Ich sah die Erde mit ihren Feldern, ihren Bäumen, ihren Bergen und Bächen, ihren Ozeanen und ihrer Bevölkerung aus allen Geschlechtern und Reichen ihre Krater wie Poren öffnen. Wie hungrige Münder tranken sie begierig die neue Lebenskraft ein, die das Universum durchzog. Ich sah, wie ein blendendes weißes Licht, unsagbar schön und unbegreiflich groß, sich aus den interplanetaren Räumen löste und allmählich als leuchtende Kugel in die Erde eindrang. Ich sah, wie die Liebe des Schöpfers im Geschöpf und in der Schöpfung versank."
Während die Welt sich voller Habsucht an den göttlichen Gaben des Weihrauchs, der Myrrhe und des geistigen Goldes vergriff und er stets schmerzlicher den Spott empfand, welchen die Menschheit seiner Welt zollte (den ich in meinem Herzen stechen fühle, schrieb er), wurde ihm die Seelennot der Welt bewusst:
„Mein Herz und mein Ich erkannten: Da mein Leiden bereits beinahe unerträglich ist, wie musste es da erst dem sich einsenkenden Christus und unserem Vater in seinem Liebesopfer ergehen. Aber diese Erkenntnis war mehr abstrakt als innerlich real. Als ich meinen Freund an jener Seite sah, erkannte ich, dass schwere, blutige Tränen von seinem Ge-

sicht tropften. Ich sah sein armes Herz ebenfalls weinen und verstand, dass das Herz tatsächlich weinen kann. Und doch vermochte das alles mich nicht so zu betrüben, dass ich nicht gleichzeitig erfreut war. Ich wurde mir nun besser als je zuvor der Aufgabe bewusst, die wir Menschen auf der Erde ausführen müssen. Ich erkannte, dass alles von uns gesammelte Seelenmaterial – unser Weihrauch, unsere Myrrhe und vor allem unser Gold – in der Christnacht die größten Geschenke sind, welche die Brüder von uns empfangen können und auf die der Neugeborene mit Schmerzen wartet." 94

DIE PERIODE NACH Z. W. LEENE BIS 1940

Ab 1938 gehörte Hendrikje Stok-Huizer zum Verwaltungsrat. Sie war 1930 in die Genootschap eingetreten. Später, 1956, als ihre Rolle sich geändert hatte, empfing sie – ebenfalls unter sehr besonderen Umständen – ihren geistigen Namen Catharose de Petri. Sie hielt anfangs nichts von einer Vereinigung, weil sie allen Irrtümern, Verwicklungen und Bündnissen abgeneigt war, die damit unvermeidlich verbunden sind. Obwohl ihr Mann bereits zu der niederländischen Rozekruisers Genootschap gehörte, war ihrer Meinung nach eine Vereinigung nur eine Behinderung der inneren Balance und konzentrierten Ruhe, die nötig sind, um einen geistigen Weg gehen zu können. Aber auf Drängen ihres Mannes stimmte sie einem Gespräch mit den beiden Brüdern zu. Dabei beeindruckte sie das bescheidene und dennoch starke Auftreten Jan Leenes so sehr, dass sie ihre Ansicht änderte. Und den Rest besorgte die flammende Ausführung Wim Leenes. Er sagte ganz einfach zu ihr: „Wenn wir unsere Herzensflammen zusammenfügen, flammt unser Feuer viel stärker auf und können wir viel mehr bewirken." Und er wies dabei deutlich auf einen Ritus des Rosenkreuzes hin: „Mit einer Kohle können wir dieses Feuer nicht anzünden." Dieser Ritus wurde vor dem Zweiten Weltkrieg oft gehalten, und Wim erklärte ihn auf folgende Weise:

94. Jan Leene, Een Kerstdroom, in: Rozekruis-serie, 1938, Jg. 11, Nr. 15, S. I-II

„Vielleicht verstehen Sie nun, welchen enormen Wert die Genootschap Ihrer Gegenwart, Ihrem Verständnis sowie Ihrer Ehrerbietung und Ergebenheit zumisst. Mit einer Kohle können wir dieses Feuer nicht entflammen, aber eine Kohle kann sehr wohl die andere entflammen. Wie wertvoll ist es doch, dass diese eine Kohle mit ihrer Glut alle anderen Kohlen anfacht, so dass die latente Kraft in jedem von uns Anwesenden zu einer Flamme auflodert. Eine Flamme verbreitet Licht und Wärme. Und wer so entflammt ist, muss ein Fackelträger sein, ein Lichtträger und gleichzeitig ein bewegter, jedoch nicht nur emotionaler Mensch. Ein bewegter Mensch besitzt ein warm klopfendes Herz, erfüllt von Liebe und Verständnis. Dies ist sogar ein Naturgesetz: Wenn wir die geistigen Kräfte zusammenfügen, entsteht ein Licht, das bis in die höchsten Gebiete der abstrakten Wirklichkeit scheint, nämlich bis zu Gott, dem Vater und Schöpfer des Sonnensystems. Im gleichen Maß, wie dieses gemeinsame Lichtzeichen von der treuen, geistigen Zusammenfügung ausstrahlt, wird der Schmerz der Welt gelindert. Das geschieht durch die besondere Kraft in uns, durch Liebe und Verständnis, und das bedeutet geistige Hilfe. So sind wir also in der buchstäblichen Bedeutung des Wortes praktisch wirksam. Denn wenn es eine geistige Gemeinschaft gibt, dann besteht auch eine geistige Intelligenz, mit der jede Frage der leidenden Menschenkinder beantwortet werden kann, um sie zum rechten Verständnis von Wahrheit und Redlichkeit zu führen."[95]

Die Leitung der Genootschap wurde im Juli 1938, nach dem Tod Z. W. Leenes, dem Verwaltungsrat übertragen. Außer der bereits erwähnten H. Stok-Huizer, gehörten ihr Ehemann, H. J. Stok, A. M. Verhoog und natürlich Jan Leene dazu.

Die Anfangsperiode der Genootschap ist in zwei Phasen zu unterscheiden und dauerte von 1924 bis 1946. Bis 1935 wurden die Lehre und die Arbeit der Genootschap vom tiefen Forschen in esoterischen Aspekten und Ansichten gekennzeichnet sowie durch Astrologie-Kurse und

---

95. Z. W. Leene, Het Rituaal der Rozekruisers, Rozekruisers Genootschap, raad van Beheer, Juli 1938. S. 11 ff.

Abende, die dem Studium „des Kosmos" gewidmet waren, wie Heindels Rosenkreuzer-Philosophie auch genannt wurde. Unter Einsatz all ihrer Kraft hatte die Gruppe „den Boden ihrer Naturgeburt" erkundet, gepflügt und bearbeitet, um die Saat der wahren, spirituellen Menschlichkeit hineinsäen zu können. Auf der Suche nach dem Ursprung, auf der Suche nach Güte, Wahrheit und Gerechtigkeit, reagierten Tausende auf ihr Werk. Sie entdeckten in den Krisenjahren vor dem großen Weltkrieg darin einen Funken Hoffnung und sahen in ihrem oft schwierigen Leben ein wenig geistiges Licht aufleuchten.

1935 war das Jahr, in dem die Gründer des Ordens die ursprünglichen Manifeste der klassischen Rosenkreuzer in die Hand bekamen und eine zweite Phase begann. Von nun an wirkte die Gruppe selbständig und konnte sich auf die direkte Verbindung mit dem Orden des Rosenkreuzes stützen. Ihr Kompass zeigte auf die „Jehovistische Naturordnung" (die ursprüngliche Welt). Sie fuhren mit der Bona Spes – dem Schiff der guten Hoffnung – und mit dem Wind des strebenden Lebens in den Segeln über die Weltsee und trotzten den Wellen und Stürmen einer stets faschistischer werdenden Zeit.

Denn von dem Moment an, da die Kriegsdrohung zunahm, wurde auch der Standpunkt der Rozekruisers Genootschap entschlossener. Gegen die Drohung der Gewalt musste man sich „vollkommen und absolut zur Wehr setzen." Die Rosenkreuzer waren nicht für einen bürgerlichen Frieden unter einem faschistischen Joch, unter dem es unmöglich wäre, weiterhin befreiend zu wirken. „Hätte es in den Niederlanden einen ‚Gidion-Bund' aus 10.000 Menschen mit einer Bluterneuerung im gnostischen Sinn gegeben, dann wären sie fähig gewesen, den Krieg außerhalb ihrer Grenzen zu halten und sogar ganz Europa zu befreien. Aber alle, die das Gesetz der Bluterneuerung nicht kennen, müssen durch das Schwert der Obrigkeit beschirmt werden. Und wir sind bereit, um unserer unwissenden Brüder und Schwestern willen dieses Schwert mit zu tragen."[96]

96. Rozekruisers Genootschap Haarlem, Aquarius, Zitat auf S. 8., und S. 130, Note 72

Es war genau wie 1618, als der dreißigjährige Krieg sehr vorzeitig das Werk des Tübinger Kreises, die Initiativen der klassischen Brüder des Rosenkreuzes, beendete, deren wichtigste Gestalt, Tobias Hess, einige Jahre zuvor verstorben war: Jeder Teil des neuen großen Werkes – dessen einer Strahl die Arbeit in Haarlem war – hatte wiederum einen heftigen Schlag auszuhalten. Sein wichtigster Anführer war gestorben. Daher stellte sich die Frage, ob es überhaupt auf längere Zeit fortbestehen könne – wenn es auch die letzten zwei Jahre überlebt hatte. Dann wurde durch den Einfall der Nazi-Besatzer am 10. Mai 1940 jede äußere Arbeit schnell unmöglich. Die Nazis verboten alle esoterischen Gemeinschaften. Unter der Führung von Werner Schwier, einem „korrupten, groben und sadistischen Pferdeschlachter" (so das Nederlands Institut voor Oorlogsdocumentatie), konfiszierte das „Referat internationale Organisationen" alle Besitzungen, die derartigen Vereinigungen gehörten. Der Sterkamp in Ommen wurde zu einem „Arbeitseinsatzlager Erika" umgebaut und beherbergte während der Besatzung mehrere tausend Gefangene. Schwier führte eine wahre Schreckensherrschaft. So wie es in Haarlem geschah, wurde auch das Rosenkreuzer-Camp „De Haere" dreimal geplündert.

Für die geistige Arbeit brach eine Periode relativer, erzwungener Ruhe an. Wirklicher Ruhe?

Cor Damme,
ca. 1936

12. Unter Druck brenne ich am stärksten

Plünderungen in Haarlem und Doornspijk. Verhör durch die Gestapo. Besinnung und Reflexion. Die Arbeit in der Illegalität. Das Bergpredigt-Leben

Am 4. September 1940 verboten die Besatzer offiziell alle öffentlichen Aktivitäten von Gemeinschaften wie die Freimaurer und die Rosenkreuzer. Und die Schule fügte sich diesem Verbot – scheinbar: „Lieber S., aus Anlass der Tatsache, dass uns noch fortwährend Anfragen erreichen, die Literatur, Erklärungen oder anderes betreffen, teilen wir allen, die es angeht, Folgendes mit: Die Genootschap ist auf Befehl der deutschen Autoritäten ab 4. September diesen Jahres verboten und aufgehoben. Daher werden alle Aktivitäten, welcher Art auch immer, eingestellt. Wir bitten Sie, sich diesem Obrigkeitsbeschluss mit allen entsprechenden Folgen absolut zu fügen.
Der Ex-Verwaltungsrat." 97

In dieser turbulenten Periode nahm Jan Leene den Autorennamen Jan van Rijckenborgh an. Und die Rozekruis Pers publizierte in aller Gemütsruhe noch einige Titel, die vorher bereits in der Aquarius-Zeitschrift als Fortsetzungen erschienen waren. Von der Serie *Nieuw Esoteries Weten – Bijdragen tot een nieuwe openbaring van de kosmologie en magie van de Rozenkruisers* (Neues esoterisches Wissen – Beiträge zu einer neuen Offenbarung der Kosmologie und Magie der Rosenkreuzer) erschienen die Teile drei und vier unter dem Pseudonym John Twine. Gleichzeitig erschien in diesem Verlag in Buchform *De wolk op het Heiligdom* (Die Wolke über dem Heiligtum). Schließlich wurde auch noch

---

97. Brief Nieuw Esoteries Kerkgenootschap (Ned. Rozekruiser Genootschap)

ein zweiter Teil der erklärenden Kommentare zur *Reipublicae Christianopolitanae Descriptio* unter dem Namen John Twine herausgegeben. Der erste Teil war ein Jahr vorher erschienen.

Aber kurz darauf plünderten die Besatzer – hauptsächlich NSB'er – den Tempel und die Einrichtung des Hauptsitzes sowie einige Gebäude auf „De Haere". Viele Menschen ließen – gezwungen oder nicht – das Werk im Stich; nicht jedoch einige Jüngere, die im Sommer immer auf „De Haere" campten, um das Terrain der Genootschap in Ordnung zu halten. Und es gab noch mehr, die ihre Treue bewiesen, so der Vorsitzende des Zentrums Rotterdam, H. Dekker. Er brachte während des Bombenangriffs vom 14. Mai 1940 die Tempelattribute und Riten in Sicherheit, indem er vor der heranrückenden Gewalt (158 Bomben, 800 Tote und 80.000 obdachlose Menschen) von einem Hauseingang zum anderen schlich. Dekker verließ im selben Monat seine bombardierte Stadt und fuhr, zum Schluss sogar mit dem Fahrrad, nach Haarlem, um den Kontakt mit dem Werk lebendig zu erhalten und es soweit wie möglich zu unterstützen. Als nach dem Krieg die Architektenschule Elckerlyc (später Renova) für Konferenzzwecke gekauft wurde, war er der erste Intendant.

In dieser dunklen Periode ging die Arbeit in Haarlem und Den Haag dennoch weiter. Morgens in aller Frühe traf sich eine kleine Gruppe in dem beschädigten Tempel, um das geistige Feuer brennend zu erhalten.

In „de gracht", wie der Hauptsitz in der Alltagssprache genannt wurde, versteckte man während des Krieges Menschen, die untertauchen mussten. In einem bestimmten Moment waren es dreiunddreißig. Sie alle wurden von jüdischen Schicksalsgenossen verraten, die ebenfalls das Recht in Anspruch nehmen wollten, sich in diesem Gebäude zu verstecken. Von denen, die weggebracht wurden, kamen die meisten in Konzentrationslagern um. Nur einige wenige kehrten zurück.

Unterdessen hielt Jan van Rijckenborgh im Geheimen unter verschie-

denen Adressen in der Umgebung weiterhin Vorträge. Er sagte unter anderem:
„Zehn Jahre lang haben wir Woche für Woche vor der sich nähernden Gefahr gewarnt. Wir wurden stets deutlicher. Wir versuchten es sogar mit Verwünschungen, als der fatale Moment näherrückte. Wissen Sie, wie das endete? Wir wurden zum Politbüro in Haarlem vorgeladen, weil wir für das gewaltige prophetische Bühnenstück De Beul (Der Henker) geworben hatten. Und wir erhielten eine Verwarnung. Später jedoch, als es zu spät war, sprach die Königin von London aus über Funk dieselben Worte, für die wir damals zu den Missetätern gerechnet worden waren: ‚Freunde, wer sind Ihre Feinde?'"

Im Februar 1941 wurde er von der Gestapo ergriffen. Cor Damme reiste sofort von Den Haag in die gefürchtete Euterpestraat (jetzt Gerrit van der Veenstraat) in Amsterdam, wo sein Freund festgehalten wurde. Eine ehemalige Schule diente als Verhör- und Folterzentrum der Gestapo und des Sicherheitsdienstes. (Es wurde 1944 von den Engländern bombardiert.) Damme wagte sich nicht hinein, sondern wartete in einiger Entfernung auf seinen Bruder. Inzwischen nutzte Frau E. Roland-Retera ihren Kontakt zu Reichskommissar Seyss-Inquart, um Jan van Rijckenborgh da herausholen. Er berichtete später darüber: „Ich saß einem der obersten Führer der Gestapo gegenüber. Ich war also arretiert! Der Mann hatte ein hübsches, regelmäßiges Gesicht und hellblaue Augen. Vor ihm auf dem Schreibtisch standen die Bilder seiner Frau und seiner Kinder. Er war ein völlig normaler Mensch. Es gab gewiss nichts Schlechtes oder Bestialisches an ihm. Er sah mich an – und ich ihn. Wir lächelten uns zu. Wir erkannten das Tragikomische dieser Situation ... Und dann plötzlich geschah es: Die Augen wurden starr, die Pupillen erweiterten sich. Er wurde überschattet, sein Kehlkopf kontrolliert. Das ist immer am Heben und Senken der Stimme und ihrer totalen Klangveränderung zu erkennen. Sein Kopf war etwas nach hinten gebogen, als ob er im Nacken ergriffen würde. – Und ich verstand. Der Mann war besessen. Sein Selbst wurde verdrängt, und zu mir sprach der Geist aus dem Hintergrund, die brüllende schwarze Bestie.

Ich vergaß meinen Widerstand, den Grund für meine Verhaftung. Inniges Mitleid mit diesem Wesen erfüllte mich. Und während eine Flut von Schimpfworten über mich ausgegossen wurde, betete ich für diesen sonderbaren Feind und umhüllte ihn mit dem Licht des Rosenkreuzes. Und siehe, die Besessenheit wich. Der Mann schüttelte sich wie ein nasser Pudel. Mein seltsamer Feind wurde wieder normal und ich wieder ich selbst. Ich hatte meinen Feind gesehen und gehört. Ich hatte meinem Feind widerstanden und ihn überwunden. Ich hatte ihn verjagt. Aber mein Feind war nicht dieser Oberführer, es war ein anderer." Schließlich konnte Jan van Rijckenborgh unter der Bedingung nach Hause gehen, sich aller weiteren Aktivitäten für das esoterische Christentum zu enthalten. Am gleichen Abend noch hielten er und Cor Damme einen Kursus in Den Haag.

Jan van Rijckenborgh hatte sein Glück in der Euterpestraat gewiss auch einem Offizier zu verdanken, dem er dort gegenübergesessen hatte. Das war vielleicht jener Rümke gewesen, über den H. M. van Randwijk in seinem Buch *In de schaduw van gisteren, Kroniek van het verzet in 1940-1945* (Im Schatten von gestern, Chronik des Widerstandes 1940-1945) schrieb: „Rümke war ein Deutscher, der noch ein Gefühl für Manieren besaß, deutsche Manieren, gewiss. Aber er betrachtete sich als Psychologen in der Gestapo. Bei einem anderen Verhör sagte er, mit dem Finger auf ein Nebenzimmer zeigend, in dem sich seine Kollegen ausruhten: ‚Wissen Sie, dort rechnet man nur mit dem, was auf dem Pa-

---

98. Nieuw Religieuse Orientering. 7. Jahrgang Nr. 5, 1947, S. 146 ff.
99. H. M. Van Randwijk. In de schaduw van gisteren. Kroniek van het verzet in 1940 -1945. Das Buch erschien im September 1967 als Co-Produktion von vier Herausgebern: Bert Bakker, Het wereldfenster, N. V. Het Parool, N. V. Weekbladpers Vrij Nederland.

pier steht.' Rümke sah auch den Menschen. Jedoch zum Glück irrte er sich! Denn viele, die er freiließ, waren dennoch Widerstandskämpfer."
Doch zurück zu der Frage: *Wer sind Ihre Feinde?* Darüber lässt Jan van Rijckenborgh im weiteren Text keine Zweifel offen. Die U-Boote des Feindes, die anfänglich die niederländischen Schiffe torpedierten, waren in den Niederlanden gebaut worden. Dieser Schiffsbauer schloss sich den Widerständlern an! Sein Sohn wurde ermordet und zwar durch Waffen, die ein Freund von ihm hergestellt hatte.

„Hinter Ihrem Feind steht ein anderer und hinter diesem wieder ein anderer usw. Mit anderen Worten, der Feind, der Ihnen gegenübersteht, handelt nicht aus sich selbst, sondern aus dem Geist dieser anderen. [...] Wenn Sie immer wieder erneut hinter dem einen den anderen aufspüren, werden Sie entdecken, dass die gesamte Menschheit Ihnen gegenübersteht. Alle wenden sich gegen Sie ... und hinter diesen allen stehen Sie selbst als Feind aller und als Ihr eigener Feind."

Und daraus folgerte er:

„Für den Geist-Menschen ist die Naturordnung eine Mystifikation. Denn es ist eine Hierarchie menschlicher Wesenheiten – und Menschen sind Blutsverbundene. Alle sind unsere direkten Nächsten. Es gibt nur einen Weg, eine Methode. Und ich spreche nur für jene, die dazu geadelt sind, sich den Worten des Christus auf dem Berg zu nähern: „Liebet eure Feinde. [...] Bittet für die, die euch beleidigen und verfolgen." (Matth. 5/43) [100]

Nur mit größter Vorsicht konnten die Freunde weiterarbeiten. Sie hielten Dienste in einem Gebäude in Overeen, das als Versteck diente. Um keinen Argwohn zu erwecken – Ansammlungen waren verboten –, traten sie jeweils im Abstand von einigen Minuten einzeln und nacheinander ein. Obwohl in diesen Jahren viel Spannung herrschte, wurde die Arbeit während des Krieges dennoch von einer gewissen Ruhe gekennzeichnet. Es gab Zeiten der Besinnung, der Reflexion, und die Freunde bereite-

---

100 Siehe Note 98

ten sich bewusst auf die Zeit nach der Befreiung vor. Sie besannen sich auf eine vollkommen andere Lehre als die bis dahin geoffenbarte. 1941 waren bereits die Konturen der neuen Arbeit mehr oder weniger klar zu erkennen. Das bezeugen die folgenden Worte von Cor Damme:
„Wir haben vor den Ärgernissen (dem Faschismus) gewarnt, die Reaktionen vorausgesehen und ihnen die Maske heruntergerissen. Und wir haben gesagt, dass diese Entwicklung durch Bekehrung und positives Eingreifen zurückgedrängt werden könne. Aber alle Gruppen wollten sie als Waffe gegen den eigenen Feind benutzen, bis sich diese Waffe gegen ihr eigenes Herz wandte. Nun rufen sie alle ‚Weh und Ach!' Sie empfangen jedoch nur, was sie aufgerufen haben. Vom höheren Standpunkt aus gesehen müssen wir daher Gott dankbar sein für diese harte Lektion und aus der Erfahrung klare Einsicht schöpfen.
Söhne des Feuers und Söhne des Wassers müssen ihre Berufung verstehen. Darum beginnen wir nun mit dem Aufbau einer umfangreichen dreifachen Arbeit:

1. mit dem Aufbau einer Geistesschule für esoterische Wissenschaften (das ist die äußere Schule),
2. einer Feuerkirche (das ist der erste Tempel – die innere Schule),
3. einer Loge hier unten (das ist der zweite Tempel – die inneren Grade).

In der kommenden Reorganisation verfallen alle bisherigen Mandate, so dass sich jeder ohne Amt und frei auf die kommende Arbeit vorbereiten kann. Dann hat auch die Leitung des Werkes vollkommene Freiheit und muss sich in keiner Hinsicht an das gebunden fühlen, was früher war. Die Niew Esoterisch Genootschap wird von einem Direktorium geleitet. Und es gibt „Aedificatoren", das heißt Erbauer, mit drei unterschiedlichen Funktionen, also allgemeine, besondere und priesterliche Aedificatoren oder Erbauer. Die Arbeit wird in sieben Gruppen unterteilt: Tempel-Podiumsarbeit, Kursus-Podiumsarbeit, Zentrumsleitung, Verwaltungsrat, sakramentale Arbeit, musikalische Podiumsarbeit, Jugendwerk.

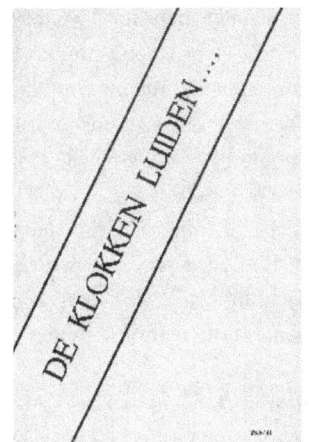

Streitschriften: „De klokken luiden" (Die Glocken läuten) 1941 und „Vrienden der mensheid" (Freunde der Menschheit) Jahreswechsel 1942/1943

In der Nieuw Esoterisch Genootschap wird es eine vorbereitende und eine bekennende Mitgliedschaft geben. Die vorbereitende Mitgliedschaft entspricht der gegenwärtigen Neophytenschaft. Das bedeutet die Verbindung mit der Genootschap auf moralischer und stofflicher Basis, jedoch erst nach einer strengen, besseren Prüfung als jetzt und mit einer größeren Auslese.

Die bekennende Mitgliedschaft entspricht dem gegenwärtigen Noviziat, jedoch ohne schriftliche Lektionen. Das Bekenntnis kann nach einem vorbereitenden Jahr abgelegt werden und enthält die elementare Lebensreform und den geistigen Entschluss. Außerdem verleiht es dem bekennenden Mitglied und seinen Kindern Zugang zu den Sakramenten. Für bekennende Mitglieder wird dann die Teilnahme am inneren Werk möglich, wobei die Länge der Zugehörigkeit zum Werk keine Rolle spielt." [101]

1942 konnte Jan van Rijckenborgh im bescheidenen Rahmen unter

---

101. Zitiert aus: C. L. J. Damme, Nieuw Esoterisch Genootschap, Typoskript für die neue Einteilung und Organisation des Werkes, 1941. BPH.

dem neuen, verhüllenden Namen „De Vrienden der mensheid" weiterarbeiten. Um Weihnachten dieses Jahres herum gab er einen Rundbrief heraus, in dem er hinweist „auf die kommende geistige Revolution, die von einer internationalen geistigen Bruderschaft durchgeführt wird und die alle politischen, sozialen und ökonomischen Unterschiede der gegenwärtigen Zeit veraltet und wertlos erscheinen lässt."

Ein Jahr später, 1943, sprach er in einer kleinen Kirche am Stoofsteeg für Jüngere über die beiden Stimmen im Menschen sowie über den Begriff Geistesverwandtschaft und was diese ihm gebracht hatte. Er spornte sie an, Mut zu haben und dem Leben mit offenem Visier entgegenzutreten. Er sagte:

„Junge Menschen stehen vor diesem Dualismus: Entschluss oder Entschlusslosigkeit. Und nun erwarten Sie, dass ich Ihnen sage, wohin das Ruder gelenkt werden muss, denn junge Menschen sind gern dynamisch und positiv. Einen Entschluss zu fassen ist stolzer, als in Unentschlossenheit zu ertrinken. Aber wenn Sie sich dabei auf meine Lebensauffassung stützen und ihr Lebensschiff nach meinem Kurs richten, dann sind Sie nur ein negativer Nachfolger, der niemals Meister in der Selbstautorität werden kann. Sie müssen unabhängig ihren Entschluss fassen. Dabei darf und kann meine Auffassung für Sie nicht wesentlich sein, ebenso wenig wie es die Auffassungen und die Lebenswahl Ihrer Eltern oder Freunde sein können und dürfen."

---

102. Flugblatt vom Dezember 1942. Ausgabe: De Vrienden der mensheid, mit einem Kalender für Konzentration und Meditation für das Jahr 1943: Die Bruderschaft des Lichtes hält es für besonders nützlich, dass Sie Ihre Arbeit durch psychische und mentale Übungen unterstützen, so dass sie zu einer starken und würdevollen Gebetshandlung im Dienst der leidenden Menschheit werden kann.
103. Jan van Rijckenborgh, Zwei Stimmen, Ansprache von 1943. Im Pentagramm, 9. Jahrgang, Nr. 6, 1987, S. 37 ff.

DAS BERGPREDIGTLEBEN

In seinem Haus, wohin viele junge Menschen kamen, sprach Jan van Rijckenborgh über Themen, die sie interessierten, wie Magie und die Berufung der Kunst. Aber auch Dienste wurden in einigen Privatwohnungen gehalten, und während des ganzen Krieges kamen sie heimlich regelmäßig in die Gebäude der Bakenessergracht, um die Verbindung aufrechtzuerhalten.

Seit Anfang 1944 sprachen die Mitarbeiter des Rosenkreuzes offiziell als „Evangelisten für den denkenden Menschen" von öffentlichen Podien. Einem Mitarbeiter war es nämlich gelungen, bei der Besatzungsmacht die Zustimmung zu erhalten, als kirchliche Organisation unter dem Namen Nieuw Religieuse Orientering weiterarbeiten zu können. Daher wurde eine Vereinigung unter dem Namen „Evangelisatie voor de Denkende mens" gegründet. Das war eine Form unschuldigen Gottesdienstes, gegen welche die Besatzer nichts einzuwenden hatten. Im selben Jahr konnte sogar wieder ein Wochenblatt herausgegeben werden. Diese Zeitschrift erschien von 1944 bis 1947 unter dem Namen *Nieuw Religieuse Orientering* unregelmäßig und gratis. Herausgeber: „Evangelisatie voor de Denkende Mens."

Nun konnten in den Gebäuden befreundeter Organisationen Vortragsreihen über Themen gehalten werden, die direkt aus der Bibel stammten, und gleichzeitig konnte über die Befreiung des inneren Menschen – so wie Jan Leene sie sah – informiert werden. Ein kleines Kirchengebäude am Berkenstraat diente jeden Sonntag als Begegnungsort: Morgens stand es dem protestantischen Pastor zu Verfügung, nachmittags um 16 Uhr dem Wort des lebenden Rosenkreuzes unter dem Deckmantel einer neuen religiösen Orientierung. Während der Kriegsperiode sprach Jan van Rijckenborgh, auch ohne den Namen Rosenkreuz zu nennen, in den Gebäuden des Protestantse Bond über religiöse Themen. Das kostete ihn keine Mühe, denn sein Herz blühte auf bei der einfachen und klaren Sprache der Bergpredigt. Zehn Jahre später kommentierte er dieselben Lehrsätze in *De Blijmare van de gave Gods*,

Abbildung in Het Mysterie der Zaligsprekingen (Das Mysterium der Seligpreisungen), Haarlem, Rozekruis Pers, 1. Druck 1946, S. 16.

1931 (Die frohe Botschaft der Gabe Gottes). Diese Regeln aus dem Matthäus-Evangelium enthalten seiner Meinung nach für den weltlich orientierten Menschen nur unverständliche Begriffe und Hinweise. Aber für den Menschen auf dem Entwicklungsweg der Seele, der nach Transfiguration strebt, sind es kostbare Perlen. Jede Zeile der Bergpredigt atmet Trost und Weisheit:
„Es ist in der Tat so, wie Ouspensky sagt, dass […] die Bergpredigt nicht für die Masse, sondern für die Teilhaber an einem innerlich wohl bewussten Kreis geschrieben ist." [104]
An anderer Stelle heißt es: „Die Bergpredigt mit den Seligpreisungen zeigt uns einen Menschen, der in jeder Hinsicht anders ist und handelt als der naturgeborene Mensch. Um so zu leben, so zu sein, muss der Mensch von der Seelengeburt, vom lebenden Seelenzustand ausgehen. Strengen Sie sich darum an, diesen lebenden Seelenzustand zu erwerben, und lassen Sie diese Kraft über Böse und Gute ausgehen. Auf diese unsagbare Magie der Liebe stützt sich nämlich die Lebenshaltung für die neue Zeit, die in einer Zeit wie der unseren dringend notwendig wird. Die einzige Möglichkeit, etwas für die Menschheit zu tun, ist die Mobilisation der Kraft der Liebe."
Jan van Rijckenborgh schilderte eine Art zu leben, durch die es möglich wird, diesen Weg durchzuhalten. Die Seligpreisungen werden auch als Hymne für den „sanftmütigen, friedsamen und barmherzigen Menschen" bezeichnet. In Wirklichkeit sind sie ein Aufruf und enthalten die Formel für eine starke, den Menschen nicht schonende Revolution. Nur so ist es möglich, die Grenzen zu durchbrechen, welche die Erneuerung verhindern. Hinter der Grenze – im Jetzt – erfährt der Mensch die Perspektive einer sprachlos machenden Wirklichkeit des neuen Lebens. Inneres Gleichgewicht, Friede, sogar „Seligkeit" und Anteil am ewigen Heil werden für den Menschen erreichbar. So wird das Leben

---

104. Jan van Rijckenborgh: Das Mysterium der Seligpreisungen, Haarlem, Rozekruis Pers, 3. Aufl. 1982 S. 30

durch eine wohl verstandene und liebevolle Lebenshaltung zu einem Leben der inneren und äußeren Dienstbarkeit und einem neuen, wichtigen Faktor beim Umgang mit dem Nächsten. Als zusammenhängende Betrachtung publizierte er 1946 *Het Mysterie der Zaligsprekingen*, gefolgt von einer späteren Sammlung mit Vorträgen aus derselben Periode: *Het licht der wereld* (Das Licht der Welt).

Einige Freunde, die weit weg wohnten, unterstützte er während des ganzen Krieges mit seinen *Van Rijckenborgh-brieven*. „Gebt diese Briefe soviel wie möglich weiter", spornte er seine Freunde an. Zu Beginn des Hungerwinters, am 22. November 1944, schrieb er:

„Wegen des Mangels an elektrischem Strom sind nahezu alle Druckpressen stillgelegt und können die wöchentlichen Fortsetzungen unserer Bücher nicht mehr erscheinen. Da Sie nun bereits einige Wochen nichts von uns empfangen haben, möchten wir gern auf diese Weise den Kontakt mit Ihnen aufrechterhalten. Es ist unser Plan, solange der heutige Zustand andauert, Ihnen die Ideen der Nieuw Religieuse Orientering per Brief zu übertragen in der festen Überzeugung, dass wir Ihnen damit dienen und so zusammen unsere große Idee fördern können.

Außerdem bitten wir Sie dringend, alle Ihre gelesenen Exemplare an mögliche Geistesverwandte weiterzugeben."[105]

In diesen Briefen schrieb van Rijckenborgh zum ersten Mal unter diesem Namen über die Schwingungszahl der kommenden neuen Zeit. Er beschrieb die Vorbereitung der Gruppe auf eine ganz neue Aktivität, die er erwartete: „Die sich nähernde neue Zeit, deren Morgensonne bereits aufgestiegen ist, wird völlig anders sein als jene, die 1940 versank, sowohl der Natur als auch dem Geist nach. Wenn der Mensch sich für die ‚neue Geistordnung der kommenden Ära' entscheidet, dann hat diese Wahl weitreichende Konsequenzen. Dann muss unser Volk in die-

---

105. Van Rijckenborgh-brieve, 1940-1944, Haarlem, Rozekruis Pers. Vervielfältigte Ausgabe (Einige Abschnitte aus der Geschichte der Nederlandse Rozekruis-Genootschap, 1936, S.4

sen dunklen Stunden eine deutlich andere, notwendige Lebenshaltung beweisen. In der Nacht der Zeiten müssen Sie sich entschließen, und Ihr innerer Seinszustand muss sich nun zeigen." [106]

C. Damme sagte in einer Ansprache zur offiziellen Wiederaufnahme der öffentlichen Arbeit der „Internationale School voor Esoterische Wijsbegeerte van de Rozekruisersgenootschap" am 6. Mai 1945:
„[…] Es ist immer so gewesen, dass bei den Niedergängen der dialektischen Wellen die klassischen Feinde jubelten und meinten, vor einem stofflichen Überrest zu stehen. So ist es auch jetzt. Das Rosenkreuz schien auch jetzt gestorben zu sein. Eine große Stille und Leere kam in die vielen Hundert Herzen jener, die es zwar liebten, aber doch nicht ganz verstanden hatten. […] Aber wir müssen ebenfalls sagen, dass unsere Arbeit unter den Verhältnissen der vergangenen fünf Jahre keinen Tag, keine Stunde stagnierte. Es wurde vielmehr mit großer Anspannung und Kraft unendlich viel Arbeit verrichtet, und noch mehr Arbeit ist vorbereitet. An allen Orten, an denen das Rosenkreuz Niederlassungen besitzt, wurde das Werk niemals unterbrochen." [107]

---

106. Nieuw Religieuse Orientering erschien unregelmäßig und kostenlos. Ausgabe Evangelisatie voor de Denkende mens, Typoscript, Sonnabend, 4. November 1944. Datum handschriftlich verändert in Mittwoch, 22.
107 Aus: C. L. J. Damme, Typoskript Vortrag vom 6. Mai 1945 in Den Haag, 1945, BPH.

13. Eine Periode der Besinnung

Neue Wege der Einweihung: zurück zum ursprünglichen christlichen Beginn. Die vorangehende Bruderschaft. Die Wichtigkeit des Weltwerkes wird bewusst. Das neue Zeichen – die hermetische Lebensbasis

Die drei bereits besprochenen Ausgangspunkte beschreiben die Eigenschaften der wirklichen Geistesarbeiter. Es sind: reines religiöses Erleben, das Wissen über die esoterischen Welten und das durch Reinigung und Läuterung möglich gewordene Streben nach dem ursprünglichen Leben. Soll eine Philosophie des Heils befreiend sein und ihre Aufgabe tatsächlich erfüllen, dann muss sie „ihren Pfad des Heils und der Befreiung mit dem Fundament einer Kosmologie und Anthropologie unterstützen. Eine solche dreifache Philosophie kann den Menschen, die keinen Ausweg mehr wissen, Einsicht schenken."
Jan van Rijckenborgh kennzeichnet in dem Buch *Das Mysterium von Leben und Tod* die drei Elemente dieser Philosophie denn auch als Kosmologie, Anthropologie und Evangelium. Einem Menschen, der seinen Tiefpunkt erreicht hat, nützen in erster Linie weder Kosmologie noch Anthropologie. Ihm hilft allein das Licht – und das ist die Qualität des Evangeliums. Jan van Rijckenborgh schrieb: „Ein Sucher, der sich festgelaufen hat, wird im dritten philosophischen Aspekt viele Tatsachen aus eigener Erfahrung als Wahrheit erkennen und wiedererkennen. Er wird der darin enthaltenen Richtschnur vertrauen und den fünffachen Pfad des Heils als den Pfad annehmen, dem er folgen muss. Auf diesem Pfad wird er, infolge seines Naturzustandes und seiner natürlichen Umgebung, vor tausendundeinem Problem stehen. Erst dann beginnt er, die enormen Werte der beiden anderen Aspekte der Philosophie zu verstehen.
Wer den Pfad noch nicht geht, für den haben Kosmologie und An-

thropologie nur einen theoretischen Wert. Sobald er jedoch gegangen wird, kann jedes Problem, das sich auf dem Pfad zeigt, auf Grund der Kosmologie und Anthropologie erkannt und aufgelöst werden. Darum kommt zuerst die Befreiungsbotschaft, das Evangelium, die Philosophie des Heils. Zu ihrer praktischen Unterstützung folgen dann die beiden anderen philosophischen Aspekte. Dieselbe Methode ist bei allen transfiguristischen Bruderschaften, welche die Welt gekannt hat, zu finden." Die „innere Belebung der Religion", die Wiedererkennung der Botschaft der Befreiung war für die Freunde der ersten Stunde verbunden mit einer bestimmten Empfänglichkeit für die Berührung dieses Bewusstseinsfeldes der Seele, das in hohem Maß von den Impulsen frei ist, die an unsere Welt binden. Diese Lebensatmosphäre liegt außerhalb der Welt der Gegensätze. Im Allgemeinen kann gesagt werden, dass diese Mitarbeiter – und es waren viele – Hilfe und Linderung für die tiefsten spirituellen Bedürfnisse der Menschen suchten. Sie wollten die „Lichtauflösung" näherbringen, die jeder Mensch in sich hat, die er aber oft nicht erkennt, noch nicht erkennen kann. In der alten mystischen Sprache wird diese Empfänglichkeit als „Schatz des wunderbaren Juwels" bezeichnet. Wer den besitzt und sein Leben nach dem Kompass der beiden genannten Eigenschaften steuert, ist fähig, rein und unmittelbar auf die Stimulanzen aus der Übernatur, dem ursprünglichen Lebensfeld, zu reagieren.

ZURÜCK ZUM URSPRÜNGLICHEN CHRISTLICHEN BEGINN: DAS NEUE EINWEIHUNGSSYSTEM

Der zweite Weltkrieg von 1939-1945 hatte sowohl die gesellschaftlichen Verhältnisse als auch die des esoterischen Lebensfeldes total verändert.

---

108. Jan van Rijckenborgh: Das Mysterium von Leben und Tod, 6. Auflage, 1992, Rozekruis Pers Haarlem, S. 50 u. 51. Siehe auch: Catharose de Petri: Eröffnungswort in De Topsteen, Dez./Jan. 1970/71, S. 14 u. 15.
109 Jan van Rijckenborgh: Das Lichtkleid des neuen Menschen, Rozekruis Pers Haarlem, 2. Aufl. 1988. S. 25.

Für Jan van Rijckenborghs Bewusstsein waren die Kriegsjahre ebenfalls sehr wichtig. In dieser Periode benutzte er zum ersten Mal seinen neuen Autorennamen. Sofort nach der Befreiung am 5. Mai beschrieb er bereits den Ausgangspunkt des Werkes, das er mit der neuen Organisation, „der Geistesschule" – dem erst am 25. November 1946 offiziell gegründeten „Lectorium Rosicrucianum" – unternehmen wollte.
Am 16. August 1945 schrieb er unter dem Namen Jan van Rijckenborgh:
„Das neue fundamentale Prinzip ist: ‚Der neuen Natur nach geboren werden.' Das ist die Aufgabe, die das dritte magische System uns durch das Christentum überträgt. Es geht also um die Geburt einer neuen (himmlischen) Persönlichkeit, während wir uns noch in der alten befinden. Die Entstehung dieser neuen Persönlichkeit ist an ganz andere Gesetze gebunden, die der Kandidat studieren und anwenden muss. Das Werden dieses neuen Wesens vollzieht sich von oben nach unten. Zuerst entwickelt sich das Denkvermögen, dann der Begierdenkörper und daraufhin der Ätherkörper als Matrize für den neuen Stoffkörper. Um dieses neue Wesen zu konzipieren, ist zu allererst eine fundamentale Veränderung notwendig. Das bedeutet die prinzipielle Verleugnung des alten Ichs und Verzicht auf jede alte Magie, die den Nachdruck auf das Ich legt. Das darf jedoch nicht zur Vernachlässigung der dialektischen Persönlichkeit und des notwendigen dialektischen Lebens führen. Aber die Akzente müssen so gesetzt werden, dass eine Lebenshaltung gewählt wird, die das wahre Ziel, die Wiedergeburt, fördert." [110]
Die einzelnen Regeln erfordern vielleicht eine Erklärung. Während der Kriegsjahre vertiefte Jan van Rijckenborgh sich in die Art und Weise, wie der Mensch danach strebt, eine höhere Form des Bewusstseins zu erlangen. Seine Schlussfolgerung ist, dass es trotz unzähliger Methoden, die von Gruppen oder Meistern angeboten werden, grundsätzlich nicht mehr als drei Systeme gibt. Sie gehen zurück auf verschiedene

---

110. Jan van Rijckenborgh: Ansprache vom 16. August 1945.

Perioden einer uralten Vergangenheit und werden stets auf die eine oder andere Weise variiert. Einige Gruppen weisen öffentlich auf ihre Quellen hin, andere kennen sie zwar, verschweigen sie aber, während viele sich ihrer Quellen nicht bewusst sind. Das uralte indische System ist das Prinzip, das von der Theosophischen Gesellschaft erneut belebt wurde. Darin wird der Mensch als eine Persönlichkeit gesehen, deren wahres Wesen sich im astralen Selbst und im (abstrakten) Denkkörper ausdrückt. Im okkulten Streben versucht dann der Mensch, sich vom Stoffkörper und vom niederen Teil des Lebenskörpers zu lösen. Das so befreite Bewusstsein könne in die unsichtbaren Gebiete reisen, heißt es. Dort würde es unter der Leitung von Eingeweihten oder Meistern visionäre Kenntnis über die eigene Entwicklung und die der Welt erhalten. Die Gefahren eines solchen Versuchs, Bewusstsein zu erlangen, sind groß. Als diese Methode vor vielen Jahrtausenden entwickelt wurde, war der Konzentrationspunkt des Bewusstseins nicht derselbe wie heute. Der Mensch war noch viel stärker mit Familie, Stamm, Stand und Kaste verbunden. Diese bestimmten sein Leben, seine Möglichkeiten und auch seine Begrenzungen. Sein Konzentrationspunkt war nicht das äußere Leben. Sein Leben war eng verbunden mit seinen Vorfahren, den Devas (Göttern) und anderen (nicht stofflichen) steuernden Prinzipien, von denen er sich umgeben fühlte und die seine Handlungen bestimmten.

Sein Bewusstseins-Konzentrationspunkt lag über dem Haupt und wurde durch die Gefühle und das Blut gesteuert. Die Lebenssituation war damals noch einfach, redlich und rein. Wer für ein höheres Bewusstsein und die Befreiung in Frage kam, wurde von den richtigen Kräften zum erhabenen Ziel gelenkt. Irreführung war ausgeschlossen.

Für den gegenwärtigen Mensch ist das anders. Die Struktur seiner Persönlichkeit ist viel komplexer. Der Konzentrationspunkt seines Bewusstseins und seiner unstofflichen Körper ist als Einheit in der Stoffgestalt verankert. Daher ist Spaltung dieser Einheit nötig, um sich auf die beschriebene Weise in unsichtbare Gebiete begeben zu können.

Aber das kann niemals wirklich befreiend sein, weil dabei die wichtige Aufgabe des stofflichen Lebens geleugnet wird.

Gerade das Prinzip des Stofflichen nahm bei dem feinsinnigen und genialen Rudolf Steiner den wichtigsten Platz ein. Abgesehen von der Tatsache, dass Steiners Vorträge vor allem in der gefühlvollen Schicht der germanischen Bevölkerungsgruppen Anklang fand und die Theosophie vornehmlich die angelsächsische Seele erreichte, sah Steiner den Menschen als einzigartiges Wesen im Allbestehen. Seiner Meinung nach drücken sich im Menschen alle Kräfte der unstofflichen und steuernden Mächte des Universums aus und ist er deshalb ein Mikrokosmos. Engel, Erzengel, Fürsten und sogar die Kräfte und Mächte der höheren Hierarchien und Gewalten, Throne, Cherubime und Seraphine, wirken mit an der Entwicklung des Menschen, als wäre er das letzte göttliche Werkstück, das vervollkommnet werden muss. Jede dieser höheren Lebensformen entspricht einer speziellen Eigenschaft des Göttlichen. Und alle sind sie im Menschen gegenwärtig. Darum ist er das einzige Geschöpf, von dem gesagt werden kann, dass es „nach Gottes Bild und Gleichnis" erschaffen ist.

Höheres Bewusstsein erreicht der Mensch, wenn alle Möglichkeiten, alle noch latenten Fähigkeiten in ihm entwickelt werden. Dabei steht Christus ihm als wichtigste Hilfe und Kraft zur Seite. Durch „Umformung der Erde" in Christi Kraft wird der Mensch schließlich vergöttlicht. Das ist ein herrlicher und großer Gedanke.

In Jan van Rijckenborghs Denken kann dieses System, das sich seiner Erkenntnis nach auf die antike griechisch-lateinische Methode stützt, zwar eine gewisse Kultivierung des Menschen und der Persönlichkeit verursachen, jedoch schließlich keine wahre Hilfe bieten. „Denn während die alte Ordnung untergeht", so erklärte er seinen Schülern, „geht auch die wirksame Kraft der alten okkulten Systeme unter und kann in der neuen Zeit keine Kraft mehr ausüben."

Der wichtigste Grund dafür ist, dass der Ausgangspunkt – die mensch-

liche Persönlichkeit, wie sie jetzt ist – nicht genügend Reinheit, kein überpersönliches, selbstloses Bewusstsein besitzt. Diese Persönlichkeit ist nicht rein, weil sie eine Folge der Naturkräfte ist. Und diese können niemals die Basis für ein göttliches Bewusstsein bilden, in dem der Geist bewusst und die Seele der Ausdruck des Göttlichen ist.
Darum sagte er: „Wiedergeboren werden der neuen Natur nach, das ist die Aufgabe, die das dritte magische System uns durch das Christentum überträgt." Catharose de Petri hat später in einem Vortrag sehr treffend auf die Gefahr der Imitation hingewiesen, die der Mensch so gut beherrscht und von der die alten Systeme stets bedroht wurden:

„Die augenblicklichen Veränderungen und Entwicklungen sind also für die Menschheit von größter Dringlichkeit. Dabei nützt es keinem Sterblichen, dass er sich anstrengt, um eine Ansicht seiner vierfachen Persönlichkeit zu kultivieren oder Persönlichkeitsspaltung zu betreiben in der Erwartung, so die Einswerdung mit dem Allerhöchsten zu erreichen. Denn unter den augenblicklichen und den kommenden atmosphärischen Entwicklungen wird jede Imitation demaskiert."

Jan van Rijckenborgh erklärte in den elf Jahren, von 1946-1957, auf verschiedene Weise und in vielen hundert Ansprachen die neue Lebensbasis des Persönlichkeitswechsels. Diese Periode können wir als Phase „des vernünftigen Gottesdienstes" (auf christlich-hermetischer Basis) bezeichnen. Darin arbeitete er eine Sicht aus, die er als eine neue und weiterreichende Inspiration vom Orden des Rosenkreuzes empfing. Die Devise für das Gelingen der beiden vorangegangenen Perioden war stets „unwandelbare Treue und Hingabe". Daran haben sich die drei Freunde fortwährend mit ihrem ganzen Herzen, ihrem ganzen Verstand und in all ihren Handlungen treu gehalten, wie auch Hendrikje Stok-Huizer, die ab 1930 neben ihnen stand.
Nun erreichte das Werk erneut einen Punkt, an dem eine Umpolung notwendig wurde. Denn eine neue Schicht, eine neue Tiefe der Gnosis

öffnete sich. Am Bewusstseinshorizont erschloss sich dem visionären Jan van Rijckenborgh auf der Suche nach dem reinen Beginn ein Quell christlich-hermetischen Ursprungs. Aus diesem Quell schöpften im siebzehnten Jahrhundert die klassischen Rosenkreuzer und viele andere seriöse Gruppen in der Weltgeschichte.

DAS DRITTE SYSTEM
Die beiden wichtigsten Gestalten der neuen Periode waren Jan van Rijckenborgh und Hendrikje Stok-Huizer. Einträchtig, demütigen Herzens und voller Vertrauen wandten sie sich an ihr inneres Tribunal, durch das sie schon früher, 1935, den Orden des Rosenkreuzes erkannt hatten. Und sie baten darum, sich dem neuen, tieferen Impuls weihen zu dürfen, weil die Zeit reif war und das *Hora Est* erklang. Der Strom der reinen geistigen Liebe umspült seit Ende des Weltkriegs die Erde als kosmischer Gnadenstrom. Um zu vermeiden, dass die irdische Menschheit infolge des erduldeten Leides im Hass untergeht, stimulierte Jan van Rijckenborgh sie, weiter nach dem Quell der Weisheit und Liebe zu suchen, welche das Herz aller Befreiung sind.
Bereits im letzten Jahr des Weltkriegs hatte er sich in die spirituelle Lebenslehre der Albigenser vertieft, die vor siebenhundert Jahren die Religion der Liebe in Südfrankreich verbreiteten. Unter den grauenhaftesten Umständen hielten diese *Haeretici perfecti*, wie die Kirche sie nannte, diese „guten Christen", daran fest, dass jede Menschenseele von Liebe durchdrungen sei, dass die Schöpfung aus Licht bestehe, dem Licht der Liebe. Sie lehrten, dass die Menschenseele in jeder Zelle des Körpers ist, jede Zelle Anteil habe am göttlichen Licht und gleichzeitig dessen Zentrum sei. Ihre Feinde glaubten, der Schatz der Albigenser oder Katharer bestehe aus Gold und Juwelen. Aber es ist ganz anders: Jeder Mensch besitzt diesen Schatz! Er ist das spirituelle Licht in jeder Zelle, das die „guten Christen", die *Bonhommes*, sammelten und austrugen. Und sie hatten gelernt, es als heilendes Licht anzuwenden.
Diese Inspiration trägt vielleicht dazu bei, noch tiefere Einsicht in die

Kursänderung zu erhalten, die den Beginn der neuen Periode markiert. Jan van Rijckenborgh und Hendrikje Stok-Huizer waren sich über die mentale, vernünftige und erklärende christliche Wissenschaft der Esoterik klar. Daher wandten sie sich der Belebung, dem Wiederaufbau einer Gemeinschaft des spirituellen Lichtes zu, die einmal so viele Menschen gerettet und geheilt hatte. Nicht jeder konnte dabei mitgehen. Das hat zu Beginn der Nachkriegsperiode für viel Aufregung gesorgt. Sie waren vollkommen erfüllt von dem neuen Prinzip, das Jan van Rijckenborgh während des Krieges entwickeln konnte. Und sie taten nichts weiter, als die Kraft der sieben Strahlen immer wieder zu beschreiben, zu erklären und in der Gruppe zu aktivieren. Sie begannen auch selbst, nach der Verbindung mit der ursprünglichen universellen Bruderschaft zu suchen, welche die Elemente des ersten Christentums durch alle Zeiten hin bewahrt hatte – und fanden sie in Albi.

Hendrikje Stok-Huizer und Jan van Rijckenborgh wussten übrigens während ihrer Reise 1946 nach Südfrankreich nur, dass es das Städtchen Albi gibt – und weiter nichts. Die Reise hatte ein geheimes Ziel, nämlich die Verbindung zur vorangehenden Bruderschaft aufzunehmen, zur „vorangehenden, transfiguristischen Bruderschaft, die unter dem Namen Albigenser bekannt war". Aus diesem Grund reisten sie nach Albi, obwohl bei näherer Untersuchung andere Orte in Südfrankreich vielleicht viel mehr in Betracht gekommen wären.

Sehr deutlich zeichneten sich dort die zukünftigen Linien ihrer Arbeit ab, die von völlig anderer Art sein sollte. Die neue Arbeit konnte nicht mehr von der bekannten Natur aus – mit all ihren sichtbaren, unsichtbaren, esoterischen und okkulten Aspekten – fortgesetzt werden. Beide erhielten den Auftrag, eine neue Mysterienschule zu gründen. Und sie wussten, dass all ihre Arbeit in den vorangegangenen Perioden nicht umsonst gewesen war; aber auch, dass das neue Werk und die neue Zeit einen ganz anderen Ausgangspunkt erforderten. Und der musste in den sieben Strahlen des Geistes gesucht werden. Denn diese Berührung ist eng mit der Wirksamkeit des Christus-Geistes verbunden. Im Kleinen korrespondiert er mit dem geistigen Zentrum im Herzen des Menschen oder – besser gesagt – des Mikrokosmos. Das ist der Ausgangspunkt für die neue Annäherung. Das Lectorium Rosicrucianum und das Werk des modernen Rosenkreuzes sind dabei die ersten Stufen.

Eines der wichtigsten Probleme, die sich bei der neuen Arbeitsweise zeigten, war: Wie kann für den Verstandesmenschen der zweiten Hälfte des zwanzigsten Jahrhunderts annehmbar werden, dass es zwei unterschiedliche Lebensprinzipien gibt: eine selbstbewusste Persönlichkeit und einen latenten, noch verborgenen geistigen Menschen, der nicht von der Erde ist, sondern dessen Heimat im Sonnenkosmos liegt, im interplanetaren Feld des Sonnensystems? Wenn diese beiden Daseinswelten, die hiesige Welt und das ursprüngliche Lebensfeld, sich in einem Menschen berühren, beginnt eine Entwicklung, die prozessmäßig in sieben Strahlen, in sieben Phasen verläuft. Aber für den rationalen Menschen des zwanzigsten und auch des einundzwanzigsten Jahrhunderts bleibt ein schwieriger Punkt, ein Widerspruch: Wie kann etwas, worüber wir (mit dem Denken) nichts erfahren und wissen können, Teil einer zielgerichteten Entwicklung sein?
Einer der Verdienste dieser „Bringer der ursprünglichen Weisheit", als die Hendrikje Stok-Huizer (Catharose de Petri) und Jan van Rijckenborgh betrachtet werden müssen, ist folgender: Sie führten die Schüler zu der Einsicht, dass die Entwicklung der Seele ein allmählicher Prozess ist. In der Weltgeschichte erweist sich stets, dass nur sehr vereinzelt einmal Menschen von einem Tag auf den anderen zur erleuchteten Seele werden. Und das sind dann prädisponierte Seelen, die auf der Trägerwelle eines starken spirituellen Impulses ein besonders Werk beginnen. Im Allgemeinen sind verschiedene Schritte nötig, bevor eine Seelenentwicklung ihren Anfang nehmen kann: Nötig ist eine gewisse Lebens- und Bewusstseinsnot, verbunden mit dem tief empfundenen

Verlangen nach einem Ausweg. Außerdem ist eine positive und autonome Wahl notwendig sowie das Vertrauen, dass jedes Leben seine eigene „Lichtauflösung" kennt und – was mehr ist – in sich trägt.

Jeder Mensch durchlebt dasselbe Wachstum vom Embryo zum selbständigen Erwachsenen. Ebenso gibt es auch eine gleiche Art der Entwicklung zur Befreiung des rein geistigen Prinzips, das manchmal die Lichtseele genannt wird. Diese Entwicklung beginnt mit dem „lernen wollen", weil der Mensch Einsicht erhalten muss in das Wie und Warum seines Daseins. Das ist gewiss kein einfacher Weg.

„Man kann zwar beschließen und sich mit großem Ernst vornehmen, das Wesentliche des Schülertums zu leben und zu bekennen. Aber Sie werden feststellen, wie mühsam, ja, wie entsetzlich schwer das ist. Denn die Persönlichkeit ist vollkommen auf den Bewusstseinszustand und das Vermögensniveau abgestimmt, auf dem sie existiert. Darum muss – das kann nicht anders sein – jeder, der sich dem Pfad nähert, den eigenen Zustand an der Basis angreifen und dort die notwendigen Veränderungen vornehmen."[111]

Catharose de Petri (Hendrikje Stok-Huizer) nennt Jan van Rijckenborgh im ersten Teil der *Apokalypse der neuen Zeit* einen gesandten, prädisponierten Menschen. Aber diese Qualifikation gilt genauso für sie. Und sie stellte fest, dass jeder Prädisponierte einen bestimmten Zustand des Bewusstseins oder des „Schlangenfeuers" besitzt. „Träger des wunderbaren Juwels" sind fähig, wirklich zu helfen, weil sie eine empfängliche Seele besitzen. Sie, die über das befreite Schlangenfeuer verfügen, schöpfen daraus und ordnen das eigene Leben dem völlig unter.[112]

Die gesamte geistige Entwicklung oder auch der (kosmische) Plan stützt sich immer auf Menschen – sowie auf Hierarchien und Wesenheiten ei-

---

111. Siehe S. 197
112. Catharose de Petri: Ansprache vom 17. Juli 1979. In: De Topsteen, August/September 1970. S. 16.

ner höheren Ordnung –, die während ihrer Evolution andere erheben, indem sie ihnen den Pfad des Wachstums zeigen. Dadurch wachsen sie auch selbst, helfen anderen und so fort. Auf diese Weise bildet sich eine unendliche Kette aus Himmlischen und Menschen, aus Lehrern und Schülern, aus Alten und Jungen. Ausstrahlung, Wärme und Mitleid dieses Juwels bringen Befreiung. Und im gleichen Maß, wie es stets stärker funkelt, wird das unaussprechliche Glück des ursprünglichen Lebens erfahren, das die Buddhisten Nirwana nennen. Auf dem „geheimen Weg des Dienens", auf dem der ewige Pilger dann auf das Nirwana verzichtet, um zu einer Kraft des Guten in der Welt zu werden, folgt er den Gesetzen des göttlichen Mitleids:

„Jetzt neige dein Haupt und höre wohl, o Bodhisattva – das Erbarmen spricht und sagt: ‚Kann es Seligkeit geben, wenn alles, was lebt, leiden muss? Sollst du gerettet werden, während der Schmerzensruf der ganzen Welt weitertönt?' " So heißt es in einem Abschnitt aus *Die Stimme der Stille*. [113]

Und in den christlichen Texten klingt es nicht anders. Jeder, der dem Meister Christus nachfolgt und die Rose des inneren Lebens gefunden hat, tritt in Christi Fußspuren. Und während er hilft, das Kreuz zu tragen, schenkt er seine Seelenkraft den Menschen. Denn das Juwel funkelt und strahlt, wenn es im Dienst für die Mitmenschen angewandt wird.

So wie die Seele in ihrem Wachstum einer Entwicklung folgt, so kann man auch bei Catharose de Petri und Jan van Rijckenborgh deutlich Entwicklung und Wachstum in ihrer Wirksamkeit erkennen. Wir stoßen dabei auf eine dreifache Wirksamkeit, die tatsächlich eine Ausbreitung der beiden genannten Ausgangspunkte bedeutet: Die geistige Linie, die erkannte Struktur der Befreiungsarbeit und die Linie, auf der

---

113. H. P. Blavatsky: Die Stimme der Stille, Kapitel III, Die sieben Pforten, S.88, Adyar-Verlag, Graz, 1953.

diese Arbeit einsetzt und sich entwickelt. Das ist Gnosis, das Wissen über die innere Entwicklung – und die Hilfe für den Mitmenschen. Jede Phase ihrer Arbeit zeigt, dass sie aus sicherem Wissen wirkten. Es war stets dieselbe doppelte Struktur zu erkennen und ein fest umrissenes doppeltes Ziel. Diese beiden Ströme, die zusammen wirken und sich entwickeln, sind nicht immer leicht voneinander zu unterscheiden. Zunächst ist da die praktische und philosophische Aufgabe eines spirituellen Leiters, nämlich die Menschen, die sich als Schüler seinem Werk anvertrauen, über dessen Struktur und Planmäßigkeit zu unterrichten. So bereitet er einen inneren Weg, der zu dem Punkt führt, dass er sich auch der eigenen geistigen Entwicklung wieder widmet. Diese deutete Jan van Rijckenborgh in seiner Literatur oft mit dem Wort „Befreiung" an. Es gibt viele geistige Gestalten, die eine solche Aufgabe übernommen haben – mit wechselnden Resultaten. Das Große der Mitarbeiter des ersten Rosenkreuzes und der Arbeitsweise, die Jan van Rijckenborgh anwandte, war, dass sie niemals bloß für die Gruppe wirkten, die sie während ihres Lebens umgab. Sie wollten einen lebenden Organismus schaffen, der vollkommen organisch auch dann weiter funktioniert, wenn einer der Leiter das stoffliche Leben verlässt.

Ebenso wurde ein Weltwerk gebildet, eine Weltbruderschaft, eine Gruppe sich entwickelnder Seelen, die bewusst und wissend im großen Werk des Christus aktiv mitarbeitet. Eine erste Vision dieser siebenfachen Weltbruderschaft entwarf die geistige Leitung bereits 1935 und gleichfalls in den Jahren 1951-1952 und 1963-1967. Jetzt wirkt sie harmonisch auf verschiedenen Ebenen und bildet ein Licht verbreitendes Feld. Von diesem Feld kann jeder Mensch erreicht werden, und zwar in jedem erwünschten Moment. Er kann also in seinem eigenen, psychologisch richtigen Augenblick einen Weg finden, der zum ursprünglichen Leben führt. Das heißt, „in eine ganz andere Welt, die in keiner Weise mit der unseren verglichen werden kann und auch nicht durch eine evolutionäre Entwicklung aus dieser Welt hervorgeht.

Denn die beiden Welten stehen sich diametral gegenüber, obwohl sie in einem Kosmos, in einer Kugel, beschlossen sind. [...] Den Glauben an diese neue Welt, an dieses Caphar Salama, das Reich des Friedens, können wir Ihnen nicht schenken, wir können es Ihnen nicht einreden, und wir können Ihnen diese neue Welt auch nicht zeigen. [...] Die Lehre von den beiden Naturordnungen wurde (und nicht nur durch uns) erneut wie ein Fanfarenstoß in diese Welt gesandt, weil wieder eine genügende Anzahl Menschen dafür reif geworden ist." [114]

Diese beiden Pole bestimmten vierundvierzig Jahre lang Jan van Rijckenborghs Leben. Und er betonte stets, dass es nicht sein Werk sei und dessen Entstehung nicht sein persönliches Verdienst. Nein, stets wirkten und wirken alle mit an einem solchen starken spirituellen Impuls, einer Erhöhung der kosmischen Schwingungszahl, die zahlreiche Veränderungen in der Lebensatmosphäre verursacht. Die spirituellen energetischen Kräfte umfassen die ganze Menschheit mit ihren sehr unterschiedlichen Vibrationsebenen. Und sie drängen jeden auf seinem eigenen Niveau in die Richtung eines verantworteten Umgangs mit seinem Leben, seinem Wirken, seiner Haltung und seiner Liebe. Die Kräfte und Energien, die diese spirituellen Impulse fördern, bezeichneten Jan van Rijckenborgh und Catharose de Petri stets als „die Bruderschaft des Lebens", die auch ihre Arbeit lenkte. Das ist eine befreite Gruppe, ein wahrhafter *Corpus Christi* im ursprünglichen Bestehen der Menschheit. Sie hat keinen Namen und wird von allen gebildet, die über das „wunderbare Juwel" verfügen.

DIE WICHTIGKEIT DES WELTWERKS WIRD BEWUSST

Es ist nicht so, dass in dem Moment, da jemand beschließt, sein Leben in den Dienst eines innerlich erfahrenen Auftrags zu stellen, dieser ihm bereits klar vor Augen stünde. Man könnte es später vielmehr so formulieren: „Widme deine Kräfte der Gründung einer

---

114. Jan van Rijckenborgh: Das Mysterium der Seligpreisungen, Haarlem, Rozekruis Pers, 3. Ausgabe, 1982, S.24 und 25.

neuen Bruderschaft der Gnosis, der westlichen Mysterienschule". Im ursprünglichen Feld erstrahlt gleichsam eine bestimmte golden leuchtende Form. Sie durchstrahlt seren jedes innere Werk und versorgt es mit Lebenskräften, Einsichten und Möglichkeiten – wenn das Äußere ihr bleibend folgen will. Das kann in gewissem Sinn als Plan, als Matrix gesehen werden. Aber es sind die eigene Autonomie und das eigene Drängen des Geistkerns, die zur Aktivität treiben. So war es auch bei Jan van Rijckenborgh und Catharose de Petri. Sie arbeiteten nicht für sich selbst. Die Reaktion auf die Not, auf die Fragen und das große, oft unverstandene Heimweh waren es, die sie drängten, an dem Ideal und dem Auftrag zu bauen und zu arbeiten.

Was ist eigentlich eine Mysterienschule? 1946 erklärte Cor Damme das sehr treffend: „Kurz formuliert ist eine Mysterienschule eine Gruppe miteinander verbundener geistiger Menschheitsdiener, also Menschen, die viele der ursprünglichen Gottesgesetze in sich verarbeitet haben oder damit beschäftigt sind. Sie sind hinabgefahren zur Hölle ihres eigenen Begierdenlebens. Sie haben die Hölle ihres biologischen Ichs untersucht und kennen sie bis in die kleinsten Details. Sie haben ihr Ich nach Geist und Natur kennengelernt und rechnen bei allem, was sie tun, mit dieser Ich-Gespaltenheit. Sie tragen die Erfahrungen beider Ich-Ansichten aus, umgesetzt in Lebenslektionen für Seele, Geist, Körper und Persönlichkeit. Es ist notwendig, dass sie nach diesen Regeln der Lebenskunst arbeiten und nicht nur die Abstraktionen Gottes in Bildern darlegen, sondern gleichzeitig Gott aus dem eigenen Erfahrungsbewusstsein offenbaren, also auch dem Stoff nach."[115]
Das Ziel einer Mysterienschule ist Transfiguration. Das ist ein dreifacher Prozess. Sobald der Mensch erkannt hat, dass der ursprüngli-

---

[115]. Ansprache von C. I. J. Damme während der Sommerschule auf Elckerlyc (9. Juli 1946) In: Frans Smit, Kroniek in goud. De hedendaagse Geestesschool van het Rozekruis. Chroniqeur, 2005.

che Lichtmensch mit ihm verbunden ist, beginnt die Transfiguration. Dabei geht es darum, dass im natürlichen Menschen dieser geistige Mensch lebendig und bewusst wird. Denn nur in seinem Licht ist es möglich, das *Endura* zu durchleben, das ständige Wenigerwerden des irdischen, natürlichen Menschen, der dann verstehen lernt, warum dieser Prozess notwendig ist. Drittens kann der Strom des Lichtes, der durch eine Gruppe derartig strebender Menschen frei wird, von den erwachsen gewordenen Seelen kraftvoll über die Welt ausgestrahlt werden.

Wie wird die Seele erwachsen? Wir stellten bereits fest, dass Bewusstsein und Seele sich auf zwei Arten entwickeln, die jedoch nicht voneinander zu trennen sind. Das geschieht zuerst durch Lektionen und Anweisungen in einer wirklichen Geistesschule, einer Mysterienschule. In ihr steht eine damit übereinstimmende Kraft zur Verfügung, die wichtige und notwendige Veränderungen im Innern ermöglicht. Das ist auch in der Weisheit des Hermes zu finden und wird besonders schön ausgedrückt in *Die Stimme aus dem Sonnenherzen* von Catharose de Petri aus dem Jahr 1962: „Bewusst wird der Mensch an einem serenen Ort, in einem reinen Ätherfeld. Nur in einem reinen Ätherfeld sind Sie fähig, den Anderen in sich bewusst zu erfahren. Dann atmen Sie in seinen Kräften, die durch Ihr Seelenwesen strömen. Der Andere in Ihnen wird Sie mit seinem goldenen Licht umhüllen, das wie ein Kraftstrom um Sie zirkuliert. Diesen Glanz werden Sie mit Ihrem Bewusstsein wahrnehmen. Wenn Sie sich ihm nähern, haben Sie sich dem Feuer genähert." Darauf folgt die Empfehlung, die sinnesorganische Wahrnehmung des Körpers und des Gemütes hinter sich zu lassen: „Dann wird der Andere in Ihnen Sie in Ihrem neuen Haus lehren, wie die Kräfte der neuen Seele wirken, denn zu dem Anderen gelangen Sie ohne das viele Wissen des Wahnfeldes, ohne das Vergängliche. Wenn Sie sich so dem Anderen nähern ohne den künstlichen Zierrat der vergänglichen Gestalt, ja, dann sind Sie im Seelenhaus gern gesehen."

Dann nimmt der Andere Sie in sein ureigenes Leben auf, das die Liebe ist."

Damit sind die innere Ausrichtung, die Notwendigkeit des Schweigens und der Einkehr auf einfache, klare Weise beschrieben. Wenn die hermetische Weisheit aus dem alten Ägypten richtig verstanden wird, zeigt sich ihre völlige Übereinstimmung mit den modernen Lehren und kann sie uns große Kraft und Tiefe schenken.

Eine zweite Art, in der die Seele lernt, ist die Dienstbarkeit, also auf intelligente Weise etwas für andere zu tun. Denn besonders dabei lernt der Mensch sich selbst, seine Kraft und seine Begrenzungen kennen. Daher stand das Werk von Anfang an unter dem bereits zitierten Motto: „Selbstvergessen anderen dienstbar zu sein, ist der kürzeste, sicherste und freudigste Weg zu Gott." Das sagt auch Krishna, die Kraft des Anderen in der *Bhagavad Gita*: „Durch Liebesdienst nur kann man erkennen, wie groß ich bin und wer ich bin. Und wer mich also wahrlich kennt, so wie ich bin, geht unmittelbar in mich ein."

Indem der Mensch auf diese Weise liebt, wirklich mitlebt durch diese Form des Dienens, findet er die Essenz dessen, was „Gottesdienst" wirklich ist. Dadurch entwickelt sich die Seele außergewöhnlich schnell. Das ist ein allgemein gültiges Gesetz, das jeder anwenden kann. Und es ist für jeden Menschen bei der Überwindung der Begrenzungen seines kleinen Selbstes eine enorme Hilfe.

DAS NEUE ZEICHEN – DIE HERMETISCHE LEBENSBASIS

Zu dem neuen Impuls gehörte auch eine wichtige Veränderung in der Arbeitsweise und dem Kursusangebot der Schule. De Rozekruisers Genootschap hatte vor dem Krieg eine Anzahl der Bücher Max Heindels übersetzt und herausgegeben. Sie wurden mit großem Enthusiasmus studiert. In jener Periode waren die Abende, an denen in die Astrologie

---

116. Jan van Rijckenborgh und Catharose de Petri: Reveille! Weckruf zur fundamentalen Lebenserneuerung in einer aussichtslosen Zeit, mit einem Vorwort der Autoren. Haarlem, Rozekruis Pers, 3. Auflage 1983, S. 31.

und Astrosophie eingeführt wurde, ein substanzieller Teil des Kursusangebotes. Durch das Lösen von diesen alten okkulten Systemen, die bei der Entwicklung der Persönlichkeit anknüpfen, wurde es notwendig, sich vom aktiven Studium der Sterne und ihres Einflusses auf das Persönlichkeitsleben zu verabschieden.

Erneut ging ein Schock durch die Schule. Die ganze bisherige Lehre und der Unterricht in angewandter Astrologie wurden kategorisch abgewiesen. Das alles, so sagte die Leitung, beziehe sich auf die alte dialektische Persönlichkeit sowie ihr höheres Selbst und nicht auf den zentralen Geistkern des Mikrokosmos. Denn nicht der alte Mensch verändert sich in den neuen; der kommende neue Mensch wird vielmehr aus der Monade geboren, aus dem geistigen Prinzip, das in jedem Menschen ruht. Dieses geistige Prinzip hat seinen Sitz zwar im menschlichen Herzen, gehört jedoch zu einer ganz anderen Ordnung, zu einer Sphäre, welche die sichtbaren Sterne keineswegs beeinflussen können. Und besonders auf diese neue, spirituelle Lebenssphäre richtete sich das Werk, das 1945 Gestalt annahm.

Außerdem, so sagte Jan van Rijckenborgh, könne die Astrologie nicht für eine ernsthafte Wissenschaft gehalten werden, denn die Umstände und Voraussetzungen, auf die sie sich stützt, stammen aus der Zeit des alten Babyloniens (der persisch-chaldäischen Periode, wie in der esoterischen Welt bekannt ist). Und es geht jetzt nicht mehr darum, lediglich auf die eigene Persönlichkeitsentwicklung zu starren. Für das ganze Wesen des Schülers beginnt sozusagen eine neue Reise, wenn im Blut das Lebensprinzip der neuen Zeit aktiv wird. Dieses Leben kann nicht mehr von den alten Sternen vorausgesagt werden. Intuition und Vertrauen nehmen einen stets wichtigeren Platz ein.

So wie der von ihm verehrte Autor Gustav Meyrink schrieb: „Anstatt dass man sich in jenen Fällen, da sich der gewöhnliche Verstand als unzulänglich erweist, auf seine Intuition und das innere Gefühlsorgan verlässt, um die rechten Wege zu wählen und gleichzeitig den Instinkt zu stärken – so wie ein Magnet stärker wird, je schwerer man ihn belastet

—, sucht der heutige Laienokkultist Rat bei astrologischen Tabellen und liest nach, ob diese oder jene Stunde für ein Unternehmen günstig oder ungünstig ist. Kräfte, die man nicht gebraucht, verkümmern. Warum soll man bei Tabellen Rat suchen – und außerdem noch bei äußerst fehlbaren – statt in der eigenen Seele? Warum sollte man jemanden um Rat fragen, wenn man sich selbst doch der Nächste ist?"

Dessen ungeachtet wurden in Gedankenaustausch und Ansprachen weiterhin Begriffe aus der *Kosmologie* Max Heindels benutzt. Bei kosmologischen Themen verwendete man nach wie vor Zitate aus den großen Zeitaltern. Auch die Einflüsse, welche die Astrologie den Planeten zuordnet, blieben ein selbstverständlicher Teil der Begriffsbestimmung des Lectorium Rosicrucianum. Sie waren Bausteine für die Astrosophie. Aber nicht mehr die Kenntnis der Sterne, sondern ihre Weisheit erhielt feste Konturen in den Aquarius-Konferenzen.

Astrologie als Mittel, um günstige Prognosen aus dem Stand der Sterne zu errechnen und dann danach zu handeln, täuscht über die Tatsache hinweg, dass man es nicht mehr wagt, auf die eigenen inneren Qualitäten und Kräfte zu vertrauen. Dennoch bleibt es wichtig, die „Weisheit der Sterne" zu suchen und sie nach Möglichkeit zu aktivieren.

Von 1940 bis 1945 vertiefte Jan van Rijckenborgh sich in Jakob Böhmes Erstlingswerk *Aurora* und nahm nach eigener Aussage zum ersten Mal vom Corpus Hermeticum Kenntnis. Er studierte die Schriften der Manichäer und wurde 1944 stark von der Geschichte der Katharer berührt, die davon ausgingen, dass die Seele aus der Welt der Materie, „vom Kleid des Widersachers", befreit werden müsse. Viele Ideen aus dieser Religion und auch die hermetischen Lehren hatte er bereits vor

---

117 Gustav Meyrink: An der Grenze des Jenseits, Leipzig, Dürr & Weber m.b.H., 1923

dem Krieg in der verschleierten Sprache der Rosenkreuzer-Manifeste wiedererkannt.
Und ihm wurde klar, dass die klassischen Rosenkreuzer von einer wichtigen Gestalt des sechzehnten Jahrhunderts inspiriert worden waren: dem bahnbrechenden Arzt Theophrastus Bombast von Hohenheim, genannt Paracelsus. Er hatte das hermetische Denken der italienischen Renaissance assimiliert und in Nordeuropa eingeführt. Van Rijckenborgh erkannte, dass sich dieser Arzt nicht nur durch eigene Forschung selbst heilte, sondern auch die Vielschichtigkeit des Menschen studiert hatte und die alchimische Weisheit entsprechend der Erkenntnis aus den hermetischen Schriften anwandte. Paracelsus suchte nach der tieferen Ursache für die Krankheiten des Menschen, um damit auch die Ursachen von dessen innerem Zustand zu erkennen und ihn möglichst zu verbessern. Es war eindeutig, dass Paracelsus die einzige Genesung kannte, die der Mensch wirklich nötig hat, nämlich die Quintessenz des Daseins zu finden: Christus!

Paracelsus erklärte:
„Das letzte Ens (Prinzip), mit dem wir unser Werk beschließen, ist christlich. Doch soll uns die heidnische Auffassung über die vier Entia (stofflich, elementar, astral und spirituell) nicht am Glauben Schaden nehmen lassen, sie soll nur unseren Geist schärfen. Darum scheint es mir gut, nicht nur den natürlichen Menschen zu beschreiben, sondern mehr das Auge auf den ewigen Menschen zu richten, den himmlischen Menschen in seiner neuen Geburt. Damit der alte Mensch sieht, was der Mensch ist und sein kann, sich darauf richten und wissen kann, was ein solcher neu geborener Mensch hier auf Erden vermag und auch nach diesem Leben in dem ewigen Leben." [118]
Dort atmet der Geist des ersten Rosenkreuzes. Dort findet das Denken der Rosenkreuzer seinen Ursprung. In der *Fama* entdeckten die Brü-

---

118. P. Huijs und C. Bode: Rosenkruisers, Kampen, Uitgevereij Kok. 2007. S. 13

der zwar, dass Paracelsus kein Mitglied ihres Ordens war. Dennoch ist der Orden ohne Paracelsus undenkbar. Jan van Rijckenborgh erkannte denn auch in Paracelsus den besonderen Geist des ersten Rosenkreuzes und umgekehrt. Und der christliche Gnostiker Jakob Böhme sagte, er habe die Schriften des Paracelsus wohl studiert, aber als nicht vollkommen befriedigend zur Seite geschoben; dennoch fand auch er, Jakob Böhme, bei diesem Meister der nördlichen Renaissance einen großen Teil seiner Inspirationen. Es ist kein Wunder, dass Paracelsus von den klassischen Brüdern des Rosenkreuzes so hoch geachtet wurde.

Jan van Rijckenborgh war davon überzeugt, dass die Autoren der Manifeste nicht nur über das Corpus Hermeticum verfügten, sondern noch viel mehr esoterische, alchimische und vielleicht auch hermetische Literatur in ihren Bibliotheken gehabt haben mussten. Das wurde durch moderne wissenschaftliche Forschungen bestätigt. In all diesen Schriften wurde der innere Weg, der Pfad der Mysterien, verschleiert beschrieben. Für das geöffnete innere Auge des Wissenden sind sie jedoch nicht verborgen, sondern strahlen ihm als helles innerliches Licht entgegen. Er sieht darin den Weg wie ein offenes Buch vor sich. Und er weiß, dass es seine Aufgabe ist, dieses christlich-hermetische Licht auch für andere suchende Menschen wieder sichtbar zu machen. Daher konnte Jan van Rijckenborgh 1949 während einer Ansprache feststellen:

„Als Beweis, dass die Zeit für eine nähere Untersuchung der *Alchimischen Hochzeit* des Christian Rosenkreuz gekommen ist, möge Ihnen die Tatsache dienen, dass dieses Testament der Bruderschaft zum ersten Mal 1616 im Westen gedruckt herausgegeben wurde. Seitdem sind genau 333 Jahre vergangen. Außerdem besitzt das Jahr 1949 denselben magischen Schlüssel wie das Jahr 1616. (Nämlich die Zahl fünf, die Zahl des Pentagramms, die auf den neuen Merkur, das neue Denken oder die neue Seele hinweist.) Wenn Sie einigermaßen mit der Magie der Zahlen vertraut sind, werden Sie verstehen, dass der rechte Moment dafür gekommen ist, dass ein neuer Posaunenstoß über allen Ländern erschallt."

Und er sagte weiter: „Als Autor dieses Werkes wurde der damals wohlbekannte Prediger Johann Valentin Andreae genannt, wobei bemerkt wurde, er hätte diese Geschichte im Alter von sechzehn Jahren geschrieben. Das ist natürlich eine Mystifikation, denn der Inhalt der *Alchimischen Hochzeit* ist universell und enthält ein Wissen, das so alt ist wie die Menschheit selbst. Obwohl Andreae weder die Autorschaft noch das jugendliche Lebensalter jemals buchstäblich leugnete, ist bekannt, dass er sich stets mit feinem Humor darüber äußerte. [...] Diese alchimische Hochzeit des symbolischen Christian Rosenkreuz hat die Menschheit stets als ein erhabener Teil der universellen Lehre begleitet, die Gott Adam bei seinem Fall gab, wie die Fama Fraternitatis berichtet. Andreae hat nichts anderes getan, als an ‚dem ihm gewiesenen Tag', der in der Entwicklung der Arbeit der universellen Bruderschaft begründet ist, diese ewige Wahrheit auf seine Weise zu publizieren. Und nach dieser Publikation richten wir uns, um dieselbe Wahrheit in der modernen Geistesschule auszutragen."

So haben wir nun mehr oder weniger deutlich das Feld beschrieben, aus dem schließlich die neue Mysterienschule geboren wurde. Absolut alle Elemente sind in dieser universellen und esoterischen „Ursuppe" vorhanden.

DEEL III

DAS LECTORIUM ROSICRUCIANUM
DER AUFBAU DER GEISTESSCHULE

GRUNDSATZERKLÄRUNG DES LECTORIUM ROSICRUCIANUM

Das Lectorium Rosicrucianum entlehnt seinen Namen der klassischen Bezeichnung Rosenkreuz oder Christian Rosenkreuz.

Das Lectorium Rosicrucianum vertritt den Standpunkt, dass dieser Name nicht der Familienname eines Menschen ist, der irgendwann lebte, sondern sich auf eine bestimmte geistige Ausrichtung bezieht.

Wir nennen uns Rosenkreuzer, um damit anzudeuten, dass Jesus Christus ein lebendiger Faktor in unserem Leben sein soll und wir seinen Weg in der Praxis gehen wollen.

Darum der Vorname Christian.

Der Pfad des Christus ist ein Weg mit einer Methode, einer Lebenshaltung, einer religiösen Gesinnung, die auf das Bearbeiten der Rose ausgerichtet sind.

Die Rose ist ein latentes Prinzip, das in jedem Menschen ruht und auf dessen Basis die Gottes-Kindschaft verwirklicht werden kann. Dieses Prinzip liegt im Herzen des Menschen.

Das Bearbeiten der Rose in der Kraft und der Gnade des Christus sowie nach den Anweisungen der klassischen Weisheit, der universellen Lehre, befähigt jeden, der es will, das große Ziel zu erreichen, zu dem jeder Mensch geboren wurde. Das bestätigen die Worte aus dem Johannes-Evangelium, Kapitel 1, Vers 12: „Wie viele ihn aber aufnahmen, denen gab er Macht, Gottes Kinder zu werden."

Dieses ganze Streben kann in dem Namen Christian Rosenkreuz zusammengefasst werden.

Die religiöse Gemeinschaft des Lectorium Rosicrucianum beabsichtigt die Wiederherstellung des dreifachen Tempels Gottes, der in der Urvergangenheit der Menschheit bestand, sich der ganzen Menschheit offenbarte und sich in ihren Dienst stellte.

Dieser dreifache Tempel brachte der Menschheit die königliche und priesterliche ursprüngliche Religion, die ursprüngliche Wissenschaft und die ursprüngliche Kunst des Bauens.

Im Lauf der Geschichte – das letzte Mal vor ungefähr siebenhundert Jahren – wurde immer wieder versucht, dieses dreifache verbindende Glied zwischen der Natur des Todes und der ursprünglichen Gottesnatur zu schmieden, zu beleben und in Stand zu halten. Jedoch wurden diese Aktivitäten stets von den unterschiedlichsten Gegnern der endgültigen Wiederherstellung der Menschheit verhindert, vernichtet und viele Male in Blut ertränkt.

Am Ende eines Offenbarungstages entwickelt sich jedoch immer eine sehr deutliche Wende in diesem fortwährenden Ringen zwischen Licht und Finsternis, und zwar durch die definitive und unerschütterliche Wiederherstellung des universellen Tempels, der sich mit Kraft offenbaren und als unüberwindlich erweisen wird.

Das Lectorium Rosicrucianum ist der Beginn dieses Festes der Überwindung.

Es bringt den Menschen erstens eine Gemeinschaft suchender Seelen, die sich an der ursprünglichen, universellen Lehre orientiert. Diese Gemeinschaft wird fortwährend von einem mächtigen, alles durchdringenden Strahlungsfeld umgeben und beschirmt, damit das Licht, das Leben und die Zukunft des befreienden Pfades allen, die zu dieser Gemeinschaft gehören, klar vor Augen stehen.
Hinter dieser Gemeinschaft des Vorhofs befindet sich, zweitens, die Mysterienschule des Lectorium Rosicrucianum, in die alle aufgenommen werden, die sich entschließen, den Pfad der Befreiung von der Gebundenheit an das Rad der Geburt und des Todes tatsächlich zu gehen. Dieses Strahlungsfeld, oder dieser lebende Körper, steht jedem Schüler, dem es mit dem Gehen des Pfades ernst ist, vollkommen bei, so dass kein einziger, wirklich fest Entschlossener zu fallen braucht.
Hinter der Mysterienschule steht, drittens, die Gemeinschaft der inneren Grade, die universelle Kette aller vorhergehenden gnostischen Bruderschaften, die alle Pilger zum befreienden Leben aufnimmt und in den Sphären der Unsterblichkeit und der Auferstehung willkommen heißt.

Das Lectorium Rosicrucianum will mit dieser Erklärung
    seine Berufung deutlich formulieren und alle, die es angeht und die
    Lebenserfüllung suchen, zu dem Entschluss wecken, den Pfad
    des Seelenaufgangs wirklich zu gehen.

21. Dezember 1960   Jan van Rijckenborgh und Catharose de Petri

14. Die neue Arbeitsweise

1946-1957. Die dritte Periode. Die christlich-hermetische Gnosis. Die Gründung des neuen gnostischen Reiches

Während sich die Rozekruisers Genootschap in den Niederlanden darauf vorbereitete, nach dem Weltkrieg neu zu beginnen, stand an einem bestimmten Wochenende in Südfrankreich ein einsamer Mann am Fuß des Montségur. Er war von einer großen Idee beseelt: der Wiederbelebung der Religion Okzitaniens, des uralten pyrenäischen Katharismus. Es war der 16. März 1944, also genau 700 Jahre nach dem Mord an 205 Katharern, die auf einem riesigen Scheiterhaufen am Fuß des Pog, wie der Volksmund den Berg nennt, verbrannt wurden. Normalerweise war dieser Mann in seinem Dorf Ussat damit beschäftigt, die Moral in dem total von der Außenwelt abgeschlossenen kleinen Ort aufrechtzuerhalten. Es gab viel zu organisieren. Unter anderem mussten die polnischen Flüchtlinge aufgefangen werden, die sich während dieser Jahre dort aufhielten. Um sie in ihrer Einsamkeit aufzuheitern, spielte er sogar Akkordeon für sie.

Aber an diesem besonderen Datum, dem 16. März 1944, war Antonin Gadal hier, um im Stoff zu bestätigen, dass die Prophezeiung des Troubadours an jenem verhängnisvollen 16. März 1244 Wirklichkeit wurde: „Aber nach siebenhundert Jahren wird der Lorbeer wieder blühen auf der Asche der Märtyrer." Man könnte auch sagen: Gadal wollte in Verbindung mit der Geschichte des Lichtes einen ersten Ansatz bieten für eine neue, große Weltarbeit, die sich näherte und von der er bereits gewusst hatte, dass sie kommen würde.

„Im noch schwachen Licht eines Wintermorgens steigen sieben Männer langsam zu dem heiligen Ort hinauf. Sieben Jahrhunderte waren, ein Tag nach dem anderen, vorübergegangen, seit das erste Morgenrot des 16. März 1244 sein Licht auf eine lange Reihe Katharer fallen ließ, die zu dem ein wenig tiefer am Fuß der Burg gelegenen Scheiterhaufen herabstiegen, der auf sie wartete und dessen Konturen auch heute noch vage zu erkennen sind. Trotz der Schwierigkeiten (Montségur wurde 1944 von den deutschen Besatzern belagert und abgesperrt) legten diese Menschen aus Okzitanien hier ein strahlendes Zeugnis der beinahe ewig währenden Verbundenheit mit ihrer Erde und ihrem mystischen Vaterland ab."

Unter ihnen waren Antonin Gadal und Alain Hubert-Bonnal. Deren Anwesenheit unterstrich noch die Wichtigkeit der Huldigung, die die Versammelten darbringen wollten, um eine Verbindung herzustellen und in Stand zu halten. „Joseph Delteil, der Höhlenforscher, denkt bewegt an diesen stillen Aufstieg zurück: ‚Wir waren an diesem Morgen sieben. War das Zufall? Ich glaube nicht, denn es ist sehr wahrscheinlich, dass Herr Gadal mich wohl erwogen eingeladen hatte, an dieser Gruppe teilzunehmen, damit die symbolische Zahl sieben erreicht wurde. So befanden wir uns also in der Burg Montségur, um uns gemeinsam auf diesen Ort des letzten Opfers zu richten. [...]'"[119]

Dort pflanzte Gadal in den frühen Morgenstunden des 16. März 1944 einige Lorbeerzweige ein, die er von Bethlehem, der Einweihungsgrotte in Ussat, mitgebracht hatte. Dieses Symbol sollte zwölf Jahre später eine große Wirklichkeit werden.

Delteil schloss seinen Bericht mit den Worten: „Darum halten wir unseren Traum lebendig und verweilen ab und zu still hier, um über die unbekannte Aktualität dieses Ortes, dieses Namens nachzudenken, der vorbestimmt war und so viel in sich beschlossen hält."

Warum steht diese besondere Episode in diesem Buch? Darauf kommen wir später zurück, nachdem wir ein scheinbar noch weniger

---

119. Der Triumph der universellen Gnosis, Amsterdam, 2006, S. 38
Siehe auch: P. Huijs: Als een bovenaardse rivier, (Wie ein unterirdischer Fluss) Rozekruis Pers 2001, S. 285.

relevantes Ereignis betrachtet haben. Vorerst begeben wir uns nach Ober-Ägypten, wo in einem kleinen Ort, ungefähr 100 Kilometer nördlich der alten Hauptstadt Theben (Luxor), einige Hirten wenige Jahre nach Gadals Bergbesteigung einen Krug in einer Grotte fanden. In diesem unter Sand begrabenen Krug befanden sich dreizehn Bücher oder Kodizes, elf davon waren in Leder gebunden. Sie enthielten zweiundfünfzig Schriften mit insgesamt 1014 – teils zu Pulver zerfallenen – Seiten. Die Sprache war koptisch aus den ersten Jahrhunderten unserer Zeitrechnung, eine ägyptische Sprache, nach dem griechischen Alphabet geschrieben. Der allgemeine Konsens ist, dass die koptischen Übersetzungen original griechischer Texte aus der Periode 350-400 unserer Zeitrechnung stammen. Aber das ist auch das Einzige, über das die Gelehrten sich einig sind. Die originalen Texte sind älter. Der Inhalt dieser Handschriften ist eine Zeitbombe für die etablierten religiösen Auffassungen.

Eine der Handschriften erhielt den Namen Kodex Jung. Sie geriet 1951 mit finanzieller Unterstützung durch G. Page in die Hände des Professors Gilles Quispel. Er und einige gelehrte Freunde waren die Ersten, die ein Traktat daraus übersetzten. Es ist eine gnostische Handschrift mit fünf Texten aus der Schule des Valentinus und wird jetzt als Kodex I der Nag Hammadi-Bibliothek bezeichnet. Sie wurde ebenfalls von G. Quispel übersetzt. Im gleichen Krug fand man auch das *Thomas-Evangelium* und das *Evangelium des Philippus*. Das sind gnostische Schriften erster Ordnung, die bezüglich Authenzität und Alter mit den ältesten bekannten christlichen Texten wetteifern können. Alle Handschriften befinden sich augenblicklich im Koptischen Museum in Kairo. 1977 wurde die Nag Hammadi-Bibliothek zum ersten Mal veröffentlicht.

Für uns illustrieren diese beiden Ereignisse Folgendes: Bereits während der Jahre 1940 bis 1945, als der schrecklichste Krieg, den die Welt bis dahin gekannt hatte, auf europäischem Boden wütete, wurde ein Strom der Liebe ausgesandt, um die dunklen Wolken des Hasses über Europa zu neutralisieren. Es wurde an mehreren Orten gleichzeitig ein total neuer Impuls vorbereitet. Gadal und die Seinen kletterten nicht nur empor, um die Verheißung des Troubadours zu erfüllen, die vor siebenhundert Jahren neben dem Scheiterhaufen am Fuß des Berges, auf dem die Burg Montségur liegt, ausgesprochen worden war. Feinfühlig, wie er von Natur aus war, wollte Gadal auf diese Weise die Verbindung mit der universellen Bruderschaft, der Bruderschaft Christi, erneuern. Denn sowohl der Gral – die nach-christliche Gnosis – und der Katharismus als auch der Orden des Rosenkreuzes wurden durch deren Impulse inspiriert.

Das alles sind Befreiunganstöße. Und in diesem Sinn haben der Katharismus und – noch weiter zurück in der Zeit – auch die Bruderschaft des Grals das Entstehen des Rosenkreuz-Impulses gewiss mit beeinflusst. Gadal wies später wiederholt darauf hin, dass die mittelalterlichen Gemeinschaften der Katharer, Rosenkreuzer und Templer in dem beschützten Gebiet im Süden von Toulouse Kontakt miteinander hatten.

Er suchte Bestätigung für den neuen Impuls, weil seine Intuition ihm sagte, dass er kommen müsse und er selbst nach der unterbrochenen Verbindung suchen solle. Es ging in erster Linie um die Verbindung zu den bekannten Bruderschaften, die sich in das große universelle Werk Christi eingegliedert hatten, zu dessen Bewahrern er gehörte.

Der Fund von Nag Hammadi ist der stoffliche Beweis der herrlichen und befreienden Wirksamkeit des Geistes, die den Menschen zum freien Denken anregt, zur Erhebung über die Materie. Es gab einen Moment, in dem etwas von der besonderen Atmosphäre und den mächtigen geistigen Kräften sichtbar wurde, die hinter der Arbeit des Rosenkreuzes drängen. Sie bereiten auf unterschiedliche Weise neue Verhältnisse vor und schaffen Umstände, die sich in positivem Sinn lange und weit auswirken werden.

Ein weiteres Ereignis, das diese große Veränderung in der Atmosphäre illustriert, ist die Tatsache, welche die zwei Seiten – das Ägypten des Hermes und das Okzitanien der Kirche der Liebe – zu einem wirklichen Dreieck der Gnosis, das ganz Europa berührte, vervollständigt. Denn auch in Haarlem war während des Krieges jene besondere Atmosphäre spürbar. Und unter diesem neuen Impuls schrieb Jan van Rijckenborgh sein Werk *Dei Gloria Intacta – das christliche Einweihungsmysterium*. Auf der Grundlage dieses Werkes, das in seiner Einleitung einen Abschnitt aus der klassischen *Fama Fraternitatis* von 1624 enthält, konnte die Arbeit der jungen Geistesschule nach dem Krieg tatsächlich schnell beginnen. Jan van Rijckenborgh erfuhr bewusst „die neue Atmosphäre, die bereits einige Jahre über der Menschheit wirksam war." Sie wurde zu einem zentralen Thema vieler seiner Ansprachen. Auf praktische und neue Weise erklärte er die alte Lehre der Transfiguration und aktivierte sie wieder. In *Dei Gloria Intacta* beschrieb er den modernen gnostisch-christlichen Einweihungsweg. Die universelle Seite dieses Werkes ist die vernünftige Basis für den von einer „magischen, evangelisierenden Triebkraft" durchzogenen Text, wie ein Kritiker es ausdrückte.

In den schwierigen Kriegsjahren verschärfte sich Jan van Rijckenborghs Einsicht und reifte in ihm die Erkenntnis, dass die Befreiung mit den Methoden der alten esoterischen Systeme nicht mehr gelingen werde. Denn in der Art und Weise, wie sie die universellen Aspekte vermitteln, ist eine Fußangel verborgen. Auf der Basis des alten egozentrischen Bewusstsein des Menschen, das ganz auf Selbstbehauptung gerichtet ist, kann der göttliche Mensch, der Geist-Mensch, nicht entstehen. Das Resultat würde niemals über das kennzeichnende Niveau der esoterischen Strömungen des neunzehnten Jahrhundert hinausreichen: Uneinigkeit, Selbstüberschätzung, unnatürliches Verhalten und Kritik. Die Reinheit und Strahlung des göttlichen Kerns – des Geistfunkens – würde unmittelbar besudelt und könnte nicht ohne Weiteres wieder gereinigt werden. Daher musste die neue Wirksamkeit nach dem Krieg unter einem neuen Zeichen stehen. Und das konnte nur das neue Seelenzentrum sein. Ein ganz neues Denken und Erkennen musste sich im „Raum hinter dem Stirnbein" aus dem unversehrten geistigen Kern im menschlichen Herzen entwickeln.

Einer der wichtigsten Pfeiler der Geistesschule des Goldenen Rosenkreuzes – wie das Werk und die Schule nach dem Krieg genannt wurden – ist folgende Erkenntnis: Der Mensch kann sehr viel tun, um das geistige Prinzip, das sich aus den sieben Strahlungskräften des Geistes bildet, in sich zu befreien und zu stärken. Dabei will ihm die Schule methodisch und strukturgebend dienen. Diese Erkenntnis ist der erste Schritt, um sich aus dem Griff der Zwillingskräfte unseres Daseins zu lösen, und dazu ist erforderlich, das Prinzip der Gegensätze, aus dem das Ich entsteht, als Lebensbasis abzuweisen. Dann entwickeln sich Selbsterkenntnis und Einsicht und dadurch Bescheidenheit. Gleichzeitig erkennt der suchende Mensch, dass eine subtile und achtsame Lebenshaltung nötig ist, die das Innere beschirmt. Der zuerst noch sehr zarte Beginn der neuen Lebenshaltung ist kaum spürbar. Und es würde unmittelbar den Tod für dieses Prinzip bedeuten, wenn die heftigen Ego-Kräfte darauf losgelassen würden. Wer daher sein Ich oder seine Persönlichkeit in den Vordergrund stellt, hat in einer Geistesschule, wie Jan van Rijckenborgh sie vor sich sah, nicht viel zu suchen. Aufrichtiges Verlangen nach Befreiung, Seelenentwicklung und Überwindung der größten Behinderungen, die vor allem von den niederen Aspekten des Egos verursacht werden, sind die Essenz der ersten drei Aufgaben der neuen Geistesschule: das Endura.

Jan van Rijckenborgh hoffte in der gesamten Nachkriegsperiode, dass diese Erkenntnis schnell Gemeingut würde. Dieser Bewusstseinssprung würde große, neue spirituelle Kräfte und gewaltige kosmische Impulse der Liebe anziehen. Helfende Kräfte würden jeden Wohlwollenden in seiner Entwicklung weiterdrängen. Er meinte, dass drei Jahre der Vorbereitung dafür ausreichen müssten. Zusammen mit den neu ausgerüsteten Pionieren könnte er dann an seinem zweiten Ideal arbeiten, nämlich ein Weltwerk zu gründen, das vielen zehntausend Menschen dienen könnte.

Während seines Lebens zeigte sich jedoch oft, dass in vielen Suchern der alte Mensch in Charakter und Blut noch fest verankert ist. Daher ist es für sie nicht so einfach, „entblößten Hauptes und barfuß der aufgehenden Sonne entgegenzugehen", wie es in der *Confessio Fraternitatis* von 1615 heißt. Jan van Rijckenborgh wurde schnell klar, dass er vorläufig nichts anderes tun konnte, als seine Energie auf die Förderung der Schüler innerhalb der Geistesschule zu richten. Und er erkannte, dass der Grundgedanke, den er während der Sommerschulen von 1939 und 1940 eingeführt hatte und der in den Kriegsjahren weiter gereift war, nicht ohne feste Fundierung in der Gruppe zu verwirklichen sei. Diesen Gedanken arbeitete er in dem Werk *Die Gloria Intacta* als Lehre des Persönlichkeitswechsels weiter aus.

Der Untertitel des Buches lautet: *Das christliche Einweihungsmysterium des heiligen Rosenkreuzes für das neue Zeitalter*. Es erschien 1946 und ist eine der wenigen Publikationen, die er nach dem Krieg auch als Buch herausgegeben hat. Alle anderen Ausgaben sind als Konferenzvorträge und Zyklen entstanden. In diesem Werk wird der Weg als siebenfacher Pfad ausführlich erklärt. Sorgfältig wird darauf geachtet, dass sein Beginn ein persönliches feuriges Verlangen nach einer höheren, reineren Lebensart sein muss und das Streben, dem Mitmenschen in seinem Dasein zu helfen. Denn dieses wird doch von viel unverstandenem Leid gekennzeichnet. Es geht nicht mehr um Einweihung, die durch einen anderen, einen sogenannten „Eingeweihten" erfolgt, vielmehr wird hier ein Weg der Selbsteinweihung geschildert, ein Weg der Gnosis. Mit Hilfe systematischer Vibrationserhöhung und durch eigene (Christus-) Kraft kann sich der Mensch der Wirklichkeit des „neuen Lebens" stets mehr nähern. Denn die Art der Gnosis, „der Kenntnis des Herzens", ist

---

120. Jan van Rijckenborgh, Dei Gloria Intacta, Antwerpen-Haarlem, Hora Est 1946

doch, dass niemand zwischen Gott, Christus oder der Übernatur und dem Menschen steht.

Das ist ein praktischer Weg, der zu einer herrlichen Lebenserneuerung führt und den Menschen für starke Ströme der Liebe empfänglich werden lässt. Es ist kosmische Liebe, universelle selbstlose Liebe, gleich der Liebesenergie, die vom Christus ausgeht. Diese Lebenserneuerung ist das Wesentliche der Transfiguration. Den wahren Sucher erwartet gleichsam eine doppelte Selbsterkenntnis: die des niederen Menschen, aber auch das Erkennen des „Gottes in sich", des himmlischen Anderen. Dann versteht er die Worte, die alle Gnostiker und Hermetiker verkünden: „Wer sich selbst erkennt, kennt das All." Das stimmt vollkommen mit dem griechischen Spruch überein: „Mensch erkenne dich selbst." Denn auch in Delphi wusste man, dass noch ein zweiter Teil zu diesem Spruch über der Grotte der Phytia gehörte, den der moderne Psychologe bei der Selbstprüfung oft vergisst: „Mensch, erkenne dich selbst; und du wirst Gott – das All erkennen."

15. Elckerlyc – Renova

Arbeiten mit der Gruppe. H.Th.Wijdeveld und Elckerlyc. Ein Konferenzort im Zentrum der Niederlande. Die neue Zusammenarbeit der geistigen Leiter

Das Werk von Jan Rijckenborgh und Catharose de Petri besteht nicht in erster Linie in der Herausgabe von Büchern oder anderen Publikationen. Zwar unterstrichen sie die Wichtigkeit eines Publikationsbüros oder eines Verlages, sahen darin aber kein Ziel an sich. Ziel und Auftrag waren für die beiden Gründer die Schaffung einer „lebendigen Arche", eines lebenden Körpers. Ein solches konzentriertes „Feld" sollte als Werkorganisation eine große Gruppe hingebungsvoller, fest entschlossener Menschen von großer Reinheit beschirmen und weiterführen.

Das war die Arbeit, die 1946 begann. Sie wollten ein Feld und eine Atmosphäre schaffen, worin die ursprünglichen Lehren des Hermes und der Gnosis nachdrücklich wirken könnten. So würde die gewaltige Vision „Gott-Kosmos-Mensch" in der Gesellschaft der neuen Zeit wieder verwirklicht werden – wenn die genannte Gruppe innere Autonomie erreichen könnte. Vor allem wollten sie, dass wieder ein Brennpunkt entstehen sollte für die uralte Religion des Hermes, die immer Gnosis, Kosmologie und Befreiung als Einheit ist. Im Altertum wurde Hermes „Der Prinz des Lichtes" genannt. Und die Eingeweihten erkannten in ihm einen würdigen Ebenbürtigen Christi, des „Sohnes des Lichtes". Beide lehrten die Menschen die ursprüngliche Religion der „Wiederverbindung". Das Verlangen der Gründer der Schule und der Ausgangspunkt ihrer Arbeit war, dass Sucher und Interessenten durch ein Institut, eine Einweihungs- oder Geistesschule unter der Inspiration des Rosenkreuzes den ursprünglichen Zusammenhang von Welt und Menschheit wieder finden können.

Aus der Sicht der beiden geistigen Leiter liegt die Kraft der Geistesschule in der Einfachheit, Reinheit und der unmittelbaren Verbindung mit dem Lichtfeld. Darin kann eine siebenfache Entwicklung stattfinden. Wer den Schritt in die Geistesschule getan hat, kann in Ruhe und Sicherheit seinen eigenen Weg der Befreiung gehen und zwar trotz der Tatsache, dass die Zeit, in der er lebt, zunehmend komplizierter wird. Diese Geistesschule ist tatsächlich ein siebenfaches System, ein sich immer weiter ausbreitendes Ganzes, dessen Struktur, Hierarchie und Aufbau sich innerlich jedoch gleich bleiben. Bedingung ist, dass die darin aufgenommene Gruppe prinzipiell den auf das Ich gerichteten Aspekt hinter sich gelassen hat und über „neue Seelenkraft" verfügt.

Zusammenwirkend mit dieser neuen Organisation, die sie „Geistesschule" oder „lebenden Körper" nannten, konnten alle die große Kluft zwischen der Welt und dem ursprünglichen Lebensfeld, zu dem der Mensch gehört, den er jedoch verloren hat, überbrücken. Jeder, der daran teilnimmt, die kosmischen Einflüsse zulässt und versucht, den „göttlichen Willen" zu erkennen, öffnet sich für die geistige Energie der Monade.

Und wo die individuelle spirituelle Entwicklung des Menschen noch nicht weit genug vorangeschritten ist, gleicht die Unterstützung des Strahlungsfeldes der Geistesschule die noch bestehenden Mängel aus.

Es ist verständlich, dass ein Feld dieser Qualität vielen Forderungen entsprechen muss. Nur dann können die ursprünglichen Lichtenergien sich damit verbinden und die Schüler davon profitieren.

Diese Forderungen sind: moralische Reinheit, konzentrierte Ausrichtung und Opferbereitschaft. Sehr wichtig ist auch eine tief empfundene Anteilnahme für den Mitmenschen. Außerdem gibt es Forderungen organisatorischer Art. Eine der hervorstechendsten Bedingungen ist die Gruppenarbeit im Rahmen der Konferenzen. Das ist immer noch die wichtigste Aktivität innerhalb der Schule, denn während mehrtägiger Konferenzen geht es darum, eine Atmosphäre zu schaffen, in welcher der Sucher einige Zeit über sich selbst emporgehoben werden kann. Dann ist er relativ frei von gesellschaftlichen und sozialen Bindungen, so dass Herz, Seele und Verstand ungestört in der reinen Energie des Tempelfeldes atmen können, das sich über die Gruppe ausbreitet. Auf diese Weise können die Menschen sich einige Stunden oder Tage konzentriert den höheren Prozessen des Menschseins widmen. Eine der wichtigsten Voraussetzungen für das Wachstum der Seele ist die Gruppeneinheit.

RENOVA

Um dieses Seelenwachstum zu erreichen, erwarb die neue Organisation – die damals von C. Damme, J. van Rijckenborgh, E. Roland-Retera und H. Stok-Huizer (Catharose de Petri) geleitet wurde – im Jahr 1946 die ehemalige Architektenschule „Elckerlyc" in Lage Vuursche. Dieses schöne und moderne Gebäude war 1935 von dem Architekten H. Th. Wijdeveld (1885-1987) entworfen und gebaut worden.

Wijdeveld war sein Leben lang Idealist und Vorkämpfer der neuen Bauweise, die in den Vorkriegsjahren aufkam. Seine Pläne zeugten stets von hohen Idealen. Oft schrieb und sprach er über „die neue Ordnung" oder „die neue Zeit", die das Leben der Menschheit eingreifend verändern würde. Und sie, die Architekten dieser neuen Zeit, sollten ihre Vorkämpfer sein. Er benutzte sogar Ausdrücke wie „der neue Mensch" oder „die neue Rasse", wofür er nach dem Krieg heftig angegriffen wurde.

Und er schrieb: „Immer wird das Unbewusste dem Geist vorangehen. Dennoch versucht der Mensch einem neuen Lebensziel Ausdruck zu verleihen. Und jene, die das uralte Suchen der Menschheit geerbt haben, widmen sich mit einer solchen Hingabe dieser Aufgabe, dass allein schon durch ihre Sicherheit die Hoffnung in allen aufflammt. Das ist die Kraft, die sich in schweren Zeiten wiederum manifestieren will, und wir empfinden bereits das Kommen der neuen Einheit voraus ..."
Einer von Wijdevelds Plänen betraf die Entstehung einer neuen Le-

 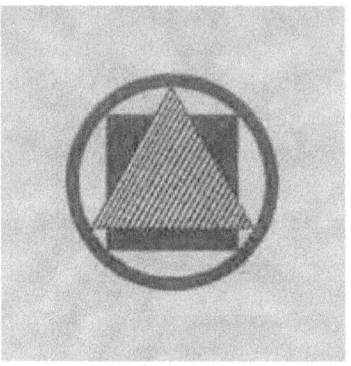

Wijdeveld benutzte als Symbol den Kreis und das Viereck. Als er das Symbol der Schule sah, das auch noch das Dreieck enthält, sagte er: „Nun weiß ich, was mir fehlte: die drei Kräfte des Dreiecks."

bens- und Arbeitsgemeinschaft zur Vorbereitung auf die „neue Ordnung". Das sollte in Loosdrecht beginnen, was jedoch nicht gelang. Danach baute er in Frankreich ein Projekt, in das er viel investierte. Aber es brannte während eines Waldbrandes bis auf die Grundmauern nieder. Schließlich wurde es in Lage Vuursche unter dem Namen Elckerlyc (Jedermann) verwirklicht. Das Arbeiten und Wohnen in *Elckerlyc* war Wijdevelds Ideal und fand treffenden Ausdruck in dem Symbol: Kreis und Viereck.
- Der Kreis symbolisierte das Ewige, Unveränderliche,
- das Viereck die Bewegung, den Raum.

Diese Kombination war ein Bild für das Ideal, das Wijdeveld in Elckerlyc verwirklichen wollte. Das Symbol und sein Streben zeigen deutliche Parallelen zu den Auffassungen, die Jan van Rijckenborgh und die Seinen vertraten. Jahre später, als Elckerlyc in Renova umgetauft worden war, besuchte Wijdeveld den Konferenzort noch einmal. Als er im Tempel den Teppich mit Kreis, Dreieck und Viereck sah, rief er aus: „Nun sehe ich es! Das hat mir gefehlt: das Dreieck!" Er erkann-

te, dass die drei kosmischen Kräfte „Erkenntnis, Liebe und Tat" ihm so oft gefehlt hatten. Für das Lectorium Rosicrucianum war das Dreieck von Anfang an das Fundament, die harmonische, selbstlose Energie der Christus-Kraft, auf die der Bibelspruch hinweist: „Ohne mich könnt ihr nichts tun." (Joh. 15/5). [121]
Der Ankauf des Anwesens Elckerlyc wurde durch den Verkauf großer Teile des *De Haere*-Grundstücks ermöglicht und war ein wichtiges Ereignis. Dennoch wurde es im Frühling jenes Jahres in der NRO *Nieuw Religieuse Orientering* nur ganz schlicht angekündigt:
„Lectorium Rosicrucianum Elckerlyc ist der neue Besitz der Rozekruisers Genootschap, gelegen in Lage Vuursche, mitten in den schönen Wäldern dieses bekannten niederländischen Paradieses. Das prächtige und moderne Gebäude soll ganz den besonderen und exklusiven Erneuerungskonferenzen mit Schülern und Kursusteilnehmern gewidmet sein. Im Juli und August werden die ersten Konferenzen gehalten, und alle Zeichen weisen auf eine sehr fruchtbare Sommerkampagne hin." [122]
In der ersten Ansprache im neuen Konferenzort zeichnete sich deutlich die Basis der neuen Methode in den Worten Cor Dammes ab: „Was helfen chinesische, indische, griechische, ägyptische und christliche Philosophie, wenn der Mensch sich selbst nicht im Liebesgesetz zu verlieren weiß? Alle Gründer großer Religionen oder philosophischer Systeme waren sich selbst nur der ‚Liebe' bewusst, des Herzschlags des Lebens. Und daraus stieg ihre Weisheit wie lebendes Wasser empor." [123]
In den ersten Nachkriegsjahren zwischen 1946 und 1951 gab es in der jungen Gruppe eine gewaltige Kraftanstrengung. Es war ein inneres Drängen, das vollkommen neue Gedankengut der Lehre von der Transfiguration zu vertiefen und auszubreiten. Außerdem war es notwendig,

---

121. P. Huijs und P. Teunis: Het nieuwe bouwen en de Renovatempel. Wijdeveld en de bouw van de Renovatempel, Typoskript, 1986
122. Nieuw Religieuse Orientering, 6. Jg. Nr. 5, 1946, S. 146 ff.
123. Typoskript C. Damme. Siehe Note 87

den organisatorischen Aufbau der neuen Schule den im Krieg vorbereiteten neuen Strukturen anzugleichen. Das wurde vom Hauptsitz in Haarlem aus unternommen. Aber es zeigte sich, dass die Situation nach dem Krieg doch völlig anders war, als man es sich während des Krieges vorgestellt hatte.

Hendrikje Stok-Huizer (Catharose de Petri) war eine Frau, die Klarheit forderte. Viele, die sie gekannt haben, sagen, dass eine Begegnung mit ihr eine katalysierende Wirkung hatte. Man wurde gezwungen, sich selbst in aller Objektivität zu sehen. Dieselben klaren Linien führte sie auch in die Organisation des Werkes ein. Das im Krieg entwickelte Modell erwies sich nämlich als nicht ausreichend. Es stellte sich heraus, dass einige Freunde, auf die man vertraute, den neuen Geist nicht erfassen konnten. Inzwischen reiste Cor Damme für die Geistesschule nach Brasilien, um dort, auch auf Bitte der Rosicrucian Fellowship, dem alten Werk erneut Leben einzuhauchen oder auch ein neues zu organisieren.

Innerhalb der Leitung bestand nicht genug Zusammengehörigkeitsgefühl. Obwohl jeder deutlich erkannte, dass Jan van Rijckenborgh im Zentrum der Arbeit stand, gab es einige, die seine rechte Hand sein wollten. Schließlich wies Hendrikje Stok-Huizer (Catharose de Petri) darauf hin, dass einer neuen, eindeutigen Arbeitsweise gefolgt werden müsse. So entstand eine klare Struktur, die alle zur Reinheit ihrer Motive und Handlungen verpflichtete. Ab 1946 war sie neben Jan van Rijckenborgh die leitende Mandatsträgerin im Werk, beide bildeten zusammen die geistige Leitung des Lectorium Rosicrucianum. Infolgedessen wurden 1949 drastische Änderungen vorgenommen. Kurse und lokale Tempeldienste wurden auf Eis gelegt, und die Dienste im Haupttempel waren jetzt ausschließlich für Schüler der Schule zugänglich. In den ersten Monaten des Jahres 1949 hielten nur Jan van Rijckenborgh und Catharose de Petri in den Zentren Vorträge und in Elckerlyc Konferenzen. Der neue Geist, der sich in der Gruppe ausbreiten sollte,

erforderte, dass die Wirksamkeit der sieben Strahlen des Geistes für jeden die unabweisbare Basis war. Diese reine, neue, junge gnostische Energie musste im gesamten Werk lebendig werden. Daher wurde die Arbeit völlig neu strukturiert:
„Die Schule des Rosenkreuzes will kein Zeitvertreib oder Ambitions-Institut mehr sein für viele, die ohne weitere Absichten nur von Zeit zu Zeit ihre Schritte zu den Tempeln lenken."
Die beiden geistigen Leiter arbeiteten die Aspekte und Konsequenzen dieser neuen Linie in Konferenzen und Ansprachen aus, die später in die ersten beiden Bücher der Renova-Reihe *Der kommende neue Mensch* und *Die Gnosis in aktueller Offenbarung* aufgenommen wurden. Das erste Buch geht auf die Konsequenzen ein, welche die sieben Strahlen im Leben des Menschen und im Mikrokosmos erfordern. Im zweiten Buch wird beschrieben, wie sich durch die Wirksamkeit des Siebengeistes nicht nur die Geistesschule, sondern ein gesamtes Weltwerk entfalten wird.
Auf den Inhalt dieser beiden Publikationen kommen wir später noch zurück. Betrachten wir zuerst, was in der Praxis geschah. Denn die fünfziger Jahre standen im Zeichen des Aufbaus. Die Arbeit am geistigen Haus spiegelte sich auch in einer Periode äußerer Bau-Tätigkeiten wider, die trotz des großen Mangels an Mitteln begonnen wurden. (Viel Baumaterial gab es nur auf Bezugsschein.) In den Mitteilungen vom Februar 1949 heißt es:
„Es wurde jetzt beschlossen, in diesem Jahr als erstes Projekt mit dem Bau des Waldtempels zu beginnen. Die Tempeleinrichtung für die Sommerkampagne ist jedoch noch ein fernes Ideal. Mit den zusätzlichen ungefähr 100 Tagesgästen wird das zusammengedrängte Sitzen im engen Esssaal immer beschwerlicher.
Durch verschiedene Umstände und die Tatsache, dass die Bauzeichnungen drastische Veränderungen aufwiesen, ließ der Baubeginn auf sich warten. Am 27. Mai 1951 wurde der Grundstein für den Tempel gelegt. Darauf steht die magische Formel der Alchimie der Rosenkreuzer:

Ignis Flamma Materia Mater. Etwas abstrakt wurde erklärt, dass Ignis das ursprüngliche Feuer sei, aus dem die gesamte Schöpfung entsteht, die Flamme, die in der Materie den heiligen Geist trägt. Aus dem Feuerprinzip kommt das lebende Wasser hervor. Und Mater steht für das universelle Feld der Bruderschaft, die Matrix, die Mutter – oder die Frau, mit der Sonne bekleidet und dem Mond unter ihren Füßen, die sich erneut in der Materie manifestiert.

Bei dieser Gelegenheit sprach Jan van Rijckenborgh über das Fundament, auf dem der Tempel errichtet werden sollte, nämlich „auf dem Kreis mit neunundvierzig Säulen". Er erklärte also, wie die Ewigkeit sich in der Zeit durch neunundvierzig magnetische Strahlen offenbart. Durch diese siebenmal sieben primären magnetischen Strahlen offenbart sich das ursprüngliche kosmische Lebensfeld oder auch das unbewegliche Königreich. Diese sieben magnetischen Strahlen bilden eine Einheit, die als vollkommene göttliche Sonne bezeichnet werden kann. Aber auch sie ist siebenfach, besitzt sieben Stufen oder Strahlen, wobei jede Stufe wieder ein vollständiges Strahlungsfeld ist. „Die Mysterien sprechen von den sieben goldenen Kreisen oder den sieben Sonnen, die das All erleuchten. In der erhabenen Religion des großen Ägypters Echnaton wurde diese universelle Sonne angebetet und zwar durch Arbeit, Tat und vollkommene Hingabe."[124]

Zweihundert und sieben Tage nach der Grundsteinlegung war das für jene Zeit supermoderne Tempelgebäude fertig. Am 21. Dezember 1951 wurde es eingeweiht.
Von da an wurde der Name Elckerlyc in „Renova – Erneuerung" verändert, und der Tempel hieß nun Renova-Tempel. An der Weihe des Heiligtums nahmen tausend Schüler teil.
Während der Eröffnung erklärte Jan van Rijckenborgh in einer

---

124. Renova, Lectorium Rosicrucianum, 1. Jahrgang, Nr. 2. Februar 1952, S. 14

Elckerlyc 1946

denkwürdigen Ansprache, dass nicht nur ein Tempel, sondern sieben Tempel gleichzeitig im Renova-Tempel wirksam seien:
„Die gesamte Vergangenheit wird hier heute Abend zur einen Gegenwart, so wie die Gegenwart gleichzeitig die Zukunft ist. Der Tempel des Echnaton ist erneut unter uns erstanden. Die sieben Strahlungsfelder haben wieder einen Brennpunkt erhalten. Die sieben goldenen Kreise sind neu gezogen und belebt. Darum haben sich alle Bruderschaften, die dem universellen Licht dienten oder jetzt dienen – von der grauen Vorzeit bis zu dieser Stunde – vereint, um diese Tatsache zu verwirklichen; mit uns – mit Ihnen allen und uns. [...]
Über diesen großen Moment, wie wir ihn jetzt feiern, gibt es in der Welthistorie eine sehr alte Freimaurerlegende, die Legende von den sieben Tempeln. Sie berichtet von einem herrlichen Augenblick, der in einer fernen Zukunft kommen soll. Dann soll es sieben Tempel, sieben hermetische Arbeitsplätze geben. Und es besteht ein Ritual, das zu einem bestimmten Grad einer der alten Freimaurer-Zeremonien gehört. Darin spricht ein Bruder zu einem anderen Bruder:

‚Dass die sechs anderen Tempel bald kommen mögen, Bruder.' Und der Angesprochene antwortet: ‚Sie werden sein.' Diese Worte entstammen der Erinnerung an Mysterien, die in jeder Menschheitsperiode immer wieder zurückkehren.

Gestern Nachmittag, bei der Verabschiedung unserer offiziellen Gäste, sagte ein Freimauer, der diese Legende offenbar kennt, zu uns: ‚Nun noch die anderen sechs Tempel, Herr Leene'. Ich antwortete ihm: ‚Sie werden sein.' Und ich dachte bei mir: ‚Morgen, wenn Sie es genau wissen wollen.' "

Der Bau des Renova-Tempels hatte hunderttausend Gulden gekostet. Das war in jener Zeit ein Vermögen. Jan van Rijckenborgh, der von vielen fähigen Menschen umgeben war, besaß eine besondere Art zu arbeiten. Was er als Auftrag erfuhr, musste und sollte ausgeführt werden, ungeachtet der Konsequenzen. Im vollen Vertrauen war der Bau dann auch im Frühjahr begonnen worden. Und bei der Eröffnung sagte er: „Da nun die meisten Schüler der Schule hier anwesend sind, haben Sie vielleicht den Eindruck, dass der Renova-Tempel zu klein sei. Nun, wir wollen, was das betrifft, nicht zu weit in die Zukunft blicken. Wir überlassen das der universellen Bruderschaft."

Achtunddreißig Jahre später wurde der Tempel umgebaut und vergrößert. Und während der Neu-Eröffnung am 22. November 1989 sprach der Bürgermeister der Gemeinde De Bilt, Mr. Baron A. van Harinxma thoe Slooten einige Worte im Tempel. Zum Schluss sagte er: „Anfangs dachte ich an den Spruch: ‚Ein Volk, das lebt, baut an seiner Zukunft'. Ihre Bruderschaft wächst und blüht, bauend an der Zukunft. Jetzt geschah es sehr praktisch in der Form dieses Tempels. Aber von viel größerer Wichtigkeit ist die Arbeit am Menschen, an seiner persönlichen sittlichen und geistigen Erneuerung. Möge dieser Tempel

---

125. Renova, Lectorium Rosicrucianum, 1. Jahrgang, Nr. 2, Februar 1952, S. 16 ff.

Der erneuerte
Renova-Tempel
1989

im Dienst des Menschen stehen. Und möge dieser Mensch hier eine neue Kraft empfangen, um – im Geist des Johannes – Botschafter des Lichtes zu werden, zu sein und zu bleiben, verbunden im Geist mit Christian Rosenkreuz." [126]

---

[126]. Harinxma thoe Slooten, Ein Tempel im Dienst des Menschen, Pentagramm, 12. Jahrgang, Nr. 3, 1990, S. 28.

16. Eine neue Fama oder ein neuer Ruf der Bruderschaft R. C.

Die siebenfache Weltbruderschaft. Die sechs Teile der Eckstein-Serie. Konferenzen über den kommenden neuen Menschen sowie die Aspekte und Konsequenzen der neuen Menschheits-Periode

Ab 1951 wurden Jan van Rijckenborghs Ansprachen und Artikel in die erste Buchserie der Rozekruis Pers nach dem Krieg aufgenommen. Es sind die Titel der Eckstein-Bibliothek: *Die Bruderschaft von Shamballa, Der universelle Pfad, Die große Umwälzung, Die universelle Gnosis, Die elementare Philosophie*. Als nächstes sollte das Buch *Wege der Transfiguration* erscheinen. Darin wurden einige bisher noch nicht publizierte Artikel aus dieser Periode aufgenommen. Obwohl die Arbeit mit großer innerer Ruhe und Entschlossenheit begonnen worden war, gab es in dieser Zeit des Aufbaus keine Ruhe. Jan van Rijckenborgh war ein Mann mit vielen Initiativen. Am 3. und 4. September 1952 reiste er nach Wiesbaden in Deutschland mit dem fest umrissenen Bild seines zweiten Ideals: der „Weltbruderschaft des Rosenkreuzes". Am Wendepunkt des zwanzigsten Jahrhunderts war es seiner Erkenntnis nach äußerst wichtig, dass von diesem klassischen Punkt in Europa ein neuer Ruf der siebenfachen Weltbruderschaft des Rosenkreuzes ausgehen müsse. In *Renova*, 1. Jahrgang, Nr. 10 heißt es:

„Im September fühlten wir uns zu dem Auftrag gedrängt, eine neue Fama Fraternitatis herauszubringen und zwar ungefähr an demselben Ort, an dem vor 350 Jahren Johann Valentin Andreae und die Seinen die gleiche Aufgabe erfüllten. Wir reisten dorthin, gaben diese Botschaft also nicht im Renova-Tempel oder im Haarlemer Tempel bekannt. Denn es war wichtig, einer gleichen Kraftlinienstruktur zu folgen oder sie zu ziehen entsprechend dem Gesetz, das Sie gut kennen: Wo das

Jan van
Rijckenborgh
und Catharose
de Petri, 1953

Licht einmal begonnen hat oder geboren wurde, dahin kehrt es wieder zurück."

Bereits im November 1952 konnte jeder Interessierte diese neue Fama von Jan van Rijckenborgh zum Preis vom hfl. 1,50 erwerben. Der lange Titel lautete: *Ein neuer Ruf der siebenfachen Weltbruderschaft des Goldenen Rosenkreuzes am Wendepunkt des zwanzigsten Jahrhunderts, übertragen in Wiesbaden am 3. und 4. September 1952.*

Menschen, die das Werk dieses geistigen Leiters studierten, erklärten, das Manifest zeichne sich durch dieselbe Klarheit und genaue Formulierung aus, mit der er auch seine Sendung beschrieben hatte. Das erste Thema ist die Bruderschaft des Lebens, die mit der kosmischen Kraft des Christus wirkt. Das zweite betrifft die kommende oder bereits beginnende große kosmische Veränderung, welche die gesamte Menschheit einschließt, und drittens wird der Weg der Transfiguration, die moderne Form der uralten Alchimie, behandelt.

„Die transfiguristische Alchimie", so heißt es darin, „die wir Ihnen vorstellen, also die alchimische Veränderung, vor die wir die Schüler des modernen Rosenkreuzes stellen, beginnt beim Ich. [...] Sie beginnt beim Angreifen des Ichs. Auch Christian Rosenkreuz greift in der ‚Chymischen Hochzeit' das Ich an: Die Ritter des goldenen Steins schwören dem Ich ab und übertragen es der Christus-Kraft. Damit wird die Einseitigkeit der mittelalterlichen mystischen Selbstauflösung überwunden. Es gibt also keine Weltflucht oder Askese. Durch die Praxis des Christian Rosenkreuz wird das Ich zum neutralen Instrument, ein Hebebaum zur höheren Entwicklung. Darum sagt der Christus: ‚Wer sein Leben verlieren will um meinetwillen, der wird es behalten.' Vom Ausgangspunkt der Transfiguration aus erklärt bedeutet das: ‚Wer die Selbstübergabe anwendet, die für die Ausübung dieser Alchimie notwendig ist, wird erfahren, dass das alte Ich in das neue Sein übergleitet. Die alte Seele geht unter, während das Vakuum, das dadurch zu entste-

hen droht, gleichzeitig vollkommen von der neuen Beseelung erfüllt wird, die allmählich an Kraft und Herrlichkeit zunimmt.' 127
In diesen Zusammenhang passt ein Hinweis von Catharose de Petri aus einer Ansprache, die sie anlässlich ihre siebzigsten Geburtstags hielt: „Ob Sie nun Ihre neuen oder Ihre alten Bücher aufschlagen: Alle haben doch das eine, alles umfassende, christozentrische Fundament. Und das ist der Grund dafür, dass jeder von Ihnen als Schüler vor diese eine Konsequenz gestellt wird." 128
Bis ins zwanzigste Jahrhundert hinein waren das etablierte Christentum und die Alchimie Gegenpole. Dieses Christentum suchte und sucht mit seinem mystischen Pol über das Herz Lebenserfüllung im kirchlichen Erleben und im Gehorsam. Argwöhnisch blickt es auf Magier und Okkultisten, die den Himmel stürmisch und mit ihren Gedanken erobern wollen. Gerade die Alchimie ist eine Wissenschaft, welche die verborgenen, erhabenen und göttlichen Gegebenheiten verstehen, erkennen und ergründen will. Darum verwirft sie die Mystik und jene kirchliche Annäherung, die unter dem Motto steht: „Den Seinen gibt es der Herr im Schlaf."
Der Gegensatz entsteht aus falsch interpretierten vagen und uralten Erinnerungseindrücken. Davon gibt es im Bewusstsein des Menschen zwei Sorten: einerseits solche an die direkte und absolute Gehorsamsbindung an Gott – „am Herzen des Vaters geborgen" – und andererseits die Erinnerung an die große Macht und Herrlichkeit des ursprünglichen Menschen, der eine mächtige Schöpfungskraft über sich und in sich drängen fühlte.
Die klassischen Rosenkreuzer bemühten sich stets, diese eigentlich doch irreale Kluft zu überbrücken. Denn der Geist des klassischen Rosenkreuzes, die ursprüngliche Wissenschaft der Alchimie und das prak-

---

127. Jan van Rijckenborgh: Een niewe roep der zevenvoudige wereldbroederschap van het gouden Rozekruis op het keerpunkt van de twintigste eeuw, uitgebracht to Wiesbaden op 3. en 4. september 1952. Haarlem, Rozekruis Pers, 1952. S. 21 e.v.
128. Aquarius-nieuws, November 1966, S. 2.

tische christliche Leben – auf die rechte Weise verstanden – haben sich gegenseitig nötig.

Hermes und Jesus, der den Christus bringt, sind Kräfte der Bruderschaft, der Einheit und der spirituellen Entwicklung. Das wussten schon die Denker der platonischen Akademie des Ficino. Das lehrte Paracelsus, und es war das Credo der Tübinger Freunde, welche die *Fama* und die *Confessio* herausgaben. Wer in der modernen Zeit davon etwas verstehen will, muss Hermes und auch Jesus als Prototypen erkennen. Diese Gestalten lehrten eine Lebensweise, die als Vorbild für die eigene Entwicklung dienen kann und vielleicht – in einer fernen Zukunft – der ganzen Menschheit eine Matrix bieten wird.

Das versuchen auch die modernen Rosenkreuzer erneut zu übertragen. So heißt es zum Beispiel in *Das Bekenntnis der Bruderschaft des Rosenkreuzes*: „Wir, okkulte Studenten (später: Schüler der Geistesschule), die den Tempel des Geistes betreten, werden der Glorie des abstrakten Denkens teilhaftig. Wir, Diener des Feuers, schauen tief in den Quell des menschlichen Vermögens. Wir wissen, wozu der Mensch von jeher berufen ist. Wir, Rosenpflücker im Garten Fohats, sehen wie in einer Sinnesentrückung blitzartig von Horizont zu Horizont den Entwicklungspfad aufleuchten. Wir, die wir so unsere Wissenschaft vermehren, unseren Gesichtskreis vergrößern, unser Bewusstsein erweitern, unsere Kräfte mit dynamischer Energie laden, kommen von Verwunderung zu Bewunderung, von tiefem Erstaunen zu stammelnder Anbetung, zu Demut, zum Dienst Gottes.

Wir, denen man nachsagt, wir hielten den kalten Verstand für das Höchste, erfahren, dass unser Wissen in tiefer religiöser Überzeugung gipfelt. Wir beugen uns vor Gottes Majestät, weil unserem tiefsten Forschen das Gottesbemühen in allen Reichen offenbar wird, weil wir die Kraft erfahren, die hinter allem steht, die erhabene Kraft, die unseren Planeten durch den Raum bewegt, nämlich das Licht der Welt, Christus."

Fohat können wir als Verbindungsglied zwischen Geist und Stoff sehen. Es ist die Lebenskraft des Weltalls, das beseelende Prinzip, das jedes Atom zum Leben erweckt. Es bezieht sich auch auf die Fähigkeit, das Subjektive in das Objektive zu verwandeln, das Idealbild des Menschen, das im Innern aller Menschen liegt, in Realität umzusetzen. [130]

---

[129]. De nieuwe taal der magie. Confessio Fraternitatis R. C. 1939. Rozekruis-serie, Jahrgang 12. Nr. 23, S. 7 ff. Später in etwas veränderter Form in: Das Bekenntnis der Bruderschaft des Rosenkreuzes, Haarlem, Rozekruis Pers, 2. Aufl. 1980, S. 45 u. 46

[130]. Sinngemäß aus: H. P. Blavatsky, Die Geheimlehre, Stanze 5: Fohat: Kind der siebenfachen Energien, Teil II, S. 128, Note 3.

17. Ein freier Arbeitsplatz – die Schule als autonome Organisation

Die Reise nach Frankreich. Die Konferenzen in der ersten Hälfte der fünfziger Jahre. Die Renova-Serie

Eine Geistesschule bedeutet mehr als regelmäßige Zusammenkünfte und allgemeine Konferenzen für Schüler, die das vorbereitende, Probe- oder bekennende Schülertum erreicht haben. Während die beiden Großmeister (Mandatare wurden sie damals genannt) erwogen, welche Form sie der Schule künftig geben sollten, suchten sie nach einer Verbindung zu der Bruderschaft, die sie bis dahin nur als „Albigenser" kannten.

Jan van Rijckenborgh vertiefte sich in das Leben und die Umstände der unterdrückten und verfolgten Christen im Süden Frankreichs. Das Buch *Der Schlüssel zum Verborgenen* von Maurice Magre, das 1938 in niederländischer Sprache erschien, brachte ihn auf diese Spur. Bei ihnen stieß er auf die uralten Strukturen einer wirklich befreienden Bruderschaft, die sich kaum von denen der Bruderschaft der Essener und der Bruderschaft Manis unterschieden. Und er stellte fest: „Hätten die drei genannten Bruderschaften ungestört ihre Entwicklung vollenden können, wäre ein großer Teil der Menschheit in den vergangenen Jahrhunderten bereits vom Rad befreit gewesen. Aber ihr Streben stand diametral dem jener gegenüber, die ein irdisches Machtreich errichten wollten, um unter der Maske des Christentums das Leben und Arbeiten der Menschen zu versklaven."[131]

Jan van Rijckenborgh, „der Stille" oder „Unerschütterliche", wie er auch genannt wurde, war durch seine nach innen gerichtete Aufmerk-

---

[131] „Nieuw Religieuse Orientering", 1. Jahrgang, Nr. 3, 1944, S. 96 ff.

Jardins du Palais de la Berbie, Albi. (Rosengarten)

samkeit besonders empfänglich für atmosphärische Zustände. Wie sich das in den Jahren des Zweiten Weltkriegs auswirkte, schrieb er in *Dei Gloria Intacta* nieder. Genau wie Antonin Gadal empfand er den neuen Impuls als starke Ausgießung der universellen Liebe Christi aus dem Sonnenherzen unseres Kosmos, die in diesen Jahren wie ein Trost auf die Erde zuströmte.

In der zweiten Hälfte des Jahres 1945 fühlten er und Catharose de Petri sich stark gedrängt, in Kontakt mit dem zu kommen, was sie damals nur als Werk der Albigenser kannten. In vier langen Ansprachen teilte Jan van Rijckenborgh diese Einsichten den Schülern mit. Und nebenbei erklärte er bis in alle Einzelheiten den Aufbau, die Riten, die Sakramente und die befreiende Wirksamkeit einer Bruderschaft in Christus, die auch die Strukturen der modernen Geistesschule bestimmen sollten. So sahen er und Catharose de Petri die Grundlagen für die weitere Entwicklung der Schule vor sich. Aber die Struktur des inneren Werkes zeigte sich in diesem Moment noch nicht deutlich genug. Beide empfanden, dass sie Südfrankreich besuchen müssten, um in der Sphäre der alten Bruderschaften möglichst neue Erkenntnisse zu erhalten.

So reisten sie 1946 nach Albi. Der noch immer prächtig gestaltete und gepflegte Rosengarten neben dem Bischofspalast war für sie ein wichtiger Anknüpfungs- und Inspirationspunkt für ihren weiteren Weg. In einem Brief an eine Gruppe jüngerer Schüler, die eine Reise durch Südfrankreich plante, schrieb Jan van Rijckenborgh:

„Als wir dort mit der Bahn ankamen, hatten wir gleich den Eindruck, wir wären auf bekanntes Gebiet gestoßen. Wir gingen geradewegs auf unser Ziel zu, ein sehr altes Gebäude, das rechts neben der großen Kathedrale auf dem hohen Ufer des Tarn lag. Dieses alte Gebäude ist jetzt ein städtisches Museum mit einem Rosengarten. Früher war es ein Bischofspalast und davor eine Niederlassung der alten Katharer."

Die beiden geistigen Leiter fühlten sich dort auf besondere Weise vertraut und wussten den Weg, ohne je dort gewesen zu sein. Es war eine Offenbarung für sie:

„Beim Gebäude angelangt, fühlten wir uns sofort heimisch und strebten auf eine Pergola zu, die auf einem erhöhten, gemauerten Gang über dem Garten angebracht war. Dort, vor der letzten Verbreiterung, nahe einem Türmchen mit einer Kuppel, setzten wir uns auf die Mauer. Als wir dort einige Zeit gesessen hatten, sanken die Ruhe, der Friede und die Gnade dieser uralten Zeiten auf uns herab, und wir sahen beide durch das geöffnete Seelenfenster den Weg, der vor uns lag, bis in all seine Feinheiten." [132]

Von dort reisten sie nach Foix, dem alten Kastell von Raymond VI. Sie blieben sechs Wochen in dieser Stadt. Und dort war es auch, wo sie die Linien für einen wesentlichen neuen Schritt in der Geistesschule ausarbeiteten: Die Errichtung und Entwicklung der höheren Bewusstseinsschule. Dort, in der noch stillen und unberührten Atmosphäre, im Tal der Ariège, konnten das Wissen und die Inspiration der universellen Befreiungslehren ungehindert auf ihr Bewusstsein einwirken. Es entfaltete sich vor ihrem Geistesauge das Panorama der Mysterienschule innerhalb der neuen Geistesschule. Als ersten Schritt dazu mussten sie in monatlichen Lektionen der freudevollen Befreiungslehre, die so alt ist wie die Lehre des Hermes, auf moderne Weise Ausdruck verleihen. ‚Transfiguration' war der Schlüsselbegriff. Beginnend mit der reinen Kraft des Allerhöchsten, dem reinen geistigen Kern im Menschen, kann das intelligente Verständnis für das Endura in die Persönlichkeit durchdringen. Das *Endura*, oder die Lösung vom stofflichen Menschen, ist der erste Schritt. Aber er kann nicht ohne Seelenwiedergeburt aus dem neuen Prinzip, der weißen Rose (dem zweiten Schritt), unternommen werden. Und drittens folgt die Transfiguration, die Entstehung eines ganz neuen Lichtmenschen im Mikrokosmos. Diese Lehren, die vollkommen eins sind mit dem Leben des Christus, sind von

---

132. A. Gadal, Der Triumph der universellen Gnosis, Amsterdam, In de Pelikan, 2006, S. 41.

Gnosis erfüllt, von dem bis in die Pyrenäen durchgedrungenen Hermetismus und dem gemäßigten Manichäismus, die dort blühen konnten. Vor siebenhundert Jahren wurden sie zuletzt im großen Rahmen von der katharischen Religion und ihrer Bruderschaft unter der Bevölkerung verbreitet. Sie gaben damals den Anstoß zu einer höfischen Minnekultur der sich aufopfernden Liebe und Schönheit. Über diese Strömung – ihr Wesen, ihre Manifestation und ihre Bedeutung für die geistige Entwicklung der Menschheit – hatte Jan van Rijckenborgh tief nachgedacht. Und mit unvergleichlicher Einsicht in den Zusammenhang der geistigen Linie, die wir in diesem Buch nachzeichnen, gab er seine Anweisungen. Warum mussten die Katharer mit ihrer gnostisch-manichäistischen Arbeitsweise untergehen? Darüber schrieb er in dem Artikel „De periodieke zegetocht van de Gnosis door de Wereld van de dialectiek" (Der periodische Siegeszug der Gnosis durch die Welt der Dialektik): „Der Katharismus ist verschwunden, gewiss. Zwar ist der klassische Feind der Gnosis durch die zahlreichen Blutbäder, die er verursachte, so gewaltig und erschreckend geworden, dass wir es uns nur schwer vorstellen können. Aber achten Sie darauf, das gnostische Feuer erwies sich als unauslöschlich. Und wenn die brennende Fackel des neuen Lichtes an einem Ort gewaltsam ausgelöscht wurde, entflammte sie gleichzeitig an einem anderen, um dann, nach einigen Jahren, am alten Ort wieder aufzulodern. Wir dürfen daher auch nicht den Standpunkt vertreten, dass die von Papst Innozenz und seinen Horden angerichteten Blutbäder unter den Katharern die Ursache dafür waren, dass die Gnosis ihre Arbeit in der Welt einstellen musste. Sie hatte aus ganz anderen Gründen eine Pause nötig. Tatsächlich hatten nämlich alle magnetischen Äonen der dialektischen Natur damit begonnen, die Menschheit zu einem neuen Tiefpunkt zu führen: zum Tiefpunkt der zugespitzten Individualisierung, der stärkeren Verdichtung

---

133. Jan van Rijckenborgh: De periodieke zegetocht van de Gnosis door de wereld van de dialektiek. Topsteen, 8. Jahrgang, Nr. 6, Februar 1976, S. 7 ff.

des Rassenkörpers und eines auf die Spitze getriebenen, vergöttlichten Materialismus."

Das wirkte sich sowohl in der unsichtbaren Hälfte der Welt aus als auch in der Stoffsphäre, so dass die Gnosis ihre Arbeit einstellen musste. Tiefer als bis dahin konnte sie sich nämlich nicht einsenken. „Sie musste besser geeignete Zeiten abwarten, die zweifellos kommen würden." Und am Ende des Mittelalters waren sie da. Eine der ersten Folgen des Katharer-Dramas war, dass eine große Anzahl Brüder und Schwestern sich über ganz Europa ausbreitete. Es gab kein Land, keinen Landstrich, in dem man ihnen zu jener Zeit nicht begegnen konnte. Sie ließen ihre alte Arbeit in der üblichen und sehr bekannten gnostischen Weise völlig los und begannen entsprechend ihrer Berufung mit einer neuen Methode. Jeder Bruder oder jede Schwester wählte nach langem Erwägen und Prüfen einen Schüler. Erwies er sich als geeignet, erhielt er den Auftrag, seinerseits einen Schüler zu gewinnen. So wurde unter dem Deckmantel profaner und bürgerlicher Arbeit und tiefster Geheimhaltung eine Kette geschmiedet, die über ganz Europa reichte. Über diese Bruderschaft wurde viel fantasiert, aber wer nicht zu dieser Kette gehörte, konnte auch nichts wissen. Und wer wusste, schwieg. Das einzig Authentische, das wir über diesen ersten Kreis öffentlich erfahren, steht in der *Fama Fraternitatis*.

Aus diesem Impuls entstanden viele geheime Gemeinschaften „für jeden das, was er wollte". Jan van Rijckenborgh meinte, dass diese Bewegungen „die suchenden Möglichkeiten der Menschen unter den neuen Umständen der Rasse abtasteten. Nach einiger Zeit ließ die erwähnte Bruderschaft diese Gruppen wieder los. Zum Teil wurden sie aufgehoben, andere versanken in einem leidvollen Dasein, und bei einigen unterwarfen die Feinde der Gnosis ihre leeren Hüllen." Das Ergebnis dieser Untersuchung veranlasste „die Vaterloge" zu folgendem Entschluss: Wenn die historisch-materialistischen Entwicklungen einen weiteren Tiefpunkt erreicht haben würden, sollten drei große Impulse verschiedener Art eingesetzt werden und zwar alle mit dem gleichen Ziel, die

Menschengruppe, aus der sich eine Mysterienschule entwickeln könnte, so schnell wie möglich zur Reife zu führen. Diese drei Impulse sind (global) die Freimaurerei, die Theosophie und die Anthroposophie. „Die Basis dieser drei Bewegungen ist der östlichen Weisheit entlehnt. Sie bekamen jedoch deutliche neue Etikettierungen. Das waren zum Beispiel die Bibel, die Lehren des Buddha, der Parsismus (Religion der Parsen) und der Hinduismus. Aber ganz im Hintergrund verborgen leuchtete die uralte Klarheit für jene, die ‚sehen' konnten." Im Rahmen dieser universellen Richtungen wirkten die drei Strömungen auf die Ideale der westlichen Menschen ein und zwar auf humanistischem, kulturell-philosophischem, okkultem und mystischem Gebiet. Auf diese Weise sollten sie sich in ihrem naturgerichteten Idealismus festlaufen und nur den einen Kern übrig behalten, den universellen Aspekt. Mit dieser Erfahrung würde trotz der verdichteten Rassenkörper eine reiche Saat für ein neues gnostisches Reich in Europa vorhanden sein. Dann könnte mit ruhigem Herzen jener Trennung entgegengeblickt werden, die in den universellen Lehren sichtbar wurde. Da ist einerseits die Gruppe, die – angeführt von den (Natur-)Wissenschaften – eine neue, noch stärker materialistische Lebensweise entwickelt und auf ein Ende à la Atlantis zutreibt. Andererseits ist da die Gruppe, die sich für die Lichtstrahlungen der ursprünglichen Menschheit empfänglich erweist und unter diesem Einfluss einer mächtigen Umkehr, einer Transfiguration entgegengeht.

In der Trennung, der Spaltung zwischen Dasein und Bewusstsein kann sich das Leben unmöglich bleibend entwickeln. Nur durch das Zusammenwirken der Herzen und Häupter sowie durch Bewusstsein der Einheit alles Geistigen werden sich große neue Entwicklungen am Horizont zeigen.

Die neue Phase in der Geistesschule, auch „drittes Arbeitsfeld" genannt, wurde anfänglich als „Ekklesia", als erste Phase des frei werdenden inneren Lichtmenschen bezeichnet. Als die Schule sich weiter entwickelte, wurde für das vierte Arbeitsfeld der Name „Ekklesia Sekunda" benutzt. In der dritten Phase sprach man dann ausschließlich von der „höheren Bewusstseinsschule". Und von da an war die Geistesschule keine „neue religiöse Bewegung" mehr, keine „Evangelisation für denkende Menschen", sondern eine Mysterienschule. Jedenfalls war der erste Schritt dazu getan. Nun stand das Werk nicht mehr ausschließlich unter dem Schutz und der Beobachtung des Ordens des Rosenkreuzes. Neue, größere, weiterreichende Flügel breiteten sich über sie aus: Die Obhut der universellen Kette aller Gemeinschaften in Christus. Dieser Moment kann als Beginn der Inneren Schule betrachtet werden. Er ist auch das Ende der vorhergehenden Phase. Und es zeigte sich, dass wichtige Konsequenzen nötig waren: in der Leitung der Schule, in den Lehren und in der Haltung der Welt und der Gesellschaft gegenüber.

DIE KONFERENZEN IN DER ERSTEN HÄLFTE DER FÜNFZIGER JAHRE
Um 1950 herum arbeitete Jan van Rijckenborgh die Linien, die er in einer ersten Kopie seines Buches *Die Gloria Intacta* gezogen hatte, mit seinen Schülern weiter aus. Er besprach mit ihnen, dass Selbsterkenntnis die Bedingung dafür sei, ein neuer Mensch zu werden, und wies auf die Fallgruben der alten Moral und Idealität hin. Er erklärte das neue dreifache Geist-Prinzip, das aus der universellen Gnosis entsteht. Er sprach mit ihnen über die Notwendigkeit eines „möglichst reinen Gedankenbildes des unsterblichen Menschen", das der Mensch in sich tragen müsse, bevor ein neuer Schritt unternommen werden kann. Das geschah, wenn es möglich war, auf der Grundlage unverdorbener und unverfälschter ursprünglicher christlicher Lehren, die gleichsam auf jeder Seite genau dieselben Themen übertrugen. Christus erklärte er als mächtige geistige Energie und Strahlung. Sie wirkt allgegenwärtig und befreiend, und etwas davon spiegelt sich im geistigen Prinzip im Herzen des Menschen wider, im Christus-Atom.
Auf der Basis des zweiten Petrus-Briefes ging er ausführlich auf den

siebenfachen Pfad der neuen Menschwerdung und die dazugehörende neue Lebenshaltung ein, die Lebenshaltung eines der Materie nach „gebrochenen" Geistes. In dieser Grundhaltung werden die in dem betreffenden Petrus-Brief geschilderten neuen Vermögen möglich: Tugend, Erkenntnis, Selbstbeherrschung, Ausdauer, Gottesfurcht, Nächstenliebe, Liebe.

Jan van Rijckenborgh erklärte auch, dass diese Vermögen sich bis in den Körper des Menschen auswirken, welche Organe in diesem Prozess wichtig sind und wie sie auf die erhöhten Vibrationen reagieren.

Schließlich lehrte er in dieser ersten Periode der fünfziger Jahre die Entwicklung des neuen Menschen. Darin unterschied er drei Phasen: als erste, als Vorbedingung, die Selbsterkenntnis; danach klares Überblicken des Pfades der neuen Menschwerdung. Dann folgt schließlich eine große Vertiefung der Eigenschaften, „Gaben" und Fähigkeiten des neuen geistigen Menschen. Er schilderte, wie ein mit diesen Eigenschaften und Vermögen ausgerüsteter Mensch sich frei manifestiert. Er kann nicht durch die negativen Seiten der Welt und der Gesellschaft gebunden werden und setzt sich, wo es möglich ist, positiv für Mitmenschen und Gesellschaft ein.

Und mit Freude stellte er fest, dass durch ihre gemeinsame Anstrengung auch noch auf andere Weise ein dreifacher Pfeiler im Stoff und durch die Gruppe errichtet wurde:

„Jene, die an diesen neuen Werdeprozessen Anteil erhalten und ihre ersten Schritte auf den Pfad zum Vaterhaus gesetzt haben, deuten wir im Gruppenverband als den ‚Apostolischen Kreis' an und als ‚Apostolische Bruderschaft'. Unter ‚Apostolische Bruderschaft' verstehen wir alle Erneuerten zusammen, die im weiten Erdenrund frei wurden und unter ‚Apostolischer Kreis' jene unter ihnen, die im Kraftfeld der Geistesschule des Rosenkreuzes erwachten. Am Freitag, dem 15. Juni 1951, entstand dieser Apostolische Kreis und eröffnete dabei einen dritten Tempel, womit die Geistesschule nach sechsunddreißig Jahren

Arbeit im großen Arbeitsfeld zu ihrem einmal gesetzten Ziel durchgebrochen ist. Am 17. Dezember 1915 begonnen, wurde am Freitag, dem 15. Juni 1951, das erreicht, was aufgetragen worden war.
Mit dem ersten Tempel meinen wir die Schule des Rosenkreuzes, die Sie als den großen Vorhof sehen müssen, in dem alle Sucher empfangen werden und Gelegenheit erhalten, Ziel und Wirken der Schule zu prüfen und die Kraft ihrer Strahlung zu erfahren.
Mit dem zweiten Tempel deuten wir die Höhere Bewusstseinsschule an, in der Schüler aufgenommen sind, die auf den kommenden neuen Lebenszustand vorbereitet werden. Der dritte Tempel ist der Wirkungsplatz des Apostolischen Kreises, in den jene eintreten, die an diesem neuen Lebenszustand Anteil erhalten haben.
Auf diese Weise erhält unsere Besinnung auf den kommenden neuen Menschen eine höchst aktuelle Bedeutung, weil das Resultat der Wirksamkeit der drei Tempel – die Verwirklichung des neuen Menschen – sich hier beweisen wird. [...] Der Weg wurde für eine Arbeit frei, die in naher Zukunft mit unvergänglichen Buchstaben in die Geschichte der Menschheit eingezeichnet wird.
Einmal wird die Bruderschaft der drei Tempel im dialektischen Feld nicht mehr gefunden werden. Sie wird in den Wolken des Himmels aufgenommen sein und dem Herrn entgegenreisen."

[134]

Das war in der Tat ein Meilenstein und ist ein Grund, mit Freude darauf zurückzublicken. Dennoch sollte dieser Aufbau, an den sich Jan van Rijckenborgh mit soviel Dankbarkeit erinnerte, nur das Präludium für eine stärkere Struktur sein, die wenige Jahre später gebildet wurde. Denn noch bevor das alles 1952 in Buchform ans Licht kam (unter dem Titel *Der kommende neue Mensch*), war dieser Lehrer bereits damit beschäftigt, dieselben Themen auf neue Weise ins Rampenlicht zu stellen.

---

134. Jan van Rijckenborgh: Der kommende neue Mensch, Haarlem. Rozekruis Pers 1985, Kapitel 18

Dieses Mal waren die „Aspekte und Konsequenzen der Menschheitsperiode" der Ausgangspunkt. Er erkannte, dass die Geistesschule sich vom dreifachen Aufbau zu einer fünffachen und von dort aus – wenn es ihr gegeben würde – zu einer siebenfachen Struktur entwickeln müsste. Damit würde eine neue Lichtsäule, eine neue Verbindung für unsere Zeit mit dem Feld des ursprünglichen Lebens entstehen. Es war nun an der Zeit, der Gruppe eine neue Auffassung zu bieten, die mehr vom kosmischen Gesichtspunkt ausging. Jan van Rijckenborgh schilderte, dass für die Menschheit als Ganzes eine völlig neue Periode angebrochen sei. Und gleichzeitig zeigte er, was eine Gruppe fest entschlossener Pioniere erreichen kann.

Durch die magnetischen Punkte in seinem Lebenssystem, so erklärte er, ist jeder Mensch empfänglich für die Einflüsse eines magnetischen Feldes, das den gesamten Kosmos durchdringt. Es besitzt zwölf Ströme, die jeden Menschen erreichen.

Außerdem stellte er fest, dass im Menschen zwei einander entgegenwirkende Gesetzmäßigkeiten existieren: die der Natur und die aus dem anderen Lebensfeld. Das verursacht unzählige Spannungen. Jedoch durch eine Lebenshaltung der Betrachtung, der gelassenen Reaktion, des Mitgefühls, das sich auf strahlende Liebe gründet, und durch eine neutrale Haltung der Materie gegenüber wird dieses Ungleichgewicht aufgehoben. Der Mensch lebt dann stets mehr in Harmonie mit den neuen kosmischen Einflüssen und arbeitet mit ihnen zusammen.

Diese Erkenntnisse sind in *Die Gnosis in aktueller Offenbarung* niedergeschrieben. Im dritten Teil dieses Buches arbeitete Jan van Rijckenborgh noch ein neues Thema mit seinen Schülern aus: das Entstehen des lebenden Körpers der Geistesschule. 1953 schrieb er: „Wir haben in der modernen Geistesschule dreißig Jahre benötigt, um einen solchen

---

[135] Jan van Rijckenborgh: Die Gnosis in aktueller Offenbarung, Haarlem, Rozekruis Pers, 1993, Kapitel IV-I

magnetischen Körper zu bauen, der sich jetzt im lebendigen Umgang mit der Gnosis befindet. In diesem Körper finden wir einen freien Arbeitsplatz und alle Elemente, um das Befreiungswerk zu verrichten, um das vielseitige Baustück der Befreiung herzustellen."

Dieser freie Arbeitsplatz wurde gebaut unter dem Einfluss der sieben Strahlen. Es sind die sieben Kräfte, die sich als eine Energie äußern, in welcher Licht, Wärme, Ton, Kohäsion, Leben und Bewegung beschlossen liegen. An vielen Stellen des Buches wird auf das Datum 20. August 1953 hingewiesen. Das war der Moment, an dem der „magnetische Körper selbstschöpferisch, selbstoffenbarend wurde". Von diesem Datum an – das auch ein entscheidendes Datum der Pyramide von Gizeh ist – unternahm die moderne Geistesschule selbständig und in eigener Verantwortung ein neues Befreiungswerk.

Die Leitung der Schule legte viel Nachdruck auf spezielle bedeutungsvolle Tage. Bekannt sind die Genesungsdaten, die Mondstände, die vor dem Krieg jeden Monat den Mitgliedern bekanntgegeben wurden. Bei Max Heindel war der Neumond wichtig. Später, in de Nederlandse Rozekruisers Genootschap, galten andere Daten. Für Jan van Rijckenborgh waren einige persönliche Daten von Bedeutung. Eine der ersten diesbezüglichen Erfahrungen hatten die beiden Brüder 1915 gemacht. Damals erklärten sie sich gegenseitig, dass sie ihr Leben „dem Heilen von Krankheiten, der Verbreitung des Evangeliums widmen wollten, wobei der Mensch selbst der Wendepunkt sein muss". Das fällt zusammen mit dem Datum, an dem Frau E. van Warendorp die niederländische Abteilung der Rosicrucian Fellowship ins Leben rief. 1924 gab es zwei Daten, die in den Berichten immer wieder vorkommen: der 24. August und der 9. September. Für Jan van Rijckenborgh waren es jene Momente, in denen sie als Brüder mit dem Ziel und der Sendung des universellen Rosenkreuzes konfrontiert wurden: „Das niederländische Werk datiert vom 9. September 1924. An diesem Tag trat der Mond in das Zeichen Wassermann ein", schrieb er 1936. Ihr inneres Wesen, das eng mit dem Impuls der klassischen Bruderschaft des Rosenkreuzes von 1614 verbunden war, sagte erneut „ja" dazu, das Evangelium des „okkult-wissenschaftlichen Christentums" ohne persönlichen Gewinn auszutragen. Nach 1933 folgten dann noch etwas offiziellere Daten: 1933 die Gründung der Max Heindel-Stiftung, in welche die neuen Besitzungen der Genootschap eingebracht wurden. Am 23. März 1935 wurde die Nederlandse Rozekruisers Genootschap gegründet. Dadurch entstand eine eigene juristische Person. Die Gründung des Lectorium Rosicrucianum als „Stiftung Lectorium Rosicrucianum" fand am 25. November 1946 statt. Am 20. August 1953 – man stellte damals fest, dass nach der Pyramide von Gizeh dieser Zeitpunkt das „Bergauf oder Bergab" der Menschheit bedeute – erklärte Jan van Rijckenborgh, dass seine Schule als Organisation autonom und selbstschöpferisch sei. Sie konnte nun frei von Vorkriegskonditionen und -arbeitsweisen eigenständig unter einer völlig anderen, nun siebenfachen Strahlung arbeiten. Am 20. Juli 1960 wurde das Lectorium Rosicrucianum in den Niederlanden offiziell als Kirchengemeinschaft registriert.

Impression von G. van Leeuwen
Der Rosengarten in Albi

18. Die Versiegelung in der Bruderschaftskette

Die Begegnung mit Antonin Gadal. Der Dreibund des Lichtes. Eine Periode fieberhafter Aktivitäten. Die ersten ausländischen Konferenzorte des Lectorium Rosicrucianum. Brasilien und die Arbeit von Cor Damme

Im Sommer 1951 reiste ein junger Freund Jan van Rijckenborghs, Chris Karres, in die südfranzösischen Pyrenäen. Er war seit seiner Kindheit mit der Schule des Rosenkreuzes verbunden. Inspiriert von all dem, was er über die Katharer gehört hatte, besuchte er zuerst Albi und verbrachte einen Nachmittag in jenem Rosengarten, über den in diesem Buch berichtet wird. Von dort aus besuchte er den Montségur und reiste dann nach Ussat-les-Bains. Dort begegnete er einigen Damen, die auf der Suche nach dem „Schatz der Katharer" waren. Sie berichteten ihm, dass sie am nächsten Morgen eine Verabredung hätten mit dem „letzten Katharer", einem gewissen Herrn Antonin Gadal, zu der sie ihn gern mitnehmen würden. Herr Gadal empfing sie am 4. August aufs Herzlichste und erzählte ihnen, dass es sein Lebenswerk sei, das Erbgut der Katharer zu behüten. Er vertraute ihnen an, dass er sich darum sorge, wer diese Aufgabe nach seinem Tod übernehmen werde. Das war für Chris Karres der richtige Moment, um ihm von seiner Verbundenheit mit dem Rosenkreuz zu berichten und von der Arbeit der beiden geistigen Leiter dieser Gruppe, die ihn auf diese Suche geschickt hatten.

Nach seiner Rückkehr in die Niederlande berichtete er Jan van Rijckenborgh und Catharose de Petri von seiner Begegnung. Dadurch entwickelte sich ein Briefwechsel mit dem fernen Hüter der alten Bruder-[136]

---

[136] Siehe auch: A. Gadal, Der Triumph der universellen Gnosis, Kapitel „Die Begegnung, Amsterdam, In de Pelikan, 2006

A. Gadal (links) im Tal der Ariège, 1958

schaft, und am 1. September 1954 fand der erste persönliche Kontakt zwischen diesen drei besonderen Menschen statt.

Vor dieser Begegnung, so berichtete Catharose de Petri, hatten sie und Jan van Rijckenborgh oft darüber gesprochen, dass sie sich einen Kontakt mit einem im Stoff lebenden Menschen wünschten, der über eine Verbindung mit der Arbeit der universellen Bruderschaftskette verfügte. „Wir vermissten den konkreten Kontakt zu einem Freund, der gleichzeitig auch unser Bruder sein würde, älter als wir. Er könnte aus einer reiferen Lebenserfahrung" – so schrieb sie – „mit uns über die Tiefen der Gnosis sprechen, da das Werk und seine magnetische Ausbreitung zunehmen." Die Großmeister hatten aber auch gewusst, dass dieser Moment kommen würde und konnten ihn abwarten.

Antonin Gadal hielt im November 1955 eine besondere Konferenz in Renova und zelebrierte dabei ein klassisches Katharer-Ritual. Bei dieser Gelegenheit erklärte er vor den Schülern der Geistesschule, „… welch eine Freude es für mich war, Herrn Leene gefunden zu haben, der unbestritten der Meister der alten Kultur, der alten Mysterien ist. Denn all das, worin wir uns hier versenken, sind die alten Mysterien, die keltischen und ägyptischen Mysterien der Gnosis. Man kann sie in den drei Worten zusammenfassen: Gott ist Liebe! Darum habe ich heute das Gefühl, dass die alten Katharer zurückgekommen sind. Oder darf ich es mit einem Wort sagen: Catha-Rose! Denn das Wort *Katharos* ist nicht das Eigentum einer einzelnen Menschenkategorie. *Pur, parfait* zu werden, liegt innerhalb der Möglichkeit der ganzen Welt. Die gesamte Welt muss vollkommen werden!

Dazu muss man jedoch mutig den Pfad zur Vollkommenheit gehen, den unerbittlichen Pfad der Gnosis, die uns heute hier im Renova-Tempel zusammengeführt hat. Es ist, als ob ich hier die Kathedrale, le Cimétière, die Verherrlichung vor mir sehe!"

---

137. A. Gadal, Der Triumph der universellen Gnosis. Amsterdam, In de Pelikan, 2006. S. 63

„Wir sind alle hier zur Verherrlichung der beiden Zweige der Gnosis, die heute eins geworden sind. Ich nenne diesen einen Zweig zu Recht: Zweig des Geistes, Zweig des Gottes der Liebe und des Königsreichs der Liebe." [138]

Am 5. Mai 1957 weihten die geistigen Leiter in Ussat-les-Bains ein schlichtes Monument. Gadal krönte es mit einem großen Stein aus der Grotte Bethlehem, auf dem seinerzeit jeder neu eingeweihte Parfait seinen ersten Dienst zelebrierte. So bekräftigten sie zu dritt, umgeben von ungefähr 300 Schülern, einen neuen Bund, einen Bund aus Rosenkreuz, Katharern und Gral, „den Dreibund des Lichtes". „Erstens ‚zum rechten Wissen', zweitens ‚zum rechten, reinen Leben' und drittens ‚zur Entwicklung und Anwendung der richtigen, magischen Kraft'", so erklärte Jan van Rijckenborgh seinem Freund Cor Damme in einem Brief, als dieser in Brasilien und Los Angeles dem Werk Gestalt verlieh. Er schrieb weiter: „Die (äußerlichen und innerlichen) Attribute der Großmeisterschaft dieser drei Bruderschaften wurden uns übertragen, um das praktische Werk unterstützen und der Schule die nötige Autorität verschaffen zu können." Er drückte auch die Erwartung aus, dass sie „in der nächsten Zukunft eine einigende Wirkung in der Welt des Suchens und Strebens zu sehen hoffen. Verschiedene, verstreute und experimentierende Gruppen werden sich unter die Leitung der jungen Gnosis stellen, wodurch sich das neue gnostische Reich sehr festigen wird." [139]

Das Monument ist eine Anerkennung und Bestätigung. Damit ehrt die Geistesschule die universelle Kette, die auch ihre Arbeit beschirmt. Es beweist, dass die junge gnostische Bruderschaft sich vollkommen selbst

---

138. Antonin Gadal. Der Triumph der universellen Gnosis. Amsterdam, In de Pelikan, 2006. S.63
139. Brief von J. van Rijckenborgh und H. Stok-Huizer an Cor Damme vom 25. April 1956, Archiv Damme. BPH.

A. Gadal beim damaligen „Musée Gadal" in Ussat-les Bains

versorgt und bestätigt, dass sie von diesem Moment an „mit der gesamten Weltarbeit belastet wird", wie die Großmeister feststellten.

Mit dem Monument gliederte sich die Schule als Bruderschaft der jungen Gnosis fest in die goldene Kette des Lichtes ein, so wie es alle Bruderschaften in Christus – bekannt oder unbekannt – getan hatten. Nach diesem denkwürdigen Datum, dem 22. November 1955, als A. Gadal die Aufnahme der Geistesschule in die Bruderschaftskette bestätigte und Jan van Rijckenborgh die Großmeisterschaft als geistiges Mandat übertrug, brach eine Phase der wunderbaren Kraft an. Es ist die Phase des „neuen gnostischen Reiches". In diesem Zusammenhang trat die geistige Leitung später nur noch unter den Namen Jan van Rijckenborgh und Catharose de Petri auf.

In einem Brief vom 20. Dezember 1955 an seinen „sehr geliebten Bruder in unserem Herrn Christus und Freund, Herrn Gadal," drückte Jan van Rijckenborgh seine große Freude aus über „das Willkommen, gesprochen und gesungen von allen Vorangehenden". Außerdem bedankte er sich bei Antonin Gadal für alle zugesandten Akten. Es waren

Dokumente, Artikel und Vorträge, die dieser inspirierte Autor der gerade gegründeten jungen gnostischen Bruderschaft aushändigte.
Im selben Brief erinnerte Jan van Rijckenborgh daran, dass „das gesamte gnostische Vermögen zur Nutzung für den weiteren Ausbau des Gnostischen Reiches zur Verfügung gestellt ist." Daher brach mit der Aufnahme und Versiegelung der jungen gnostischen Bruderschaft in der gnostischen Kette nicht etwa eine Ruheperiode an, sondern musste im Gegenteil sehr viel mit Schnelligkeit und Dynamik geschehen. „Der Auftrag lautet: eine Ernte – so groß wie möglich, größer als je zuvor – in das sechste kosmischen Gebiet, das Königreich der Himmel, einzubringen."

Er sah vor sich, was geschehen musste:
„1. Erweiterung der Unterkunftsmöglichkeiten in Renova. 2. Ausbau des bestehenden Tempels in Haarlem. 3. Gründung eines neuen Konferenz-Brennpunktes mit Tempel in Norddeutschland – in Goslar im Harz.
4. Gründung eines neuen Konferenz-Brennpunktes mit Tempel in Süddeutschland – in Calw im Schwarzwald. 5. Gründung eines neuen Konferenz-Brennpunktes mit Tempel in Südfrankreich – in Ussat in den Pyrenäen, dem Land der Katharer, dessen klassische alte Heiligtümer inzwischen der jungen Bruderschaft übertragen wurden. 6. Stiftung eines internationalen gnostischen Museums in Ussat-les-Bains unter der Leitung des Herrn Gadal. 7. Gründung eines zweiten Hauptsitzes in der Schweiz als Nebenbüro des niederländischen." 140

Zwanzig Jahre vorher, 1935, hatten die drei Freunde in London das „Blutsiegel des Christian Rosenkreuz", das Zeichen des Ordens des Rosenkreuzes, empfangen. 1955 erhielt Jan van Rijckenborgh, dieses Mal aus den Händen A. Gadals, das „großmeisterliche Siegel von Nice-

140. Brief von Jan van Rijckenborgh an A. Gadal vom 20. Dezember 1955

tas". Es besteht aus sieben Pentagrammen in einem Kreis, die einst „die sieben Kirchen Asias" darstellten. An Catharose de Petri übertrug A. Gadal das Zeichen „der Kirche des Geistes". Es besteht aus einem Kreis mit einer Kugel darin, in der ein Kreuz steht.
Gadal selbst benutzte ein Siegel mit der Abbildung des Christus-Monogramms sowie des Alpha und Omega von einem Kreis umgeben.
Obwohl Jan van Rijckenborgh sich vorgenommen hatte, Gadals Artikel und Vorträge zu studieren und zu erschließen, geschah das nicht zu seinen Lebzeiten, was vermutlich an der Sprachbarriere lag. Die Arbeit in Südfrankreich, von der Gadal sich einen neuen Posaunenstoß für das Aufleben der alten Katharer-Religion in Europa erhoffte, wurde von Henk Leene, Jan van Rijckenborghs Sohn, geleitet. Diesem gelang es leider nicht, mit Gadal zusammenzuarbeiten. Und so dauerte es neunundvierzig Jahre, bis dieses besondere und interessante Archiv in *Der Triumph der universellen Gnosis* nun zur Verfügung steht.

DIE KONFERENZORTE DES LECTORIUM ROSICRUCIANUM
Tatsächlich kennzeichnet eine große Dynamik die Periode in der Mitte der fünfziger Jahre. Anfang 1956 eröffnete Jan van Rijckenborgh seinen verdutzten Zuhörern – in dieser Zeit immer noch eine geringe Anzahl Schüler –, dass sie innerhalb von sieben Jahren noch sechs weitere wichtige Zentren verwirklichen müssten. „Wir dachten, dass er maßlos übertreibt", sagte einer von ihnen. „Das schien uns ein viel zu ehrgeiziges Programm für eine so kleine Gruppe." Es war tatsächlich ein Moment großer Bestürzung, obwohl die Gruppe schon viele ähnliche Überraschungen erlebt hatte. Aber dieses Mal war man allgemein davon überzeugt, dass der Großmeister nicht realistisch sei und einen Auftrag erteilte, der ihre gemeinsame Kraft weit überstieg. Aber die sechs Zentren entstanden. 1955 gab es einen neuen spirituellen Brennpunkt der Schule in Santpoort. Er wurde als Ekklesia Sekunda, als Tempel für die vierte Entwicklungsphase oder das vierte Arbeitsfeld in der Geistesschule unter dem Namen „de Rozenhof" eingeweiht. Von

Bei der Grundsteinlegung für den Noverosa-Tempel 1957. J. v. Rijckenborgh, A. Hamelink, Catharose de Petri

diesem Moment an wurde das dritte Arbeitsfeld nur noch als höhere Bewusstseinsschule bezeichnet.
Folgende Aufzählung vermittelt eine ungefähre Vorstellung von der Aktivität dieser Aufbauperiode:
Am 30. März 1957: Grundsteinlegung für einen neuen Haupttempel in Haarlem, der noch im gleichen Jahr fertig wurde. Eine Woche später (!), am 5. April: Grundsteinlegung für einen Konferenzort in Calw, der elf Monate später, am 7. März 1958, seine Pforten öffnen konnte. Am 3. November 1957 legte Jan van Rijckenborghs Tochter, E. T. Hamelink, in seinem Beisein den Grundstein für einen Neubau des Noverosa-Tempels, der das mehr als zwanzig Jahre benutzte Tempelzelt endlich ersetzen sollte. Am 28. Juni 1958 wurde dieser Tempel geweiht, und so entstand ein eigener Konferenzort für das Jugendwerk und die Jüngeren. Am 11. Oktober 1958 gab es einen nagelneuen Konferenzort in Südfrankreich, in Ussat-les-Bains. Er wurde auf einem Grundstück der Association Cultuelle „Lectorium Rosicrucianum" erbaut. Diese am 25. Juli 1957 gegründete Vereinigung hatte als Ziel: „Exercice du culte de la religion universelle originelle telle qu'elle se continue dans le christianisme" (Ausübung der ursprünglichen universellen Religion,

141 wie sie sich im Christentum fortsetzt). Das war gleichzeitig der Beginn des Lectorium Rosicrucianum in Frankreich. Der Vorsitzende war Antonin Gadal, und das Präsidium bestand aus einigen niederländischen Mitgliedern.

BRASILIEN UND DIE ARBEIT VON COR DAMME

1964 reisten Ton Ritman und Bert Stratman nach Brasilien, um in Sao Paulo den ersten Feuertempel des südamerikanischen Kontinents einzuweihen, den Aquarius-Tempel. Sie hielten dort dieselbe Konferenz wie während der großen Sommer-Zusammenkunft in Renova, die als erste Aquarius-Konferenz bekannt ist (siehe Kapitel 20). Die Aktivitäten in Brasilien haben eine lange Geschichte der Verbundenheit mit dem niederländischen Werk. Bereits vor dem Krieg bestanden Kontakte. 1934/35 begannen Carolina Sandvoss und ihr Mann mit der Arbeit auf dem südamerikanischen Kontinent und zwar in Sao Paulo. Auch hier zwang der Weltkrieg zu einer langen Unterbrechung.

141 Journal officiel de la Republique Francaise. Lois et Décrets. Quatrevingt-neuviéme année – No. 179, Samedi, 3. Août 1957

1946 erhielt Cor Damme den Auftrag, das Werk in Brasilien zu reorganisieren, darum hatte die brasilianische Leitung der Rosicrucian Fellowship in einem Schreiben gebeten. Sein Mandat in den Niederlanden war damit beendet. Antonio Lazaro – ein nach Brasilien emigrierter Libanese – und Hermann Zion, beide markante Mitglieder der Rosicrucian Fellowship in Rio de Janeiro, erhielten durch Damme Kontakt mit dem Lectorium Rosicrucianum, „dem echten Rosenkreuz", wie Lazaro es ausdrückte. Dieser Kontakt führte dazu, dass beide die Niederlande besuchten und mit den Großmeistern im gerade eröffneten Zentrum „De Rozenhof" zusammentrafen. Bei einer Unterhaltung mit dem Autor dieses Buches 1996 schilderte Antonio Lazaro in allen Einzelheiten diese Begegnung mit den „Grandmasters", wie er sie zu nennen pflegte. Als Mitglieder einer sterbenden Abteilung der Rosicrucian Fellowship in Rio de Janeiro betrachteten sie ihre Reise selbstverständlich auch als Möglichkeit, die Arbeit des Lectorium Rosicrucianum für sich zu prüfen. Lazaro fragte Jan van Rijckenborgh, wie man so sagt, die Seele aus dem Leib, auch über Max Heindel. „Ich weiß noch, dass ich in einem bestimmten Moment in Brasilien anrief, um über meine Begegnung mit einem echten Bruder des Rosenkreuzes zu berichten. In meinem Enthusiasmus platzte ich mit allem nur so heraus und erzählte, er habe gesagt: ‚Heindel selbst ist befreit, aber das Werk wird vom Dreibund fortgesetzt. Und dabei können wir mithelfen!'" Bei seinem ersten Besuch in den Niederlanden wurde Antonio Lazaro von Catharose de Petri und Jan van Rijckenborgh gebeten, die Leitung des brasilianischen Werkes zu übernehmen und zwar mit Unterstützung von Hermann Zion. Das Ehepaar Sandvoss hatte seit 1952 mit dem Aufbau eines weiteren Zentrums begonnen. Dieses Mal in Rio de Janeiro. Fünf mühsame Jahre ackerten diese Arbeiter der ersten Stunde mit einer Handvoll Freunde, bis Antonio Lazaro 1957 – unterstützt von Geraldo Fereira und Hermann Zion – die Leitung übernahm. Von da an kam Fahrt in das südamerikanische Werk. Gemeinsam brachten sie es zu großer Blüte. 1967 flogen die beiden Großmeister nach Brasilien

H. Zion (links)
A. Lazaro (Mitte)
in Noverosa
ca. 1957

und hielten dort ihre letzte Aquarius-Konferenz mit demselben Inhalt wie im Sommer jenes Jahres in Toulouse. Zur Zeit besitzt Brasilien sieben große Zentren.

Antonio Lazaro hielt also Wort: Er arbeitete mit. Vierzig Jahre lang reiste er durch Brasilien, wirkte überall erweckend und inspirierend. Er versammelte einen großen Kreis um die „Grandmasters", bis er sich, in die Jahre gekommen, in Jarinú, etwas außerhalb von Sao Paulo, niederließ. Da die Unterkünfte in der Hauptstadt zu klein geworden waren, kaufte die Organisation dort ein Terrain, das an ein Naturschutzgebiet grenzt. Das ist ein stilles Tal mit einer besonderen Atmosphäre und seltenen Pflanzensorten einer außergewöhnlich artenreichen Flora. 1985 wurde dort in einem bereits bestehenden Gebäude ein zeitlicher Tempel-Arbeitsplatz errichtet.

Und die Krönung der Arbeit Lazaros war wohl die Tatsache, dass im Jahr 2000 in dem schönen Tal von Jarinú ein herrlicher Haupttempel geweiht werden konnte, „Pedro Angular". Wie ein Feuerturm bildet er das geistige Zentrum des südamerikanischen Werkes der jungen gnostischen Bruderschaft. Während der Eröffnung sprach Lazaro zu den zwölfhundert Anwesenden: „Sie meinen vielleicht, dass dieser Tempel für Sie gebaut wurde, für Ihren Weg, für Ihren Pfad. Aber so ist es nicht. Dieser Tempel ist ein Geschenk für die Bruderschaft, damit ihr Werk weitergehen kann."

Einige Worte noch zu Cornelis Damme, der als „Wissender" und voll guten Mutes seinen neuen Beruf als Antiquitätenhändler für asiatische Kunst mit seiner geistigen Berufung in Nord- und Südamerika kombinierte. Stets mit Haarlem verbunden, aber eigenständig operierend, übernahm er in Selbstautorität das Werk in Nordamerika und unterstützte währenddessen die Freunde in Rio de Janeiro und Sao Paulo mit Rat und Tat.
In dem bereits erwähnten Brief vom 25. April 1956 beschrieben die Leiter der Schule enthusiastisch die Entwicklungen der Geistesschule. Sie unterzeichneten diesen Brief mit Henny und Jan. Der Ton des Briefes ist herzlich, wie der von Freunden einem alten Freund gegenüber, dem sie vielleicht etwas zu lange nicht geschrieben hatten. Er beginnt: „Lieber Cor, es ist wieder einmal an der Zeit, dass du ein Lebenszeichen von uns erhältst und wir dir berichten, was hier so alles geschieht und geschehen wird." Sie erzählten dann von ihrer letzten Publikation, *Die Gnosis in aktueller Offenbarung*. („Und Cor, die nächste Folge für *Der kommende neue Mensch* hat dich doch erreicht? Es ist die letzte große Ausgabe der Rozekruis Pers.") Sie berichteten über das Werk in Brasilien und den gerade gebauten „Rozenhof" in Santpoort. Sie schilderten ihm auch die Tatsache, dass sie die Leitung der äußeren Schule niedergelegt hätten. „Erstens musst du wissen, dass Henny und ich im vorigen Monat (März 1956) aus dem Direktorium der Schule ausgetreten sind. Die ganze direkte Leitung der Rozekruisers Genootschap und des Lectorium Rosicrucianum haben wir einem neuen Direktorium übertragen, das aus den Herren v. d. Kuyp, Buys, Stratman und Ritman besteht.
Im September diesen Jahres geben wir auch die Leitung der Höheren Bewusstseinsschule, also der dritten Ansicht des lebenden Körpers der

jungen Gnosis, ab. Wir selbst haben nur noch die geistliche Leitung in der Hand. Unter dem überwältigendem Druck des Ganzen konnten wir uns nicht mehr mit dem Direktorat belasten."

Dieser Brief atmet einen warmen, freundschaftlichen Ton. Darin und auch in den Archiven ist nirgends ein Grund oder auch nur ein Anlass für die Tatsache zu finden, dass Cor Damme zwei Jahre später aus der Schülerliste der Schule gestrichen wurde. Im Gegenteil, die Großmeister gaben in diesem Schreiben Anweisungen für Entwicklungen, die damals noch in der Zukunft lagen, wie zum Beispiel die Gründung der Gemeinschaft des Goldenen Hauptes, von der damals niemand wusste. Möglicherweise hat der Rücktritt der geistigen Leitung aus der Leitung der äußeren Schule zu dieser Streichung geführt. Menschen in Cor Dammes näherer Umgebung bezeugen, dass er diesen Schlag nur schwer verwunden hat.

Diese bittere Episode war die Folge einer schwer zu verstehenden bürokratischen Entscheidung, zu der einige sich im Dienst der genannten neuen Administration oder des Direktoriums genötigt sahen. Aber es bleibt ein schmerzlicher Bruch einer besonderen Freundschaft, die mehr als fünfundzwanzig Jahre dauerte.

Damme begann danach im Westen der Vereinigten Staaten, in San Diego, Oceanside und Las Vegas ein neues Werk. Es basierte nur auf Selbstverantwortung und Selbstautorität auf dem Weg zum wirklichen Leben und einem geistigen Bewusstsein. Und immer wieder wies er auf die Gefahr der Illusion hin, aber auch auf die Gefahr einer Struktur in einem geistigen Werk, in der zu viel mit Titeln und Begriffen gearbeitet wird. Er gründete eine eigene Schule, The School of the Vertical Doctrine, arbeitete einige Kurse aus und ging mit einer kleinen Schülergruppe kraftvoll weiter. Eine Studie über die Schriften dieser Organisation, die bewahrt geblieben sind, wird wahrscheinlich in der nächsten Zukunft veröffentlicht. Kurz vor seinem Tod war Cor Damme, dieser besondere Freund der ersten Stunde, noch einmal in Santpoort.

Aber zurück zu den überwältigenden Aktivitäten in Europa, welche die beiden geistigen Leiter auf sich zukommen sahen. Am Sonntag, dem 16. August 1964, wurde während der zweiten Aquarius-Konferenz der Tempel in Calw geweiht und erhielt den Namen Christian-Rosenkreuz-Tempel. Dabei waren 2200 Schüler anwesend. Sie kamen – genau wie bei den anderen Aquarius-Konferenzen – aus vielen europäischen Ländern, aber auch aus Kalifornien und Brasilien. 1965 erbaute die junge Organisation in Norddeutschland, in Bad Münder, einen Konferenzort, der den Namen Jan van Rijckenborgh-Heim erhielt. Der siebte Haupt- oder Feuertempel ist der Catharose de Petri-Tempel in Caux in der Schweiz.

1978 erwarb die Organisation ein Gebäude in dem kleinen Ort Caux, oberhalb Montreux. Es war 1893 als „Grand-Hotel zu Caux" in 1050 m Höhe erbaut worden. Wegen seiner imposanten Lage und seines Komforts zog dieses Hotel in der Zeit des *fin de siècle* die sogenannte *beau monde* an. Auch Kaiserin Elisabeth von Österreich-Ungarn („Sissi", 1837-1998) residierte in diesem Grand-Hotel, das später dann auch „Hotel Regina" hieß.

In der großen, geistigen Linie, die in diesem Buch aufgezeigt werden soll, nimmt das Zentrum Caux einen wichtigen Platz ein. Schon seit Beginn der Arbeit des Lectorium Rosicrucianum suchten die geistigen Leiter einen Ankerplatz im Süden Europas. Und die Schweiz spielt in diesem Zusammenhang eine bedeutende Rolle. Durch einen wirksamen Brennpunkt in diesen Gebieten kann die Verbundenheit des autonomen Werkes der Schule der jungen gnostischen Bruderschaft, mit den Patarenen, Waldensern, Albigensern und Katharern zum Ausdruck gebracht werden, die seit jeher in der Schweiz eine sichere Zuflucht fanden. Geistig gesehen fühlt sich die Schule mit ihnen verwandt und stark verbunden.

Wer in Caux von der Höhe aus die Landschaft betrachtet, kann nicht anders, als tief beeindruckt zu sein von der Reinheit der Atmosphäre,

Das Monument „Galaad" in Ussat-les-Bains

dem großen Genfer See weit unter sich, den mächtigen beschützenden Bergen um sich herum. Deutlich ist auch eine spirituelle Vibration zu spüren. Sie geht über persönliche Erfahrung hinaus und verbindet mit einem alten Feld, das frei ist von momentanen menschlichen Bewegtheiten. Erinnerungen an andere Landschaften steigen auf, an die Pyrenäen, an Montségur und die anderen Burgen der „Joanna", der katharischen „Kirche des Geistes". Sie durchklingen wie Obertöne das großartige Bild dieser Landschaft. Auf einem Balkon des alten Hotels stehend, tief durchdrungen von dem beeindruckenden Bild der Landschaft, spürt die empfängliche Seele diese Verbindung. Durch die Verwirklichung des Feuertempels 1987, der etwas entfernt steht, kann man im Grundmuster des Gebäudes und des Tempels ein Kathararerkreuz erkennen. Es hat für die Geistesschule eine große Bedeutung. Dieses Kreuz schmückt ebenfalls ein Bleiglasfenster in „de Rozenhof". Ein wahres Zeugnis; ein sinnvolles Zeugnis auch dafür, dass das Licht erneut angezündet wurde und in Vollkommenheit wirkt. Fünfzig Jahre nach der ersten Einweihung in Haarlem brannten die sieben Feuer des Geistes wieder weltweit, wenn die sechs Haupttempel in Europa und der siebte in Südamerika aktiv waren. Und viele andere Haupttempel sollten in den folgenden Jahren noch hinzukommen. Der erste Feuertempel war 1937 in Haarlem eröffnet worden. Die anderen Feuertempel sind: der Renova-Tempel, 1951; der Noverosa-Tempel zu Doornspijk, 1958; der Aquarius-Tempel in Sao Paulo, 1963; der Christian Rosenkreuz-Tempel in Calw, 1964; der Van Rijckenborgh-Tempel in Bad Münder, 1965 und schließlich der Catharose de Petri-Tempel in Caux, Schweiz,1987. Auf jedem der Podien dieser Tempel, auf jedem Platz des Dienstes sprachen die Großmeister. Nur die Eröffnung des Tempels in Caux hat Jan van Rijckenborgh nicht mehr erlebt. Viele Schüler reisten jedoch in dem Wunsch, die ersten fünf Phasen seiner Vision der Gründung eines Weltwerks zu verwirklichen, an die Orte, wo neue Konferenzorte und Zentren eröffnet wurden. Das geschah, um seine Arbeit zu unterstützen, aber gewiss auch, um so an der eigenen spirituellen Entwicklung zu arbeiten. Gegenwärtig, also noch einmal vierzig Jahre später, entstanden unter der Inspiration der Internationalen Spirituellen Leitung – in dem, was als „das gnostische Reich in Europa" angedeutet wird – noch eine große Anzahl Konferenzorte jeweils mit einem dem Feuer geweihten Tempel. In der gleichen Periode erhielt auch die innere Entwicklung der Geistesschule des Rosenkreuzes einen wichtigen neuen Impuls. Am 17. November 1957 gründeten die Großmeister die fünfte Ansicht der Arbeit. Zur Zeit der Winter-Sonnenwende 1957 konnten sie eine Gemeinschaft des Goldenen Hauptes installieren, ein fünftes Arbeitsfeld der jungen gnostischen Bruderschaft. Das ist eine spezielle Gruppe, in der die Mitglieder die Gelegenheit erhalten, die Geistesschule in all ihren Facetten immer tiefer zu verstehen und ihre weitere Entwicklung zu leiten. Das war ein wichtiger Schritt zu Selbstverantwortung und Autonomie der Organisation. So konnten die Großmeister sich bald ausschließlich der spirituellen Arbeit widmen.

19. Die Schatzkammer des Lichtes

1957-1968. Die vierte Periode. Das Haus Sancti Spiritus in der modernen Zeit. Hermes ist der Urquell: Die ägyptische Urgnosis. Die Erklärungen der Rosenkreuzer-Manifeste. Die Weisheit des Pfades ist universell. Die Kommentare zum Tao Te King. Noch einmal Ägypten: Valentinus und die Pistis Sophia – Die Bücher des Erlösers

Mit der internationalen Ausbreitung des Werkes brach auch die Phase einer neuen Orientierung an. Bereits 1953 referierte Jan van Rijckenborgh über das Evangelium der Wahrheit von Valentinus, das einige Jahre zuvor gefunden und von Henri-Charles Puech, Gilles Quispel, Jan Zandee und anderen veröffentlicht worden war. Daher erklärte Jan van Rijckenborgh 1954 in einer Ansprache mit dem gleichen Titel haarfein den Unterschied zwischen einer wissenschaftlichen, deterministischen Haltung dem Fund von Nag Hammadi gegenüber und „dem Vorrecht, uns gemeinsam in eindeutiger Ausrichtung darin vertiefen zu können. Dazu hat uns alle die berührende Strahlungskraft befähigt." Er legte auch dar, wie der „geistige" Mensch, der „Pneumatiker", vom Vater beim Namen gerufen werde: „Darum ist er, der weiß, ein Wesen von oben. Wenn man ihn ruft, hört er! Er antwortet, er wendet sich dem zu, der ihn ruft, und kehrt zu ihm zurück. Er versteht, wie er gerufen ist. Im Besitz der Gnosis führt er den Willen dessen aus, der ihn gerufen hat und begehrt zu tun, was diesem wohl gefällt. Und … er empfängt die Ruhe! […] Der Gnostiker erwacht aus der Betäubung, aus dem Zustand der Unwissenheit und Unbewusstheit, in dem er untergetaucht war wie ein Betrunkener in seinem Rausch. Er wird allmählich bewusst und erkennt die Wahrheit. Er entdeckt das Nichts seines früheren Zustandes.

[...] Und wir wiederholen: Wer also Kenntnis besitzt, weiß, woher er kommt und wohin er geht. Er versteht wie jemand, der sich löst und aus seinem Rausch erwacht. So ist die universelle Lehre, so ist das gnostische Christentum für diesen Gnostiker die Offenbarung Gottes durch Christus, der Übergang vom Nichts zum All."[142]

In der Mitte der fünfziger Jahre öffneten Jan van Rijckenborgh und Catharose de Petri für ihre Schüler noch eine weitere Tür zur „Schatzkammer der hermetischen Weisheit". Es sind die achtzehn Bücher des Corpus Hermeticum und der Tabula Smaragdina – die Texte des Hermes Trismegistos.

Jan van Rijckenborgh hatte das Corpus Hermeticum Zeile für Zeile studiert, das beweist sein vierteiliges Werk mit erklärenden Texten, dem er den Titel gab: *Die ägyptische Urgnosis und ihr Ruf im ewigen Jetzt*. Durch seinen Freund und engsten Mitarbeiter, C. G. Stratman, wurde er auf die Bücher von G. R. S. Mead (siehe Kapitel 3) aufmerksam, die damals in den Niederlanden noch völlig unbekannt waren. Während Stratman die ersten Abschnitte übersetzte und ihn auf viele Einzelheiten hinwies, nahm Jan van Rijckenborgh den Faden wieder auf, den er Anfang der fünfziger Jahre gesponnen hatte. Meads englische Übersetzung des Corpus Hermeticum in seinem beeindruckenden Buch *Thrice-Greatest Hermes* war die Basis des oben genannten niederländischen Textes, der in vier Teilen erschien.

Jan van Rijckenborgh wies darauf hin, dass die Urgnosis für Hermes die ursprüngliche Kenntnis, die ewige Weisheit und befreiende Kraft sei, die durch alle Zeiten hin prinzipiell dieselbe ist. Oder besser gesagt: die sich bemüht, stets dasselbe zu übertragen. Er sprach vor dem Hintergrund seiner eigenen Zeit und bewies, dass dieser Ruf tatsächlich noch immer aktuell ist. Wie kein anderer konnte er die universelle Li-

---

142. Jan van Rijckenborgh, Het Evangelie van de Waarheid, In: Renova, Nieuwe reeks Nr. 9, Oktober 1954, S. 220 ff

nie aufzeigen, die immer das gleiche Prinzip austrägt. Darum die Hinzufügung im Titel: „und ihr Ruf im ewigen Jetzt." Seine Zuhörer (und späteren Leser) stellte er vor die tiefe Einsicht der alten ägyptischen Weisheit: Gott, Welt und Mensch sind miteinander verbunden. Dieser Weg leuchtet nicht nur im ursprünglichen Christentum auf, sondern zu allen Zeiten. Auf jeder Seite seiner Bücher versuchte Jan van Rijckenborgh, die Aufmerksamkeit von den verformten Einsichten des weltlichen Menschen abzuziehen. Sein Ziel war, der Gruppe ein klares Bild des positiven Lebensweges zu vermitteln, der immer war – des Pfades, der immer noch besteht und zur Befreiung der Seele führt. Dabei nahm er sich den Hinweis des Hermes zu Herzen, „dass die Menschen, die nach uns kommen," sich durch die Arglist der Sachkundigen irreführen lassen. Darum würden sie sich von der wahren, reinen und heiligen Philosophie abwenden. Denn die echte Philosophie, die nicht von der Neugier des Verstandes beschmutzt ist, besteht darin, dass der Mensch in der Einfachheit des Geistes und der Seele die Gottheit verehrt, deren Taten bestätigt und Gottes Willen dankt, der reine Güte ist. All das, die geistige Betrachtung, die Lebensfülle und die Erkenntnis, dass im Corpus Hermeticum und in der Tabula Smaragdina (Smaragdtafel) die reine Wahrheit zum Ausdruck kommt, fasste Jan van Rijckenborgh zusammen unter dem Begriff „die ägyptische Urgnosis". Wenn auch alle hermetischen Texte am hellenistischen Beginn unserer Zeitrechung niedergeschrieben wurden, haben sie doch ihren Ursprung in der alten ägyptischen Weisheit. Das bestätigen moderne Untersuchungen. Es ist eine Weisheit, die – verfälscht und veräußerlicht – vielleicht nur mühsam in den Hieroglyphen der Pyramiden, den Königsgräbern und den Papyri wiederzufinden ist, in der jedoch für den, der es wahrnehmen kann, ein und dieselbe Befreiungslehre durchklingt.
Diese Erkenntnis teilte Anno 2008 auch Erik Hornung. Dieser Autor und Wissenschaftler bestätigt in seinem Buch *De verborgen kennis van het oude Egypte*, dass die Gestalt des Hermes Trismegistos eine Kombination der ägyptischen Gottheit Thot und des griechischen Hermes ist

und zu Recht durch die Jahrhunderte hin als Symbol für die verborgene Weisheit galt. Hornung nennt seine Kenntnis *Egyptosofie* und scheut den Streit mit der offiziellen Ägyptologie nicht, die dieses Phänomen bis jetzt weitgehend negiert. Da ist endlich einmal jemand, der wissenschaftlich nachweist, welchen Einfluss das esoterische Ägypten auf zweitausend Jahre europäische Geschichte hatte. „Denn", so Hornung, „bereits im alten Ägypten wurden die Erfahrungen mit einer unveränderlichen Wahrheit so aufgezeichnet, dass sie immer noch bestimmend sind für die Art und Weise, wie der europäische Mensch sich Jahrhunderte später dem Geist nähert!"

Jan van Rijckenborgh ließ bereits fünfzig Jahre vorher in fesselndem Stil das Licht der ägyptischen Urgnosis über den großen philosophischen Fragen aufleuchten, die Europa seit seinem Ursprung beschäftigen. Wie ist das Verhältnis zwischen Geist und Natur, zwischen Seele und Materie? Kann der Mensch Gott kennen, und wie erreicht er das? Was ist gut, was ist böse? Gibt es Unsterblichkeit und Erlösung für den Menschen und wie werden sie erlangt? Derartige Fragen werden in den Dialogen zwischen Pymander und Hermes sowie Hermes und Tat oder Asklepios im Corpus Hermeticum angeschnitten. Diese Namen sind Metaphern für die Geistkraft und die Seelenkräfte im Menschen.
Im ersten Teil der Serie wird der Zustand des Menschen beschrieben, der an das Zeitliche gebunden ist, obwohl die Ewigkeit seine Bestimmung ist.
Der zweite Teil behandelt ausführlich, wie der Mensch von der Zeitlichkeit frei wird. Ausgangspunkt ist die Einsicht, dass der Mensch in seinem heutigen Dasein Gott nicht kennt. Nehmt Abstand von den Naturkräften, so heißt es, löst die Verbindung zu ihnen. Dann wird auch die Ursache des Todes, die „Gegenbewegung", weggenommen und ihr

---

143. Erik Hornung. De verborgen kennis van het oude Egypte. Den Haag, Uitgeverij Synthese, 2007

erhaltet Unsterblichkeit dadurch, dass ihr eins werdet mit der unsterblichen Wahrheit.

Die Schwierigkeiten, die für den strebenden Menschen bei diesem Prozess auftreten, beschreibt der Autor in Teil III. Sie entstehen unter anderem durch Verwirrung der Begriffe Gut und Böse, durch die Wirkung des Verstandes und schließlich durch die Neigung des Menschen, alles für das eigene Ich zu nutzen. Damit stellt er sich diametral dem Geist entgegen, dem Pneuma (Lebensgeist, Lebensatem), das universell und für alle und in allen ist. Und damit beginnen die Probleme des Daseins in der Welt der Materie.

Im vierten Teil dringt der Autor tief in das Thema der Reinigung des Herzens und des Denkens durch Wahrheit ein. Dieses kann nur durch Zulassen einer reinigenden Vibration erfolgen. Wenn der Mensch die Wahrheit in sich selbst zulässt, ist die Folge eine Reinigung des Bewusstseins. Die Schicksalsverknüpfung, das Karma, verliert seinen zwingenden Einfluss. Es entsteht ein neues Bewusstsein, ein neues Denken, mit dem man die Wahrheit innen, außen und oben stets besser erkennen lernt, jedoch in erster Linie im eigenen Inneren. Man entwirft dann keine Bilder der Wahrheit mehr, sondern lebt übereinstimmend mit ihrer Struktur.

In seinen Erklärungen benutzte Jan van Rijckenborgh Elemente aus dem hermetischen und gnostischen Denken, aber auch aus dem Denken Manis (210-276), des Gründers einer gnostischen Religion, die unter dem Namen Manichäismus bekannt ist.

Er wies darauf hin, dass der Hermetismus sich in seinem absolut positiven und sicheren Wissen über die unverbrüchliche Einheit Gott, Kosmos und Mensch im Wesentlichen nicht von der Auffassung Manis unterscheidet, der unser Daseinsfeld in seiner „Bosheit" erkannte. Für Mani sind Welt und Bewusstsein durch die Gegensätze Gut und Böse verbunden und werden doch dadurch zerrissen. Mani schlug dem Menschen vor, mit Herz und Seele die Gnosis zu umarmen und bewusst von der niederen Natur Abschied zu nehmen.

Seine Gnosis ist Christus, das rettende, geistige Prinzip im Kosmos und im Menschen. In gleicher Weise rät Hermes dem Menschen, sich über die Welt der Sinne zu erheben, sich mit den „wesentlichen Dingen" zu beschäftigen und sein Gemüt zu erheben, damit Pymander sich in ihm befreien kann. „Pymander ist kein abgesondertes Wesen", so schrieb van Rijckenborgh, „sondern eine entflammte, lebendige Wirklichkeit, die absolut Teil des Geistfeldes ist." Die vier Teile der *Ägyptischen Urgnosis* sind ein wichtiger Pfeiler im Werk des Lectorium Rosicrucianum. Es ist eine große Freude, wenn ein Mensch den ersten Schein des Lichtes in seinem Inneren wahrnimmt. Und Jan van Rijckenborgh strebte stets danach, diese Freude zu bestätigen und zu erklären. „Gott ist Licht!" Ein Schüler des Hermes ist der Erste, der diesen Ausspruch als Wahrheit unterschreiben kann. Wenn alle, die daran teilhaben, diese Arbeit in den Brennpunkten der Schule des Rosenkreuzes gewissenhaft ausführen, so erklärte er, zeichnet sich nach Verlauf einiger Zeit ein neuer Menschentyp ab und kann von einer „großen, neuen Weltaktivität der Bruderschaft" gesprochen werden.

DIE MANIFESTATION DER BRUDERSCHAFT DES ROSENKREUZES
Es hat eine besondere Ursache, dass Jan van Rijckenborgh seinen Appell „Ein neuer Ruf" in Calw und in Wiesbaden aussprach und nicht in einem Haupttempel „der jungen Gnosis" in Haarlem oder Renova. Er fühlte sich innerlich gedrängt, zu den Gebieten zurückzukehren, in denen die klassischen Rosenkreuzer ihre Arbeit unter unglaublich schweren Umständen begannen. „Es ist ein gnostisches Gesetz", sagte er, „dass das Licht dorthin zurückkehrt, wo es einmal geschienen hat. Und darum muss unsere moderne Fama Fraternitatis dort das Licht erblicken." Dabei hatte er klar vor Augen, dass der Auftrag der klassischen Rosenkreuzer, ein „spirituelles Gebäude" in der Welt zu errichten, das alle Lichtsucher aufnehmen sollte, im siebzehnten Jahrhundert

144. Renova, Lectorium Rosicrucianum, 1. Jahrgang, Nr. 10, November 1952, S. 11

nicht hätte verwirklicht werden können. Denn obwohl dieses Gebäude als „Haus Sancti Spiritus" unsichtbar im Äther leuchtet, behinderte der Ausbruch des Dreißigjährigen Krieges (1618-1648) das Streben der Brüder des Rosenkreuzes in hohem Maß. Aber in der zweiten Hälfte des zwanzigsten Jahrhunderts fiel ein Lichtstreifen durch einen Spalt in den gewaltigen Türen der Zeit und der Materie. Und die beiden Großmeister erkannten, dass die Umstände günstig genug waren, um dieses Gebäude, das viele vorausgesehen und darauf gehofft hatten, nun zu vollenden.

Wie bereits berichtet, erschienen im Jahr 1937 die drei Rosenkreuzer-Manifeste aus dem siebzehnten Jahrhundert als *Das geistige Testament des Rosenkreuzer-Ordens*. Jan van Rijckenborghs Plan, diese esoterischen Kommentare, die er damals als *De geheimen der Rosenkruisers Broederschap* angekündigt hatte, zu veröffentlichen, konnte erst siebenundzwanzig Jahre später verwirklicht werden. Sie erschienen 1965 unter dem fast gleichen Titel, den er 1937 geplant hatte: *De geheimen der Broederschap van het Rozenkruis. Esoterische analyse van het geestelijke testament der Orde van het Rozekruis*. Teil I ist eine ausführlichere Ausgabe der Edition von 1939. Teil II enthält einige flammende Kapitel, die er ebenfalls bereits in den Vorkriegsjahren geschrieben hatte und zwar über Themen, die in der *Confessio* oder dem *Bekenntnis* von 1615 nicht vorkommen. Diese Kommentare waren in den dreißiger Jahren als Einzelartikel in der Zeitschrift Het Rozekruis erschienen und nun in Teil II von *De geheimen der Broederschap van het Rozenkruis* zusammengefügt worden. Teil III enthält die Kommentare zur *Chymischen Hochzeit Christiani Rosencreutz*. Dieses Werk hatte Johann Valentin Andreae nach eigener Aussage um 1604 mit sechzehn Jahren geschrieben, aber es wurde erst 1616 gedruckt.

In diesen drei Büchern erklärt Jan van Rijckenborgh seine Sicht auf die fundamentalen Schriften der Rosenkreuzer. Für den Menschen, der nach ihrer verborgenen Bedeutung sucht, sind sie sehr wichtig und können vor allem durch die Erklärungen eine wesentliche Hilfe im persönlichen Leben sein, denn sie schenken Einsicht in das Warum der vielen Unvollkommenheiten in unserem Leben. Wer Text und Kommentare auf sich wirken lässt, wird bemerken, dass sie dazu beitragen, das innere Gleichgewicht wieder herzustellen. Der Autor entwickelte vom esoterisch-christlichen Gesichtspunkt aus eine Auffassung und einen Stil, die keinen Menschen unberührt lassen, der etwas von derselben Geistkraft in sich erkennt.

Der erste Teil der Erläuterungen in *Die alchimische Hochzeit des Christian Rosenkreuz* ist relativ einfach und gut zu verstehen. Es werden darin Themen behandelt, die auch junge Menschen ansprechen. Der zweite Teil ist jedoch völlig anders. Die darin gegebenen Erklärungen haben eine Bedeutung, die tief ins Innere eindringt. Andrae hinterließ sein Buch als Rätsel, als einen Schlüsselroman, mit dem man sich der wahren Bedeutung der Alchimie nähern konnte. Van Rijckenborghs Kommentare sind eine Art „geistiges Testament", denn dieses Werk ist eines seiner letzten. Im zweiten Teil werden Entwicklungen beschrieben, die auf der Seelenebene liegen. Besser gesagt, es sind Prozesse, die sich auf die werdende Geist-Seele im Menschen beziehen und nicht mehr unbedingt auf die Persönlichkeit. Schon H. P. Blavatsky schrieb: „In dem großen Werk können keine Persönlichkeiten (Egos) gebraucht werden."

Und Jan van Rijckenborgh erklärte diese Schrift von 1616 wie folgt: „In der ‚Alchimischen Hochzeit' werden jedoch ausführlich, sehr genau und deutlich alle Einweihungen des CRC beschrieben, so deutlich, wie es nicht besser möglich ist. Alle Aufklärungen werden gegeben, ohne auch nur das Geringste zu vernachlässigen. Wer war, oder besser, wer ist Christian Rosenkreuz? Er ist das Urbild des wahren, ursprünglichen Menschen, des Menschen, der wirklich Christ ist, in dem der Christus dadurch frei wurde, dass er den Pfad des Kreuzes in der Kraft der Rose ging. [...] Ein Kreuz entsteht durch zwei Kraftlinien, die sich rechtwinklig schneiden. Das bedeutet eine totale Veränderung, eine Umwandlung der Kräfte, eine alchimische Veränderung. Die Rose im Menschen muss mit ihrem wahren Lebensfeld verbunden werden, mit dem Feld der Unsterblichkeit. Die Rose muss durch den Kreuzgang der Transfiguration frei werden. Darum sprechen wir vom Rosenkreuz. Diese Arbeit muss in der Kraft Christi geschehen, der elektromagnetischen Kraft des universellen Lebens." [145]

Die Rose ist das Symbol für den Lichtfunken, den göttlichen Funken der Gnostiker, den Jan van Rijckenborgh auch als „Geistfunkenatom" oder „Geistnukleus" bezeichnete. Es ist der göttliche Lebenskern. Und es heißt weiter:

„Wenn der geistige Kern wirksam wird, dieser Lichtfunke im Herzen des Kreuzes aufflammt, dann wird innere Erkenntnis geboren, die Kenntnis des Herzens, Gnosis. Sie offenbart sich aus dem göttlichen Uratom, das als Saat des Geistes potenziell im Menschen verborgen ist. Wenn die Saat dieser Rose die menschliche Seele befruchtet, wird sie unsterblich, und der Körper, die Persönlichkeit, transfiguriert. Die Kenntnis des All-Guten ist eine geistige Einsicht. Es ist Gnosis und der Schlüssel zu einem inneren Wissen über den Menschen, seine göttliche Bestimmung und über Gott, der in ihm ist." [146]

Jan van Rijckenborghs Lebensweg zeigt, dass er nur von einem Ziel erfüllt war, das als goldener Faden all seine Werke durchzieht: den interessierten Leser – den suchenden Menschen – zur Selbsterkenntnis anzuspornen. Die wahre Herkunft des Menschen ist der Mikrokosmos. In ihm liegt das Geheimnis des Seins verborgen oder wie es sinngemäß in der *Fama Fraternitatis* heißt, aus der er gern zitierte: „Darin liegt sein eigener Adel, da er zur unbekannten Hälfte der Welt gehört." Ausführlich behandelte Jan van Rijckenborgh den Weg, der zur Wiedergeburt der Seele führt, zur Wiedergeburt aus Wasser und Geist, über die Jesus

---

145. Jan van Rijckenborgh: Die Alchimische Hochzeit des Christian Rosenkreuz Esoterische Analyse der Chymischen Hochzeit Christiani Rosencreutz, Anno 1459. I. Teil, Einleitung, Rozekruis Pers Haarlem, 1998.
146. Zitiert aus A. H. van den Brul: J. van Rijckenborgh – moderner Rosenkreuzer und hermetischer Gnostiker, in: Pentagramm, 17. Jahrgang, Nr. 2, S. 34.

zu Nikodemus sprach. Wir erkennen darin die Ermutigung zum Handeln wieder, die ihn in seinen jungen Jahren den Weg finden ließ. Die Notwendigkeit der Wiedergeburt, über die er Professor De Hartog sprechen hörte, ist bei ihm nicht exoterisch verhüllt wie zum Beispiel in der vagen Sprache vieler neuzeitlicher Texte oder in trockenen intellektuell-theologischen Erklärungen. „Davon haben Sie nichts", so Jan van Rijckenborgh. Er sprach über das innere Leben auf dem Weg, das ganz im Glanz des Innerlichen steht und sich nicht in Sensationen äußert. Bei ihm gab es keine heroischen Abenteuer oder sensationellen Aktionen. Es ging um ein inneres Erleuchtetsein von der Flamme des geistigen Lebens, die er nahe wusste.

Das ist eine Phase, in welcher der Mensch der Seele zur Entwicklung verhilft und sich einer dynamischen Selbstprüfung unterwirft. Und es ist auch die Phase, in der er sich dieser neuen Seele bewusst wird – eine glorreiche Phase, in der das neue Leben erkannt und erfahren werden kann. In der Sprache der Evangelien ist es die Phase des Johannes-Bewusstseins, in der auch vom „Jesus-Menschen", dem wiedergeborenen Seelenmenschen, gesprochen werden kann.

Das ist der Weg des Christian Rosenkreuz, auf dem man vom „besten Menschen zum Geistmenschen" wiedergeboren wird, so drückte de Hartog es aus. Für ihn war das nicht nur eine Philosophie, sondern eine Wirklichkeit und Notwendigkeit. Denn nur auf diese Weise kann der naturgeborene Mensch dem Geist begegnen. Nur so können der ursprüngliche Geist, die neue Seele und der neue Körper zu einer Einheit zusammengeschmiedet werden. Es ist das *Bytos, nous* und *aletheia* der alten Gnostiker, die Tiefe des göttlichen Geistes, aus der sich die Wahrheit entfaltet. In der Bibel wurden sie zu den göttlichen Prinzipien Geist, Wasser und Blut. Bei Hermes sind es die Komponenten Geist, Seele und Körper und in der Alchimie der klassischen Rosenkreuzer *Mercur*, *Sulfur* und *Sal*.

Das ist der Weg von der Transmutation zur Transfiguration, der in den sieben Tagen der alchimischen Hochzeit verschleiert und symbolisch dargestellt wird.

Hermes sprach über „das Böse (oder die Bosheit) der Unwissenheit". Tatsächlich ist Unwissenheit in dieser Beziehung das größte Drama des Menschen. Diese Unwissenheit aufzuheben, muss für den, der zur Transfiguration gerufen ist, aber in seinem naturgeborenen Zustand stecken zu bleiben droht, der Basisgedanke sein. Er liegt dem gesamten Werk von Jan van Rijckenborgh zu Grunde. Auch die Worte des Hermes bezeugen es: „Wenn die Gnosis das ganze Bewusstsein erleuchtet, flammt die Seele wieder auf und erhebt sich, indem sie sich von ihrem (naturgeborenen) Körper löst. So wird der ganze Mensch zu seiner wahren Art transformiert."

Auch ein anderer Abschnitt aus der *Alchimischen Hochzeit* bestätigt, dass den Lehren des Rosenkreuzes die des Hermes zu Grunde liegen: „Nach so vielen Krankheiten, die das Menschengeschlecht erleiden musste, fließe ich, Hermes, hier als Urquell, der auf den Ratschluss Gottes mit dem Beistand der Künste und der Medizin heilkräftig gemacht ist. Wer es kann, trinke mich, wer es will, wasche sich, wer es wagt, trübe mich. Trinket Brüder und lebt!"

DIE WEISHEIT DES PFADES IST UNIVERSELL

Jan van Rijckenborgh schlug erneut eine Brücke zwischen den Zielen der Brüder des Rosenkreuzes und dem Urquell des Hermes. In seinen Erklärungen zur *Alchimischen Hochzeit*, Teil II, Kapitel 7 heißt es: „Wer war, oder besser, wer ist Hermes? Hermes ist der sich offenbarende Geist selbst, der Urquell, der jeden Menschen laben will. Sie werden daher auch verstehen, warum wir […] konsequent aus diesem Urquell zeugen, warum wir immer wieder die alten hermetischen Bücher studieren …" Hermes ist also auch eine mythische oder besser symbolische Gestalt, eine Allegorie für den Urquell. Aber gleichzeitig

---

147. Siehe Note 14

ist er eine universelle Weisheitskraft, die durch alle Zeiten hin nichts von ihrem strahlenden Vermögen eingebüßt hat. Es kann daher auch nicht erstaunen, dass Jan van Rijckenborgh diese universelle Weisheitskraft ebenfalls in einem anderen berühmten Text aus dem Altertum wiedererkannte. Dieser stammt von der anderen Seite des Erdballs, aus China. In dem Werk eines chinesischen Weisen, der als „alter Meister" oder auch „altes Kind", Lao Tse oder Lao Zi, bekannt war, wirkt dieselbe Kraft und zeigt sich derselbe Tiefgang, die auch die Weisheit des Hermes auszeichnen. Viel Wunderbares wird über diesen Weisen erzählt, über dessen wirkliche Existenz jedoch nichts Genaues bekannt ist. Lao Tse betrachtete „Tao", den Weg, und „Te", die Tugend. Es heißt, er sei nicht in den Vordergrund getreten und habe seine Lehren niemals aufgeschrieben oder gelehrt. „Könnte Tao ausgesprochen werden, wäre es nicht das ewige Tao", so lautet eine Regel dieser „kleinen Perle" der universellen Lehre – des Tao Te King. Lediglich Fragmente seiner Aussprüche wurden über die Jahrhunderte hin mündlich weitergegeben.

Lao Tse war „einer der Stillen im Lande", so wird berichtet, also jemand, der sich absichtlich im Hintergrund hielt. Er vertiefte sich in das Wesentliche der Dinge, und es heißt, er habe wenig Interesse für die althergebrachten Formen gezeigt. Er erkannte den ständigen Wechsel der Erscheinungen vor dem Hintergrund der einen geistigen Wahrheit, die sich stets gleich bleibt, sich über jede Veränderung erhebt und jede Begrenzung überschreitet. Das findet in dem Buch *Die chinesische Gnosis* seinen Niederschlag. Darin griffen Jan van Rijckenborgh und Catharose de Petri Lao Tse's Ideen über das ewige Fließen, das Entstehen, Blühen und Vergehen sowie über das wahre Leben auf und besprachen sie als Konferenzthemen mit ihren Schülern. Gewiss werden sie auch auf die feine Ironie und das Paradoxe in den Aussprüche Lao Tse's hingewiesen haben. Bereits in den Monaten Juli und August 1952 begannen sie mit ihren Kommentaren zum Tao Te King. Sie beschäftigten sich über lange Zeit hin regelmäßig mit diesem Werk und schrieben: „Das Erkennen des Pfades, des Tao, wird den Suchern zuteil, sobald sie entdecken,

dass sie, wie Lao Tse sagt, im dialektischen Ego Schmerz erleiden. Wenn sie in sich selbst entdecken, dass nichts und niemand sie von diesem Schmerz befreien kann, dass niemand diesen Brand löschen kann, bis sie selbst dem Ich-Wesen Lebewohl sagen …"
Und beim Besprechen des Themas „geheimnisvolle Tugend" fügten sie hinzu: „Und dann vollzieht sich ein Wunder. Der Strom des neuen Seelenzustandes, den Sie durch Ihr totales Selbstopfer ermöglichten, geht nun mit dem von Ihnen verlassenen Haus einen Weg. Dieser Lebensweg offenbart markante neue Akzente, zeigt Fakten auf für die bestürzten Scharen, die Sie so gut kennen. ‚Wie kann das sein?', fragen sie. Geheimnisvolle Tugend! Und das Wesen, das Sie selbst früher waren, lacht und schweigt, arbeitet in seinem Betrieb, solange es sein muss, oder schreibt Rechnungen oder verkauft eine Ware oder führt ein Routinegespräch mit einem Klienten oder tut etwas anderes. Gleichzeitig bringt der Andere die Dinge in Ihnen hervor und nährt sie. Wie ist das möglich? Es ist möglich, weil sich in dem Selbstopfer Ihr animalisches, biologisches Ich als ein Stückchen, ein Fünkchen, als eine Scherbe, als ein Strahl des großen Wesens des Herzens erweist, jedenfalls damit verbunden ist. Daraus entsteht eine Empfindung, eine Erfahrung, als ob das alte Ich mit Abstand, aus einer Ecke, das ganz neue Werden als interessierter Teilhaber – jedoch ohne jede Einflussnahme – beobachtet. Es ist, als ob der Andere in Ihnen von Zeit zu Zeit zu Ihnen wie ein erhabener Blutsverwandter spricht: ‚Siehst du, Bruder, Schwester, so muss es sein, so musste es geschehen.' Und Sie beugen voller Demut Ihr Haupt."
Das Buch *Die chinesische Gnosis* von Catharose de Petri und Jan van Rijckenborgh ist darum so beliebt, weil der Ton hier vor allem auf den jungen Menschen abgestimmt ist und die ursprünglichen Texte von Lao Tse eine beeindruckende, poetische Schönheit besitzen, die immer

---

148. Jan Van Rijckenborgh Die chinesische Gnosis, Haarlem. Rozekruis Pers, S. 21
149. do. S.118 und 119

noch unvermindert durchklingt – 2000 Jahre, nachdem sie vermutlich zum ersten Mal niedergeschrieben wurden. „Dieser Text ist ein Werk, das in China heute noch stets mit großer Ehrerbietung gelesen wird. Es ist der Urtext des Taoismus. Das Buch vom Weg und seiner Kraft, an Umfang klein, inhaltlich geheimnisvoll ist seit dem dritten Jahrhundert vor Beginn unserer Zeitrechung immer noch grenzenlos populär," so schreibt Kristofer Schipper in *Trouw* über *Tao teh King*, das in den Niederlanden in vierzig Übersetzungen publiziert wurde.

Die in diesem Buch enthaltenen Weisheiten sind in unseren Tagen möglicherweise noch aktueller, als zu Zeiten des legendären Lao Tse. Denken wir nur an das Kapitel 31: „Die besten Waffen sind Instrumente des Unheils. [...] Sie, die Tao besitzen, halten sich daher nicht damit auf." Und im Kapitel 33, dem letzten, das die Autoren kommentierten, heißt es: „Wer andere Menschen überwindet, ist stark, aber wer sich selbst überwindet, ist allmächtig. Das heißt, er dringt durch zum Wesentlichen der Gottheit, erhält Anteil daran." Diese Worte können als Kompendium des großen Auftrags betrachtet werden, vor den auch Catharose de Petri und Jan van Rijckenborgh ihre Leser stellen. Aber es bleibt nicht bei diesem Auftrag allein, sondern sie zeigen auch die Wege, auf denen er erfüllt werden kann.

„Wer sich löst vom Schein,
findet den Weg zum inneren Sein.
Wer zum Nicht-Tun ist gekommen,
wird in die Kette aufgenommen."

---

150. Kristofer Schipper, Het Taoisme houdt van lachen. Trouw, Sonnabend, 24. August 2002
151. Jan van Rjckenborgh. Die chinesische Gnosis, Haarlem, Rozekruis Pers, S. 464
152. do. S. 479

NOCH EINMAL ÄGYPTEN

Die von Jan van Rijckenborgh behandelten hermetischen Texte sind nicht die einzigen aus Ägypten, die sein Interesse weckten. Seine Aufmerksamkeit richtete sich auch auf eine andere ägyptisch-koptische Quelle aus einer späten Periode der Schule des Valentinus. Diese Abhandlung stammt etwa aus dem vierten Jahrhundert nach Christus und trägt den Titel *Pistis Sophia – die Bücher des Erlösers*. Die komplizierte gnostische Schrift besteht aus vier Teilen, die nicht alle den gleichen Ursprung haben. Ihre Herkunft wird auf das Ende, aber teilweise auch auf den Beginn des vierten Jahrhunderts nach Christus datiert. Der Rahmen und das Thema sind die geheimen Lehren, die Jesus in den ersten elf Jahren nach seiner Auferstehung seinen Jüngern übertrug. Dabei erklärte er ihnen die Tiefe des ersten Mysteriums. Die Pistis Sophia lehrt uns, dass der Mensch aus der ersten Sphäre, direkt bei Gott, eine göttliche Kraft oder ein göttliches Prinzip empfing. Der Erlöser wurde dann vom Vollkommenen ausgesandt, um der Menschheit zu helfen, diese göttlichen Kräfte in Freiheit zu entfalten und ihr die höchsten Geheimnisse ihrer Befreiung zu entschleiern.

Das war ein Thema, von dem außer einem kleinen Kreis gelehrter Spezialisten in den Niederlanden noch niemand gehört hatte. Später berichteten Menschen, die van Rijckenborghs Vorträge besuchten, dass große Teile der Texte nur mühsam zu ergründen und einzuordnen waren. Einer von ihnen bezeugte: „Manchmal war es durchaus möglich zu verstehen, aber zuweilen verstanden wir überhaupt nichts. Er sprach aus einer anderen Dimension der Wirklichkeit. Aber das schadete nichts. Wir wollten dabei sein, wie auch immer, denn jeder empfand, dass während dieser Vorträge etwas Neues, etwas Wichtiges erschlossen wurde. Es kündigte eine neue Menschheitsperiode an. Das waren lebendige Worte, die jetzt noch in mir nachklingen." Für den Großmeister besaß [153] dieses gnostische Evangelium noch eine andere Anziehungskraft. Denn

---

153. Mitteilung J. Schootemeoijer, Frühjahr 2005

es war sein Ideal, eine Mysterienschule auf den Grundmauern der uralten Mysterien der Seelenbefreiung zu gründen und diese erneut zu lehren. Gleichzeitig wollte er eine Bewegung ins Leben rufen, die den suchenden Menschen im Westen erreichen und anziehen könnte. Und das sollte durch die *Pistis Sophia – die Bücher des Erlösers* geschehen, die einen wichtigen Platz im Strom „des ewigen Wissens" haben. Darin ist dasselbe Gedankengut auf ganz andere Weise ausgearbeitet. Im ersten Buch, das Jan van Rijckenborgh kommentierte, schildert Valentinus die beiden Emanationen, die von der ursprünglichen Welt ausströmen. Aus der Welt des *Pleroma* oder der Fülle, der Geistnatur, so heißt es bei Valentinus, fließen ein Strom der *Pistis*, der Kenntnis, und ein Strom der *Sophia*, der Weisheit, hervor. Der Strom der Pistis erweckt, bewegt und drängt die Menschheit im weitesten Sinn des Wortes und wirkt außerdem stark auf den Verstand ein. Dazu gehörte für Jan van Rijckenborgh unter anderem auch das äußere Wirken der neu zu bildenden Weltbruderschaft. Der Strom der Sophia, die zweite Emanation, richtet sich auf die Gruppe der „Beunruhigten", die sich durch Kenntnis weiterentwickelt haben, aber mit den erreichten Resultaten unzufrieden sind. Diese Menschen können von der Sophia berührt werden und dem Strom folgen, der über die Natur hinausführt. Die Mysterienschule ist eine Form des Sophia-Stroms, in ihr kann der Mensch seine Entwicklung auf einem höheren Niveau fortsetzen. Sie führt ihn in die Gebiete des Pleromas. Dieser Strom der Sophia bringt die Kräfte heran, um den neuen Seelenzustand, das neue Seelenbewusstsein entwickeln zu können.

Jan van Rijckenborgh wählte in den fünfziger Jahren für seinen Zyklus über die Pistis Sophia eine neue Form. Neben den mehrtägigen und den Wochenend-Konferenzen, in denen unter anderem das genannte Werk des Lao Tse behandelt wurde, fanden – meistens am Dienstagabend – im Renova-Tempel Erklärungen zur Pistis Sophia statt. Dazu kamen die Menschen mit speziell eingesetzten Bussen aus Haarlem, Arnheim, Zwolle und Groningen. Und die Jüngeren kamen sogar auf ihren Mopeds und Motorrädern aus Velsen, Haarlem und Amsterdam sowie den Gebieten südlich von Bilthoven. Van Rijckenborgh formulierte auch Bedingungen zur Teilnahme an diesen Vorträgen. Man sollte ein wirkliches Bedürfnis empfinden, ihnen beizuwohnen, eine vernünftige körperliche Kondition besitzen, sich nicht von anderen dazu drängen lassen und vollkommen bereit sein, daran mitzuwirken.

Was war das Besondere, das jeder spüren konnte?

Zwar wurde eine neue Zeit, eine neue Menschheitsperiode angekündigt, aber dieser Gedanke durchzog bereits die Arbeit der jungen gnostischen Bruderschaft. Bei diesem Rosenkreuzer-Gnostiker und Großmeister einer Geistesschule, wie es in der Historie nur wenige gegeben hat, fiel jedoch Folgendes auf: Es gelang ihm, mit seinen Erklärungen jedem Zuhörer – und Leser – das Gefühl zu vermitteln, dass die Geschichte der Pistis Sophia die eines jeden strebenden Menschen sei. Er schrieb:

„Sie müssen sich zuerst vollkommen mit der Pistis Sophia identifizieren. Ferner müssen Sie sich darüber klar sein, dass der gesamte Erlösungsplan und das Erlösungswerk der Gnosis sich auf eine neue magnetische Verbindung mit dem Kandidaten auf dem Pfad stützt. Der Natur nach brauchen Sie die zwölf astralen Kräfte der Todesnatur. Sie leben daraus. Ihr Formwesen ist daraus entstanden.

Wenn Sie aber davon erlöst werden wollen, dann dürfen Sie mit keinem einzigen Vermögen der Todesnatur einen Befreiungsversuch unternehmen. Denn wenn sie von der dialektischer Kraft befreit werden wollen, können Sie doch keine dialektische Kraft anwenden, um sich davon zu lösen. Darum muss in jedem, der sich entschließt, den Pfad der Erlösung zu gehen, die eine rettende, befreiende Kraft unmittelbar anwesend sein. Sie muss ihm zur Verfügung stehen, damit er sie selbst anwenden kann."[154]

---

154. Jan van Rijckenborgh. Die gnostischen Mysterien der Pistis Sophia, Haarlem, Rozekruis Pers, S. 381

Besonders diese Erfahrung drang tief in die Herzen und in das Wesen aller ein, die diese Zusammenkünfte besuchten. Ja, der Pfad der Pistis Sophia war ihr Weg. Ja, die befreiende Kraft war vorhanden. Und es war wahr, was der Großmeister weiter sagte: „Dieses rettende Vermögen, die hochheilige, heilende und helfende Kraft ist tatsächlich vorhanden und steht dem Kandidaten in vollem Umfang zur Verfügung. Wir nennen diese Kraft ‚Heiliger Geist' oder ‚die Kraft der Bruderschaft', ‚die Kraft der Gnosis' und auch kurz ‚Gnosis'."

Aber wie konnte und kann der strebende Mensch diese Kraft gebrauchen?

„Die Gnosis wünscht weder Anbetung noch Verehrung von Göttern und Menschen. Sie will keine einzige Wesenheit zwischen das Licht und den Menschen stellen, der das Licht sucht; wenn auch viele Entitäten zweifellos Ihre Verehrung und Dankbarkeit verdienen. Aber Sie müssen diese Verehrung und Dankbarkeit dann durch das Gehen des Pfades zeigen. Da ist das Licht, und da sind Sie. Dazwischen steht niemand. Und die Diener des Lichtes werden sich niemals in den Vordergrund stellen oder etwas vom Kandidaten fordern. Sie strahlen nur das Licht aus, soweit es in ihnen frei werden kann. Dann können sie ihren Mitmenschen mit dem Licht dienen, damit zwischen ihnen und dem Licht nichts ist, das sie hindern könnte, den Pfad zu gehen."

---

155. do. S. 556

J. van Rijcken-
borgh, 1957

20. Aquarius als Apotheose des Geistes

Die Konferenzen in Renova 1963; im Christian Rosenkreuz-Heim in Calw 1964; im Van Rijckenborgh-Heim in Bad Münder 1965; in Basel 1966 und in Toulouse 1967

Wenn dieser Geistes-Arbeiter auch zahllose Menschen vor sich sah, die den Pfad gehen könnten, so sah die Wirklichkeit doch vorläufig noch bescheidener aus. Das wusste Jan van Rijckenborgh. Und Catharose de Petri schrieb über dieses Thema in einem Artikel über die Mysterien des Orpheus:
„[...] vor 12.000 Jahren vermochten die orphischen und dionysischen Mysterien Tausende zum neuen Leben zu erwecken. Es gab ein großes Erntefeld für diese heiligen Mysterien der universellen Bruderschaft. [...] Das war die letzte große Möglichkeit, bevor der Rassenkörper dermaßen kristallisierte, dass keine großen Ernten mehr möglich waren. Und wer besitzt heute noch genügend Bewusstsein, um klar und spontan zu reagieren? Um die Menschheit für das Licht zu öffnen, muss jetzt um jede einzelne Seele gekämpft werden."

1963, RENOVA UND DAS LICHTKLEID DES MENSCHEN
Dennoch versammelten sich im Sommer 1963 mehr als dreitausend Schüler des Lectorium Rosicrucianum im Konferenzort Renova. Dort hielten Jan van Rijckenborgh und Catharose de Petri die erste ihrer sieben geplanten „Aquarius-Konferenzen".

---

156. Catharose de Petri, De Mysterien van Orpheus. Pentagramm, 11. Jg. Nr.5, 1989

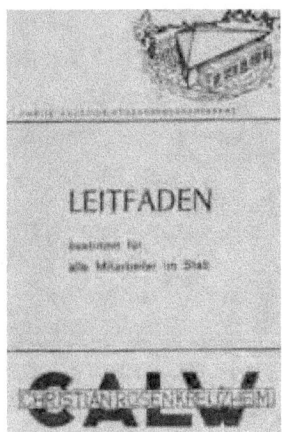

Broschüren der Aquarius-Konferenzen in Renova (1963) u. Calw (1964)

Diese großen jährlichen Zusammenkünfte forderten von der relativ kleinen Mitarbeitergruppe das Äußerste. Sie waren neben all der anderen in der Geistesschule nötigen Arbeit viele Monate mit der Organisation eines so umfangreichen Ereignisses beschäftigt. Sie mussten für geeignete Bahnverbindungen und die Unterbringung der zahlreichen Gäste sorgen. Außerdem mussten genügend sanitäre Einrichtungen und fünftausend Stühle vorhanden sein. Es musste geregelt werden, dass an mehreren Tagen gekocht und gegessen werden konnte. Und all das hatte unter der Bedingung zu geschehen, dass die Ruhe und das hohe Niveau der Zusammenkunft nicht beeinträchtigt wurden. Gleichzeitig mussten sie dem Murren jener die Stirn bieten, die meinten, dass „solche wahnsinnigen Ausgaben" doch viel zu hoch seien für eine Gruppe, die sich finanziell kaum über Wasser halten konnte!

Aber die Großmeister zeigten sich fest entschlossen. Sie waren davon überzeugt, dass es für die Gruppe und alle, die später kommen würden, notwendig sei, sie auf die nahenden „äußerst eingreifenden" Ereignisse vorzubereiten, die in wenigen Jahren Welt und Menschheit völlig verän-

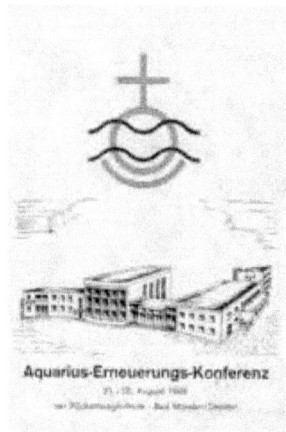

157 dern würden. Die Gründe dafür sah Jan van Rijckenborgh in der Tatsache, dass „ein neues interkosmisches Strahlungsfeld unsere Welt umfasst hält und inzwischen genügend Intensität und Spannkraft besitzt, um bemerkbare, sichtbare und nachweisbare Wirkungen zu erzielen."
Während der Vibrationsveränderung einer solchen Umwälzung sind die befreienden Möglichkeiten besonders groß. Und Jan van Rijckenborgh sagte unumwunden, dass es seine Aufgabe sei, seine Schüler – alle Schüler – mit „dem Geist des beginnenden Entsteigens" zu konfrontieren. Die positiven Wirkungen dieses Geistes der Befreiung erfährt der Mensch, sobald er „den einen Entschluss fasst." Nach diesem Beginn verband Jan van Rijckenborgh die Anwesenden mit der Kernbotschaft der Aquarius-Erneuerungskonferenzen:

---

157. Dieses Zitat und die Zusammenfassungen der verschiedenen Konferenzen basieren auf Texten von Catharose de Petri und Jan van Rijckenborgh aus: Die Apokalypse der neuen Zeit, Rozekruis Pers Haarlem, 1964-1968. 5 Aquarius-Konferenzen von 1963-1967,
1. Das Lichtkleid des neuen Menschen, Renova 1963, Rozekruis-Pers Haarlem, 1988
2. Die Weltbruderschaft des Rosenkreuzes. Calw 1964, Rozekruis Pers Haarlem, 1988

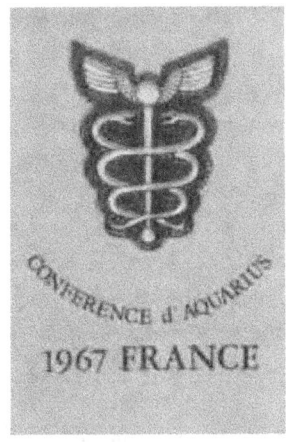

Broschüren der Aquarius-Konferenzen
in Bad Münder (1965) Basel (1966) und
Toulouse (1967)

- Offenbarung des Geistes
- Einsenkung des Wortes Gottes in den Menschen
- Anteil erhalten an der Sohnschaft
- Wiederkunft Christi
- Einweihung in die Mysterien des universellen Rosenkreuzes
- Gründung der einen wahren, universellen Kirche, die in diesem (zwanzigsten) Jahrhundert beginnt

Danach fragte er, was der Mensch selbst dazu beitragen könne, das Bewusstsein in einem guten Sinn zu beeinflussen, und ob er die Faktoren, die das Bewusstsein grau, flach, horizontal ausgerichtet und eindimensional halten, auf die eine oder andere Weise zum Guten wenden könne.

3. Die mächtigen Zeichen des göttlichen Ratschlusses, Bad Münder,1965. Rozekruis Pers Haarlem, 1989
4. Der befreiende Pfad des Rosenkreuzes, Basel,1966, Rozekruis Pers, Haarlem, 1990
5. Der neue Merkurstab, Toulouse 1967, Rozekruis Pers, Haarlem,1991

Er erklärte, dass der Mensch ein „Lichtkleid" besitzt. Das ist die Gesamtheit der unterschiedlichen (Bewusstseins-) Fluide im Menschen, die sein Leben bestimmen. Sie wird vom Blut und seinem System sowie von der Vibration des Nervenfluidums, der inneren Sekretion, dem Hormonhaushalt und dem Schlangenfeuer gebildet. Gemeinsam bestimmen sie die Flamme des Bewusstseins. Von diesen Fluiden geht ein starkes, sehr unterschiedliches ätherisches Licht aus. Das ist das Lichtkleid. Und an der Qualität dieses Lichtkleides kann man selbst etwas verändern. Jan van Rijckenborgh sagte: „Jeder Sterbliche trägt dieses Kleid. Die Qualität der Fluide bestimmt das Vibrationsvermögen des Menschen sowie die allgemeine Ausrichtung in seinem Leben. Sein Lichtkleid wirkt sich ebenfalls auf die Gesundheit aus, was äußerst wichtig ist. Gesundheit und Krankheit hängen immer eng mit dem Zustand des Lichtkleides zusammen.

Diese Fluide bestimmen auch, ob der Mensch im animalischen Zustand bleibt oder ob es in ihm regenerative – also befreiende – Möglichkeiten gibt, so dass der Betreffende dem allgemeinen erdgerichteten Seinszustand entsteigen kann.

Dieses Entsteigen ist jedoch kein automatischer Entwicklungsprozess, wie wir bereits am Anfang dieser Ansprache schilderten. Wir wachsen nicht einfach vom Kindmenschen über den ichbewussten Menschen zum Seelenmenschen auf. Nein, jeder Mensch steht in dieser Hinsicht vor einer ganz bewussten persönlichen Wahl. Und darum kommt die Geistesschule des Goldenen Rosenkreuzes immer wieder auf die neue Lebenshaltung und auf die ‚Versorgung unseres Lichtkleides' zurück."

Er fragte seine Zuhörer: „Was tun wir als Studenten des Rosenkreuzes für die richtige Versorgung unseres Lichtkleides?" Und er erklärte, dass der Mensch, auch der suchende Mensch, in dieser Hinsicht im Allgemeinen noch ein sehr kümmerliches Resultat zeige. Was die Schüler betraf, sagte er: „Als positives Ergebnis der Untersuchung gilt vielleicht vor allem, dass wir vegetarisch leben. Aber wissen Sie, dass die Resultate des Vegetarismus im Lichtkleid oft völlig neutralisiert werden,

Das Zeltlager während der ersten Aquarius-Konferenz 1963.
Im Hintergrund der Renova-Tempel.

weil zahlreiche schädliche Stoffe in unserem Blut zirkulieren? Denken Sie nur an die vielen chemischen und synthetischen Stoffe, die man gegenwärtig unter die Lebensmittel mischt. Sie werden zwar auf der Verpackung angegeben, aber das hilft nichts. Sie sind täglich in unserer Nahrung! Und denken Sie auch an den Nervenäther, der in unserer Zeit heftigen Spannungen unterliegt. Besonders er sollte tröstenden Balsam und die Gnade der neuen Seele in unserer Umgebung verbreiten. Was tun wir hierfür? Suchen wir bewusst geistiges Gleichgewicht, in dem er zur Ruhe kommen kann? Was tun wir für das richtige Funktionieren des spinalen Geistfeuers, das eng damit verbunden ist? Unser Hormonhaushalt ist uns näher, besonders wenn wir krank werden. Viele Krankheitserscheinungen hängen eng mit Störungen in der inneren Sekretion zusammen, auch wenn die Spannungen verhältnismäßig gering sind. Dabei müssen wir äußert sorgfältig und zurückhaltend vorgehen und so wenig wie möglich eingreifen. Und was sollen wir erst über eine richtige Versorgung unserer Bewusstseinsflamme sagen?

Die übliche Meinung ist: Mein Bewusstsein ist vorhanden, es existiert. Und damit müssen wir uns zufriedengeben, so sagt man. In der Lehre der Schule des Rosenkreuzes heißt es jedoch: Gewöhne dich an den Gedanken, dass das fünffache Lichtkleid eine unteilbare Einheit bildet. Wenn wir in einem seiner Aspekte etwas positiv verändern, verändert sich das ganze Bewusstsein!"

Die fünf großen jährlichen Zusammenkünfte waren thematisch miteinander verbunden. Und in gewissem Sinn spiegelten sie auch konzentriert den Auftrag und das Denken der beiden Leiter, Jan van Rijckenborgh und Catharose de Petri, wider. Die in den Aquarius-Konferenzen von 1964 bis 1967 behandelten Themen waren „Die Weltbruderschaft des Rosenkreuzes", „Die mächtigen Zeichen des göttlichen Ratschlusses" (die Anwendung der schöpferischen Vermögen des Menschen) und „Der befreiende Pfad des Rosenkreuzes", in dem auf die Übernatur eingegangen wurde.

1964. CALW UND CHRISTIAN ROSENKREUZ

1964 wurde in Calw im Beisein von 2200 Geistesverwandten der Christian Rosenkreuz-Tempel geweiht und anschließend die zweite Konferenz im Zeichen des Aquarius gehalten. Als Thema wählten die Großmeister: „Christian Rosenkreuz und der Pfad des Hermes". Bevor man mit einem Bauwerk beginnt, muss das Grundstück, auf dem man bauen will, vorbereitet sein. Darum besitzt der achtfache Pfad des Hermes zwei Phasen: ein Stadium der Zerbrechung und ein Stadium der Verwirklichung. Der Beginn ist die Rückkehr zum reinen Ausgangspunkt der Seele, jedoch nun mit der Erfahrungsfülle der Jahrhunderte. Van Rijckenborgh nennt diesen Beginn „prä-adamitisch", weil es um eine Reinheit der Seele geht, die jener von vor dem Sündenfall gleicht. Die geistigen Leiter erklärten, das menschliche Alltagsleben sei vollkommen festgelaufen. Und darum sei es nötig, dass eine Weltbruderschaft auftritt, welche die Menschheit in die rechte Spur zurückführt und von einer ganz anderen Weltordnung ausgeht. Diese Aquarius-

Weltbruderschaft, das „lebende Rosenkreuz", existiert und ist viel größer als das Lectorium Rosicrucianum, das nur ein Teil davon ist.

Mit einigen Zitaten von Rudolf Steiner über die Geschehnisse im dreizehnten und vierzehnten Jahrhundert berichtete Jan van Rijckenborgh seinen Zuhörer die Geschichte über Christian Rosenkreuz. Ein Schüler des Christian Rosenkreuz ist ein Johannes-Mensch, der den richtigen Baugrund, den reinen Beginn der „ersten siderischen Geburt" wieder gefunden hat. Der Autor deutet ihn auch als „neue Seele" an. In der Phase „der zweiten siderischen Geburt", die der werdenden Geist-Seele, beginnt der Schüler mit seinen Aktivitäten im Dienst für Welt und Menschheit. Er, der nun – aus Johannes-Jesus auferstanden – „Christian Rosenkreuz" genannt wird, folgt diesem Weg. Weiter beachtete Jan van Rijckenborgh nicht nur die Kennzeichen, die zur neuen Weltbruderschaft gehören, sondern schilderte auch die Art und Weise, wie die Bruderschaft einen einzelnen Menschen dazu ruft, ein Christian Rosenkreuz zu werden, und wie die neue Bruderschaft mit ihrer Wirksamkeit beginnt. Er referierte über einen Abschnitt aus einer Rede, die Rudolf Steiner am 28. September 1911 in Neuchatel gehalten hatte. Das Thema war, wie Christian Rosenkreuz sich zu erkennen gibt und im Menschen wirksam sein kann.
„Jene, die CRC zu seinen Schülern machen will, werden von ihm auf eigenartige Weise ausgewählt. Dabei muss der Auserwählte auf ein besonderes Geschehnis in seinem Leben achten oder sogar auf mehrere solche Geschehnisse. Ein bestimmter Mensch, der von CRC auserwählt wird, erreicht einen entscheidenden Wendepunkt, eine karmische Krise. Nehmen wir einmal an, dass ein Mensch etwas unternehmen will, das den Tod zur Folge hätte. Das können ganz unterschiedliche Situationen sein. Dieser Mensch begibt sich zum Beispiel auf einen Weg, der für ihn gefährlich werden kann. Er ist vielleicht einem Abgrund sehr nahe, ohne es zu merken. Dann kann es geschehen, dass er einige Schritte vor dem Abgrund eine Stimme ‚Halt!' rufen hört, so dass er anhält, ohne

zu wissen warum. Es kann tausend ähnliche Vorfälle geben. Wir müssen jedoch erkennen, dass sie nur äußerliche Zeichen sind – wenn auch von großer Wichtigkeit für eine spirituelle Berufung. Zum innerlichen Ruf gehört dann, dass der Betreffende sich mit spirituellen Themen zu beschäftigen beginnt.

Der beschriebe Vorfall findet zwar in der stofflichen Welt statt, aber der Ruf kommt nicht von einer menschlichen Stimme. Es geschieht immer so, dass der Bertreffende ganz sicher weiß: Diese Stimme erreichte ihn aus der unstofflichen Welt. Er kann eventuell im ersten Augenblick glauben, jemand, dem diese Stimme gehört, habe sich versteckt. Aber als Schüler entdeckt er bald, dass das keine Persönlichkeit gewesen sein kann. Er ist durch diese Begebenheit vielmehr absolut sicher, dass es Mitteilungen oder Berichte aus der geistigen Welt gibt. So etwas kann einmal aber auch öfter geschehen. Betrachten wir nun die Wirkung dieser Tatsache auf das Gemüt des Schülers.

Der Schüler sagt zu sich selbst: Durch Gnade wurde mir ein weiteres Leben geschenkt; das erste war abgeschlossen. Dieses neue, durch Gnade erhaltene Leben schenkt dem Schüler in seinem gesamten wei-

teren Dasein Licht. Er besitzt die bestimmte Sicherheit: Ohne dieses Ereignis, ohne die Erfahrung des Rosenkreuzes, wäre ich gestorben. Die nun folgende Lebensphase hätte ohne sie nicht die gleiche Bedeutung. [...]
Wenn in einem Menschen die innere Sicherheit frei wird, dass sein Leben von dieser Stunde an ein Geschenk ist, wird er zu einem Schüler und bekennt sich zu Christian Rosenkreuz, denn so ruft dieser seine Schüler.
Wer sich an einen solchen Vorfall erinnern kann, sagt zu sich selbst: Christian Rosenkreuz hat mir einen Wink gegeben, dass ich zu seiner Strömung gehöre. Christian Rosenkreuz hat meinem Karma die Möglichkeit eines solchen Erlebens hinzugefügt. Das ist die Art und Weise, wie Christian Rosenkreuz seine Schüler, seine Gemeinschaft auswählt. Wer das bewusst erfährt, der weiß: Mir wurde ein Weg gewiesen, dem ich folgen muss, und nun ist es an mir herauszufinden, wie ich meine Kräfte in den Dienst des Rosenkreuzes stellen kann."
Jan van Rijckenborgh wies auf die Notwendigkeit hin, dass die Menschheit eine Art Umerziehung erfahren müsse, bei der die Ursachen für neues, disharmonisches Karma weggenommen würden. Die kommende Aquariusperiode werde das Verständnis für den Christus-Impuls wecken und wachsen lassen.

1965. BAD MÜNDER UND DIE AKTIVE STRAHLUNG DER PLANETEN URANUS, NEPTUN UND PLUTO
Ein Jahr später wurde ein Ort für eine weitere Zusammenkunft in Norddeutschland gefunden und zwar im neuen Konferenzort Bad Münder. Als Thema wählten die Großmeister ein Zitat aus der *Confessio Fraternitatis*: „Die mächtigen Zeichen des göttlichen Ratschlusses."
Die Befreiung der Seele und des Geistes ist das wichtigste Ziel der Aktivitäten des Rosenkreuzes. Und auch für die Geistesschule selbst ist es die eine und ausschließliche Aufgabe. Während dieser dritten Konferenz gab Jan van Rijckenborgh direkte Hinweise auf den Pfad, mit dem

unmittelbar begonnen werden könne. Das war ein Aufruf zur Aktivität. Und die Großmeister bemühten sich darum, mit der anwesenden Gruppe die dritte Stufe einer Treppe aus sieben Stufen zu besteigen. Die von ihnen beschriebene Entwicklung ist ein Prozess, der Menschen, die ihn anwenden und für das Licht empfänglich sind, zur Befreiung führen kann. Darum ist es notwendig, den Kern, die Grundlage dieses Heilsprozesses kurz anzudeuten. Die Basis ist das Sonnensystem als zusammenwirkendes Ganzes. Der irdische Mensch, die irdische Persönlichkeit, kennt diese Einheit nicht. Das Auftreten der drei Außenplaneten, die auch als Mysterienplaneten bezeichnet werden, verursacht total andere atmosphärische Konditionen. In der Zukunft werden sich ihnen noch drei weitere Einflüsse hinzufügen. Im Menschen erwecken sie ungekannte, noch latente Möglichkeiten. Uranus und Neptun fordern eine neue, gereinigte Liebesart und eine reine Gottes-Erkenntnis. Dann kann der Mensch durch Transfiguration an der Unsterblichkeit Anteil erhalten. Aber er muss sie selbst wählen und verwirklichen. Die Kraft, die das ermöglicht, ist Pluto.

1966. BASEL UND DIE BEIDEN BEWUSSTSEINSDURCHBRÜCHE
Die vierte Aquarius-Konferenz mit dem Titel „Der befreiende Pfad des Rosenkreuzes" wurde 1966 in Basel in der Schweiz gehalten. Darin wies Jan van Rijckenborgh auf die bewusste eigene Wahl und die Selbstautorität hin, die von nun an vom Menschen erwartet wird, denn die Menschheit ist unter dem Einfluss der alten Rassereligionen zu einer gewissen Moralität herangewachsen.
Dadurch wurde sie jedoch in den darauf folgenden Jahrhunderten so sehr irregeführt, dass das Denkvermögen teilweise beschädigt wurde und kristallisierte. Da die alten Religionen heute keine aktive und regulierende Rolle mehr spielen können, ist ein Punkt erreicht, an dem der Mensch selbst seine naturgemäße Begierdenart zügeln und umwandeln muss. Ist das nicht auf natürliche Weise in Ruhe, Frieden und Freude möglich, dann geschieht es – jedenfalls anfänglich – in Unfrieden. Das

Der Ort der Aquarius-Konferenz, das Messegebäude in Basel. Viele Teilnehmer hatten in der großen Halle des Gebäudes ihre Zelte aufgeschlagen.

ist die Krise, in der sich die Menschheit augenblicklich befindet.
Um sich selbst verändern zu können, muss der Mensch sein Denken auf richtige Weise nutzen. Der Schlüssel für eine derartige Veränderung liegt im Herzen. Dort befindet sich die blutreinigende Energie, die wir als Kraft der Rose bezeichnen. Inniges Verlangen nach höherem, befreiendem Leben und der spontane Impuls, anderen zu helfen, verursachen die nötige Aktivität. Diese mit der innerlichen Sonnenkraft Christi geladene Energie reinigt und öffnet latente Zentren. Das ist der erste Durchbruch.
Die ideale Entwicklung des Menschen hat erfreuliche und befreiende Folgen. Die körperlichen Funktionen müssen in jeder Hinsicht Diener der Seele werden. Dann kann der Mensch am Leben in dieser Welt teilnehmen, ohne Karma zu verursachen. In seinem Innern entwickelt sich ein starkes und gleichzeitig empfängliches Seelenleben, und er weiß

sich mit Geistkraft zu nähren. Das Bewusstsein eines solchen Menschen wird stark, ruhig und leuchtet wie eine helle Flamme. Die Konturen der wirklichen Transfiguration zeigen sich.

1967. TOULOUSE. DIE WELTBRUDERSCHAFT WIRD SICHTBAR

Der Ort der Zusammenkunft für die – wie sich zeigen sollte – letzte Aquarius-Konferenz war das uralte Toulouse in Südfrankreich. Das Thema dieser fünften Aquarius-Konferenz lautete: „Der neue Merkurstab". In den Ansprachen berichtete Jan van Rijckenborgh trotz seiner jetzt schwachen physischen Kondition noch einmal über die Entwicklungen, die er 1963 bereits geschildert hatte. Vieles, was er damals formulierte, geriet in den unruhigen sechziger Jahren gleichsam in eine Stromschnelle. Daher ging er auf die neuen Wirkungen und Ziele des Siebengeistes ein. Er kommentierte, was in den Jahrhunderten vorausgesagt und von vielen Menschen vorgelebt worden war, jetzt jedoch eine Antwort von jedem Betroffenen forderte. „So wie das Universum sich mit den Entwicklungen des Gottesplans entfaltet und jeder Kosmos daran selbstverständlich Anteil hat, so ist auch jeder Mikrokosmos damit verbunden – entweder wie erwünscht positiv oder eben negativ." Und er kam noch einmal auf die unglückliche Entwicklung der Menschheit zurück, über die er in der ersten Aquarius-Konferenz ausführlich gesprochen hatte. Er wies auf die Folgen hin, welche die Menschheit bedrohen, vor allem die Degeneration des Schlangenfeuers. Sie werde zu Wahnvorstellungen im Hauptheiligtum der Menschen führen, zum Stillstand der Gefühlsprozesse des Herzens und zur Degeneration des Sinnesorganismus. Getrennt von den Drüsen mit innerer Sekretion werde auch die Qualität der Hormone abnehmen, und an die Stelle des reinen Lebenspranas werde Synthetik treten. Die Empfänglichkeit für höhere Schwingungen würde ebenfalls abnehmen. Gleichzeitig würden die Strahlungsfelder der Sternbilder Serpentarius und Cygnus, über die er bereits in anderen Aquarius-Konferenzen gesprochen hatte, aktueller sein als je. Ihr Ziel ist Reinigung.

Ankunft von Jan van Rijckenborgh und Catharose de Petri in Toulouse 1967.

Und er ging noch tiefer darauf ein: Sobald ein elektromagnetisches Strahlungsfeld den äußersten Umriss eines bestimmten Körpers berührt hat, dringt diese Strahlungskraft unmittelbar zum Kern, zum innersten Wesen dieses Körpers durch. Seelenleben zu besitzen bedeutet, die hohe, reine astrale Substanz zu assimilieren, die auf übernormale Weise herangeführt wird. Eine positiv aufbauende und beschleunigte Entwicklung im neuen Lebenszustand ist dann die Folge.
Jan van Rijckenborghs Ansicht nach steht die Merkur-Idee im Zentrum. Der Merkurstab war für ihn das dreifache Schlangenfeuer, das mit dem menschlichen Rückgrat und dem Haupt korrespondiert. Es saugt gleichsam über sein Wurzelsystem, den Plexus sacralis, alle Bau- und Kraftstoffe auf, die das Lebenssystem benötigt, und führt sie zu den diversen Organstrukturen. Vom Haupt, dem zentralen Organ, aus verrichten alle Bau- und Kraftstoffe ihre Aufgaben. Sie werden entweder aus dem Lichtkraftsystem der gewohnten Natur oder dem des universellen Siebengeistes angezogen. In unserer Zeit setzt ein Entsteigungs-

prozess ein. Es gibt sieben unterschiedliche göttliche Lichtströme, aus denen der Mensch wieder leben kann. Es sind die sieben Urelemente, welche die Alten „die sieben Harmonien" nannten. Auf sie kann der Mensch vollkommen reagieren, wenn er das Schlangenfeuersystem, das jeder besitzt, in die richtige Kondition bringt.

Zum ersten Mal in der Weltgeschichte wird die Bruderschaft der unsterblichen Seelen erkennbar und sichtbar. Es werden sich zwei Menschengruppen abzeichnen. Da ist erstens die Gruppe, die das Ziel des Lebens bereits erkannt hat und sich darauf abstimmt. Wenn die Seele dieser Menschen sich wirklich entwickelt, besitzt ihr Schlangenfeuer bereits eine besondere Strahlungskraft und ist der Vorläufer, der Vorbote des neuen, wahren Merkurstabes.

Zur zweiten Gruppe gehören jene Menschen, die auf die eine oder andere Weise psychisch beschädigt sind. Der kommenden Vibrationserhöhung werden sie noch nicht folgen können. Sie werden in einer anderen Atmosphäre, einem anderen Lebensgebiet regenerieren.
Es kostet nicht geringe Mühe, so sagen die Rosenkreuzer, jemanden dazu zu bringen, an etwas zu glauben, was noch unsichtbar ist. Aber wenn bald im vollen Tageslicht erkennbar wird, was angekündigt wurde, werden viele wegen ihrer Zweifel tief beschämt sein.

ERFÜLLUNG – EIN BERICHT DER BRUDERSCHAFT DES GRALS
Man kann sich Jan van Rijckenborghs Freude vorstellen, als er in seiner letzten Ansprache am 23. Juni 1968 über die „siebenfache Weltbruderschaft des heiligen Grals" referieren konnte, die sich der Geistesschule des modernen Rosenkreuzes genähert hatte. Darüber hatte er bereits Jahrzehnte immer wieder gesprochen. Innerlich war er sich, wie er selbst sagte, deutlich bewusst, dass das Erscheinen dieser „Weltbruderschaft der Befreiten" mit der Verwirklichung seines eigenen Auftrags zusammenfallen werde. Und noch einmal konnte er seine Schüler auf

„die große Aufgabe der Ernte" einstimmen, zu der die Schule aufgefordert sei. Nun musste sich zeigen, ob die Schule wirklich genügend auf diese Aufgabe vorbereitet war. In jener letzten Ansprache heißt es: „Soweit es die heutige Menschheit betrifft, hat es nur zwei Zeitabschnitte gegeben, den ägyptischen und den christlichen. Der ägyptische Zeitabschnitt brachte den christlichen hervor und beeinflusste ihn, denn es steht geschrieben: ‚Aus Ägypten habe ich meinen Sohn gerufen.' Und dieser Sohn war es, der den christlichen Zeitraum einläutete. Die Fülle des Lebens ist jedoch aus Dreien, der Dreiheit, zusammengesetzt. Zwei Zeitalter sind vorübergegangen, obwohl wir dem Buchstaben nach noch stark an das zweite Zeitalter, das christliche, gebunden sind. Aber die neue Ära, aus der alten geboren, hat begonnen und erfüllt das Gesetz der Dreiheit. Wir befinden uns jetzt im Zeitalter des Menschen, des Manas-Menschen. Und wir, die wir zu dieser Ära gehören, müssen jetzt wirklich Menschen werden." [158]

Wenn wir die fünf Aquarius-Konferenzen als die Apotheose eines Lebenswerkes betrachten, müssen wir tief beeindruckt sein von der Art und Weise, wie Jan van Rijckenborgh auf dem Hintergrund der modernen Zeit das aktuelle Thema der Befreiung der Geist-Seele noch einmal behandelte. Seiner Meinung nach wird die Periode, in welcher der Mensch lernen kann, was es bedeutet, ein Manas-Mensch zu sein, noch bis zum dritten Viertel dieses Jahrtausends dauern.

Es ist absolut sicher, dass man nur auf dem Weg des Nicht-Ich, dem Weg der Seele, ein entsprechendes Resultat erzielen kann. Jan van Rijckenborgh und Catharose de Petri hörten nicht auf, das auf jeder Seite ihrer Bücher zum Ausdruck zu bringen. Stets verbanden sie diesen Weg mit der allumfassenden, universellen Liebe und dem innerlichen Christus. Diese Menschen hatten ein Weltwerk vor sich, das Unzählige erreichen sollte. In den ersten zweiundzwanzig Jahren ihrer gemeinsamen Arbeit,

---

158. Gedenkschrift für Jan van Rijckenborgh, Haarlem, Rozekruis Pers, 1968, S. 14 u. 15.

also von 1946 bis zum Sterben des Großmeisters am 17. Juli 1968, mussten sie all ihre verfügbaren Kräfte dem Aufbau der Mysterienschule innerhalb der Geistesschule des Goldenen Rosenkreuzes widmen. Immer wieder wurde es notwendig, dem Werk neue Impulse zu geben. Dadurch garantierten sie die ungehinderte Einströmung der reinen gnostischen Lebenskräfte aus der „unbekannten Hälfte der Welt". 1968, am Ende seines Lebens, verankerten Jan van Rijckenborgh und Catharose de Petri die geistige Linie der Nachfolge in der Internationalen Spirituellen Leitung, die aus sieben Personen bestand und prinzipiell die Schule leiten sollte. Kurz danach erkannten sie, dass die Weltbruderschaft aktiv ist; und die Anspannung der ganzen Gruppe sicherte die bleibende Einströmung autonomer, befreiender Lichtkräfte.

J. van Rijcken-
borgh, ca. 1963

TEIL IV

DIE SIEBENFACHE
WELTBRUDERSCHAFT

Catharose de Petri, ca. 1963

21. Das Werk wird konsolidiert

1968-1979. Die fünfte Periode. Catharose de Petri konsolidiert das Werk. Die Internationale Spirituelle Leitung

Im Vorangegangenen ist Catharose de Petris Rolle als geistige Leiterin noch nicht richtig zur Geltung gekommen. Von Anfang an waren beide Großmeister auf vollkommen gleicher geistiger Ebene mit der Gnosis verbunden. Ohne einen von beiden wäre das gesamte Werk nicht möglich gewesen. Beide besaßen Kenntnis vom ursprünglichen Leben der Seele, beide waren in ihrem Wesen inspiriert und verbunden mit der Bruderschaft. In erster Linie war es Catharose de Petri, die Jan van Rijckenborgh die Arbeit ermöglichte. Sie bewachte seine Umgebung geistig, aber auch praktisch. Außerdem hatte sie einen eigenen Auftrag vom Orden des Rosenkreuzes erhalten, was sie bereits 1930 deutlich erfuhr. Mit ihrem tief verwurzelten Gefühl für „die Gnosis des Christentums" und ihrer Kenntnis der reinen gnostischen Magie war sie dazu bestimmt, über Niveau und Ansehen der Tempel zu wachen. Sie inspirierte die Mitarbeiter zur allerhöchsten Lebenshaltung. Schon durch ihre Anwesenheit empfand jeder, der einen Tempel betrat, die Notwendigkeit, sich selbst auf Herz und Nieren zu prüfen, ob er auch innerlich genügend vorbereitet war.

1968, als Jan van Rijckenborgh verstorben war, sorgte Catharose de Petri als Großmeisterin zusammen mit der Internationalen Spirituellen Leitung dafür, dass die in der Geistesschule wirksame autonome Kraft innerhalb der siebenfachen Arbeit der Weltbruderschaft eine feste Struktur erhielt. Vor allem war es nach dem Hinscheiden des Großmeisters notwendig, den literarischen Nachlass sicherzustellen. Aber das Mandat der Internationalen Spirituellen Leitung reichte noch weiter. Die Schule hatte ihre Lektion gelernt: Die Mysterienschule, das Instrument der Seelenbefreiung in der neuen Periode, konnte nicht länger nur von einer Person geleitet werden. Bereits 1970 legte Catharose de Petri die praktische Leitung der Geistesschule in die Hände des Kollegiums der Internationalen Spirituellen Leitung mit der Versicherung, dass sie ihm mit ihrer Weisheit und ihrem Rat zur Seite stehen werde, wenn es nötig sein sollte.

Dieses Buch berichtet über einige ganz normale Menschen, die trotzdem ein sehr besonderes Leben führten. Sie waren vor allem empfänglich für reine Spiritualität. Außerdem ordneten sie ihr Leben der Leitung ihres inneren mikrokosmischen Menschen unter. Sie unterwarfen sich ganz der inneren geistigen Linie. Dabei ging es niemals um die Personen selbst, sondern darum, in welchem Maß sie fähig waren, die ihnen übertragene Arbeit auszuführen. Ein solches Werk fordert den ganzen Menschen.

Folgendes geschah: Es entfaltete sich eine lebendige Struktur, die 1875 begonnen hatte und deren Ziel es war, die ursprüngliche christlich-hermetische Gnosis in eine neue Zeitphase zu führen. Diese Struktur enthält eine bestimmte Entwicklung. Sie kann sich durchsetzen, wenn genügend Verständnis, Dienstbarkeit, Einfachheit und Weisheit vorhanden sind. Aber wenn das alles durch persönliche Mängel, bewusste Verdrehung oder auch durch Unbewusstheit fehlt, sucht dieser Impuls sich einen neuen Weg in anderen uneigennützigen Dienern.

Es war das Bemühen, das Anna Kingsford begonnen hatte. Sie starb jung an Tuberkulose, die sie sich bei einer nächtlichen Protestaktion in Paris zugezogen hatte. Dabei ging es um die abscheulichen und grausamen Vivisektionen, die Louis Pasteur durchführte. Wir erfuhren, wie H. P. Blavatsky am Ende ihres Lebens den jungen G. R. S. Mead innerlich erkannte und ihm den Weg bahnte. (Wer würde sonst einem jungen Mann von knapp zwanzig Jahren die Schlüssel zum persönlichen Briefwechsel geben und ihm alle Korrespondenz und alle Publikationen für eine Vereinigung mit mehreren Zehntausend Mitgliedern überlassen?) Die Theosofische Genootschap geriet unter A. Besants Leitung völlig unter die Kontrolle östlicher Meister. Mead löste sich davon und arbeitete mit The Quest weiter. Auch Max Heindel löste sich und formierte die Rosicrucian Fellowship. Rudolf Steiner ging eigene Wege und gründete die Anthroposophische Gesellschaft. Und Arthur Waite ließ die esoterische Verwirrung hinter sich und gründete die Fellowship of the Rosy Cross. Kurz nach Anna Kingsfords Tod fanden die drei Freunde, Z. W. Leene, Cor Damme und Jan Leene, die originalen Rosenkreuzer-Manifeste. Sie fühlten sich gedrängt, die Verantwortung und das Mandat zu übernehmen, aus diesem Quell der ersten authentischen Arbeit unter dem Siegel des Rosenkreuzes von 1614 zu wirken. Nach der Publikation des Werkes *Das geistige Testament*, 1937, verstarb Z. W. Leene. Catharose de Petri und Jan van Rijckenborgh waren sich vollkommen der geschilderten Linie bewusst und realisierten eine unmittelbare Verbindung mit der universellen Bruderschaft. Sie ist der eine Quell, der all diese Arbeit verbindet und die geistige Linie sowie die sie ausführenden Personen behütet und beschirmt. Durch ihre geistige Reife und das ausharrende Streben ihrer Gruppe konnten Catharose de Petri und Jan van Rijckenborgh die siebenfache Geistesschule ausbauen, in der sich die Mysterienschule und die inneren Grade entwickelten.

Der 9. November 1924 ist das offizielle Anfangsdatum der Arbeit des modernen Rosenkreuzes. Zu diesem Zeitpunkt trat der Mond in das Zeichen Aquarius ein. Wie wir wissen, erhielten die Brüder Leene im April 1924 Kontakt zu der Rosicrucian Fellowship. Dieser Augenblick, den sie selbst als den genauen Beginn erfuhren und nannten, hatte für sie selbstverständlich eine besondere Bedeutung. Was bedeutet der Mond im Zeichen Aquarius für eine Organisation astrosophisch betrachtet? Vor allem stimuliert er das Vermögen, sich mit den spirituellen Bedürfnissen der Menschheit zu verbinden. Das ist eine gewisse intuitive Kenntnis besonderer Art. Eine solche Organisation ist offen für alle, aber auf eine unpersönliche Weise. Von ihren Mitgliedern wird Freiheit von übertriebenen Emotionen erwartet. Aber sie sollen auch den Konflikt erfahren, wenn sie mit dem Verlangen nach der Freiheit in Christus konfrontiert werden – denn das ist dienende Liebe in vollkommener Selbstaufgabe. Zentren und Häuser einer derartigen Organisation sollten Treffpunkte für Freunde, vor allem aber für das Streben und die Aktivitäten der Gruppe sein. Der negative Aspekt des Mondes im Zeichen Aquarius stimuliert eine Neigung zur Starrköpfigkeit oder eine gewisse Scheu vor persönlicher (gefühlsmäßiger) Betroffenheit. Beide können einer freien spirituellen Entwicklung im Weg stehen.

Zwei andere wichtige Daten wurden bereits genannt: die Jahre 1935 und 1946. 1935 begann het Rozekruisers Genootschap, die sich von der amerikanischen Muttergruppe gelöst hatte, als selbständige juristische Person.
Im November 1946 gründeten Jan van Rijckenborgh und Catharose de Petri das Lectorium Rosicrucianum. Dieser Name ist eine freie Übersetzung der Rozekruisers Genootschap ins Lateinische. Aber wie wir ebenfalls bereits feststellten ist die Art der Arbeit des Lectorium Rosicrucianum völlig anders als die wissenschaftlich-christliche Esoterik, die vor dem Krieg als Grundlage diente. Der Name „Rozekruisers Genootschap" oder RG wurde noch lange Zeit für die Interessentenarbeit der Organisation genutzt.

CATHAROSE DE PETRI
Catharose de Petri stieß 1930 zu dem aktiven, idealistischen Freundeskreis, der sich um die beiden Brüder Leene gebildet hatte. Das neue spirituelle Ideal und den Aufbau der Gruppe sah auch sie dann als Aufgabe vor sich. Sie sagte ausdrücklich, sie habe als Achtundzwanzigjährige ebenfalls eine besondere Aufgabe von der Bruderschaft, dem „bonafiden Orden des heiligen Rosenkreuzes" empfangen.

Obwohl sie anfänglich kein Heil in der Bildung einer Gruppe gesehen hatte, konnten die beiden Brüder sie doch davon überzeugen, dass gebündelte Kraft stärker ist.

Ihr eigentlicher Name war Henny (Hendrikje) Huizer, und sie wurde in den bewegten ersten Jahren des zwanzigsten Jahrhunderts in Rotterdam geboren. Ihr Vater war Schiffbauer. Nach ihrer Schulzeit arbeitete sie als Büroangestellte. In einem Artikel in der Wochenzeitschrift *Het Vaderland weekjournal* heißt es, dass sie – genau wie ihr Freund und Bruder Jan Leene – als junges Mädchen bereits mit vielen wesentlichen Fragen beschäftig war, wie zum Beispiel der Frage nach Art und Ziel des menschlichen Lebens hier auf Erden. An anderer Stelle schrieb sie: [159] „Die gnostische Vergangenheit sahen Herr van Rijckenborgh und ich bereits in jungen Jahren als bindenden Faktor unserer aktuellen Lebensaufgabe im Menschendienst vor dem Bewusstsein aufleuchten. […] Das Persönlichkeitsbewusstsein stellte seine Kraft kaum in den Dienst des Stoffkörpers. Darum nannte man uns damals unverständliche Träumer." [160]

Sie wurde wirklich nicht verstanden. Ihr Vater stammte von reformierten Eltern ab, und ihre Mutter gehörte zu den Neureformierten. Aber beide taten wenig für ihren Glauben. Auch für Hendrikje Huizer war – genau wie für Jan Leene – der gewöhnliche christliche Unterricht weit davon entfernt, ihre Lebensfragen beantworten zu können. Den Katechismusunterricht bei einem neu-reformierten Prediger in Rotterdam empfand sie als unbefriedigend. Genau wie Jan Leene erhielt sie die normale Schul-Ausbildung und übernahm dann eine Stelle in einem Büro. Sie erzählte zuweilen, wie sie unter den Arbeitsumständen in ihren Jugendjahren gelitten habe. Es war nicht möglich, ihre innerliche Welt mit ihren Kollegen oder Freundinnen zu teilen. Sie fühlte sich

---

159. Het Vaderland Weekjournal. Wochenausgabe 29.1.1966
160. Catharose de Petri. Der goldene Lebensfaden. Der Triumph der universellen Gnosis, S.58

ihnen fremd. Sie verstanden ihre Lebenshaltung nicht. Oft wurde sie wegen ihrer geistigen Einstellung, die in jener Zeit noch sehr seltsam erschien, ausgelacht und verspottet.

Als sie älter wurde, empfand sie sich stets mehr als eine Berufene, und es beschäftigte sie fortwährend die Frage: Was liegt meinem Leben zu Grunde?

1929 heiratete sie H. J. Stok, der sie mit het Nederlandse Rozekruisers Genootschap in Kontakt brachte. Nach vielen philosophischen und religiösen Erwägungen erhielt sie innerlich ihren Auftrag in Form einer ätherischen Taube, die sie aus einem azurnen Gewölbe erscheinen sah. Seitdem wusste sie sicher, dass „das Rosenkreuz als Geistesschule mit Geistkraft allen bekannt gemacht werden muss, die sich nach Seelenbefreiung sehnen. Vieles wurde mir danach geoffenbart, dessen Früchte inzwischen in der Geistesschule der jungen gnostischen Bruderschaft erkennbar wurden."

Den geistigen Namen „Catharose de Petri" empfing sie aus dem Mund des Patriarchen Antonin Gadal und nannte sich seit den fünfziger Jahren so. („Catha-Rose – das Wort *katharos* ist nicht Eigentum einer Menschenkategorie. *Pur, parfait* zu werden, liegt innerhalb der Möglichkeiten der ganzen Welt") Dieser Name steht für die Verbindung des Mikrokosmos mit der katharischen Bruderschaft und der Bruderschaft des Rosenkreuzes, deren tragender Eckstein Christus ist. Hinsichtlich ihres geistigen Namens teilte sie ferner mit, dass er tatsächlich nur im Dienst der Geistesschule und der dazugehörigen Menschen gedacht sei. Sie benutzte ihn aber auch extern, „nicht wegen seines größeren Wohlklangs, sondern weil ich mein eigenes Persönlichkeitsleben meinem Auftrag im Dienst aller unterordnen will. [...]"

161. Aus einem Gespräch mit dem Autor im Dezember 1973
162. J. W. Jongedijk. Geestlijke Leiders van ons Volk. En hun kerken. stromingen of sekten. 's Gravensande, Europese Bibliotheek, 1962, S. 178 ff.
163. A. Gadal. Der Triumph der universellen Gnosis, Amsterdam, In de Pelikan, 2006. S. 63

Gadal gab ihr den Namen als Ehrerbietung nach den vielen Jahren der Vorbereitung und Prüfung. Sie musste, so erklärte sie später, „fähig sein, von der göttlichen Kraft zu zeugen, die den Menschen von seinem stofflichen Wesen befreit. Bevor man von dieser Kraft zeugen kann, muss man zuerst sich selbst vorbereiten, um sie bewusst empfangen und dann auch anwenden zu können. Eine Bestätigung meines göttlichen Auftrags", so heißt es weiter in dem erwähnten Artikel „erhielt ich ungefragt und ohne mit ihm darüber gesprochen zu haben aus den Händen A. Gadals. Nach einer zweiten Begegnung mit diesem Patriarchen überreichte er mir als ‚Anerkennung und Erkennung' ein von ihm selbst entworfenes seidenes Tuch, dessen Motiv eine weiße Taube mit ausgebreiteten Flügeln in einem azurblauen Feld war."

Ihr neuer Name enthielt gleichzeitig einen neuen Auftrag, der ebenfalls eine interne Angelegenheit des Werkes betraf, die Beachtung verdient. Auf die Frage, um welchen Auftrag mit welchem Ziel es gehe, schrieb sie:

„Dieser Name ist Ausdruck einer Lebensausrichtung, die eng mit dem Streben der Schule verbunden ist. Es ist die Drei-Einheit Gral, Katharer und Rosenkreuz, die sich auf dem unerschütterlichen Felsen offenbart. Es geht unter anderem darum, diesen Dreibund des Lichtes in einer neu zu bildenden Gral-Gemeinschaft zu einer harmonischen Einheit zusammenzuschmieden. Dazu gehört auch die Gegenwärtigkeit im Stoff." Diesen Auftrag, eine Gral-Gemeinschaft zu bilden, erfüllte die Schule erst 1969. Die gemeinsame jahrelange Arbeit treuer Mitarbeiter wurde damals begonnen und wird bis auf den heutigen Tag fortgesetzt. Catharose de Petri konnte sich ihr erst vollkommen widmen, als sie 1970 die aktive Leitung der Geistesschule der Internationalen Spirituellen Leitung übertrug.

Man kann gewiss sagen, dass Jan van Rijckenborgh die Galionsfigur der modernen Geistesschule war und in vieler Hinsicht immer noch ist. Catharose de Petri war jedoch in jeder Beziehung die Bewahrerin der inneren Struktur.

Sie konsolidierte und förderte das hohe Niveau und die Entwicklung der internen Organisation der Schule. Gewiss wirkten die späteren Großmeister bereits in den Jahren vor 1945 gemeinsam, aber die Situation in jener Zeit, von 1935 bis 1945, war doch eine ganz andere gewesen. In der Vorkriegsperiode arbeiteten die Brüder Leene intensiv und in mannigfacher Hinsicht mit vielen Freunden zusammen. Besonders die Freundschaft zwischen den Brüdern Leene und Cor Damme hatte damals eine große Bedeutung.

Catharose de Petris Auftrag und ihre Position im Werk erhielten ab 1946 mit der Gründung des Lectorium Rosicrucianum einen besonderen Charakter. Ihre große Bedeutung wird von der Tatsache unterstrichen, dass sie zusammen mit Jan van Rijckenborgh in Albi den Auftrag bekam, eine neue Mysterienschule für den Westen zu gründen. Gemeinsam schufen sie eine innere Schule für Seelenentwicklung, eine wahre Mysterienschule auf der Basis der sieben Strahlen des universellen Geistes. Im vierundzwanzigsten Jahr ihres Dienstes am großen Werk hatte Catharose de Petri die Schule in jeder Hinsicht sichergestellt. Das konnte sie auf dem Fundament ihrer geistigen Autorität, ihrer gründlichen Kenntnis des Werkes und ihres großen Vertrauens in die Kraft der Christus-Vibration, die überall anwesend ist, wo der Mensch das eigene Ich beiseite stellen kann.

DIE NACHFOLGE

Als Jan van Rijckenborgh 1968 starb, konnte durch Catharose de Petris Weitblick und ihre auf die geistige Linie gerichtete Beharrlichkeit die Schule sicher durch diese schwierige Periode geführt werden. Wie nachdrücklich Jan van Rijckenborgh seine Gruppe auch durch die Jahre hin darauf vorbereitet hatte, autonom und selbständig zu handeln, ließ sein Sterben sie doch erschüttert zurück. In dieser Zeit bewies Catharose de Petri ihre spirituellen Führungsqualitäten. Aus dem Inland und dem Ausland erhielt sie Beistandsbekundungen und Garantien, dass man nicht von der leuchtenden Perspektive abweichen wolle, die man gemeinsam in den neuen Äther eingeätzt hatte. In diesen Jahren zeigte sich wieder einmal ihre große Kraft. Denn die erwünschte „harmonische Einheit" geriet stark unter Druck. Aber jetzt nicht mehr so sehr wegen finanzieller Schwierigkeiten, wie in den vergangenen Jahren, sondern wegen der Nachfolge. Auch das hatte bereits vor einigen Jahren, 1965, Sorge hervorgerufen. Nun drängte sich diese Frage unabweisbar auf und musste gelöst werden.

DIE SITUATION NACH 1965
Kurz davor hatten die geistigen Leiter, der Tradition der klassischen Rosenkreuzer entsprechend, ihre Nachfolger bestimmt. Auf Catharose de Petri sollte ein Kollegium von sieben Personen als internationales Leitungsorgan folgen, der Rat der Ältesten. Der Nachfolger Jan van Rijckenborghs sollte sein Sohn Henk Leene sein. Diese Wahl hatte Jan van Rijckenborgh nicht besonders begründet, sie lag für ihn im Lauf der Dinge. Als er im gleichen Jahr an einer Gehirnblutung erkrankte, die ihn sehr schwächte, sah Henk Leene all das „wie von selbst auf sich zukommen", wie er später beschrieb.

Da der Großmeister wohl vorausahnte, dass es für diese Wahl keine einmütige Unterstützung geben würde, wollte er jeden bitten, sie positiv und loyal zu akzeptieren. Van der Kuijp, einer der angesehenen und loyalen Mitglieder in van Rijckenborghs näherer Umgebung, konfrontierte ihn jedoch mit den allgemeinen Gefühlen der ältesten Mitstreiter im Werk. Er sagte: „Du kannst es zwar bestimmen, aber er wird es erst beweisen müssen!" Und weil van der Kuijp die dennoch durchgesetzte Nachfolgelinie nicht akzeptieren konnte und wollte, verließ dieser Freund der ersten Stunde die Schule, und eine Gruppe Schüler ging mit ihm. C. G. Stratman sagte über diese Krise: „Wir hatten mit einem größeren Mitgliederzuwachs gerechnet. Aber stattdessen verließen Schüler die Schule, und einige forderten ihr gespendetes Geld zurück. Dieser Bitte haben wir entsprochen, wenn auch mit Mühe [...] Aber das Lectorium Rosicrucianum wird aus dieser Krise verjüngt hervorgehen. Denn die geistige Nahrung, die man hier erhält, findet man nirgendwo anders."[164]

Es ist verständlich, dass Jan van Rijckenborgh sein geistiges Erbe auf der Linie des Blutes, der Blutsseele, an seinen Sohn weitergeben wollte. Auf diese Weise war er 1938, als sein Bruder starb, ja auch selbst befähigt worden, das Werk fortzusetzen. Damals schrieb er:

„Erhebt die Blutsseele eines Menschen sich über das gewöhnliche Niveau, dann kann sie Menschen übertragen werden, mit denen der Betreffende eng verwandt war, zum Beispiel einer Familie, der dadurch sehr geholfen werden kann. [...] Oft kann eine Blutsseele tatsächlich ungemein helfend und verstärkend wirken. Als mein Bruder 1938 starb, der nicht nur mein Bruder dem Fleisch nach war, sondern vor allem ein Bruder im Sinn der Bruderschaft und einer höheren Sicht, kam am zweiten Tag nach seinem Hinscheiden seine Blutsseele über mich. Und Sie können sich gewiss vorstellen, dass wir dadurch seither die größtmögliche Hilfe empfangen haben."[165]

Aber in der neuen Zeit ist die Übertragung einer geistigen Linie auf diese persönliche Weise nicht mehr möglich. Ein wichtiger Unterschied zwischen 1938 und 1968 war natürlich auch, dass der Großmeister 1938 von Anfang an dem Werk der niederländischen Rozekruisers Genootschap mit seinem Bruder zusammen Gestalt verliehen hatte. Eine geistige Linie, die sich durchsetzen soll, und eine Planmäßigkeit, die vor Jahrhunderten begonnen worden war, sind keine persönlichen Angelegenheiten mehr. Das wurde in diesem Buch bereits an verschiedenen Stellen erklärt. Obwohl Jan van Rijckenborgh 1965 – tatsächlich gegen den Geist des Werkes – seinen Sohn als (einzigen) Nachfolger eingesetzt hatte, revidierte er zwei Monate vor seinem Tod diese Verfügung. Er bestimmte ihn als gleichrangiges Mitglied des Kollegiums der Internationalen Spirituellen Leitung.

164. Siehe Note 159
165. Arbeid in mensendienst. Het Rozekruis 1924-1994. Haarlem. Rozekruis Pers, 1995

Das ist für das Verständnis der hier beschriebenen Entwicklung wichtig! Die Großmeister beschirmten die geistige Linie, indem sie die Nachfolge durch das Kollegium der Internationalen Spirituellen Leitung garantierten. Diese sieben Personen plus eine wurden für geeignet gehalten, der Schule in der Zukunft Form zu geben. Catharose de Petri schrieb später darüber in ihrem Buch *Das lebende Wort*:
„[…] die sieben Mitglieder der Internationalen Spirituellen Leitung haben den Auftrag, sehr gründlich darauf zu achten, dass in den unterschiedlichen Arbeitsfeldern der Geistesschule die Lehre unserer Schule in ihrer ganzen Fülle der suchenden Menschheit übertragen werden kann und dass durch keinen einzigen Mitarbeiter der Geistesschule die fundamentale Basis der Arbeit angegriffen wird. Außerdem muss darauf geachtet werden, dass die befreiende Zielsetzung der Geistesschule, nämlich der Prozess der Geist-Seelen-Befreiung des Menschen, in seiner Entwicklung rein bleibt und der Inhalt der Literatur, der eventuell von ihnen in Ansprachen verarbeitet wird, nicht auf die horizontale Ebene umgebogen werden darf." 166

Bevor es soweit kam, war die anfängliche Situation, in der Henk Leene als Nachfolger bestimmt war, sehr unangenehm, zumal die finanziellen Schwierigkeiten noch nicht überwunden waren. Einige Mitglieder forderten ihre Kredite zurück. Mitarbeiter brachten ihre Gefühle zum Ausdruck und meinten, dass jemand besonders geeignet sein müsse, um die Verantwortung für ein geistiges Amt auf sich nehmen zu können. Denn ein geistiger Leiter könne eigentlich nicht benannt werden. Er muss sich beweisen, indem er nach den Linien eines von ihm erfahrenen geistigen Auftrags arbeitet. Er muss durch sein Auftreten überzeugen und ein lebendes Beispiel für die Lehren sein, die er vertritt. Ein solches Führertum wächst auf organische Weise, und zwar in der

---

166. Catharose de Petri. Das lebende Wort, Haarlem, Rozekruis Pers, 1990. Kap. 32, Die Lehre, das Leben und der Kreuzweg Christi. Eine Ansprache vor Mitarbeitern der Schule. S. 217

Wechselwirkung mit den Anhängern, die ihn als Leiter erkennen und anerkennen.

Am 18. Juli 1968 wies Catharose de Petri in einer Ansprache darauf hin, dass Jan van Rijckenborghs Erbe im Herzen seiner Schüler liege: „Sein Testament, sein geistiges Testament lautet nämlich, dass er begraben sein will in Ihnen, in seiner Arbeit, die er für Ihre Seelenbefreiung rund vierzig Jahre lang in der Wüste dieses Erdenlebens verrichtet hat."

Im Juni 1969, in der ersten Nummer der neuen Zeitschrift *De Topsteen* schrieb sie, „dass niemand persönlich eine derartige Schule erben kann. Eine wirkliche Mysterienschule, also eine Geistesschule, ist ein Instrument der Bruderschaft. Eine gnostische Geistesschule ist keine persönliche Angelegenheit. In ihr gelten andere Gesetze. [...] Wenn ein Gesandter jemanden anweist, ihm zu folgen, bedeutet es, dass der Kandidat die Möglichkeit erhält zu zeigen, dass er fähig ist, das heilige Werk fortzusetzen – und zwar nach denselben heiligen, unantastbaren Verhaltenslinien – und dieselbe heilige Lehre auszutragen, der die Gründer und Erbauer der Schule im lebenden Körper und seinem lebendigen Organismus Form gegeben haben."

Catharose de Petri stellte Henk Leene vor die Konsequenzen seines erhaltenen Mandats. Als einzig verbliebenes Mitglied der geistigen Leitung bestimmte sie, dass die gesamte Organisation, das ganze Werk seines Vaters, zu seiner Verfügung stehen solle unter der Voraussetzung, dass er sich wie sein Vater vollkommen diesem Auftrag unterordnete.

Henk Leene wollte die Organisation verändern: weniger strenge Regeln, kein Jugendwerk mehr und weniger Nachdruck auf den ursprünglich-christlichen Charakter der Schule. Diese Situation musste

---

167. Gedenkschrift J. van Rijckenborgh, Haarlem, Rozekruis Pers 1968, S.13
168. Zum Gedenken an Jan van Rijckenborgh, Haarlem, Rozekruis Pers, S. 26
169. De roep van de Graal, In Lectorium Rosicrucianum, Mededelingen en Dienstenrooster, Mai 1969, S. 7 ff.

zu einer Krise führen. 1969 zog Henk Leene sich zurück, um mit einer Gruppe Anhänger eine eigene Organisation zu gründen.
An der Seite von Catharose de Petri scharten sich van Rijckenborghs engste Mitarbeiter und Freunde um das Herz der Geistesschule und gelobten dem gemeinsamen Ideal Treue, das in diesen Jahren viele Schläge zu ertragen hatte. Und tatsächlich wurde die Schule erhalten. Es geschah durch die unwandelbare Treue und Hingabe all jener Menschen – oben wie unten in der Organisation –, die bei gutem und schlechtem Gerücht dabei blieben und dem Werk weiterhin dienten. Darunter waren bewährte Männer wie C. Stratman, P. C. Feekes und T. H. Ritman. Der eine half durch sein großes Herz und seine esoterische Kenntnis, der andere durch sein tatkräftiges Auftreten, in dem er auch nicht zögerte zurechtzustutzen, wenn es nötig war, und der dritte durch sein sanftes Charisma, mit dem er die Gemüter zu beruhigen wusste, wenn es hoch herging.
Aber auch Menschen wie H. C. Meelis, Freund der Jugend und Leiter der Druckerei und des Verlages, J. P. van Eijk als Verantwortlicher für den Hauptsitz in Haarlem und A. H. van den Brul, damals Intendant des in jener Zeit wichtigsten Konferenzortes Renova, waren wegen ihrer unverbrüchlichen Treue von entscheidender Bedeutung bei der Aufrechterhaltung der Organisation.
So wurde erneut eine Krise überwunden. Dank des tatkräftigen Auftretens dieser Menschen und durch das Opfer vieler anderer blieb die Schule erhalten. Aber es musste stark reduziert werden, und viele zum Teil ererbte Besitzungen der Organisation wurden verkauft. Mit großem Kummer musste die Schule sich auch vom Zentrum Galaad im Tal der Ariège trennen. Durch unglückliche Entwicklungen im südfranzösischen Werk erwiesen sich die karmischen Möglichkeiten für die Schule, dort direkt zu wirken, als zeitweise gestört. Zum Glück blieben die fünf wichtigsten Zentren erhalten: Noverosa in Doornspijk (wo die Konferenz-Arbeit begann und das jetzt ein Konferenzort für die Jugend ist), Renova in Bilthoven-Lage Vuursche, der Hauptsitz in Haarlem mit

dem ersten großen Tempel, das Christian-Rosenkreuz-Heim in Calw und das Jan van Rijckenborgh-Heim in Bad Münder.

Am 15. März 1969 berichtete Catharose de Petri in ihrer Position als geistige Leiterin, wie die Krise überwunden werden konnte. Es geschah durch die Einführung einer vollkommen neuen Wirksamkeit innerhalb der Gruppe: Die Gral-Gemeinschaft der Mysterienschule der jungen gnostischen Bruderschaft wurde aktiv. Das war die Antwort der Geistesschule auf den äußeren und inneren Druck, dem sie in dieser Periode ausgesetzt war. Es war eine Antwort von oben und auch eine Antwort auf die Einladung der Bruderschaft des Grals. Catharose de Petri zitierte aus der letzten Ansprache ihres Bruders: „Eine erneuerte transfiguristische Welt-Freimaurerei des dritten Tempels hat begonnen."

Damit erinnerte sie an die letzten Worte der Information und Erweckung, die Jan van Rijckenborgh am 23. Juni 1968, ungefähr drei Wochen vor seinem Tod, im Renova-Tempel mitgeteilt hatte. Er sprach damals über die siebenfache Weltbruderschaft, einen Teil des universellen Körpers Christi, die alle Arbeit, die für Welt und Menschheit ausgeführt wird, mit Liebe, Kraft und Licht umgibt. Sie wird auch als die Hierarchie oder die Bruderschaft des heiligen Grals bezeichnet. Diese siebenfache Weltbruderschaft hatte sich der Geistesschule genähert, um im Bund der Ernte aufzugehen und tatkräftig an der neuen Arbeit teilzunehmen. Von ihr gehen die Richtlinien aus, nach denen die weltweit wirkende Gral-Arbeit realisiert wird. Und mit der Ankündigung vom 15. März 1969 im Tempel des Goldenen Hauptes, dass „die erneuerte transfiguristische Welt-Freimaurerei des dritten Tempels begonnen hat", wurde der wichtigste Eckstein der Arbeit gesetzt.[170]

Innerhalb der Geistesschule wurde eine erste Gruppe gebildet, ein erster „Kosmos", der diese Arbeit ausführte. Das war Grund genug, von diesem Moment an der Zeitschrift der Schule den Namen *De Top-*

---

170. Siehe Note 168

steen zu geben. Heute (2009) sind in den wichtigsten Arbeitsfeldern der Schule viele Kosmen aktiv. Und wie arbeitet diese Gemeinschaft des Grals? Ihre Kraft liegt im gemeinsamen Auftreten lange vorbereiteter Menschen, durch die auf gnostisch-magische Weise Lichtkraft frei wird. Diese auf Erden lebenden Lichtkraftträger beweisen sich durch die Einheit ihrer erneuerten Seelen und bilden symbolisch einen lebenden Gralsbecher, in dem die Hierarchie der Befreiten ihre Energie mit der Kraft dieser Lichtkraftträger verbindet und vereinigt. Das ist eine besondere Perspektive, die vom inneren Gleichgewicht, von Dienstbereitschaft und wohlwollender Harmonie untereinander getragen wird. Gleichzeitig ist es das „Jetzt oder nie" der gesamten Gruppe. [171]

DIE INTERNATIONALE SPIRITUELLE LEITUNG
Ab 1965 hatten die geistigen Leiter eine Gruppe, die aus sieben Personen bestand, als ihre Nachfolger bestimmt. Und auch heute lenkt dieses Organ, die Internationale Spirituelle Leitung, die inzwischen aus zehn Personen besteht, das Lectorium Rosicrucianum. Vierundvierzig Jahre leitete Jan van Rijckenborgh die Geistesschule, zweiundzwanzig Jahre davon gemeinsam mit Catharose de Petri. Und vierundvierzig Jahre, ab 1946 bis zu ihrem Tod 1990, war sie der Mittelpunkt dieser Gruppe. 1970 trat sie von der aktiven geistigen Leitung zurück und stand dann der neuen Internationalen Spirituellen Leitung mit Rat und Tat zur Seite. In dem Kollegium jener Zeit sind dieselben Namen vertreten, die bereits genannt wurden: T. H. Ritman, P. C. Feekes, C. G. Stratman, dann A. Hamelink und aus dem Ausland: H. Albert und W. Wiesner (Deutschland) sowie H. Bürki (Schweiz). Am 21. März 1970 fügte Catharose de Petri diesem Kollegium E. T. Hamelink-Leene, Jan van Rijckenborghs Tochter, hinzu die 1982 Vorsitzende des Kollegiums der Internationalen Spirituellen Leitung wurde.
Beim fünfzigjährigen Jubiläum der Geistesschule im Jahr 1974 fasste

171. Siehe Note 169

Catharose de Petri ihre Eindrücke während der fünf Dekaden des Aufbaus der Geistesschule sowie des gemeinsamen Dienens und Strebens zusammen. Sie schrieb:

„Die Geistesschule des Goldenen Rosenkreuzes hat am 24. August 1973 neunundvierzig Jahre hintereinander ununterbrochen der Menschheit ihre Lehre und ein damit übereinstimmendes Leben erklärt. In den ersten fünfzehn Jahren – von 1924-1939 – kennzeichneten esoterische Aspekte und Ansichten die Lehre und die Arbeit der Schule. Sie war am Anfang noch keine Mysterienschule. Sie verfügte noch nicht über ein umfassendes gnostisches magnetisches Strahlungsfeld und dessen herrliche Gaben, Folgen und Kräfte.

In der zweiten Phase der Schule entwickelte sich eine gewisse Ruhe, eine innere Vorbereitung auf eine vollständige Umkehr in der zu dieser Zeit geoffenbarten Lehre. Das waren die Jahre 1940-1945.

Die dritte Phase begann 1945 und endete im Jahr 1965. Sie brachte die Lehre von der vollkommenen Erlösung der unvergänglichen Geist-Seele vom Rad der Geburt und des Todes. Die internationale Arbeit der Geistesschule entwickelte sich – wie auch die Gründungen und Anerkennungen der jetzt bereits seit Jahren aktiven internationalen Arbeitsfelder der inzwischen siebenfach geoffenbarten Geistesschule.

Die vierte Arbeitsphase waren die Jahre des großen Streits sowohl in der Geistesschule als auch in der Schülerschar. Sie begannen 1964 und endeten 1967.

Die fünfte Phase ist die Zeit von Ende 1967 bis 1970, die Zeit des großen Durchbruchs. Durch die Konsolidierung und dauerhafte Festigung der Verbundenheit der jungen gnostischen Bruderschaft mit der universellen Bruderschaftskette Christi konnte die Geistesschule des Rosenkreuzes eine Internationale Spirituelle Leitung aus acht Spitzenarbeitern (sieben Brüdern und einer Schwester) bilden.

Nach dem großen Streit wurde die Geistesschule aus ihrem Tiefpunkt emporgehoben. Die Internationale Spirituelle Leitung konnte sich bewähren, als ihr geistiger Leiter und Gründer am 17. Juli 1968 im einundsiebzigsten Lebensjahr von seinem stofflichen Körper erlöst wurde. Die sechste Phase begann 1970 und sollte bis zur Herbst-Tagundnachtgleiche1973 dauern. Sie wurde sehr speziell durch die Bildung, Entwicklung und das Hervortreten der Gral-Gemeinschaft gekennzeichnet. Die Mysterienschule der jungen gnostischen Bruderschaft sollte in der Gral-Gemeinschaft ihre Erfüllung finden.

So wie das Wort in Christus Fleisch wurde, so muss das Wort durch Christus auch in uns Fleisch werden. Das sind der Sinn, die Bedeutung, die Berufung und die Arbeit des Bruders und der Schwester, die in Christian Rosenkreuz wiedergeboren sind.

Die siebte Phase der Arbeit der Geistesschule wird denn auch in der nahen Zukunft diesen Status der Mitglieder der Gral-Gemeinschaft einläuten. Das ist die absolut neue Periode des gnostisch-christlichen Erlebens." [172]

Im Jahr 1989, einige Monate vor ihrem Tod, weitete Catharose de Petri das genannte Kollegium der Sieben aus zu einem Kollegium mit zwölf Mitglieder, zu dem als Dreizehnte E.T. Hamelink-Leene gehörte. Diesem Kollegium übertrug Catharose de Petri ihr geistiges Mandat zusätzlich zu dessen eigener spezifischen Aufgabe. Die Internationale Spirituelle Leitung bestand nun aus den Mitgliedern: P. R. Agostini aus Frankreich, H. H. Albert aus Süddeutschland, A. H. van den Brul aus den Niederlanden, H. Bürki aus der Schweiz, J. P. van Eijk und J. van Galen aus den Niederlanden, A. Lazaro aus Brasilien, Han Leene (Sohn von Z. W. Leene, der den 1975 verstorbenen A. Hamelink ersetzte), J. R. Ritman aus den Niederlanden, J. Schneemann aus Norddeutschland, V. Malschitsky und H. Zion aus Brasilien." [173]

172. Gedenkschrift 50-jähriges Jubiläum der Geistesschule des goldenen Rosenkreuzes, Haarlem, Rozekruis Pers 1974. S.26
173. Brief von E. T. Hamelink-Leene und Han Leene an alle Schüler des Lectorium Rosicrucianum, Dezember 1989

So wurde das Lectorium Rosicrucianum in der neuen Zeit zu einer echten Aquarius-Organisation, in der nicht mehr eine einzelne Person die Galionsfigur ist. Fünfunddreißig Jahre später, im September 2001, übertrug die Internationale Spirituelle Leitung dieses Mandat einer Präsidiumsstruktur. Diese übernahm damit die Verantwortung für das Werk in den sieben Regionen der Weltarbeit der Geistesschule. Diese Präsidien wurden im Februar 2008 erweitert auf vierzig Mitglieder, die ihre Arbeit unter einem Mandat ausführen. Man kann diese Struktur auch als eine lebende, sich entwickelnde, wachsende und dynamische Gemeinschaft sehen. Im Alltag arbeiten und leben Kinder, Jugendliche, Mitglieder und Schüler miteinander in mehr als 200 größeren und kleineren Zentren in allen wichtigen Städten Europas. Wie lange ist es doch her, dass eine solche gut organisierte Gemeinschaft im befreienden Sinn bestand! Ihre Menschen begegnen einander und arbeiten zusammen in all den Werkorganisationen und Arbeitsfeldern, welche die Geistesschule besitzt.

Diese Organe werden von Zentrumsleitungen beziehungsweise Landesleitungen organisiert und begleitet. Die Leitungen richten sich ihrerseits nach den Präsidien, die von der fünften Ansicht der Schule, dem Goldenen Haupt, aus arbeiten und regionsweise für das Werk verantwortlich sind.
Die Präsidien lassen sich vom Kollegium der Internationalen Spirituellen Leitung inspirieren und sind ihr gegenüber verantwortlich.
Die Internationale Spirituelle Leitung unterhält vom sechsten Arbeitsfeld der Schule aus eine bewusste Verbindung mit dem Feld der Bruderschaft. In seiner augenblicklichen Zusammensetzung ist dieses Kollegium für die geistige Linie der Arbeit verantwortlich und besteht aus den Mitgliedern: Y. de Vries-Heitman, A. H. van den Brul, P. Casanueva, W. Kohler, C. Moreno, A. P. Neto, J. R. Ritman, Th. van Rooij, J. Schneemann und J. Zapasnik.
Durch die bewusste Verbindung mit der Bruderschaft kann der lebende

Körper in zwei Welten wirken und ist sowohl hier als auch im Auferstehungsfeld ein lebendiger Faktor. Dadurch bleiben das Kollegium und damit die Geistesschule mit dem spirituellen Sein von Catharose de Petri und Jan van Rijckenborgh verbunden. Möglicherweise werden einmal Menschen mit größeren spirituellen Qualitäten hervortreten, aber diese beiden zuletzt Genannten sind die einzigen Großmeister der Geistesschule. Ihr Name und ihre Kernkraft garantieren – solange die Mysterienschule noch arbeiten kann – eine reine Verbindung mit dem Auferstehungsfeld.

22. Die Publikationen von Catharose de Petri

Die Symbolik der beiden geistigen Gestalten. Das lebende Wort. Lebę so, wie ein Seelenmensch leben sollte

Im Lauf der Jahre fügte Catharose de Petri als Autorin dem geistigen Erbe der transfiguristischen Geistesschule mehrere bemerkenswerte Publikationen hinzu. Die ersten vier wurden als „Rosenserie" herausgegeben und enthalten Ansprachen mit ganz eigenem Charakter. Sie widmen sich vor allem der Erhaltung der Geistesschule. Ausgehend von der individuellen Verantwortlichkeit jedes Teilnehmers sind sie stets aus der Perspektive gesehen, dass Christus bei allem der innerlich leitende Faktor ist. Catharose de Petris gesamte Arbeit kann nur von diesem geistigen Gesichtspunkt aus verstanden werden. Ihre zahlreichen Ratschläge für die tägliche Lebenspraxis auf dem geistigen Pfad können nur nützlich sein, wenn der Leser vom gleichen Ausgangspunkt ausgeht.

Im ersten Titel dieser Rosenserie, *Transfiguration*, erklärt sie, für wen eine Geistesschule bestimmt ist:

„Eine Mysterienschule ist in ganz besonderem Sinn für jene bestimmt, die wirklich den Pfad gehen und zusammen das Volk Gottes bilden wollen. Aber außerdem übt die Geistesschule durch das dritte magnetische Feld einen entscheidenden Einfluss auf das gesamte Menschheitsgeschehen aus. Diesen Aspekt des gewaltigen Befreiungswerkes, das von der Bruderschaft unternommen wird, dürfen Sie niemals unterschätzen. Wir sind oft so sehr mit dem Werk der Befreiung und seinem speziellen Ziel beschäftigt, dass wir dazu neigen, die allgemeinen Aspekte der segensreichen Arbeit der Schule zu vergessen."

174. Catharose de Petri, Transfiguration, Haarlem, Rozekruis Pers, 1980, S.25

Catharose de Petri, 1986

1970 schrieb sie in einem Artikel in der Zeitschrift *De Topsteen* (erschienen von 1969 – 1979), dass die Sprache der Geistesschule einen eigenen Vibrationsschlüssel besitze. Jeder, der sich rein auf diese Vibration abstimmt, „ist fähig, zum Nutzen der eigenen Seelenentwicklung die Aufzeichnungen eines erfahrungsreichen Lebens im Dienst der Geistesschule im Buch des göttlichen Gedächtnisses zu lesen."[175]

Damit diese Sprache in den Materialien der Schule rein durchklingen kann, verwendete sie ab 1970 einen Teil ihrer Zeit dazu, die ungefähr vierhundert Riten und eine große Anzahl Ansprachen und Besinnungstexte zu ordnen, rubrizieren und ihnen eventuell etwas hinzuzufügen.

Bei jeder sich bietenden Gelegenheit verband sie ihre Schüler mit dem Wesen der Schule, dem gnostischen Christentum, und wies auf die weitreichenden Aspekte der gnostischen Arbeit hin. Klar drückte sie ihre Auffassung aus, als sie auf jenen Strom der geistigen Energie einging, der im hermetischen Christentum auch als Christus angedeutet wird.

„Oft hat Jesus, der Christus, darauf hingewiesen, dass er gekommen sei, um den Menschen ihre Möglichkeiten zu zeigen. Er sagte: ‚Was ich getan habe, können alle Menschen tun, und was ich bin, werden alle Menschen sein.' Was Jesus, der Christus, über sich selbst sagte, gilt für jeden Diener, der aus diesem Licht im Dienst einer Geistesschule arbeiten will. In der Strahlungsfülle Christi und mit der Hilfe der Bruderschaft des Heils, sowie nicht zuletzt mit dem unmittelbaren Diener der jungen gnostischen Bruderschaft, Herrn van Rijckenborgh, an meiner Seite wurde ich sehr viele Male befähigt, mein Bewusstsein über das zeiträumliche Niveau zu erheben.

Daher habe ich vielfach ‚Stimme und Namen' angewandt! Der Mensch, der die Tiefen Gottes sucht und den einen Namen ausspricht, wird vollkommen mit dem göttlichen Gedanken, mit dem Kernwesen des

---

175. Catharose de Petri. In De Topsteen, 1972, Nr. 7, Extrabeilage, S. 4

Geistes, verbunden. Das ist die sich dem einzelnen Menschen zuwendende und offenbarende Kraft!
Mit dem Aussprechen des Namens Jesus Christus ist eine große Kraft verbunden. Darum ist das wahre Evangelium eine so große Freude für jene, die es als göttliche Kraft erfahren. Denn dieses Evangelium gibt sich als eine berührende Gnade aus erster Hand zu erkennen, die direkt aus dem Pleroma kommt." 176

„Eine gnostische Geistesschule will also Einsicht und Klarheit über ihre Lehren schaffen. Andererseits lehrt sie, sich für den einen Namen Jesus zu öffnen und sich ihm – als reiner Energie – zu weihen. So offenbart und behauptet sich die Spontanität der neuen Seelen-Lebenshaltung. Daher ist es die Signatur der ewig lebenden Seele, jede Widersprüchlichkeit aufzuheben, damit alles, was sich auf ihr Wachstum bezieht, erfüllt werden und der Mensch vom Anbeginn der Natur entsteigen kann. Man wird dann zwar zum Fremdling in dieser Welt, aber existenziell und direkt ein Bürger des Gottesreiches. Jeder dialektische Mensch hat Anteil an der Unwissenheit, so wie in Christus alle an der einen Wahrheit teilhaben. Wer zu diesem Verständnis durchdringt, erfährt unmittelbar das Leben selbst. Und das alles wird in erster Linie durch das Herz erfahren. Solange der Mensch noch der gewöhnliche Sterbliche genannt werden muss, hat er einen langen Weg durch das Schöpfungsfeld vieler Leben und tiefer Erfahrungen zu gehen, bevor er wahrhaft durch die Erfahrung des Herzens Weisheit erlangt.
Darum gerät diese Weisheit stets in Konflikt mit der Weisheit jener, die sich nach ihren eigenen Maßstäben für weise halten." 177
Die Begegnung mit Antonin Gadal im September 1954 war für die Entwicklung von Catharose de Petri und Jan van Rijckenborgh bestim-

---

176. Catharose de Petri. In: De Topsteen, 1972, Nr. 7, S. 6
177. do. S. 7

mend, wie bereits ausführlich erklärt wurde. Beide fühlten sich stark mit der vorangehenden Bruderschaft der Katharer verbunden.
Bei Catharose de Petri drückte es sich im Namen aus, den sie von Gadal erhalten hatte. Bei Jan van Rijckenborgh war es die Übertragung der Großmeisterschaft der drei Bruderschaften. In *Der Dreibund des Lichtes* (1980) sind frühe Vorträge beider Autoren gesammelt, die während der ersten Ussat-Konferenz 1956 gehalten wurden. Catharose de Petri hatte sie bereits früher bearbeitet und publizierte sie von 1969-1970 in *De Topsteen*. Darin erklärte sie die spirituelle Arbeit der Katharer und ihr immaterielles Erbe. Die Botschaft war stets gleich: Die alte Methode der vollständigen Selbstpreisgabe des stofflichen Menschen – von den Katharern Endura genannt – ist die nötige Voraussetzung für den Pfad der geistigen Entwicklung. Sie wies die Schüler des Rosenkreuzes fortwährend auf die Notwendigkeit eines „reinen Herzens" hin. Mit einem „reinen Herzen" meinte sie vor allem das objektive Ergründen aller offenbaren und verborgenen Motive, die uns antreiben. So können wir zu durchschauen lernen, woraus sie emporsteigen und wie wir sie durch den Prozess der Transfiguration neutralisieren können.
1987 brachte die Rozekruis Pers das Buch *Briefe* von Catharose de Petri heraus. Es enthält eine Sammlung Briefe, in denen sie Menschen, die im Entwicklungsprozess des Bewusstseins diversen Schwierigkeiten begegnen, Ratschläge erteilt. Sie erklärte zum Beispiel, warum es notwendig sei, dass es eine Gruppe wie das Lectorium Rosicrucianum gibt, sowie die Tatsache, dass allzu großer Druck dessen Initiative misslingen lässt. Und der kommt nicht einmal unbedingt von außen, sondern entwickelt sich durch Konflikte, die Einzelne in die Gruppe hineintragen.

In Brief 35 schrieb sie:
„Wer wird gewinnen? Wer wird in Ihnen gewinnen? Das wachsende Seelenprinzip oder der Naturmensch? [...] Der Pfad der Geist-Seelen-Befreiung ist absolut und gradlinig in seiner Gesetzmäßigkeit und lässt keine Abweichung zu. Sobald wir versuchen, in unseren Erwägungen,

Gedanken, Gefühlen und in unserer Willensausrichtung die Forderungen des Christus unseren Problemen, Schwierigkeiten oder unserer persönlichen Sicht anzupassen und ihnen unterzuordnen, müssen wir diesen Einfluss um jeden Preis abweisen und in uns neutralisieren."

DIE SYMBOLIK DER BEIDEN GEISTIGEN GESTALTEN

Jan van Rijckenborgh und Catharose de Petri stellten oft die beiden Gestalten Johannes und Jesus in das Zentrum ihrer Erwägungen, wenn sie die Bewusstseinsaspekte des Pfades erklären wollten. Johannes ist der Mensch, der alles lernen will und alles unternimmt, um in einer steinharten, materialistischen Welt ein Leben als Seelenmensch zu führen. Jesus ist die überwindende neue Seele. Durch sie und ihre Liebe werden die Grenzen der Materie transparent. Und das ist eine Eigenschaft, die prinzipiell zum Gebiet des Geistfeldes gehört. Diese Seele lenkt und inspiriert den Menschen, der seine Johannes-Phase durchlebt, und schenkt ihm vollkommenes Verständnis.

In Brief 45 erklärte Catharose de Petri:

„Wenn der suchende Mensch den Schlüssel, der zum seelenbefreienden Pfad führt, in der Hand hält, ihn aber nicht auf die einzig richtige Weise gebraucht, tritt unwiderruflich Verwirrung auf. Daher muss man darauf achten, ob Geist, Seele und Körper durch den Prozess der Transmutation (Stoff) und Transfiguration (Seele) zur Einheit geführt wurden. Es geht um den ‚Anderen' im Menschen. Dieser muss wachsen – und das Ich, der Johannes-Mensch, muss untergehen. Nicht der Stoffmensch, sondern ‚der Andere in Ihnen' (der Seelenmensch) wird die Geistverbindung herstellen. Die Seele darf in dieser Angelegenheit niemals an die zweite Stelle treten. Darum fordert die Geistesschule primär das Erwachen der unvergänglichen Seele im gereinigten Äther-Lebensfeld des Schülers, weil sie allein als Basis für die Verbindung mit dem Geist dienen kann. Es gibt eine Stoff-Seele und eine Geist-Seele. Die Stoff-Seele kann sich nur innerhalb der Grenzen der Zeitlichkeit aufhalten. Darin kann also niemals Geist-Seelen-Befreiung enthalten sein."

DAS LEBENDE WORT

Zwei Jahre später, 1989, erschien *Das lebende Wort*. Dieses Werk enthält eine Textauswahl aus Ansprachen, die Catharose de Petri im Lauf von zwanzig Jahren in den verschiedenen Arbeitsfeldern der Geistesschule gehalten hat. Die Bezeichnung „Auswahl" wird allerdings dem funkelnden spirituellen Inhalt dieses Kronjuwels ihres Werkes wenig gerecht. Es ist vielmehr der deutliche Beweis dafür, dass tatsächlich in den seelenbewussten Mitarbeitern der Schule eine geistige Linie vorhanden ist. Denn diese Mitarbeiter spiegeln als Kollektiv das Wachstum, den Reifegrad und das Bewusstsein der Geistesschule wider. Und *Das lebende Wort* ist die weiseste und reifste Wiederspiegelung des Denkens in der Geistesschule und über die Geistesschule.

Die Autorin legte sich bei der Publikation ihrer Ansprachen keinerlei Beschränkung auf. Sie wandte sich ebenso an Interessenten und Jugendmitglieder wie an die Mitarbeiter in der öffentlichen Arbeit, die Mitglieder der inneren Schule und an die Angehörigen der fünften Ansicht. Jedes Kapitel zeigt die aufbauende Kraft, die von ihr ausging. Auf jeder Seite klingt ihre sechzigjährige treue Verbundenheit mit dem inneren Christus sowie mit dem 1930 von der Bruderschaft des Rosenkreuzes empfangenen innereigenen Auftrag durch. Einige Kapitel erläutern bestimmte Aspekte des Aufbaus der Geistesschule, aber sie kehrt immer wieder zum Ausgangspunkt, zur Basis und zum Warum der Geistesschule zurück: dem Prozess der Transmutation der Seelen-Stoff-Gestalt, die sich zum Geist-Seelen-Menschen erheben kann. Die Mitglieder der inneren Schule weist sie auch auf den zeitlichen Charakter einer Geistesschule hin.

„Sie müssen davon durchdrungen sein, dass eine Schöpfung (sie schrieb hier über den lebenden Körper der Geistesschule) solange erhalten werden kann, wie es noch Einzelne gibt, die mit ihren Möglichkeiten ein positives Resultat erzielen können. Aber die Zeiten beschleunigen sich! Und da sich die Entwicklung von Welt und Menschheit viel schneller vollzieht, als der Mensch vermuten konnte, kann man derartige Prozesse zwar als ‚kommend' oder als ‚sich entwickelnd' bezeichnen, ihre Vibration und ihr Tempo hängen jedoch von vielen Faktoren ab, die weit außerhalb unseres Weltstatus liegen. Jedenfalls können wir dieses Tempo weder voraussehen noch konstatieren."

Die Einströmung der Geistkräfte kann „nur dann gesichert werden, wenn das astrale Feld jedes Einzelnen von Ihnen im Besonderen und das des lebenden Körper der Geistesschule völlig unberührt sind und bleiben von den Einflüssen dieser Natur und wenn Ihre hohe, göttliche Berufung darauf abgestimmt ist." [178]

Die Weisheit dieser besonderen Frau, die seit 1946 mit ihrem Bruder, Jan van Rijckenborgh, der Geistesschule Form verlieh, hatte seit 1968 deren Strukturen fest und stark im Geist und in der Seele der Schüler verankert. Das geschah so fest, dass diese lebendige Einheit noch immer wächst und funktioniert. Der Prozess kann, wie sie oft formulierte, nur auf der Basis des Kernprinzips Jesus Christus entstehen und wachsen, also auf der Kernkraft des anderen, ursprünglichen Lebens. Dieser Kraft kann man sich mit dem Begriff „Liebe" nähern, aber das reicht bei weitem nicht aus. Sie ist gleichzeitig Glaube, erfüllt von Licht und Hoffnung. Und sie schließt umfassendes, liebevolles Verständnis und Wissen ein – eine Energie, die vor Leben strahlt. Und im Zwischenmenschlichen beweist sie zudem einen sanften und geistreichen Humor. Diese Kernkraft hat die Geistesschule während all der Jahre ihres Bestehens kraftvoll getragen. Auf ihrem befreienden Kernprinzip ist die gesamte geoffenbarte Lehre der Geistesschule erstanden. Wozu das führte, werden wir im letzten Kapitel dieses Buches näher erklären.

---

178. Catharose de Petri, Das lebende Wort, Haarlem. Rozekruis Pers, 1990. Kapitel 43, Die Zeit ist da.

LEBE SO, WIE EIN SEELENMENSCH LEBEN SOLLTE

Catharose de Petri wachte seit 1946 in den vierundvierzig Jahren ihres Wirkens über die gnostische Struktur, die Reinheit und das hohe Niveau der Geistesschule. Immer wieder wies sie die Schüler auf ihre Verantwortung sowie auf eine neue Lebenshaltung und eine hohe Moral hin. „Lebe und handle so, wie ein Seelenmensch handeln sollte. Lebe, als wäre der neue Seelenmensch bereits in dir. Auf diese Weise wird er so schnell wie möglich zu Bewusstsein gebracht und wird das neue Leben in kurzer Zeit Wirklichkeit."

Dieses Streben, in der kennzeichnenden Sprache des Rosenkreuzes ausgedrückt, war bereits Bestandteil der ersten geistigen Lektionen für Probeschüler:

„Taten der Hilfsbereitschaft und entschiedenes Zurückhalten der Neigung zu Anmaßung und Dünkel, das Bemühen, die Leidenschaften zu zügeln, sind Früchte, die im Garten des täglichen Lebens wachsen müssen. Sind einige dieser Früchte reif, wird die Abend-Besinnung sie umsetzen und durch geistige Alchimie auf die Assimilation bei der Morgen-Besinnung vorbereiten. So werden die beiden Teile des Lebenskörpers aufgebaut und die Grenzlinien gezogen, die zu gegebener Zeit das soma psychikon bilden werden, einen unabhängigen Körper, der für Seelenflüge in ein höheres Leben von größtem Nutzen ist."

179

Gemeinsam verwirklichten Jan van Rijckenborgh und Catharose de Petri eine besondere gnostische Offenbarung. Die Schule, die sie gründeten, ist in jeder Hinsicht Stimulans und Hilfe für ein reines, einfaches und harmonisches Leben. Unter anderem legten Sie eine siebenfache Gnosis schriftlich nieder:

179. Licht van het Rozekruis, 1938

- Die universelle Lehre in *Die chinesische Gnosis*, Tao te King
- Die indische Gnosis in den Erklärungen zu *Die Stimme der Stille* [180]
- Die hermetische Gnosis durch Erschließung der Bücher des Hermes Trismegistos in *Die ägyptische Urgnosis*
- Die christliche Gnosis der alten gnostischen Schriften wie *Die Pistis Sophia*
- Die christlichen Mysterien der Bibel durch Publikationen wie *Das Mysterium der Seligpreisungen* und *Das Licht der Welt*
- Die Magie und Alchimie der Rosenkreuzer, niedergelegt in den Erklärungen zu den *Manifesten der Bruderschaft des Rosenkreuzes*
- Die moderne Gnosis und die Möglichkeiten einer neuen Zeit in *Die Apokalypse der neuen Zeit*

---

180. Jan van Rijckenborghs Kommentare zu Die Stimme der Stille wurden nicht publiziert

TEIL V

DIE ARBEIT DES HAUSES SANCTI SPIRITUS

23. Die Entstehung des gnostischen Reiches

1990-2001. Das Werk der siebenfachen Weltbruderschaft. Die große Triade. Die Pistis und die Sophia. Neue Impulse und Initiativen der Internationalen Spirituellen Leitung. Sieben Regionen. Die Symposien im Konferenzort Renova. Konferenztage im J. van Rijckenborgh-Zentrum, Haarlem. Die Bibliotheca Philosophica Hermetica im Licht der universellen Gnosis. Weiterer Ausbau des Werkes

DIE GROSSE TRIADE

Es gibt zwei Arten, die Entwicklungen des esoterischen Lebensfeldes seit 1875 zu betrachten. Die eine ist deterministisch à la Darwin. Aus der ersten Bewegung, der Theosophie, entstanden verschiedene große Bewegungen und sehr viele kleinere. Eine ging aus der anderen hervor oder splitterte sich ab, um sich von den übrigen abzugrenzen. Die Erklärungen in diesem Buch, die bei weitem nicht vollständig sind, enthalten dennoch eine große Anzahl Beispiele hierfür.

Aber man kann die Entwicklungen auch im Zusammenhang mit der großen geistigen Linie betrachten. Es wurde versucht, diese ebenfalls wiederzugeben. Dann ist Folgendes zu erkennen: Das besondere Feld, das wir als ursprüngliches Leben oder als Übernatur bezeichnen, sucht stets nach menschlichen Wesenheiten mit der rechten Eignung, der rechten Bereitschaft, der rechten Reinheit und dem rechten Wissen (Bewusstsein), um den gewaltigen Impuls einer anderen Ordnung weiterzutragen. Von dem etwas höheren Standpunkt des *mons philosophorum*, des Berges der Philosophen, aus sieht man keine Unterschiede, keine Spaltungen, keine Trennungen mehr, sondern nur aufrechtes Bemühen, Streben und eine Sehnsucht des Herzens.

Wie die Persönlichkeiten manchmal auch voneinander abweichen mögen oder wie unverständlich sie zuweilen reagieren, von diesem Standpunkt aus betrachtet zählt allein das Motiv und ob es von der Seele getragen wird. Dann erhellt ein ganz anderes Licht die Landschaft der 150-jährigen esoterischen Entwicklung. Es ist das Licht der einen starken geistigen Linie, die nur darauf gerichtet ist, den Menschen *lichtfähig*, für ein höheres Licht geeignet, zu machen. So erscheint vor dem geistigen Auge eine große Triade, ein Dreieck, in dem jede der großen Bewegungen des neunzehnten und zwanzigsten Jahrhunderts je eine Seite einnimmt.

In den ersten fünfzig Jahren, von 1875-1925, entwickelten sich die weltweiten Bewegungen der Theosophie, der Anthroposophie und der Rosicrucian Fellowship. Aus der geistigen Sicht der Bruderschaft war das eine Periode, in welcher der brillante menschliche Verstand lernte, die Konturen seines Wissens zu erkennen. Er tastete sie ab und erfuhr ihre materialistischen Beschränkungen und Grenzen.

Die zweite fünfzigjährige Periode begann um 1925 herum. Sie führte schließlich zur Entwicklung der drei Bruderschaften zu einer einzigen, in der Wissen, reines, ausgerichtetes Leben und reine Magie zusammenwirken. Mitten in dieser Periode wurde der Renova-Tempel als wichtiger Meilenstein eröffnet.

Betrachten wir in der dritten fünfzigjährigen Periode, in der wir nun leben und die bis ungefähr 2025 dauern wird, wie die siebenfache Weltbruderschaft wirkt. Es erhebt sich natürlich die Frage, ob diese Weltbruderschaft auf die relativ kleine Gruppe jener beschränkt bleibt, die sich innerhalb der religiösen Gemeinschaft des Lectorium Rosicrucianum vereinen. Diese Frage stellen heißt, sie beantworten. Dazu kann ein bescheidenes Beispiel dienen.

Wenn abends auf einer einsamen Landstraße nur eine Laterne brennt, ist man meistens froh, überhaupt etwas zu sehen. Wenn man so seine Richtung wieder gefunden hat, wird einem jedoch klar: Das Licht dieser Laterne beweist, dass es dafür ein ganzes Netzwerk geben muss. Diese Laterne ist buchstäblich ein Brennpunkt und bezieht ihre Energie von einer großen Zentrale, von der man nicht weiß, wo sie liegt. Auf gleiche Weise brennt das Licht der siebenfachen Weltbruderschaft. Am Beginn nimmt man nur den Schein dieser einen Laterne wahr: der Geistesschule des Goldenen Rosenkreuzes, die ein Stück des Weges beleuchtet, den wir gehen. Später, wenn wir wieder die Richtung bestimmt haben, erkennen wir die Zentrale, die anderen Lichtpunkte und vielleicht sogar das große Netzwerk, das keine verlangende Seele allein und ohne Hilfe lässt. Und in einem bestimmten Moment wird uns sogar klar, dass in das große Dreieck die Saaten, die Keime für die sieben vergessenen Wissenschaften gesät sind, mit denen der geistige Mensch erschaffen wird und über die bereits geschrieben wurde. „Was für ein gewaltiges Erlebnis muss es sein, daran teilzunehmen! Besonders durch die große Verschiedenheit beim Gehen des aufwärts führenden Pfades wird ein solches Zusammensein immer interessanter", schrieb damals eine Freundin.

Die Theosophie lässt uns in den Überfluss des alten Wissens eintauchen, das die Menschheit seit unnennbar langen Zeiten begleitet und ihr stets nahe ist, wenn sie Ohren und Herz dafür öffnen will. Gleichzeitig stellt sie uns vor Aussprüche über die wirkliche Weisheit Gottes, die uns stets vorhält: Keine Religion ist höher als die Wahrheit – und die seid ihr. Die Anthroposophie sät das Bewusstsein für das, was der Mensch selbst (vielleicht in der Zukunft) im Zusammenwirken mit dem Kosmos, dem Planetgeist unserer Erde, tun kann: eine reine Landwirtschaft und eine Heilkunde schaffen, welche die Entwicklung des ganzen Menschen berücksichtigt und nicht nur den Körper. Und sie vermittelt eine tiefe Einsicht in die karmischen Zusammenhänge, die möglichen glänzenden Entwicklungen des Bewusstseins im Stoffkörper und in den feinstofflichen Körpern. Der Rosicrucian Fellowship sind wir dankbar für ihre klare Kosmologie und ihr Motto: „Ein klarer Verstand, ein liebesvolles Herz und ein gesunder Körper". Und der Dreibund des Lichtes, der sich ganz der Geistesschule des Goldenen Rosenkreuzes hingibt, sichert für jede strebende Seele den Durchgang und Aufgang zum höheren Feld des Lebens durch Anwendung des uralten Rosenkreuzer-Ideals: „Selbstvergessen dienstbar zu sein, ist der kürzeste und freudigste Weg zu Gott."Sobald wir vom Streben nach Erkenntnis zur Weisheit gelangen, beeinflusst eine neue Vibration unser Inneres, die oft „die neue Atmosphäre", „Aquarius" oder ähnlich genannt wird. Dann verändern sich unsere Gefühle, unser Denken, unsere Sorgen. Durch diesen neuen Einfluss werden wir für ein höheres Leben geeignet. Wenn eine gewisse Anzahl Menschen dieses Streben durchzuhalten vermag, entsteht eine dritte Atmosphäre, ein Feld zwischen dem absolut geistigen und dem rein materiellen Bewusstseinsleben. In diesem Feld zeigen sich neue Möglichkeiten und Eigenschaften, von denen der Mensch nicht zu hoffen gewagt hat, sie jemals zu besitzen; sie entfalten sich darin. Und dieses Feld, in dem das alles Wirklichkeit ist, wird vom Dreibund des Lichtes sichtbar und unsichtbar im irdischen Bewusstseinsfeld ausgebreitet. Das geschieht nicht nur für Einzelne, sondern für alle, welche die Signatur des Lichtes in sich tragen.

In diesem Sinn, aber noch viel direkter, gaben die Gründer der Geistesschule den Anstoß zu einem Weltwerk. Sie versammelten um sich eine internationale Menschengruppe, die an einer Bewusstseinsveränderung arbeitet, deren Konturen seit langem bestehen. Diese Gemeinschaft ist auf verschiedenen Ebenen miteinander verbunden. Sie bildet ein Licht verbreitendes Feld, das prinzipiell jedem zur Verfügung steht. Mit neuer Kraft unternimmt die siebenfache Weltbruderschaft alles, um sich dem suchenden Menschen zu nähern und ihm seine großen und besonderen Möglichkeiten im kosmischen Plan zu zeigen. Und wir wiederholen es: Für jeden, der in Einfachheit aufrichtig sucht, ist „die Schatzkammer des inneren Wissens" erreichbar.

DIE PISTIS UND DIE SOPHIA

Im letzten Kapitel von *Die Gnosis in aktueller Offenbarung* geht Jan van Rijckenborgh ausführlich auf die beiden Ströme – Kenntnis und Weis-

heit – ein, die den Menschen fortwährend berühren und beunruhigen. Wie bereits erwähnt nennt er sie in Anlehnung an das Werk des großen ägyptisch-hellenistischen Gnostikers Valentinus Pistis und Sophia. Valentinus erklärte seinen Schülern die unkennbaren Räume des Pleromas, „die leeren Räume" der Gottesnatur.
In unsere erkennbare Natur fließen Emanationen, Kräfte ein, so stellte Jan van Rijckenborgh fest. Sie berühren alle, die Verwandtschaft mit dem Licht aufweisen. Die Sophia ist eine Emanation aus dem Pleroma, welche Weisheit bringt. Die Pistis ist der Strom der Kenntnis; er fördert das Interesse und Engagement jener, welche die akademische See befahren. Aber besonders dieser Strom der Pistis verursacht statt Befriedigung, wie man erwarten würde – denn je mehr Kenntnis, desto besser kommt man vermeintlich durchs Leben –, schließlich das Gegenteil: Unfrieden. Das ist eine Antithese. Sie wirkt stark auf den menschlichen Verstand ein, bis er einsieht, dass Kenntnis allein die Lebensfrage nicht lösen kann.

Der andere Strom, die Sophia, wendet sich an die Außergewöhnlichen. Das sind Menschen, für die Kenntnis nicht mehr genügt, weil sie sich nach Weisheit sehnen. Es sind „die Wenigen", denen H. P. Blavatsky ihre *Geheimlehre* widmete. Darum ist dieser zweite Strom oder diese Emanation vom mentalen Antrieb getrennt und sondert sich von dieser Welt ab. Dennoch ist der Strom da und wartet, bis der suchende Mensch sich ihm nähert. Er wendet sich nicht an dessen animalischen Verstand wie der erste Strom, sondern an seine noch nicht geöffnete Seele und versucht, darin das Seelendenken zu erwecken.
So kann der einzelne Mensch, wenn er vom Strom der Kenntnis gesättigt ist, seine Zuflucht in der Seelenweisheit finden. Beide Ströme sind elektromagnetische Wellen aus dem reinen Leben und beeinflussen den Menschen. Aber es ist der Strom der Sophia, der den Sucher schließlich in Kontakt mit der Weisheitsschule des Geistes bringt. Zusammen stimulieren beide Ströme die Menschheit, die Gesamtheit der göttli-

chen Offenbarung zu entdecken, so dass sie einmal wieder auf die sechs
181 Emanationen reagieren kann, die den Siebengeist bilden.

DIE SIEBENFACHE WELTARBEIT WIRD SICHTBAR

Was Jan van Rijckenborgh in seinem Buch *Die Gnosis in aktueller Offenbarung* noch als Vision ankündigte, wurde in der Periode von 1990 – 2001 im Rahmen des Lectorium Rosicrucianum zur Realität. In vielen Formen trat das Werk nach außen. Das allgemeine Publikum erhielt Kenntnis von der Wirksamkeit der Gnosis. Es wurde eine Serie mit den grundlegenden gnostischen Schriften der Gnosis publiziert: *Das Evangelium der Wahrheit, Das Evangelium nach Maria, Die Ermahnung der Seele* und andere. Bis 1975 wurde das Werk zuerst in den Niederlanden, Deutschland, der Schweiz, Frankreich und Brasilien ausgebreitet. Von 1975 bis 2000 widmeten sich dann die Mitglieder des Kollegiums der Internationalen Spirituellen Leitung besonders den neuen Arbeitsfeldern wie Spanien, Polen, Ungarn und Italien, aber auch einigen Ländern Südamerikas wie Bolivien und Kolumbien. In allen diesen Ländern entstanden Zentren, Konferenzorte und Tempel und in Deutschland – in Birnbach – der schöne Konferenzort Christianopolis. In dieser Zeit teilte die Internationale Spirituelle Leitung ihre Aktivitäten in sieben Regionen auf, wobei besonders das Wachsen des Werkes in den ehemaligen Ostblockländern, in Russland und in Afrika erwähnt werden muss. Zu Beginn der neunziger Jahre fanden erste Aktivitäten in Russland statt, die jedoch erst 1993 richtig starten konnten. Denn im gleichen Jahr organisierte die Bibliotheca Philosophica Hermetica (BPH) zusammen mit der Rudomino Library in Moskau und dem Puschkin-Museum in St. Petersburg eine besondere Ausstellung. Wie so oft arbeiteten Geistesschule und BPH zusammen. Das Aufzeigen der

---

181. Siehe auch: Jan van Rijckenborgh, Die Gnosis in aktueller Offenbarung, Haarlem, Rozekruis Pers, 1993. Dritte überarbeitete Ausgabe, Kap.: Ekklesia Pistis Sophia, S. 263 ff.

Der Konferenzort Christianopolis zu Birnbach in Deutschland. Im Jahr 2000 erbaut und geweiht

Quellen in der Weltgeschichte und eine Kombination mit der befreienden Strahlungskraft der Mysterienschule im Jetzt sollten suchende Menschen in Kontakt mit der lebenden Gnosis bringen.
Die Ausstellung bot eine klare Übersicht über fünfhundert Jahre Gnosis in Europa. Theosophische Verbindungen zwischen Europa und Russland bestanden bereits im achtzehnten und neunzehnten Jahrhundert. Ein gutes Beispiel dafür sind Karl von Eckartshausen und der ihm ebenbürtige Russe Iwan Lopuchin (1756-1816). Sie schrieben beide über das Wirken der Bruderschaft der Menschheit und über die drei Tempel des inneren Werkes. Bei Eckartshausen (1752-1803) geschah es in seinem Buch *Einige Worte aus dem Innersten* von 1797 und bei Lopuchin in *Einige Kennzeichen der inneren Kirche* aus derselben Zeit. Es waren die Jahre der Erleuchtung, der Vernunft. Die Vernunft suchte nach der Wahrheit, und das Herz wollte das Gute tun. Aber diese Autoren warnten auch: „Der Mensch, dieses Chaos aus Leidenschaft, Begierde, Denken und Wollen, kann nicht erleuchten: Die Wahrheit erleuchtet." Es sei sehr einfach, erklärte Eckartshausen: „Gott ist Liebe und Liebe ist nichts anderes, als Gutes tun für den Mitmenschen. Die Vernunft kann wissen, was das Gute ist, wenn sie sich von Christus inspirieren lässt und ‚die Mysterien

der wahren Religion' sucht. Das heißt, sich dem Tempel im Inneren nähern. Nur Liebe verbindet den Menschen mit dem Menschen. Und wo sie endet und nicht gefunden wird, dort wird der Mensch zum Henker des Menschen."

Zahlreiche Besucher hörten zum ersten Mal von den theosophischen und gnostischen Verbindungen zwischen dem alten Europa und Russland. Das Werk der Geistesschule fand dort großes Interesse. Viele Hundert Menschen, vor allem aus den beiden großen Städten St. Petersburg und Moskau, schlossen sich der Schule an. Und es entstanden Formen der Zusammenarbeit mit verschiedenen anderen Organisationen.

1998 organisierten das Lectorium Rosicrucianum, de Koninklijke Bibliotheek te Den Haag und die BPH eine Ausstellung über vierhundert Jahre Rosenkreuz. Ihr Titel lautete: ‚De roep van het Rozekruis. Vier eeuwen levende Traditie'. (Der Ruf des Rosenkreuzes. Vier Jahrhunderte lebendige Tradition) In Spanien arbeitet man in Barcelona, Madrid und Saragossa auf verschiedenen Ebenen mit der wissenschaftlichen Welt zusammen, um Symposien zu organisieren, die aber nicht mit Ausstellungen oder musikalischen Vorträgen kombiniert werden.

DIE SYMPOSIEN IM KONFERENZORT RENOVA

Bei circa zwanzig großen Symposien in den Niederlanden lenkten die Mitarbeiter der Geistesschule die Aufmerksamkeit auf die geistig Großen, die in den letzten vierhundertundfünfzig Jahren ihr Leben dem Gedanken der Freiheit der Seele widmeten. Im ersten Symposium 1998 ging es um den niederländischen Philosophen Baruch Spinoza. Später folgten dann Marsilio Ficino, Paracelsus, Robert Fludd, Giordano Bruno, Jakob Böhme und viele andere. Die Symposien vermittelten ein einheitliches Bild dieser Gestalten: Sie waren freie Verkünder einer wissenschaftlichen Religion gewesen oder einer religiösen Wissenschaft ohne Kirche, ohne zentrale Hierarchie, ohne Priester und Prälaten. Sie verkündeten das freie Denken und erforschten das menschliche Herz und Bewusstsein. Diese Religion, diesen „Gottesdienst", brachten sie an seinen ursprünglichen Ort zurück, in das Innere des Menschen. Ihre Religion war die des Hermes, ihre Kirche die Dimension des freien Denkens. Ihr Altar war das zur Ruhe gekommene, einfach gewordene Herz und ihr Laboratorium der menschliche Körper. Denn darin muss das eine Licht zuerst alchimisch befreit und dann umgesetzt werden. Daraufhin kann es in das Weltfeld ausgestrahlt und darin angewandt werden. Die Auffassung dieser Großen hinsichtlich Welt und Menschheit drückt ein Kernsatz des Hermes Trismegistos aus: „Der Mensch ist ein großes Wunder." Dieses große Wunder Mensch war zu allen Zeiten, wenn auch oft verborgen, das zentrale Thema des Studiums und Unterrichts in philosophischen Kreisen und Weisheitsschulen. Von Ägypten aus fand es seinen Weg über Griechenland, Judäa und Rom in das moderne Europa. Zeitweilig verschwand es unter den Oberströmungen der westlichen Kultur, um dann zu gegebener Zeit wieder aufzutauchen. In der Renaissance bemühte man sich um eine Synthese dieser christlich-hermetischen Lebenslehre. Sie ließ die südeuropäische Gesellschaft sozusagen mit der Schönheit eines Kindes hoffnungsvoll erblühen.

Im siebzehnten Jahrhundert erklang der Fanfarenruf der klassischen Rosenkreuzer und ließ Nordeuropa aus jenem Rausch erwachen (den das Trinken aus dem „vergifteten und betäubenden Becher" verursacht hatte), „um früh am Morgen der aufgehenden Sonne mit offenem Herzen, entblößtem Haupte und barfuß fröhlich und jubelnd entgegenzugehen", wie in der *Confessio Fraternitatis R.C.*, Kapitel VIII bezeugt wird. Das ist die Perspektive, die von den „Denkern des Hermes" für den westlichen Menschen eröffnet worden war. Die Gestalten und Strömungen, die in den Renova-Symposien beleuchtet wurden, vergegenwärtigten diese Lebensauffassung von immer anderen Blickwinkeln aus.

KONFERENZTAGE IM J. VAN RIJCKENBORGH-CENTRUM ZU HAARLEM
Auf die gleiche Weise finden im J. van Rijckenborgh-Centrum in Haarlem Konferenztage mit wechselndem Schwerpunkt statt. Hier stehen Weisheit, Arbeit und Lehren der modernen Geistesschule deutlich im Mittelpunkt. Besucher und Sprecher gehen auf aktuelle Themen ein, die durch die klaren Einsichten der Großmeister Catharose de Petri und Jan van Rijckenborgh beleuchtet werden. In den vergangenen Jahren wurde an solchen Konferenztagen im Tempel des Rosenkreuzes unter anderem über folgende Themen gesprochen: die neuen Möglichkeiten der Aquarius-Zeit, die Rollen von Mann und Frau und ihre Zusammenarbeit, die sieben Phasen im Leben des Menschen, die Erziehung unserer Kinder und die neue Wissenschaft der Astrosophie. Die Anwesenden hörten außerdem jeweils zwei einleitende Ansprachen und einen Abschluss. So konnten sie selbst die besondere Atmosphäre wahrnehmen, die von diesem zentralen Brennpunkt der Geistesschule ausgeht. Danach wurden dann im ganzen Gebäude verteilt Gedanken über die Themen ausgetauscht.

DIE BIBLIOTHECA PHILOSOPHICA HERMETICA IM LICHT DER CHRISTLICH-HERMETISCHEN GNOSIS
In enger Zusammenarbeit mit der Bibliotheca Philosophica Hermetica finden die Symposien an verschiedenen Orten in Europa statt. Es sind besondere Tage, die immer wieder zahlreiche Besucher anziehen. Hier sind einige Worte über diese Amsterdamer Bibliothek angebracht, mit der seit 1986 ununterbrochen zusammengearbeitet wird. Der Gründer, Joost Ruben Ritman, wurde sich bereits mit sechzehn Jahren des einzigartigen Feldes der christlich-hermetischen Gnosis bewusst. Und als seine Mutter ihm 1964 ein Buch von Jakob Böhme aus dem Jahr 1657 gab, erkannte er erstaunt, dass es eine bestimmte Sorte alter Bücher immer noch zu kaufen gibt. Nach einem Vierteljahr ausgewählter Erwerbungen und praktisch von Anfang an mit einem wissenschaftlichen Stab arbeitend, konnte er seit Mitte der achtziger Jahre seine

Kollektion auf sinnvolle Weise der Öffentlichkeit präsentieren. Die erste Ausstellung betraf die Manifeste der klassischen Rosenkreuzer. Von Beginn an verband Ritman die Aktivitäten seiner Bibliothek mit der in diesem Buch besprochenen geistigen Linie, also demselben Impuls, der die Geistesschule des Lectorium Rosicrucianum beseelt.
In einer Ansprache vom 19. Januar 1985 sagte er, dass „die Arbeit des Lichtes gewiss auch in stofflicher und konkreter Form bewahrt geblieben ist. Die Bibliothek basiert daher ebenfalls auf dem Standpunkt, dass dieser geistige Schatz in Form von Dokumenten, Manuskripten und Schriften, einschließlich der Schriften unserer Großmeister, eigentlich zu einer Tradition gehört, die viele Jahrtausende alt ist. […] Die Bibliothek ist ein Zeugnis für die ‚Ströme der Weisheit', die nach Robert Forlong bereits 12.000 Jahre fließen und in deren reichem Niederschlag zahllose besondere Saaten aufkeimten, die dem Menschen in seiner Entwicklung weiterhelfen." Und er fuhr fort: „Wenn es in der *Chymischen Hochzeit Christiani Rosenkreutz* heißt: ‚Hermes ist der Urquell', dann erkennen wir plötzlich das geistige Prinzip der Arbeit unserer Großmeister, nämlich die ägyptische Urgnosis und die Mysterien des Christian Rosenkreuz.[…]" Das beschrieb Karl von Eckartshausen wie folgt:
„Es besteht immer noch eine Geheimgesellschaft unbekannter Meister, die seit der Zeit der ersten Christen in ununterbrochener Folge fortgesetzt wurde. Durch diese Geheimgesellschaft und ihre ununterbrochene Dauer ist nicht nur die wahre Tradition der geheimen Kräfte anwesend, mit denen Christus und die Apostel Wunder verrichteten. Diese Gesellschaft ist auch im Besitz eines Teils jener Wunderkräfte. Dadurch beherrscht sie nicht nur die Natur, sondern kann mit Hilfe des Geistes oder des geistigen Atems auch in dieser Natur bedeutende Wirkungen vollbringen."

Ritman beendete seinen Vortrag mit dem Hinweis auf eine Analogie in *Die alchimische Hochzeit des Christian Rosenkreuz*, mit der er die Einheit der Strahlung sowie die Einheit der Arbeit der Geistesschule und der Bibliothek, die aus einem Quell hervorgehen, unterstrich. Und er zitierte aus Jan van Rijckenborghs Erklärungen:

„Die kostbare Bibliothek, die CRC in der Gruft des Schlosses fand, braucht jetzt keine Frage mehr aufzuwerfen. Denn im Brennpunkt eines astralen Feldes werden die Ideen, die Kräfte, die mächtigen Weisheitsimpulse der Erhabenen, die das Feld und den Brennpunkt gebildet haben, festgehalten. Sie sind im Tempel der Erneuerung und bleiben dort als Ausgangspunkt der Ideen, die sich auf den lebenden Geist selbst stützen. Darum kann kein Teilchen dieser Weisheit verlorengehen. [...] Lebende Seelen, wo sie auch wohnen, wie weit über die Erde sie auch verstreut sein mögen, bauen alle zusammen an der Tempelburg, ohne dass etwa der eine abbricht, was der andere aufbaut. Die Weisheit und die Kraft, die durch eine lebende Seele frei werden, sind immer in Übereinstimmung und Harmonie mit der Weisheitskraft jeder anderen lebenden Seele, auch wenn beide sich nicht kennen.

In dieser Welt und ihrer Spiegelsphäre wird das, was der eine aufbaut, stets von einem anderen abgerissen. [...] Ein Philosoph entwickelt eine bestimmte Idee. Ein anderer Philosoph kommt mit einer entgegengesetzten Auffassung. [...]

Ganz anders ist es im lebenden Seelenzustand. [...] Darum wird jede gnostische Weisheit immer gleichlautend sein mit einer anderen Weisheit der Gnosis. Die eine Wahrheit bestätigt immer die andere. Wenn die darin enthaltenen Ideen auch Variationen zeigen und auf gewisse Ansichten abgestimmt sind, so fügen sie sich dennoch zusammen in vollkommener Harmonie. Lebende Seelen können nur eine Sprache sprechen, ganz gleich in welchen Variationen. Es ist doch immer eine fundamentale Einheit, weil es schließlich nur eine Weisheit, eine fundamentale Wahrheit gibt."

Catharose de Petri, die bei dieser Ansprache anwesend war, betonte in ihren Dankesworten ihren Enthusiasmus und ihre Dankbarkeit. Sie äußerte ihren großen Respekt für das, was in der Bibliothek zusammengetragen worden war: „Es ist überwältigend! Nach allem, was wir zur Kenntnis nehmen konnten, steigt nur diese eine Bitte aus unserem Herzen auf: Mögen der Geist, die Liebe, das Licht und die Weisheit, die in diesem Bücherschatz nun noch gebunden sind, einmal von unzählbaren suchenden Seelen befreit werden. Und zwar nicht als Kenntnislehre, sondern im Herzen eines jeden, welcher der Seele nach auch wirklich befreit werden will. Dann kann einmal das Empfangene – in der Wirksamkeit des strahlenden Lichtes – Erfüllung und Wachstum erreichen. Denn das Ziel unserer Arbeit ist doch immer, dass das wirkliche, absolute Leben, das vom ursprünglichen Geist ausgeht, in einer reinen Erscheinungsform geboren werden kann." [183]

Die Bibliotheca Philosophica Hermetica und die vielen Aktivitäten, die sich in ihr entfalten, sind ein treffendes Beispiel für den erwähnten Strom der Pistis, den elektromagnetischen Einfluss, der die Menschheit mit dem Wissen von der Befreiung verbindet. Hier sind, verschlossen in Büchern, Manuskripten und Unikaten, die Gnosis der Jahrhunderte, die Hermetica, die Wissenschaft der Alchemie in einer einzigartigen Sammlung zusammengefügt. Das ist ein Zeugnis für den jahrhundertelangen Streit im Menschen, der die Gesetze des Universums im geistigen Sinn immer wieder neu kennenlernen muss. Es ist ein Zeugnis für den Menschen, der verstehen lernt, dass es nicht die irdischen Gesetze mit ihrem mühsamen Fortschritt sind, sondern die Gesetze des Lichtes, die Strahlungsgesetze der Sonnenwelt, die ihn schneller voranbringen, als er für möglich hält. Und einmal mit dieser Erkenntnis verbunden, wird er einsehen, dass die beiden Gesetzessysteme einander nicht bekämpfen, sondern bereichern.

182. Typoskript J. R. Ritman, 19. Januar 1985, BPH und Jan van Rijckenborgh: Alchimische Hochzeit des Christian Rosenkreuz, Haarlem, Rozekruis Pers, Erster Teil. Kapitel 27: Die königliche Bibliothek und die Grabkammer, 1998, 3. überarbeitete Ausgabe, S. 242 ff.
183. Typoskript: Dankesworte Catharose de Petri. 19. Januar 1985, BPH.

Ein Jahr später, im Oktober 1986, organisierte die BPH zusammen mit der Jung-vereniging einen Kongress im „Kosmos" in Amsterdam unter dem Titel: „Gnosis, de derde component van de westerse culturtraditie" (Gnosis, die dritte Komponente der westlichen Kulturtradition). Zum ersten Mal wurde die Gnosis – anders als in der Arbeit der Geistesschule – mitten in die Gesellschaft gestellt. Unter der Leitung von Professor Dr. Gilles Quispel besprachen viele Redner aktuelle Themen im Licht der alten gnostischen Lehren. Und von verschiedenen Seiten aus gingen Gelehrte wie Van den Broek, Sinnige, Burnier und die junge Esther de Boer (das Evangelium nach Maria Magdalena) auf den fortwährenden Einfluss der Gnosis auf unsere Kultur ein. Studien über Art und Einfluss der Gnosis im späten Altertum sowie auf unsere westliche Kultur führten die Zuhörer nach Montaillou und zu Goethes Schreibtisch. Goethe wurde (nach einer Rezension des Nederlandse Biblipotheekdienst) sozusagen „Zeitgenosse Hegels, begegnete Steiner, Jung und anderen". Der Organisator selbst stellte fest, dass außer Athene (Vernunft) und Jerusalem (Glaube) auch die Gnosis „als dritte Komponente" zur westlichen Kultur gerechnet werden müsse. Denn neben den griechischen Philosophen und dem Christentum habe auch die Gnosis bedeutend zur Kultur Westeuropas beigetragen. Die Referate dieses Symposiums erschienen zwei Jahre später als Buch. Im Dezember 1990 folgte ein zweiter Kongress: „De Hermetische Gnosis in de Loop der eeuwen" (Die hermetische Gnosis im Lauf der Jahrhunderte), ebenfalls mit vielen Referaten.

Es gibt noch einen weiteren Aspekt der BPH, der im Konzept der Geistesschule für die moderne Gesellschaft wichtig ist. Durch ihren Ausgangspunkt *ad fontes*, zurück zu den Quellen, ist sie attraktiv für Studenten und viele bedeutende Wissenschaftler, deren eigene Forschungen und Studien oft zu verblüffenden Erkenntnissen und Publikationen führen. Mehr als einmal stimmten diese Resultate auffällig mit den Einsichten überein, die Jan van Rijckenborgh und die Seinen im

Lauf der vorangegangenen Jahrzehnte entwickelt hatten. Vielleicht formulierten sie diese damals anders. Sie hatten auch nicht die Gelegenheit, sie wissenschaftlich zu untermauern, weil andere Aufgaben auf sie warteten. Viele dieser Erkenntnisse waren in der Öffentlichkeit noch weitgehend unbekannt, als sie zum ersten Mal geäußert wurden. Man tat sie oft als gesellschaftlich irrelevant und nicht modern genug ab. Heute jedoch unterstützen aktuelle wissenschaftliche Resultate auf unvermutete Weise die gnostisch-wissenschaftliche Basis des modernen Rosenkreuzes.

Im Rahmen dieses Buches wird es nicht seltsam erscheinen, dass wir diese Resultate in erster Linie dem großzügigeren Geist unserer heutigen Zeit zuschreiben. Dennoch erforderten sie umfangreiche Studien und große Anstrengung. Viele wurden durch die außergewöhnlichen Quellen unterstützt, die in Ritmans Bibliothek zur Verfügung stehen. Gegenwärtig gelangen nur wenige Menschen allein durch Intuition zur Erkenntnis. Jeder seriöse Forscher bezieht sich auf Quellen. Die Ideen, Kräfte, Entwicklungen und mächtigen Impulse der Weisheit werden jedoch nicht nur geistig in einem astralen Feld bewahrt! Dank der Wirksamkeit der Bibliothek haben Sympathie und Wohlwollen der Geistesschule gegenüber stark zugenommen. Das gilt besonders für den Kreis der Spitzen-Wissenschaftler, welche die Gnosis, die Hermetik und die Geschichte des freien Denkens erforschen. Dank der Beziehungen zur BPH besuchte sogar die „graue Eminenz" der wissenschaftlichen Gnosis-Forschung, Gilles Quispel, mehrmals Renova, um ein Symposium mit glänzendem Erzählstil zu unterstützen. Seinen ersten Vortrag während des Symposiums „Zurück zum Quell" begann er mit den Worten: „Der kosmische Jesus Christus ist die Sonne ..., und die ist für alle und in allen." Quispel sprach dann weiter über drei Evangelien: Das Evangelium der Wahrheit, das Evangelium nach Thomas und das nach Heliand. Er erklärte verschmitzt, dass Worte Jesu außerhalb der Bibel deutlicher sein können als innerhalb der Bibel. Die von ihm besprochenen Schriften kennzeichnet seiner Meinung nach alle die Auffassung, dass „das Reich Gottes kein Zukunftsbild ist. Nein, dieses Reich besteht bereits, aber die Menschen sehen es nicht." Die Menschen gleichen Schlafenden, sind völlig unbewusst. In den genannten Evangelien wird jedoch deutlich von der Idee gesprochen, dass der kosmische Jesus der Sohn ist, ohne den niemand bestehen kann. Auch ist er eine Sonne, die für jeden scheint. „Seit Augustinus (354 n. Chr.) haben alle Kirchen das vergessen. Man konzentrierte sich auf die Auserkorenen, wodurch das Wissen über den kosmischen Christus alles in allem verloren ging", so der Redner; also das Wissen, „dass Gott nicht bösartig oder hartherzig ist. Nein, Gott ist sanft und gut. Der gnostische Mystiker erkennt das, weiß es und schmeckt es auch."

Der ehemalige Wirtschaftsminister, Professor H. J. Witteveen, gleichzeitig Leiter der Sufi-Bewegung in den Niederlanden, und wichtige Autoren auf dem Gebiet der frühen Gnosis wie Jacob Slavenburg nahmen an diesen Symposien teil. Ihre Sympathie und Anerkennung für Atmosphäre und Arbeit der Geistesschule besitzen eine große Reichweite und sind von unschätzbarem Wert.

2005 kaufte der niederländische Staat eine repräsentative Auswahl aus dem Bestand der Bibliothek. Die Ministerin Maria van der Hoeven schrieb im Namen des Staates in einem Brief vom 14. April 2005, dass „die Quellen der Teilbereiche Hermetik, Alchimie, Mystik und Rosenkreuzer als Kernsammlung der BPH bezeichnet werden können. Sie bestehen aus Handschriften und alten gedruckten Büchern bis ca. 1750. [...] Darin ist das Thema der BPH zusammengefasst, und damit wird der einzigartige Charakter der BPH als Ganzes genügend gewährleistet. [...] Der neu erworbene Reichsbesitz wurde als Leihgabe der „Stiftung BPH" übergeben, der auch J. R. Ritman seinen privaten Anteil

---

184. Valentinus, Iniyat Khan und Hermes Trismegistos. Symposienreihe Zurück zum Quell. Haarlem. Rozekruis Pers 2003

an der Bibliothek dauerhaft zur Verfügung gestellt hat. Auf diese Weise bleiben die beiden Eigentumsteile zusammenhängend für Publikum und Wissenschaft erhalten. [...] In der mehrjährigen Programm-Planung der Stiftung BPH wird das Ziel erwähnt, das Forschungsinstitut, das um die Sammlung herum aufgebaut wurde, in den kommenden Jahren weiterzuentwickeln. Das soll durch Intensivierung der bestehenden Zusammenarbeit, unter anderem mit de Koninklijke Bibliotheek, de Koninklijke Akademie van Wetenschap und der universitären Welt im In- und im Ausland geschehen. [185]

WEITERER AUSBAU DES WERKES

Im Jahr 2008 baute das Lectorium Rosicrucianum seine Arbeitsgebiete weiter aus. Die befreiende Religion der Hermes, die so viele Jahrhunderte verdrängt und verketzert wurde, findet überall Widerklang. Die Folge sind zahlreiche Initiativen. In mehr als zweihundert Zentren in vierzig Arbeitsfeldern haben 20.000 angeschlossene Schüler ihre Begegnungsstätten. Dort können sie reinen und direkten Kontakt mit dem spirituellen Feld erhalten, das in diesem Buch bereits als „domus sancti spiritus", jenes durch Vibration beschützte „Haus des heiligen Geistes", angedeutet wurde. Es ist ein Anliegen jeder individuellen Seele, sich mit dem höheren inneren Vibrationsniveau, das in der Geistesschule so konzentriert wirksam ist, zu verbinden.

Daneben existiert eine große Anstrengung der siebenfachen Weltbruderschaft des Rosenkreuzes, die auf zahlreichen Ebenen Initiativen entfaltet, um die Aspekte dieser Lehre den suchenden Menschen nahezubringen. An mehreren Orten Europas entstanden internationale Informationszentren, in denen man die Impulse, die mit der geistigen Linie der Befreiung verbunden sind, studieren kann. Viele Mitarbeiter bieten Vorträge, Themenabende und Kurse über Rosenkreuz und

---

185. Den Haag. Ministerie van Onderwiks, Onms kenmerk 14. April 2005. MLB/LB/2005/16.825. logoocw

Gnosis an. Manche von ihnen arbeiten auch mit Volkshochschulen zusammen und halten dort einen allgemeinen Basiskurs mit dem Titel „Von den verschiedenen Weisheitsströmungen zu innerlicher Weisheit". Damit wird dem Publikum ein erstes Kennenlernen der gnostisch-geistigen Entwicklung von vorchristlicher Zeit bis zur Gegenwart angeboten. Im Internet kann man weltweit umfangreiche Informationen über das Werk der siebenfachen Weltbruderschaft und die Impulse der Geistesschule finden. In den Niederlanden wird in zwei Schulen – in Hilversum und Heiloo – dem heranwachsenden Kind sowohl ein spezieller Unterricht, als auch eine inspirierende Umgebung geboten, in der die freie Entfaltung der Seelenqualitäten gefördert wird.

Im gleichen Maß, wie die Entwicklung weiter voranschreitet, kehren die sieben reinen Wissenschaften auf neue Weise und der heutigen Zeit angepasst in das Weltfeld zurück. Dank der Tatsache, dass eine Mysterienschule wirksam ist, werden in der Zukunft viele Menschen für diese ursprünglichen Wissenschaften empfänglich. So gelangen die Ideale der Bruderschaft des Rosenkreuzes ins Bewusstsein des modernen Menschen: eine allgemeine Reformation der Welt auf hermetischer, christlicher und wissenschaftlicher Basis.

24. Abschluss

„Die Liebe, die Rettung ist". Ein Zeugnis von Catharose de Petri

„Jan van Rijckenborgh und Catharose de Petri sind die Vorbilder der heutigen Rosenkreuzer-Gnostiker. Sie bekennen in ihren Werken die christozentrische Gnosis der letzten zwei Jahrtausende. Dreihundertfünfzig Jahre nach Erscheinen der Manifeste der Rosenkreuzer zu Beginn des siebzehnten Jahrhunderts verkündeten sie nicht nur das lebende Wort neu [...]." So lautet ein leicht verändertes Zitat aus der bereits erwähnten Ansprache von A. H. van den Brul während eines Symposiums in Wolfenbüttel im Jahr 1995. [186]

Nein, sie schrieben nicht nur über das Haus Sancti Spiritus, sondern erbauten tatsächlich für eine strebende Schar Brüder und Schwestern ein neues geistiges Haus. Ab 1924 war der Weg gebahnt und wurde das seit dem siebzehnten Jahrhundert so sehr verschlossene „domus sancti spiritus", erneut zugänglich. Daher konnten die Kräfte aus der Übernatur ungehindert in die Mysterienschule einfließen. Und die Teilhaber am Werk strahlten sie aus – jeder seinem Niveau entsprechend.

In einem Gespräch anlässlich der Vorbereitung ihres letzten Buches mit dem Herausgeber erklärte Catharose de Petri die Art ihres Lebenswerkes näher: „Als wir Ende der vierziger Jahre ganz von vorn begannen, hatten wir zwar einen Auftrag und ein Ziel, aber keine Ahnung, wie wir die Gruppe auf neue Weise gestalten sollten. Und es war auch absolut nicht klar, wie wir die Geistesschule einrichten mussten. Wir kannten nur den nächsten Schritt, wussten nur, was in dem Moment geschehen

---

186. A. H. van den Brul. J. van Rijckenborgh – moderner Rosenkreuzer und hermetischer Gnostiker. In: Pentagram, 19, Jahrgang, Nr. 2. 1995. S. 36

musste. Wir konnten darauf vertrauen, dass wir erkennen würden, wie es weitergehen sollte, wenn dieser nächste Schritt positiv und ohne Zögern unternommen würde."

Jan van Rijckenborgh formulierte das Gleiche auf etwas andere Weise: „Unser Pfad wurde keineswegs von vorn bis hinten durch Scheinwerfer erleuchtet. Die Wegstrecke, die durch Kenntnis aus erster Hand beleuchtet wird, beträgt immer genau einen Schritt. Darum heißt es im Psalm 119, Vers 105: ‚Dein Wort ist meines Fußes Leuchte und ein Licht auf meinem Weg.' Unser Pfad wurde also trotz all unseres Bittens und Flehens nur einen Schritt genau vor unserem Fuß beleuchtet und nicht weiter. Weiter vorn war alles finstere Nacht. Erst wenn wir diesen Schritt auch tatsächlich getan hatten, folgte die Erleuchtung für einen weiteren Schritt. Beim Gehen trugen wir nämlich die Lampe mit uns, und deren Licht bahnte und gestaltete den Pfad, auf dem wir weitergingen."

„DIE LIEBE, DIE RETTUNG IST"

An jener Stelle, auf der einst – von 1934 bis 1958 – das Tempelzelt gestanden hatte, tat Jan van Rijckenborgh am 28. September 1963 den ersten Spatenstich für die Anlage eines Rosengartens. Vor einer Gruppe jüngerer und älterer Schüler und Freunde erinnerte er daran, dass an diesem besonderen Ort die Arbeit der Geistesschule im Wesentlichen begonnen hatte. „Viele herrliche Stunden wurden an dieser Stelle der Betrachtung und innerlichen Ergründung der Philosophie und der Kerngedanken des Rosenkreuzes gewidmet", so der geistige Leiter. Nicht ohne Grund wurde gerade an dieser Stelle der Rosengarten an-

---

187. Mitteilung H. Steinhart, Februar 2008
188. J. van Rijckenborgh. Wedergeboorteproblemen. In: Nieuw Religieuse Orientering, 1948, Teil 8. Auch in: Pentagram, 26. Jahrgang, Nr, 3, 2004 Titel: Wiedergeburt und ihre praktischen Aspekte.
189 W. A. van der Stolpe. Herdenkingstoesprak J. van Rijckenborgh. In: De Topsteen, August-September 1970. S. 5 ff.

gelegt. Denn hier begann die Arbeit der Verbreitung der Wahrheit: Gott ist im Menschen. Gewiss spielte auch die Erinnerung an den prächtigen Rosengarten in Albi eine Rolle. Dort, an jenem bis zum heutigen Tag erfahrbaren Brennpunkt, konnten die Katharer ihre Dienste zelebrieren. Und im selben Rosengarten sahen die beiden geistigen Leiter ihre Aufgabe bis in alle Einzelheiten vor sich: „die Gründung einer Mysterienschule, eines vollkommen zubereiteten und ausbalancierten Einweihungskörpers für die neue Zeit."

Sieben Jahre später: In Gegenwart von circa fünfhundert Schülern und hundert Jugendlichen wurde am Freitag, dem 17. Juli 1970, im Noverosa-Tempel ein Gedenkdienst für Jan van Rijckenborgh gehalten und im Rosengarten ein bescheidenes Monument für ihn geweiht. Dieses Monument ist gleichzeitig ein Zeugnis und ein Symbol. Es ist ein weißer Kubus, „ein weißer Prüfstein". Er weist hin auf Offenbarung 2/17: „Wer überwindet, dem will ich zu essen geben von dem verborgenen Manna und will ihm geben einen weißen Stein und auf dem Stein einen neuen Namen geschrieben, welchen niemand kennt, denn der ihn empfängt." In der römischen Rechtsprechung jener Tage erhielten die Angeklagten entweder einen schwarzen Prüfstein, wenn sie für schuldig befunden wurden, oder einen weißen Prüfstein, wenn sie freigesprochen wurden. Auf diesem Stein war ihr Name eingraviert.

Der weiße Kubus trägt einen Bronzering, der den Kreis der Ewigkeit darstellt, und auf dem Ring steht eine schöne geöffnete Rose von mehreren Kelchblättern umgeben. In den Ring ist die magische Formel des klassischen Rosekreuzes eingraviert:
Ex deo nascimur, in Jesu morimur, per spiritum sanctum reviviscimus.
Und auf der Oberfläche des Kubus steht:
Dit gedenk-teken is geplaatst de 17e juli 1970

Gedenkstein im Rosengarten von Noverosa in Doornpijk

An einer Seite sind ein gleichseitiges Dreieck und die Worte eingraviert:
Kennis Liefde Daad – (Kenntnis Liebe Tat)
De drie verheven attributen van den Christus
(Die drei erhabenen Attribute des Christus)
Auf der zweiten, der rechten Seite des Kubus steht:
De Kennis des Lichts die geopenbaard is (Die Kenntnis des Lichtes, die geoffenbart ist)
Auf der dritten Fläche, der Rückseite des Kubus steht:
De Liefde die Redding zijt (Die Liebe, die Rettung ist)
Und auf der vierten Fläche links des Kubus heißt es:
De Daad, die voert langs de rijzende Zuilengang tot in de Port des Eeuwigen Levens – J. van Rijckenborgh (Die Tat, die durch den aufsteigenden Säulengang zur Pforte des ewigen Lebens führt)
Das sind Worte aus einem seiner innigsten Vorträge.

EIN ZEUGNIS VON CATHAROSE DE PETRI

In der Gedenkansprache, die Catharose de Petri während dieser Zusammenkunft hielt, kamen Art und Atmosphäre des siebenfachen Aufbaus sehr lebendig zum Ausdruck. Sie blickte zurück auf dieses Bauwerk, dem auch sie sich seit 1930 gewidmet hatte und das durch gemeinsame Anstrengung verwirklicht worden war. Es hatte seine Freunde in all ihrer Arbeit fortwährend mit Inspiration und Antriebskraft versorgt. Dieser Vortrag enthielt einige Etappen, die besonders die Atmosphäre schildern, mit welcher der Großmeister sich stets den Angehörigen der Geistesschule näherte:

„Jan van Rijckenborgh war vor allem ein Freund der Jugend! In seinen Konferenzen für die Jüngeren wusste er stets den rechten Ton zu treffen. Er besaß die Gabe, schwierige und tiefsinnige Themen in für junge Menschen verständliche Worte zu kleiden. So besprach er während einer D-Gruppen-Woche im Jahr 1961 ein Thema, das er selbst für gewagt hielt, weil es tatsächlich so vielumfassend war.

Er sagte damals: „Wir werden versuchen, uns durchzuschlagen und zwar mit eurer Hilfe." Und die jungen Menschen lernten zu verstehen, dass sie zum Beispiel das Sonnensystem als ein Lebenssystem sehen müssen. Er lehrte sie, es außerdem als ein astrales System zu betrachten, das zwar aus Teilen zusammengesetzt ist, aber trotzdem einen Körper mit vielen Gliedern bildet. Er sagte ihnen weiter, dass derartig viele Planeten zum Sonnensystem gehören, dass wir tatsächlich von vielen Gliedern sprechen müssen und als stoffgeborene Menschen mit all diesen Gliedern des Sonnensystems durch den Astralkörper eng verbunden sind. Er lehrte sie, dass Christus der Sonnengeist genannt wird und dass alles, was Christus ist, will und ausführt, primär die Erfüllung eines Plans bedeutet. Er sagte: „Der Christus, die große Gestalt, geht vom Sonnenherzen des Sonnensystems aus. Und durch die Christus-Radiationen, durch diese Sonnen-Radiationen, wird das ganze All vom Sonnensystem zu einem bestimmten Ziel gelenkt. Planerfüllung auf dieser Basis ist Weltenthobenheit – Welterlösung – Welt-Erfüllung."

Darüber dachten die jungen Menschen tief nach und sprachen darüber voller Ernst miteinander. Und was ihnen noch nicht völlig klar war, wurde während derselben Jugendkonferenz an einem Frageabend näher erklärt. [...]

Zu den vorbereitenden und bekennenden Schülern der Geistesschule sprach Jan van Rijckenborgh oft besonders ergreifend, so wie er es zum Beispiel 1965 vor seinem ersten körperlichen Zusammenbruch tat. Damals sagte er:

„Wenn der Schüler sich entschlossen hat, wirklich den befreienden Pfad zu gehen, das siebenfache Opfer auf den Altären der Tempel zu bringen, dann bricht für ihn eine schwierige und gefährliche Zeit an. Denn man kann sich zwar entschließen, man kann sich mit großem Ernst vornehmen, im Wesentlichen das Schülertum zu leben, aber dann werden Sie alle erfahren, wie außergewöhnlich mühsam, ja, unsagbar schwer das ist. Denn unsere Persönlichkeit ist nicht nur naturgeboren, sondern auch vollkommen auf den Bewusstseinszustand und den Vermögenszustand abgestimmt, in dem sie existiert. Durch unser Bewusstsein und unsere Vermögen – mit ihren so stark elektromagnetischen Organen – haben die Naturäonen uns in ihrem Griff. Darum muss jeder, der sich dem Pfad nähert, unbedingt den eigenen Seinszustand bis in die Fundamente angreifen. Er muss die notwendigen Veränderungen darin durchsetzen, damit ein wahrhaftiges Schülertum möglich werden kann.

Man ist meistens sehr bereit, andere anzugreifen und sie bis auf das nackte Selbst abzubrechen. Aber damit kann man ihnen bestimmt nicht helfen. Jeder muss das für sich selbst tun, dann erst bringt es Nutzen. Wenn Sie sich zum Schülertum entschlossen haben, dann kommt es darauf an, das Schwert ins eigene Wesen zu stoßen." So sprach er zu der Schülerschar in ihrer Gesamtheit.

Zu den Teilhabern an der inneren Schule (zu unterscheiden in ein drittes und viertes Arbeitsfeld) sprach er unter anderem wie folgt:

„Sie können im vollen Sinn des Wortes der Bruderschaft dienen, indem Sie Dienst zum Grundton Ihres Lebens machen. Wie? Durch die

Anwendung der vollkommenen Nächstenliebe. Dabei müssen Sie an alle lebenden Wesen denken. Sie müssen Ihr Herz so abstimmen, dass Sie nach dem Wohlergehen und dem Glück aller Wesen verlangen, einschließlich Ihrer Feinde. Aber verbinden Sie sich nicht mit Ihren Feinden, sondern überstrahlen Sie sie mit Ihrer ganzen Liebe. Vergeben Sie all Ihren Schuldnern durch absolutes Mitleid. Denken Sie dabei an alle, die sich in Not befinden. Stellen Sie sich lebhaft ihre Schmerzen und Ängste vor, so dass tiefes Erbarmen in Ihrer Seele erwacht. Durch vollkommene Freude, wobei Sie an das Glück anderer denken, erfreuen Sie sich an deren Freude. Durch vollkommenes Erkennen der Schlechtigkeit durchschauen Sie alle Folgen des Verderbens, alle Folgen der Sünden und Krankheiten. Sie erkennen die Bedeutungslosigkeit der Vergnügungen eines Augenblicks und ihrer schicksalhaften Folgen. Durch völlige Gelassenheit und innere Ruhe erheben Sie sich über Liebe und Hass, über Tyrannei und Unterdrückung, über Reichtum und Bedürfnisse. Dann betrachten Sie Ihr eigenes Los mit unparteiischer Gelassenheit und Gemütsruhe. Auf dieser Basis können Sie der Bruderschaft und der Menschheit dienen sowie die Glückseligkeit des Geist-Seelen-Lebens ererben."

Und er stellte fest:

„In der Nächstenliebe umarmen wir die ganze Menschheit mit den Liebesradiationen der Gnosis. Im Mitleid verbinden wir uns mit ihr und lassen die Gnosis einstrahlen. Mit Freude drängen wir sie auf intelligente Weise voran, ohne zu forcieren. Mit dem Wissen über die Schlechtigkeit brennen wir auf unpersönliche Weise die Sünde aus und bekämpfen sie. Durch den Zustand der Gelassenheit und Ruhe werden wir selbst nicht mehr zum Opfer der Bewegtheiten, sondern stehen wie ein Fels in der Brandung."

Mit diesen Worten erweiterte er die Einsicht und das Bewusstsein der Schüler des dritten Arbeitsfeldes der Schule. Zu den Schülern des vierten Arbeitsfeldes sagte er oft:

„Die priesterliche Gruppe der jungen gnostischen Bruderschaft muss mit großem, tiefem und heiligem Ernst ihre Berufung erkennen und erfüllen. Jede Zelle und jede Zellgruppe im magnetischen lebenden Körper muss ihre große Verantwortung für die Geistesschule des Goldenen Rosenkreuzes erkennen. Besonders jetzt! Wir hoffen sehr, dass Sie selbst rechtzeitig eingreifen werden, wenn die große Initiative zur wirklichen Menschwerdung im Sinn Gottes das erfordert. Darum nehmen wir uns die Freiheit, Sie zu fragen: Wollen Sie, Brüder und Schwestern, vom heutigen Tag an Ihrer priesterlichen Berufung entsprechen? Oder nicht? Die Geistesschule hat keine Zeit mehr zu verlieren. Die drohenden Gefahren werden sonst zu mächtig; und das Werk von Jahren darf nicht verlorengehen. Dafür war das Opfer nicht gedacht, das viele von Ihnen im Dienst des heiligen Werkes gebracht haben. Es geht darum, die größte Aufgabe zu erfüllen, nämlich die Befreiung Ihres Mikrokosmos, Ihres tiefsten Wesens, aus der Gefangenschaft in der Todesnatur."

Zu den Mitgliedern des fünften Arbeitsfeldes, zu dem alle leitenden Organe des Lectorium Rosicrucianum gehören, sprach er oft sehr direkt. Er sagte:
„Sie alle werden wissen und sich dessen klar bewusst sein, dass die Schule in verhältnismäßig kurzer Zeit viele heftige Bewegtheiten durchleben musste. Diese Bewegtheiten ließen keinen einzigen Teil des gnostischen Arbeitsfeldes unberührt und haben keinen von uns verschont. Sie alle wurden in Ihrer Persönlichkeit angegriffen, Sie alle sind dem astralen Widersacher begegnet. Es wurde intensiv versucht, die gesamte Gemeinschaft des Goldenen Hauptes und dadurch die Geistesschule zu zerschlagen. Dabei waren alle ausnahmslos Partei, der eine durch seine positive Einstellung, der andere durch seine negative Einstellung zu diversen Aspekten; der eine durch sein Temperament, der andere durch sein Phlegma; einer nach dem anderen durch sein persönliches Verhältnis zu den Lebenssituationen seiner Mitmenschen, durch persönliche Einsicht, durch innerliche Gefühlserwägungen. Alle wur-

den Sie persönlich von feindlichen astralen Einflüssen angegriffen, um in der Gemeinschaft eine Explosion zu verursachen, die allem ein Ende machen sollte.

Aber Sie haben widerstanden. Sie haben sich in Gehorsam und Liebe vor dem Werk verneigt und als Diener der Geistesschule in ihrer Gesamtheit Priorität zuerkannt. Das ist etwas Großes. Das ist herrlich. Das ist, das war – wie wir jetzt sagen können – die große Prüfung. Weihen Sie sich dem reinen Durchfluss der Aquarius-Ströme des Heils, damit die Stimme der Stille in Ihnen erklingen kann."

Die Mitglieder der Gemeinschaft des fünften Arbeitsfeldes wurden danach stets darauf hingewiesen, dass sie gemeinsam das Rückgrat und gleichzeitig das zentrale Nervensystem der siebenfach geoffenbarten Geistesschule bilden. Deshalb ist diese Gemeinschaft einer der Basispunkte, auf den sich der gesamte magnetische Körper stützt.

Und das sechste Arbeitsfeld der Geistesschule betreffend formulierte Jan van Rijckenborgh: „Die Aufgabe, die im sechsten Arbeitsfeld ausgeführt werden muss, kann, ja, darf nicht mit der gewöhnlichen naturgeborenen Wesensart verrichtet werden, sondern ausschließlich mit dem höheren Vermögen, dem Vermögen des Pinealis-Feuerkreises. Das ist eine Aufgabe, die auf alle gerichtet ist und für alle getan wird. Diese Aufgabe ist höchst klassisch und wurde zu allen Zeiten von der Bruderschaft des Rosenkreuzes ausgeführt." [190]

DIE EINE FLAMME

Nun, am Beginn des einundzwanzigsten Jahrhunderts, gibt es ein starkes siebenfaches Weltwerk zum Dienst aller suchenden Menschen. Mit den Richtlinien einer Internationalen Spirituellen Leitung entwickelte diese Schule durch ihren siebenfachen inneren Aufbau die befreienden Möglichkeiten des Lebens. Zwar hat jeder Mensch diese Möglichkeiten

---

190. Catharose de Petri. Herdenkingstoespraak J. van Rijckenborgh in: De Topsteen, August-September 1970. S. 14 ff.

sozusagen selbst in der Hand, erkennt sie aber oft nicht oder kann sie nicht ergreifen. Es gibt jedoch eine Gemeinschaft Gleichgesinnter, in der die hermetischen und gnostischen Lehren gelehrt und gelebt werden.

Innerhalb dieser siebenfachen Struktur kann die Seelenentwicklung beschleunigt stattfinden, wenn der Mensch die eine Kernkraft, die Essenz aus dem Sonnenherzen, nicht loslässt. Im Innern aller Teilhaber – und aller Menschen – brennt die eine Flamme. Und in denen, die sich ihr weihen, wird die irdische Natur neutraler und wächst das Bewusstsein des universellen Geistes, durch den wir zu Menschen einer weiteren, größeren Welt werden. Leben und Wirken der Gnosis sind vollkommen sichtbar. Die Vision aufrichtig strebender Menschen, eine wirksame Gemeinschaft des Lichtes zu bilden, ist Wirklichkeit geworden. Es geschah durch die Aktivitäten der Arbeiter des Lichtes, über die dieses Buch berichtet. Und ihnen stand und steht eine feste Freundesgruppe zur Seite, ohne die dieses Wachstum nicht möglich gewesen wäre.

NACHWORT

Wieso sind die Rosenkreuzer so sicher, so absolut positiv in der Art, wie sie in den vergangenen einhundertfünfundzwanzig Jahren der geistigen Linie folgten, die in diesem Buch aufgezeigt werden soll?
Woher nehmen sie diese Sicherheit, während die gesamte intellektuelle Welt in metaphysischer Hinsicht zweifelt?
Worauf gründeten die Hauptpersonen dieses Buches ihr unzerstörbares Vertrauen? Woher nahmen sie die Kraft, trotz des Versagens einiger Menschen und trotz böser Gerüchte stets weiterzugehen? Und das alles, obwohl sie – trotz des Drängens des großen Plans hinter ihrer Arbeit – nie mehr als einen Schritt vor sich sehen konnten, den sie erst ausführen mussten, um weitergehen zu können? Was bestimmt den Ton ihrer Publikationen, die von 1927 (als die erste Nummer von *Het Rozekruis* erschien) bis jetzt von hohem Bewusstsein erfüllt und mit aufbauender Freude geladen sind? Und die von einem sicheren Wissen zeugen?
Das sind einige der Fragen, die ich mir stellte, als ich 1970 das Rosenkreuz zu studieren begann. Das Wissen, das Catharose de Petri besaß und das auch alles durchstrahlte, was Jan van Rijckenborgh schrieb, schien mir völlig anders als jenes von Rudolf Steiner zum Beispiel, anders als das besonderer Menschen und Zeitgenossen wie Krishnamurti oder Ouspensky, auch anders als das Wissen Heindels, ihres großen Vorbildes. Ihre Sicherheit ist einfach, rein und sehr weitreichend, denn sie stellten fest: Man kann nichts lernen, was man nicht in seinem Leben und durch sein Leben bestätigt.
Der Leser darf sich meine „Rosenkreuz-Studien" durchaus romantisch

vorstellen: Ich las, hörte, sprach, lieh, kaufte und sammelte alles, was mir auf diesem Gebiet entgegenkam. Es geschah völlig unsystematisch, planlos, aber mit einer Getriebenheit, die mich selbst erstaunte. Viel ernster als diese Studien nahm ich jedoch mein Schülertum im Lectorium Rosicrucianum, das – nicht zufällig – ungefähr gleichzeitig begann. Dieser innere Weg hat mich geformt und mir sehr viele schöne Augenblicke geschenkt.

Und ich fragte mich: Wächst diese Sicherheit vielleicht prozessmäßig mit dem Bewusstseinswachstum, das der Pfad bewirkt? Aber wie können sie denn alle von jung an wissen, dass es einen Weg gibt und wie er ist?

Jeder, der auf dem Pfad ausharrt, erlebt viel, weil das Leben nicht etwa am Schülertum vorbeigeht – nein, beide gehen zusammen! Das Leben in Verbundenheit mit einer festen Gemeinschaft – wie das Lectorium Rosicrucianum – hat, was Jugend, Arbeit, Familie und später auch eigene Kinder betrifft, seine eigenen Kennzeichen. Es ist in vieler Hinsicht nicht von einer anderen Freundesgruppe zu unterscheiden, besitzt aber oft sehr besondere und tief empfundene Höhepunkte. Die Literatur der beiden geistigen Leiter kann auf vielen Ebenen gelesen werden, und immer erfährt der Leser eine erneute Vertiefung.

In einem bestimmten Moment drehte sich der Prozess um. Das geschah erst kürzlich. Ich las nicht mehr, um Einsicht zu erhalten oder um das eine oder andere Thema besser zu verstehen. Ich erkannte, dass jedes Thema Wahrheit ist und keine einzige Spekulation enthält. Hier und da klingen der Ton der vierziger oder fünfziger Jahre oder sogar moralische Bewertungen aus noch früherer Zeit durch, denn auch diese hochstehenden, aufrechten Persönlichkeiten waren Menschen ihrer Zeit. Aber ich wusste, das konnte ich beiseite lassen. Ich fand die Sicherheit wieder und konnte in aller Ruhe bei jedem inneren Thema bestätigen: Ja, so ist es! Nun besaß ich zwar Sicherheit, aber noch keine Erkenntnis, woher diese Sicherheit stammt.

Im Lauf der Jahre habe ich jungen Menschen viel über die Personen und Bewegungen erzählt, die in der Geschichte des „anderen Christentums" eine besondere Rolle spielten. Einen ausführlichen Bericht darüber kann man in dem Buch *Ströme des Lichtes in Europa* finden. Später schrieb ich eine kurze Geschichte der Rosenkreuzer-Bewegungen seit dem siebzehnten Jahrhundert. Viele dieser Bewegungen waren entweder erfunden oder hatten andere Ziele. Im Hintergrund einiger Initiativen leuchtet jedoch dieselbe positive Sicherheit auf, die auch die Gründer des Lectorium Rosicrucianum auszeichnet. Ich meinte, die Unterschiede zwischen diesen beiden Arten erkannt zu haben und auch zu verstehen, was die Kennzeichen der echten Bewegungen sind. Aber es war nicht so. Es gibt Bibliotheken, in denen man viele Quellen findet. Doch das Studium dieser Quellen bringt die Wahrheit nicht näher oder vielleicht doch die Wahrheit, aber nicht die Fähigkeit, sie zu verstehen. In einem gegebenen Augenblick wurde mir klar: Sogar wenn ich die gesamte Geschichte vom Urbeginn des Christentums oder sogar vom Fall des Menschen an kennen würde, könnte mir das immer noch nicht das richtige Verständnis verschaffen.

Ich begann, mich in die Entstehung der Rozekruisers Genootschap zu vertiefen, beschäftigte mich mit dem Leben Jan van Rijckenborghs, später mit der Entwicklung des Lectorium Rosicrucianum und dem vollkommen der Geistesschule gewidmeten Leben von Catharose de Petri. Wichtig war dabei zu Beginn der Vortrag, den A. H. van den Brul 1994 bei dem Symposium „De Rozekruisers als Europees fenomeen in den 17de eeuw" (Die Rosenkreuzer als europäisches Phänomen im 17. Jahrhundert.) hielt. Er erschien später im Pentagramm unter dem Titel: „J. van Rijckenborgh – moderner Rosenkreuzer und hermetischer Gnostiker". [191]

Ich hatte das Glück, viel mit Menschen sprechen zu können, die am Lebenswerk von Jan van Rijckenborgh und Catharose de Petri mitgewirkt

---

[191] A. H. van den Brul. J. van Rijckenborgh – moderner Rosenkreuzer und hermetischer Gnostiker. Pentagram, 17. Jahrgang, Nr. 2, 1995

hatten. Ohne ihre Hilfe wäre dieses Buch unmöglich gewesen. Aber jeden einzelnen darin zu erwähnen, hätte eine sehr lange Liste ergeben, die keine individuelle Dankbarkeit hätte ausdrücken können. Ich danke allen aus tiefstem Herzen.

Aber ich will nicht versäumen, den besonderen Augenblick zu erwähnen, als Anfang Juni diesen Jahres (2008) praktisch zwei Ereignisse zusammenfielen, durch die dieses Buch „Gewicht" erhielt.

Plötzlich wusste ich sonnenklar: Nicht, was man schreibt oder liest, ist wahr, auch nicht, was man denkt, nicht einmal, was man ist – sondern nur, was man lebt.

„Not me" sagte ein Freund. Es geht niemals um Namen. Das, worum es wirklich geht, ist einfach, natürlich, sehr gewohnt (ich nenne das tief gewohnt), aber von ganz anderer Art. Es ist weder mystisch noch geistig noch intellektuell oder besonders sensibel. Es ist natürlich, aber von einer anderen Natur. Die Menschen, von denen hier gesprochen wird, bauen ihre Schule nicht mit Worten, auch nicht mit Diensten oder Konferenzen, sondern mit Menschen und mit Leben; mit dem Leben und dem dazu gehörenden Bewusstsein einer anderen Natur, das sie in sich trugen. Oder besser gesagt: an dem sie Anteil hatten.

Und das zweite Ereignis fand am 9. Juni diesen Jahres statt. An jenem Tag hielt ich (ganz kurz) die Beweise für dieses Leben, dieses Bewusstseinsleben, in den Händen: Sie bezeugten, dass die Verbindung mit dem Orden des Rosenkreuzes innerlich und äußerlich Wirklichkeit gewesen war, so wie später auch die Verbindung mit der universellen Bruderschaft, zu welcher der Orden gehört und in den die Mysterienschule aufgenommen ist.

So ist es immer wie mit einem Puzzle: Wenn man das eine richtige Stückchen findet, also den Schlüssel hat, passt jeder andere Teil genau wie im Leben nahtlos dazu. Jan van Rijckenborgh sagte einst: „Es dauert hundert Jahre, bevor der gesamte Apparat der Mysterienschule reif ist." Hundert Jahre! Wenn wir den Beginn auf das Jahr 1924 legen, wird das wirksame Instrument, das unzähligen suchenden Menschen helfen kann, erst im zweiten Quartal dieses Jahrhunderts gebrauchsfähig sein. Warum? Weil es dann immer mehr Menschen geben wird, die auf dieselbe Weise das Licht erkennen, mit dem Licht arbeiten und der Gesellschaft dasselbe liebevolle, ruhige und sichere Bewusstsein der anderen Wirklichkeit beweisen, das die Gründer des Rosenkreuzer-Ordens in sich trugen. Das waren 1935 zuerst die „drei Freunde" und später Jan van Rijckenborgh und Catharose de Petri. Und was dürfen wir nun erwarten? Lassen wir Jan van Rijckenborgh selbst noch einmal beschreiben, was er vor sich sah:

„Stellen Sie sich vor, dass eine Gruppe Menschen positiv vom neuen magnetischen Feld berührt wird und die Wirkungen und Tätigkeiten sich also in ihnen entwickeln und nach außen sichtbar werden. Im gleichen Moment bilden sie gleichsam eine gigantische Tranformationsstation für neue magnetische Kräfte. Die Christus-Kraft wird sich durch sie offenbaren, sie wird weit ausstrahlen und um die Erde kreisen. Über eine solche Gruppe werden viele Sucher erreicht, und es kann ihnen geholfen werden. Sie wird eine neue Ernte einsammeln und in das neue Lebensfeld einbringen. [...]

Wir wiederholen nochmals, damit Sie es nie mehr vergessen: Wenn die Kraft des neuen magnetischen Feldes uns berührt, offenbaren die verschiedenen Aktivitäten sich durch uns. Diese Aktivitäten sind also nicht aus einer dialektischen Kraft zu erklären, man kann sie nicht an einer Universität durch Unterricht, Bücher oder Studium erlernen. Nein, wenn sie sich offenbaren, kommen sie direkt aus dem interkosmischen, alles umfassenden neuen magnetischen Feld. [...] Im exklusiven Sinn sind wir dann Mitarbeiter Gottes geworden. [...] Das nannten die alten Rosenkreuzer in der *Fama Fraternitatis R.C.* ‚das Bauen am neuen Haus Sancti Spiritus'.

Als Christian Rosenkreuz all seine Gaben, alles was er besaß, spontan den Weisen und Verständigen Europas anbot und sie ihn schmählich abwiesen, das Wertvolle des Gebotenen wohl erkennend, aber gleichzeitig entdeckend, ‚dass die Annahme große Konsequenzen für sie hätte',

zog er sich zurück – so steht es in der Fama Fraternitatis – und baute mit den Seinen das Haus Sancti Spiritus. […]
Der Mensch, der lebt, arbeitet und handelt, verbraucht Kraft, Blutskraft. Jeder Mensch vergießt täglich so sein Blut für sich selbst, für seine Familie oder für Dritte. […] Sobald aber ein Mensch in das Wesen der beiden Naturen eintritt, […] bringt das Blutvergießen der neuen Natur Befreiung. Alles, was Sie aus der neuen Natur tun, sei es auch noch so gering, hat direkt eine befreiende Wirkung."
Darin fand ich die Erklärung für die Sicherheit, die ich suchte. Denn, wie Jan van Rijckenborgh weiter schrieb: „Fünf Minuten Dienst für die universelle Bruderschaft, in und mit ihrer Kraft, sind bereits Gold wert und haben mehr zu bedeuten als jahrelanges dialektisches Abmühen, […] weil eine solche Arbeit, aus der neuen Natur unternommen, immer am neuen Lebensfeld, am neuen Haus Sancti Spiritus, mitbaut."

9. September 2008 — Peter Huijs

---

192. Jan van Rijckenborgh. Der kommende neue Mensch, 3. Ausgabe, 1985, III. Teil, Kap. VIII, Das neue Lebensfeld, S. 299 – 301.

ALLGEMEINE BIBLIOGRAFIE

M. T. B. Berk, Die Zauberflöte, eine alchimische Allegorie

H. P. Blavatsky, Die Stimme der Stille

A. H. v. d. Brul, Jan van Rijckenborgh – moderner Rozenkreuzer und hermetischer Gnostiker

C. Carus, Das Evangelium des Buddha

S. Cranston, Das besondere Leben und der Einfluss der Helena Blavatsky

R. Edighoffer, Hermeticum in early Rosicrucianism

A. Gadal, Der Triumph der Universellen Gnosis

C. Gilly, Johann Valentin Andreae – die Manifeste der Rosenkreuzerbruderschaft

J. W. v. Goethe, Die Geheimnisse

W. J. Hanegraaf, Dictionary of Gnosis and Western Esoterism

M. Heindel, Die Lehre der Rosenkreuzer

J. Hemleben, Rudolf Steiner – Antwort auf die Zukunft

M. Th. Houtsma, Encyclopédie de l'Islam

E. Hornung, Die verborgene Kenntnis des alten Ägypten

P. Huijs, Gnosis - Ströme des Lichtes in Europa
   Rosenkreuzer

J. W. Jongedijk, Geistliche Leiter unseres Volkes und ihre Kirchen,
   Strömungen oder Sekten

P. v. d. Kooij, Fama Fraternitatis
   Das lebende Rosenkreuz

S. Márai, Die Gräfin von Parma
   Bekenntnisse eines Bürgers

A. Marx, Die Gold- und Rosenkreuzer

G. Quispel, Die Hermetische Gnosis im Lauf der Jahrhunderte

R. Steiner, Die Grundlage der Kenntnislehre, insbesondere in Bezug
   auf Fichtes Lehre der Wissenschaft
   Die Geheimwissenschaft im Umriss

R. Safranski, Friedrich Schiller oder die Erfindung des deutschen
   Idealismus

A. Schwarz-Bart, Die letzten Gerechten

F. Smit, Der Ruf des Rosenkreuzes
   Chronik aus Gold

G. H. S. Snoek, Die Rosenkreuzer in den Niederlanden in der ersten
   Hälfte des 17. Jahrhunderts

W. F. Veltman, Rudolf Steiner, eine Biographie

G. Westenberg, Max Heindel and the Rosicrucian Fellowship

BIBLIOGRAPHIE

Max Heindel, Kosmologie oder Mystisches Christentum
   Weltanschauung der Rosenkreuzer oder esoterisches Christentum

Mrs Max Heindel, The Birth of Rosicrucian Fellowship

Abteilung I
Rosenkreuzer Genootschap ab 1924
Zeitschriften:

"Das Rosenkreuz". Monatsheft über Esoterisches Christentum
   (1927 – 1928)
"Das Rosenkreuz". Zeitschrift über okkultes wissenschaftliches
   Christentum (1928 – 1937)

Fortsetzung "Rosenkreuz-Serie" (1937 – 1940). Rozenkruisers
   Genootschap in Haarlem nach 1934

Rosenkreuz-Serie:
1. Das Mysterium der Bibel
2. Der Schatten der kosmischen Dinge
3. Etwas aus dem Weihnachtsmysterium
4. Die Hermetische Heilkunde
5. Die wunderlichen Geheimnisse der großen Pyramide
6. Die Lehre des Mani
7. Die Probleme der Heilkunde
8. Das Geheimnis der Prophetenspiegel
9. Die vierte Dimension
10. Theoretische und praktische Philosophie
11. Die Magie des Blutes auf dem Altar der Heiler
12. Einige Ansprachen der Sommerschule
13. Paracelsiana
14. Die goldene Pforte
15. Ein Weihnachtstraum
16. Das Mysterium von Licht, Kraft und Leben im Kosmos
17. Die Mythe und Legende der fünften Periode
18. Die sieben Lebenszyklen im Zusammenhang mit der neuen Erziehung
19. Blutkristallogie
20. Mondmysterien
21. Das Schild des Christian Rosenkreuz
22. Jehovas Seelenreise zum Vater
23. Die neue Sprache der Magie
24. Weltumgestaltung
25. Krieger
26. Über das übersinnliche Leben (Gespräch Lehrer – Schüler)
27. In hoc signo
28. Wonach strebt das moderne Rosenkreuz?
29. Die alchimische Hochzeit von Alladin
30. Das Horoskop in Sündenfall und Wiedergeburt

31 Die Bibel als Weisheitsbuch

ABTEILUNG II
ROSENKREUZER GENOOTSCHAP

32 J. v. Rijckenborgh, Das Ende der Welt
33 Das Christentum der Rosenkreuzer
34 J. Twine, Esoterik des Matthäus-Evangeliums
35 J. Twine, Das Land an der anderen Seite
36 M. Heindel, Die Weltanschauung der Rosenkreuzer
    Cosmogenesis und Antropogenesis Die künftige Entwicklung
    des Menschen
37 H. S. Schuurman, Perseus – Aquariusspiel in sieben Aufzügen
38 Geschichte der Niederländischen Rozenkruisers Genootschap
39 J. v. Rijckenborgh, Die drei Manifeste
40 Fama Fraternitatis, Confessio Fraternitatis
41 Z. W. Leene, Das Ritual der Rosenkreuzer
42 J. Twine, Die Geheimnisse der Rosenkreuzer Bruderschaft
43 J. Twine, Das neue esoterische Wissen
44 J. Twine, Einweihung – früher und heute
45 J. V. Andreae, Reipublicae Christianopolitanae
46 K. v. Eckertshausen, Die Wolke über dem Heiligtum
47 Das Mysterium des Blutes
48 Was erstrebt das moderne Rosenkreuz?
49 Information über die Rozenkruisers Genootschap
50 J. Leene, Die kommende grosse Konjuktion
51 Hammer, Sichel und Swastika
52 Rosenkreuzer und Freimaurer
53 Rosenkreuzer, Theosophen, Anthroposophen und Sufis

ABTEILUNG III

LECTORIUM ROSICRUCIANUM AB 1946

54   J. v. Rijckenborgh, Das Mysterium der Seligpreisungen
55   J. v. Rijckenborgh, Dei Gloria Intacta
56   J. v. Rijckenborgh, Die Bruderschaft von Shamballa
57   J. v. Rijckenborgh, Der Universelle Pfad
58   J. v. Rijckenborgh, Die grosse Umwälzung
59   J. v. Rijckenborgh, Die Universelle Gnosis
60   J. v. Rijckenborgh, Elementare Philosophie des modernen Rosenkreuzes
61   J. v. Rijckenborgh, Das neue Zeichen
62   Chinas Einfall in Tibet
63   Krebs und seine tranfiguristische Heilmethode
64   J. v. Rijckenborgh, Der Keulenmensch
65   J. Twine, Vaterunser
66   J. v. Rijckenborgh, Ein neuer Ruf
67   J. v. Rijckenborgh, Der kommende neue Mensch
68   J. v. Rijckenborgh, Die Gnosis in aktueller Offenbarung
69   Schlüssel zum Transfigurismus in siebzig Fragen und Antworten
70   Der Gral, 13 Tempelgebete
71   Rosa Mystica
72   Die Lehre der Transfiguration
73   C. d. Petri, Transfiguration
74   C. d. Petri, Das Siegel der Erneuerung
75   C. d. Petri, Sieben Stimmen sprechen
76   C. d. Petri, Das goldene Rosenkreuz
77   A. Gadal, Sur le chemin du Saint Graal
78   A. Gadal, Auf dem Weg zum Heiligen Gral
79   J. v. Rijckenborgh, Die Ägyptische Urgnosis Teil 1
80   Teil 2
81   Teil 3

82 Teil 4
83 Tempellieder
84 Jugendtempellieder
85 C. d. Petri und J. v. Rijckenborgh, Die Apocalypse der neuen Zeit (Renova)
86 Aquariuskonferenz Calw
87 Aquariuskonferenz Bad Münder
88 Aquariuskonferenz Basel
89 Aquariuskonferenz Toulouse
90 J. v. Rijckenborgh, Die Geheimnisse der Rosenkreuzerbruderschaft (3. Manifest)
91 Gedenkschrift für den Großmeister J. v. Rijckenborgh (16.10.1896 – 17.7.1968)
92 Gedenkschrift für die Großmeisterin Catharose de Petri (05.02.1902 – 10.09.1990)
93 N. Abbestee, Jugendbibel
94 Der Weg des Rosenkreuzes in unserer Zeit
95 J. v. Rijckenborgh, Christianopolis
96 J. v. Rijckenborgh, Das Universelle Heilmittel
97 Das Wunder der Materia Mater
98 Die Idee hinter der Schöpfung

Abteilung IV

Lectorium Rosicrucianum

99 J. Twine, Was ist, will und tut das moderne Rosenkreuz?
100 J. v. Rijckenborgh, Das Mysterium von Leben und Tod
101 J. Schootemeyer, Fernsehen als Gefahr für das Individuum
102 C. d. Petri und J. v. Rijckenborgh, Réveille
103 J. v. Rijckenborgh, Demaskierung
104 J. v. Rijckenborgh, Es gibt keinen leeren Raum

105 J. v. Rijckenborgh, Die Pistis Sophia
106 Arbeit im Menschendienst
107 Okkult-wissenschaftliche Bibelstudien
108 Wochenblatt "Aquarius"
109 Bibelstudien Fortsetzung
110 Van Rijckenborgh, Briefe 1940 – 1941
111 Wochenblatt "Aquarius" 1934 – 1937
112 Licht des Rosenkreuzes, Wochenblatt
113 Neues Esoterisches Wochenblatt
114 Morgenlicht, Wochenblatt
115 Neue religiöse Orientierung
116 Der Eckstein, esoterisches Monatsblatt
117 Renova, Monatsberichte
118 Ecclesia Pistis Sophia, Monatsblatt
119 Aquarius, Monatsblatt
120 Der Eckstein, Monatsblatt
121 Pentagramm, Monatsblatt
122 Die neue Jugend, Monatsblatt
123 N. Abbestee, Das Himmelschiff des Großmeisters
124 K. Bielau, Paracelsus (Kristallserie 8)
125 K. Bielau, Die Arznei – das Wort Gottes
126 J. Böhme, Vom übersinnlichen Leben
127 J. Böhme, Die Rute des Treibers zerbrochen
128 J. Böhme, Ein einfaches Leben in Christus
129 J. A. Comenius, Das Labyrinth der Welt und das Paradies des Herzens
130 J. A. Comenius, Unum Necessarium, Das einzig Notwendige
131 J. A. Comenuis, Via Lucis
132 K. v. Eckartshausen, Die Wolke über dem Heiligtum
133 K. v. Eckartshausen, Das Mysterium der wahren Religion
134 K. v. Eckartshausen, Die magischen Kräfte der Natur
135 K. v. Eckartshausen, Einige Worte aus dem Innersten

136 M. Ficino, Briefe, Teil 1
137 M. Ficino, Briefe, Teil 2
138 M. Ficino, M. Ficino – 500 Jahre später
139 A. Gadal, Auf dem Weg zum Heiligen Gral
140 A. Gadal, Das Erbe der Katharer
141 A. Gadal, Der Triumpf der Universellen Gnosis
142 M. Heindel, Weltanschauung der Rosenkreuzer
143 M. Heindel, Philosophie in Fragen und Antworten
144 P. Huijs, Gnosis, Ströme des Lichtes in Europa
145 P. Huijs, Taulers Weg nach innen
146 P. Huijs, Das Vollkommene Licht
147 B. Kleiberg, Das Gralsmysterium Parzivals
148 P. v. d. Kooij, Fama Fraternitatis
149 Manis Lichtschatz
150 G. Meyrink, Der Engel vom westlichen Fenster
151 G. Meyrink, Der weiße Dominikaner
152 G. Meyrink, Die vier Mondbrüder
153 G. Meyrink, Das grüne Gesicht
154 G. Meyrink, Der Golem
155 G. Meyrink, Walpurgisnacht
156 G. Meyrink, Die Verwandlung des Blutes
157 G. Meyrink, Der Weg dessen, der man eigentlich ist
158 M. Naimy, Das Buch des Mirdad
159 M. Naimy, Zwiegespräch beim Sonnenuntergang
160 K. O. Schmidt, Meister Eckharts Weg zum kosmischen Bewusstsein
161 J. Slavenburg, Der Urknall des Christentums
162 F. Smit, Der Ruf des Rosenkreuzes
163 G. Snoek, Die Rosenkreuzer in den Niederlanden
164 B. Löber, Das Rauschen der Flügel Gabriels
165 Hermes Trismegistos, Ermahnung der Seele
166 G. Wehr, Böhme – eine Biographie

167 G. Westenberg, Max Heindel and The Rosicrucian Fellowship
168 M. Zichner, Die große Lebensspirale
169 N. Zwaal, Die Mayas
170 Das Evangelium der Pistis Sophia

KRISTALLREIHE

171 Ermahnung der Seele
172 Mysterientiere
173 Die Kenntnis, die erleuchtet
174 Die Rückkehr zum Ursprung
175 Gnosis als innerliche Religion
176 Rosenkreuzer damals und heute
177 Die Rute des Treibers zerbrochen
178 Paracelsus
179 Gral und Rosenkreuz
180 Rose und Kabbala

SYMPOSIUMREIHE

181 Jakob Böhme
182 Baruch de Spinoza
183 Marsilio Ficino
184 Paracelsus
185 Rückkehr zur Quelle 1
186 Giordano Bruno
187 Der Gral
188 Rückkehr zur Quelle 2
189 Robert Fludd
190 Rückkehr zur Quelle 3

191 Rückkehr zur Quelle 4
192 Cornelis Drebbel
193 Rückkehr zur Quelle 5
194 Karl von Eckartshausen
195 Rückkehr zur Quelle 6
196 J. A. Comenius
197 Mozarts Zauberflöte
198 Die Weisheit des Hermes
199 Gustav Meyrink

REGISTER

De namen J. van Rijckenborgh en Catharose de Petri zijn niet in het register opgenomen

A

Adepten 56
Aedificatoren 186
Ägypten 54, 150, 210, 225, 227, 281, 284, 295, 315, 361
Ägyptische Urgnosis 281-84, 286, 349, 363
Ägyptische Weisheit 283
Ältere Brüder 21, 32, 72, 75, 76, 78, 97, 113
Äonen 254, 378
Äther-Lebensfeld 345
Ätherische Gestalt 78
Ätherkörper 197
Äußerliche Lehre 82
Albi 202, 250, 251-52, 264, 277, 328, 375
Albigenser 201, 202, 250, 252, 277
Alchimie 53, 60, 103, 239, 246, 247, 288, 290, 348, 349, 368
Alchimische Hochzeit 18, 58, 100, 103, 109, 159, 214, 215, 288, 289, 291, 363, 365
Allgemeine Reformation der ganzen Welt 112
Altes Indisches System 198
Ames, Jo 30
Andreae, Johann Valentin 10, 26, 32, 92, 104-108, 129, 152, 215, 244, 287, 288
Animalisches Ich 293
Anthropologie 41, 195, 196
Anthroposophie 80, 256, 354, 355
Apollonius von Tyana 48
Aquarius 16, 18, 23, 48, 53, 124, 125, 126, 127, 129, 130, 144, 148, 156, 178, 181, 196, 212, 247, 261, 272, 274, 277, 279, 300, 301-315, 323, 324, 338, 356, 362, 381
Aquarius-Arbeit 134
Aquarius-Bund, Aquariusbund 130, 132, 133
Aquarius-Konferenz 212, 277, 301, 312, 315

Aquarius-Organisation 338
Aquariusperiode 53, 309
Aquarius-Spiel 402
Aquarius-Zeit 362
Aquarius-Zeitschrift 181
Aquarius-Wochenblatt (Aquarius-Weekblad) 125, 127
Arndt, Johann 104
Asklepios 284
Astrologie 54, 74, 76, 80, 95, 96, 136, 166, 176, 210-212
Astrosophisch 323
Aufbau (Zeitschrift) 40, 41
Auferstehungsfeld 339
Augustinus 368
Aurora oder Morgenröte im Aufgang 39, 128, 212
Außenplaneten 310

B

Bakenessergracht 94, 121, 122, 124, 189
Bergpredigt 133, 150, 181, 189, 191
Besant, Annie 62, 63, 67, 88, 143, 323
Besold, Christoph 104
Befreiungswerk 85, 108, 261, 340
Bibliotheca Philosophica Hermetica 105, 108, 115, 159, 353, 358, 362, 365
Bibel 41, 45, 46, 80, 98, 105, 124, 125, 136, 151, 166, 189, 256, 290, 349, 368
Bibel-Lektionen 98, 124
Blavatsky, Helena Petrovna 15, 48-56, 62-66, 71, 72, 74, 109, 110, 205, 249, 288, 322, 357
Blutsseele 330
Böhme, Jakob 32, 38, 39, 61, 128, 171, 212, 214, 260, 262
Bonus Kingsford, Anna 48, 49, 55-59
Botschafter 80, 154, 242
Brahman 50
Brasilien 77, 98, 238, 264, 267, 272-75, 277, 338, 358
Bruderkette 255
Brul, A. H. van den 39, 47, 289, 333, 337, 338, 373, 387
Buber, Martin 67
Bulwer Lytton, Edward 48
Bürki, H. 335, 337
Bytos, nous en aletheia 290

C

Casanueva, P. 339
Christentum 21, 31, 34, 37, 40, 56, 64-66, 94, 94, 99, 105, 132, 133, 134, 157, 184, 197, 200, 202, 247, 250, 262, 282-83, 321, 342, 366, 386, 387
Christian Rosenkreuz 100, 101, 103, 111, 214, 215, 218, 242, 246, 269, 288, 290, 306, 307, 308, 309, 337, 363, 364, 389
Christianopolis 28, 358

Christus 11, 23, 28, 39, 41, 43, 46, 55, 57, 58, 63, 77, 78, 85, 86, 97, 102, 103, 105-7, 121, 124, 133, 134, 138 144, 148, 150-54, 156, 157, 160, 161, 168, 169, 172, 174, 185, 199, 203, 205, 206, 213, 218, 226, 229, 230, 232, 237, 246-49, 252, 253, 257, 268, 270, 282, 285, 289, 295, 309, 311, 315, 324, 326, 337, 340-47, 360, 363, 367, 368, 376, 377
Christusatom 257
Christus-Geist 148, 203
Christus-Impuls 309
Christus-Kraft 23, 154, 237, 246, 389
Christus-Licht 150
Christus-Monogramm 270
Christus-Mysterium 85
Christus-Offenbarung 153
Christus-Radiationen 377
Christus-Strahl 150
Christus-Vibration 328
Christus-Wort (Wort des Christus) 185
Chymische Hochzeit 100, 107 287, 289, 411
Colman Smith, Pamela 60
Comenius, J. A. 108, 418
Confessio Fraternitatis 11, 100, 102-104, 107-109, 112, 159, 229, 248, 249, 287, 309, 367
Constant, Alphonse Louis 48

Corpus Hermeticum 212, 214, 282, 283, 284
Cygnus 312

D

Damme, Cor 95, 97, 98, 99, 111, 113, 114, 126, 129, 146, 147, 159, 161, 163,164, 169, 170, 180, 183, 184, 186, 208, 237, 238, 264, 267, 272, 273, 276, 323, 328
De geheimen der Rozenkruisers Broederschap 117, 287
De Haere 136, 138-41, 164, 182, 229, 237
Dekker, H. 182
Dialektik 254
Dialektische Natur 83, 151, 254
Dienstbarkeit 107, 192, 322
Dionysische Mysterien 300
Domus sancti spiritus 369, 373
Dreibund des Lichtes 22, 264, 267, 327, 344, 355, 356
Dreißigjährige Krieg 54, 86, 178, 287
Drittes Arbeitsfeld 256, 271, 379

E

Ecclesia/Ekklesia 57, 76, 116, 256, 257, 270, 393
Echnaton 240, 241
Eckartshausen, Karl von 129, 170, 359, 363
Eckstein 59, 244, 326, 334

Eckstein-Serie 244
Ego 127, 288
Egyptosofie 284
Eijk, J.P. van 333, 338
Einweihung(sweg) 57, 58, 63, 71, 77, 78, 80, 103, 148, 149, 150, 154, 195, 196, 224, 227, 229, 132, 288, 303, 375
Einweihungskörper 71, 80, 375
Elckerlyc 182, 208, 232, 235, 236, 237, 239, 241
Elektromagnetisch 289, 312, 357, 365, 378
Elffers, Br. 40
Éliphas Lévi (Alphonse Louis Constant) 48
Endura 209, 228, 253, 343
Engelman, Jan 6, 7
Erinnerung 57, 171, 247, 278, 375
Erziehung 127, 309, 362
Esoterisch-christlicher Gesichtspunkt 95, 288
Esoterisches Weltfeld 84
Evangelium der Wahrheit 281, 282, 358, 367

F

Fama Fraternitatis 11, 17, 100, 102-104, 107, 109, 112, 114, 159, 214, 215, 227, 244, 246, 248, 255, 286, 290, 389
Feekes, P.C. 333, 335

Fellowship of the Rosy Cross 48, 60, 61
Fellowship, Rosicrucian, s. Rosicrucian Fellowship
Feuertempel 119, 272, 277-79
Ficino, M. 104, 105, 248, 360
Fluide 304
Fohat 248, 249
Freimaurer 60, 84, 130, 132, 163, 181, 241, 256, 334
Freunde des Rosenkreuzes 111
Fünfte Ansicht 279, 338, 346

G

Gadal, A. 268-270, 272, 326, 327, 344
Galen, J. van 338
Galenus 105
Gallionsfigur 327, 338
Geheimgesellschaft 55, 255
Geheimlehre 50, 51-56, 109, 249, 357
Geheimwissenschaft 48, 53
Geist 18, 34, 35, 37, 38, 39, 43, 45, 46, 47, 48, 57-59, 61, 102, 106-108, 126, 134, 150, 151, 153-154, 157, 158, 160, 166, 170-74, 184, 185, 192, 195, 200, 203, 208, 213, 226-28, 235, 238-42, 248, 249, 258, 267, 269, 278, 283-85, 289-91, 297, 300, 328, 330, 343, 345-347, 358, 363-365, 367, 369, 379, 382

Geistesschule 3, 17, 22, 23, 32, 35, 63, 186, 197, 208, 215, 217, 227-29, 232, 234, 236, 238, 239-40, 248, 250-253, 256, 257, 258-61, 266, 267-68, 271, 275, 278-79, 297, 302, 304, 309, 314, 316, 321-22, 323, 326-27, 331, 332-38, 340, 342, 343, 345-48, 355-370, 377-80, 381, 387

Geistesverwandtschaft 34, 72, 81, 82, 100, 104, 188

Geistfunkenatom 289

Geistige Leiter 22, 321, 334, 374

Geistiger Mensch 203, 209, 258, 281, 355

Geistiges Testament (Het Geestelijk Testament) 22, 100, 108, 109, 111, 112, 117, 168, 288, 323, 332

Geistnukleus 289

Geistprinzip, geistiges Prinzip 40, 42, 72, 211, 228, 257

Geistseele 288, 307, 315, 331, 336

Geist-Seelen-Befreiung 331, 344, 345

Gemeinschaft des Goldenen Hauptes 276, 279, 334, 338, 380

Gesandte 29, 69, 204, 332

Gestapo 181, 183, 184

Gnostiker 214, 281-82, 289, 297, 357 368, 387, 425, 434, 437

Gnostische Mysterien 297, 298, 421

Gnostisches Christentum 282, 342

Gott-Kosmos-Mensch 103, 232, 285

Gral 60, 226, 267, 314, 327, 332, 334, 335, 337

Gral-Gemeinschaft, Gemeinschaft des Grals 327, 334, 335, 337

Grashoff, Carl, Louis Fredrik (s. Max Heindel) 72

Großmeister 60, 250, 267-71, 274, 276, 279, 287, 295, 297, 302, 309, 316, 321, 327-331, 339, 343, 363, 377, 379

Gruppenarbeit 34, 234

H

Hamelink, E. T. 29, 31, 271, 335, 337, 338

Harinxma thoe Slooten, A. van 242

Harmonie (sieben Harmonien) 19, 260, 314, 335, 364

Hartmann, E. von 38

Hartog, A. H. de 40-47, 72, 134, 290

Haupttempel 122, 123, 239, 271, 274, 278-79, 286

Haus Sancti Spiritus 102, 104, 281, 287, 351, 373, 389, 390

Heindel, Max 15, 21, 32, 34, 72-82, 85, 88, 97, 98, 113, 114, 116, 119, 123, 136, 162, 210, 212, 262, 273, 323, 393

Heliand 367

Hermes 11, 18, 32, 56, 65, 102-104, 109, 119, 209, 226, 232, 248, 253, 281-84, 286, 290-92, 306, 349,

361, 363, 368-69
Hermetic Order of the Golden Dawn 60
Hermetic Society 48, 57
Hermetische Weisheit 210
Hermetismus 53, 254, 285
Hervormde Kerk 26, 31, 82
Hess, Tobias 100, 104, 105, 107, 179
Hierarchie 52, 77, 78, 130, 148, 153, 199, 204, 234, 334, 335, 360
Hippokrates 105
Historischer Materialismus 255
Höheres Bewusstsein 10, 88, 198, 199
Höhere Bewusstseinsschule 253, 257, 259, 271
Hoeven, Maria van der 368
Holy Order of the Golden Dawn 60
Hormon 303, 305, 312
Hornung, Erik 283, 284

I

Ignis Flamma Materia Mater 240
Ich, das Ich 234, 246, 293, 345
Individualisierung 254
Innere Grade 130, 186, 220, 323
Innere Schule 88, 186, 257, 328, 346, 378
Innerliche Lehre 82
Internationale Föderation 113,
Internationale Spirituele Leitung 23, 279, 316, 321, 322, 331, 335, 337, 338, 353, 358, 381

Intuitive Kenntnis 324
Isaac Newton 50, 51
Isis entschleiert 50

J

Jesus 218, 248, 290, 295, 307, 342, 343, 345, 347, 367, 368
Jesus Christus 160, 218, 343, 347, 367
Johannes 150, 169, 242, 290, 307, 345
Johannes (Onkel Johannes) 29
Johannes-Bewusstsein 290
Johannes-Evangelium 148, 218,
Johannes-Phase 150, 345
Jugend 128, 132, 159, 186, 215, 271, 325, 332, 333, 334, 338, 346, 377, 386
Jugendbibel 412
Jugendwerk 95, 127, 128, 186, 271, 323
Junge gnostische Bruderschaft 267, 277, 279, 297, 326, 334, 336, 337, 342, 379
Junger Mensch 81, 127, 188, 288, 293, 377
Juwel 196, 204, 205, 207

K

Karma 72, 74, 152, 157, 285, 309, 311
Katharer 22, 201, 213, 223, 226, 252,

254, 255, 264, 266, 277, 278, 344, 375
Keynes, Maynard 51
Kohler, W. 339
Kommende neue Mensch 171, 211, 239, 244, 259, 275, 389
Kosmisches Bewusstsein 160
Kosmisches Lebensfeld 240
Kosmologie 76, 77, 152, 181, 195, 196, 212, 232, 355
Kraftfeld 28, 94, 154, 258
Krishnamurti 63, 88, 143, 144, 385
Kuijp, van der 329

L

Lao Tse (Lao Zi) 23, 292, 293, 294, 296
Lazaro, A. 273, 274, 338
Leadbeater, C. W. 63 ,66, 67, 143
Lebender Körper 220, 232, 234, 260, 267, 332, 338, 347, 380
Lebensfragen 119, 121, 325
Lebenskörper 198, 348
Leene, Henk 270, 329, 331-33
Leene, J. 34, 46, 95, 95 117, 122-124, 126, 134, 136, 139, 142, 162, 168, 170, 171, 173, 175, 176, 181, 184, 187, 189, 197, 201-02, 208, 235, 237, 239, 261, 267, 323, 325, 338, 387
Leene, Z. W. 95, 96, 123, 136, 138, 139, 142, 146, 154, 155, 157-58, 162, 164, 167-170, 175, 176, 323, 403
Leeuwen, G. van 262
Leibniz, Gottfried 51
Lektionen, Lebenslektionen 98, 99, 106,124, 156, 187, 208, 209, 253, 348
Licht 7, 11, 17, 18, 22, 44-47, 52, 63, 69, 82, 95, 114, 122, 149, 153, 156, 168, 170, 172, 184, 188, 192, 195, 196, 201, 220, 223, 232, 234, 242, 246, 249, 259, 264, 267, 272, 278, 284, 286, 298, 300, 303, 304, 310, 327, 328, 344, 349, 353, 354, 355, 356, 357, 362-63, 365-66, 382, 388
Lichtauflösung 196, 204
Licht-Element Christi 153
Lichtfeld 234
Lichtfunke 289
Lichtkleid 196, 300, 302, 304, 306
Lichtkraftsystem 313
Lichtmensch 209, 253, 257
Liebe 9, 19, 26, 37, 42, 59, 66, 67, 77, 78, 81, 125, 126, 128, 132, 134, 140, 148, 149, 150-51, 156, 160, 161, 166, 167, 170, 173, 174, 176, 191, 201, 207, 210, 224, 225, 227, 228, 230, 237, 252, 254, 258, 260, 266, 267, 268, 310, 315, 324, 334, 348, 347, 355, 359, 360, 365, 373, 374, 376, 378-79, 381, 388

Liebesart 310
Liebesdienst 210
Liebeseinfluss, der göttliche 37
Liebesenergie 230
Liebesopfer 174
Liebesradiationen 379
Liebevoll 66, 81, 159, 164, 192, 347, 355, 389

M
Maestlin, M. 105
Maitland, Edward 55, 57
Malschitsky, V. 338
Manas 50, 315
Mandat 111, 268, 273, 321, 323, 332, 337-38
Mandatare 250
Manichäer 212, 285
Manichäismus 285
Manifeste 21, 22, 32, 35, 48, 99, 100, 102, 103, 104, 107, 108, 111, 117, 178, 213, 214, 281, 286, 287, 323, 349, 363, 373
Materialismus 48, 50, 69, 71, 74, 86, 111, 254
Max Heindel, s. Heindel
Mead, G. R. S. 32, 48, 49, 52, 61-67, 69-72, 80, 282, 322, 323
Meelis, H. C. 333
Menschendienst 77, 78, 169, 325
Mercur, Sulfur und Sal 290
Merkur 116, 154, 214, 303, 312, 313, 314
Merkurzeichen 116
Meyrink, Gustav 67, 211, 212
Mikrokosmos 10, 11, 104, 106, 199, 203, 211, 239, 253, 289, 312, 326, 380
Miracle Club, The 52
Mitleid 184, 205, 379
Moreno, C. 339
Mysterien 10, 59, 64, 67, 95, 149, 214, 241, 266, 295, 297, 287, 300, 303, 349, 360, 363, 398, 409, 418, 421
Mysterienplaneten 310
Mysterienschule 21-23, 71, 80, 103, 152, 170, 202, 208, 209, 215, 220, 253, 256, 257, 295-96, 316, 322-23, 328, 333, 334, 336, 337, 339, 340, 359, 370, 373, 375, 388

N
Nachfolge 103, 316, 328, 329, 330, 331
Nächstenliebe 132, 258, 379
Nag Hammadi 225, 226, 281
Nahrung 330
Naturseele 15, 26
Nederlands Hervormde Kerk 26
Neo-okkultes Werk 123
Neoplatoniker 60
Neptun 309, 310
Neto, A. P. 339

Neue Menschheitsperiode 17, 244, 260, 295
Neue Menschwerdung 37, 257, 258, 380
Neues Lebensfeld 389, 390
Nieuw Religieuse Orientering 45, 163, 184, 189, 192, 193, 237, 250, 374
Nikodemus 290
Niod (Niederländisches Institut für Kriegsdokumentation) 179
Nirwana 205
Noverosa 166, 271, 274, 333, 375
Noverosa-Tempel 271, 272, 279
NRC (Nieuw Rotterdamsche Courant) 123
NRO (Nieuw Religieuse Orientering) 237
Nukleus 227, 289

O

Okkult-wissenschaftliche Bibelstudien 124
Oort, Johannes van 435
Orde van de Ster 143
Orden des Rosenkreuzes 21, 25, 32, 54, 62, 72, 80, 98, 100, 108, 111, 119, 178, 200, 201, 226, 257, 269, 287, 321, 388
Orphische Mysterien 300
Ouspensky, P. D. 191, 385

P

Pallandt, Philippe Baron van 143
Paracelsus 61, 100, 102, 104-106, 213, 214, 248, 360
Pert, Alan 59
Philosophie 17, 31, 38, 39, 41, 42, 64, 69, 70, 74, 75, 80, 96, 103, 108, 119, 136, 140, 144, 166, 178, 195, 196, 237, 244, 283, 290, 374
Pistis Sophia 64, 65, 281, 295, 296-98, 349
Plato 40, 57, 60, 248
Pleroma 296, 343, 357
Plexus sacralis 313
Plinius der Ältere 119
Pluto 309, 310
Pneuma 281, 285
Präsidium, Präsidien 272, 338
Prototyp 104, 248
Puech, Henri Charles 281
Pymander 284, 286, 431

Q

Quest, The 52, 61, 63, 70, 323
Quest Society 48, 67
Quispel, Gilles 225, 281, 366-67

R

Referat internationale Organisationen 179
Reinen Herzens 344
Renova 196, 232, 235, 237, 239, 240-

42, 244-50, 259, 266, 269, 272, 279, 282, 286, 296, 300, 302, 305, 333, 334, 353, 354, 360, 361, 367
Renova-Serie/Renova-Reihe 239, 250
Renova-Tempel 237, 241, 242, 279, 305, 334, 354
RG (Rozekruisers Genootschap) 324
Ritman, J. R. 338, 364, 369
Ritman, T. H. 333, 335, 339
Roland-Retera, E. A. 95, 96, 126, 136, 142, 162, 183, 235
Rooij, Th. van, 339
Rosenhof 271, 273, 275, 278
Rosicrucian Fellowship 21, 34, 48, 59, 61, 72, 76, 77, 80-2, 85, 88, 89, 96, 111, 113, 114, 115, 116, 120, 123, 238, 261, 273, 323, 354, 355
Rozekruisers Genootschap 75, 76, 80, 81, 112, 115, 117, 120, 122, 124, 125, 127, 128, 130, 132, 154, 158, 167, 169, 175-76, 178, 181, 192, 210, 223, 237, 261-62, 275, 324, 330, 387
Rozekruisersgenootschap 34, 92, 95, 96, 128, 130, 136, 193
Ruf aus dem Sonnenherzen 48, 68
Rutgers-van der Loeff, A. 95, 126

S

Sal 290
Sanftmut 28, 29, 105, 146, 191
Schipper, Kristoffer 294

Schlangenfeuer 204, 304, 312, 313, 314
Schlüsselwort 124, 166
Schneemann, J. 338, 339
Schwier, Werner 179
Seele 7, 10, 11, 15, 18, 22, 26, 31, 37, 39, 45, 54, 57-59, 61, 64, 70-72, 79, 80-82, 86-88, 92, 102, 103, 119, 121, 140, 149-151, 156, 160, 162, 167, 173, 191, 196, 199-201, 203-206, 208-210, 212-214, 220, 227, 228, 235, 247, 278, 283-285, 288, 289, 290-91, 293, 300, 304, 306, 307, 309, 311, 314, 315, 321, 343-346, 399
Seele, Angelsächsische 199
Seele, Licht- 204
Seelenaktivität 156, 370
Seelenbefreiung 295, 322, 326, 332, 345, 346
Seelenbewusstsein 296
Seelendenken 357
Seelenentwicklung 88, 119, 203, 328, 342, 382
Seelenfenster 253
Seelenflüge 348
Seelenfrieden 79
Seelengrund 37
Seelenhaus 209
Seelenkraft 205, 234, 284
Seelenkörper 72
Seelenleben 228

Seelenmaterial 174
Seelenmensch 18, 70, 103, 290, 304, 340, 345, 346, 348
Seelennot 174
Seelenreise 297
Seelen-Stoff-Gestalt 346
Seelenwachstum 148, 167, 235
Seelenweg 166
Seelenweisheit 357
Seelenwesen 209
Seelenwiedergeburt 253
Seelenzentrum 227
Seelenzustand 18, 151, 191, 293, 296, 364
Selbsterkenntnis 74, 228, 230, 257, 258, 289
Selbstübergabe 246
Selbstvergessen dienstbar sein 119
Selbstvergessene Dienstbarkeit 23, 356
Serpentarius 312, 399
Siebengeist 22, 239, 312, 313, 358
Siebenfache Geistesschule 22, 323
Siebenfache Weltbruderschaft 206, 244, 246, 247, 314, 319, 334, 353-56, 369, 370
Signatur 45, 343
Slavenburg, J. 368, 422, 428
Societas Rosicruciana in Anglia 60
Sommercamp 16, 34, 98, 121, 136, 138, 143, 164
Sonnengeist 377
Sonnensystem 156, 176, 203, 310, 377

Sophia 296-98, 349, 353, 357
Sophia, Pistis 64, 65, 281, 295, 296-98, 349
Steel Olcott, Henri 55
Steiner, Rudolf 67, 72, 75, 77, 84, 86-88, 199, 306, 307, 323, 385, 437, 439
Stevens, F. J. M 416
Stoa 119
Stofflicher Mensch 158, 160, 161, 253, 344
Stoffsphäre 255
Stok, H. J. 326
Stok-Huizer, H. 29, 97, 126, 162, 164, 175-77, 201-02, 208, 235, 238, 239, 264
Stratman, C. G. 272, 275, 282, 329, 333, 335
Sucher 9, 11, 21, 42, 58, 59, 67, 69, 70, 79, 156, 159, 167, 195, 229, 230, 232, 235, 259, 286, 292, 347-48, 360, 362, 367, 370
Sufi-Bewegung 368
Sulfur 290

T

Tabula Smaragdina 282, 283, 410
Tao, Tao Te King 23, 83, 84, 281, 292, 294, 349
Taoismus 294
Tauler, Johannes 420

Tempelzelt 137, 139, 142, 239, 271, 374
Theologie 21, 37, 46, 51, 106
Theologisch 35, 46, 290
Theologische Erklärungen 290
Theosofisch genootschap 323
Theosophical Society 50, 55, 62, 66
Theosophie 53, 56, 65, 70, 74, 77, 80, 87, 88, 199, 256, 353, 354, 355
Theosophische Gesellschaft 48, 50, 52, 56, 63, 67, 70, 74, 84, 85, 88, 110, 198, 323
Thomas von Kempen 103
Thomas-Evangelium, Evangelium nach Thomas 225, 367
Topsteen, de 196, 204, 254, 332, 342, 343, 344, 374, 381
Toulouse 18, 226, 274, 300, 303, 312, 313
Transfiguration 79, 191, 208, 209, 227, 230, 237, 244, 246, 253, 256, 289, 290, 291, 310, 312, 340, 344, 345
Transfigurismus 116
Transmutation 18, 290, 345, 346
Tübinger Stift 105
Tübinger Universität 106
Tugend 107, 258, 292, 293
Twine, John 26, 112, 117, 146, 148, 150, 151, 152, 153, 154, 173, 181, 182

U
Übernatur 43, 78, 159, 196, 230, 306, 353, 373
Umerziehung 309
Ungrund 38
Universelle Bruderschaft 32, 202, 215, 226, 242, 266, 300, 323, 336, 388, 390
Universelle Kette 22, 220, 257, 267
Universum 42, 174, 199, 312, 365
Unsichtbare Gebiete 127, 198
Unsichtbare Hälfte der Welt 54, 255
Unsterblich, Unsterblichkeit 64, 78, 79, 158, 220, 257, 284, 285, 289, 310, 314
Uranus 309, 310
Uratom 289
Urbild 288
Urelemente 314
Urgrund 38
Urquell 281, 291, 363
Ursprüngliches Lebensfeld 196
Ussat 22, 223, 224, 264, 267, 269, 270, 272, 280
Ussat-Konferenz 344
Utopia 107

V
Vaderland weekjournaal, Het 325
Valentinus 64, 225, 281, 295, 296, 357, 368
Van Rijckenborgh-Briefe 192

Vaterloge 255
Vibration 10, 53, 119, 120, 158, 207, 258, 285, 302, 303, 328, 342, 347, 356, 369
Vibrationserhöhung 53, 79, 229, 314
Vibrationsschlüssel 342
Viereck (für den Bau) 236
Vries-Heitman, Y. de 339

W

Wahres Lebensfeld 289
Waite, Arthur E. 48, 60, 61, 62, 67 69, 99, 323
Waldtempel 239
Warendorp, A. van 75, 76, 94, 115, 261, 393
Weg des Nicht-Ich 315
Weiße Rose 77, 79, 253
Weißer Prüfstein 59, 375
Weltanschauung der Rosenkreuzer 34, 72, 77, 393, 419, 436
Weltenherz (Herz der Welt) 26

Weltflucht 126, 166, 246, 424
Weltseele 28
Wendepunkt 32, 34, 43, 44, 46, 72, 99, 244, 246, 261, 307
Wiedergeburt 22, 35, 36, 39, 43, 77, 85, 197, 253, 289, 290
Wiesbaden 244
Wijdeveld 232, 235-37
Witteveen, H. J. 368
Wunderbare Juwel 196, 207

Z

Zandee, Jan 281
Zanoni, 'le Maître Rose-Croix' 48
Zapasnik, J. 339
Zeiträumlich 103, 342
Zeno von Citium 119
Zion, H. 273, 274, 338
Zweiter Petrus-Brief 257, 258
Zweiter Weltkrieg 32, 34, 95, 122, 175, 196, 252
Zwillingsseele 148, 149

www.ingramcontent.com/pod-product-compliance
Lightning Source LLC
Chambersburg PA
CBHW050133240426
43673CB00043B/1657